U0591630

一切为了人民

中国共产党为什么成功

戴木才 著

SPM

南方出版传媒
广东人民出版社

图书在版编目（CIP）数据

一切为了人民：中国共产党为什么成功 / 戴木才著 . —广州：广东人民出版社，2022.1（2023.4 重印）

ISBN 978-7-218-15258-5

Ⅰ.①一… Ⅱ.①戴… Ⅲ.①中国共产党—党史—学习参考资料 Ⅳ.① D23

中国版本图书馆 CIP 数据核字（2021）第 182389 号

YIQIE WEILE RENMIN:ZHONGGUO GONGCHANGDANG WEISHENME CHENGGONG

一切为了人民：中国共产党为什么成功

戴木才 著

版权所有　翻印必究

出 版 人：肖风华

选题策划：萧宿荣
责任编辑：李力夫
责任技编：吴彦斌　周星奎
装帧设计：今亮后声

出版发行：广东人民出版社
地　　址：广东省广州市越秀区大沙头四马路 10 号（邮政编码：510199）
电　　话：（020）85716809（总编室）
传　　真：（020）83289585
网　　址：http://www.gdpph.com
印　　刷：恒美印务（广州）有限公司
开　　本：787mm×1092mm　1/16
印　　张：27　字　　数：290 千
版　　次：2022 年 1 月第 1 版
印　　次：2023 年 4 月第 4 次印刷
定　　价：88.00 元

如发现印装质量问题，影响阅读，请与出版社（020-85716849）联系调换。
售书热线：（020）85716833

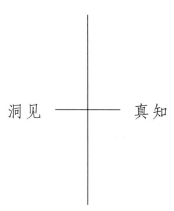

洞见 —— 真知

Contents

目　录

引　论　改变了中国也影响了世界

第一章　信仰就是旗帜

一切为了人民

YI QIE
WEILE RENMIN

引 论

改变了中国也影响了世界

为什么一个成立时只有 50 多名党员的小党能够从 100 多个政党中脱颖而出，发展成为拥有 9500 多万名党员的大党？

为什么一个以发展资本主义为目标的政党在中国走向了失败，而一个以建立社会主义为目标的弱小政党在中国能够走向成功？

为什么一个被国民党围追堵截的在野党能够成长为长期执政、领导 14 亿多中国人民建设中国特色社会主义的世界大党？

为什么一个被西方国家视为"非常"的执政党能够使中华民族从站起来到富起来又到强起来？

本书为您解读中国共产党百年奋斗之所以成功的密码。

中国共产党成立以来，不知不觉 100 年就过去了。对人类历史而言，100 年的时间也根本算不上什么，它犹如流星之一瞬。

然而，对于中华民族来说，中国共产党迎来了 100 周年诞辰，却是一个充满神圣和豪迈的日子。

今日的中国，我们可以看到：山河无恙，岁月静好，中国人民不仅"站起来"了，而且"富起来"了，又开启了走向"强起来"的新征程。中国人民的日子一天天好起来了，怀揣着对美好生活的向往，怀揣着实现民族复兴的伟大"中国梦"，满怀激情，在全面建成小康社会的基础上，又豪迈地开启了全面建设社会主义富强民主文明和谐美丽的现代化强国的新征程……

如果我们将历史的时钟拨回到 100 年前，我们看到的却是：帝国主义列强对我们这个民族百般欺凌，中华大地山河破碎、风雨如磐、国将不国，北洋军阀的统治黑暗腐朽，中国人民如一盘散沙、颠沛流离、民不聊生……

1914 年，正式当上中华民国大总统的袁世凯，通过制定《中华民国约法》，俗称"新约法"，独揽了国家宣战、讲和及订立条约等全部外交大权。1915 年 12 月，袁世凯推翻共和，复辟帝制，改中华民国为"中华帝国"，"护国战争"爆发。

1915年1月18日，日本帝国主义趁第一次世界大战期间欧美各国无暇东顾的时机，向袁世凯递交了二十一条无理要求的文件，并要求袁世凯政府"绝对保密，尽速答复"，企图将中国的领土、政治、军事及财政等都置于日本的控制之下。"二十一条"是日本帝国主义妄图灭亡中国的秘密条款，后经中日协商，袁世凯被迫签订不平等条约《中日民四条约》。在1922年的华盛顿会议上，这个条约的部分条款被废除，随后条约内容不断被改写，直至1945年日本在第二次世界大战中战败后才被彻底废除。

1919年1月18日，参加第一次世界大战的27个战胜国代表，在巴黎凡尔赛宫召开和会。经过激烈较量和彼此妥协，各战胜国于1919年6月28日终于签订《对德和约》，即《凡尔赛和约》。由于大会将战前德国在山东的特权转交给日本，严重损害了中华民族的国家利益，中国代表拒绝在《凡尔赛和约》上签字。"巴黎和会"彻底暴露了帝国主义的狰狞面目，《凡尔赛和约》的这些条款是帝国主义重新瓜分世界的真实记录。"巴黎和会"关于山东问题的无理决定极大地震怒了中国人民，也打破了中国人民对帝国主义的幻想。

1919年5月4日，北京学生在天安门前集会，吹响了反帝爱国的战斗号角，"外争国权，内惩国贼""废除二十一条"的吼声传遍全国。1919年6月3日，中国工人阶级以政治大罢工的形式，以巨大声势参加了反帝爱国斗争，狠狠地教训了帝国主义和北洋军阀，从此登上了中国历史的政治舞台。

1840年鸦片战争以来，中华民族许多仁人志士苦苦追寻中华民族摆脱落后挨打、走上民族复兴的道路。在中国共产党成立之前，太平天国运动、洋务运动、戊戌变法、辛亥革命，都失败了。有人说：

1901年，中国陷入无尽的黑暗中；

1911年，一道闪电划过，却黑暗依旧；

1921年，中国终于迎来了曙光……

中国共产党自诞生之日起，就历经坎坷与曲折，在高潮与低谷中起伏，在胜利与失败中交织，直到以毛泽东为首的中国共产党领导集体的确立才成功地开辟了中国革命的道路，新中国建立以后，尤其是经过改革开放的伟大实践，终于探索出中国特色社会主义建设和改革发展的成功之路。

各种各样的尝试都失败了，为什么只有中国共产党能够成功？

中国共产党为什么能够铸就辉煌成就？

中国共产党的伟大是怎样炼成的？

中国共产党百年奋斗的成功密码到底是什么？

为了实现中华民族伟大复兴的历史使命，无论是弱小还是强大，无论是顺境还是逆境，中国共产党始终初心不改、矢志不渝，团结带领人民勇于斗争，不怕牺牲，敢于面对曲折，勇于修正错误，攻克了一个又一个看似不可攻克的难关，创造了一个又一个彪炳史册的人间奇迹。中国共产党的十九大报告深刻指出：

> "我们党深刻认识到，实现中华民族伟大复兴，必须合乎时代潮流、顺应人民意愿，勇于改革开放，让党和人民事业始终充满奋勇前进的强大动力。我们党团结带领人民进行改革开放新的伟大革命，破除阻碍国家和民族发展的一切思想和体制障碍，开辟了中国特色社会主义道路，使中国大踏步赶上时代。"①

中国共产党的百年奋斗，浓缩了1840年以来中华民族的辛酸史、血泪史、抗争史，浓缩了中国共产党成立百年来的探索史、创业史、创造史，浓缩了毛泽东、周恩来、朱德、刘少奇、邓小平、江泽民、胡锦涛、习近平等为代表的中国共产党人为中华民族从站起来、富起来到强起来

---

① 《十九大以来重要文献选编》上，中央文献出版社2019年版，第10—11页。

的奋斗历程和宏韬伟略。

中国共产党的百年奋斗，闪耀着中国共产党在中国革命道路上的苦难辉煌，闪耀着中国共产党对社会主义建设道路的艰辛探索，闪耀着中国共产党对中国特色社会主义道路的成功开拓和举世瞩目的伟大成就。

中国共产党百年奋斗之所以成功，并不是偶然的、随机获得的，它深刻体现了近代以来中国历史发展的基本规律和世界发展潮流的根本要求，深刻体现了中国共产党作为中国革命、建设和改革的领导力量对中国革命道路、社会主义建设道路和中国特色社会主义道路的规律性认识，深刻体现了中国共产党从革命党转变为执政党的革命规律和执政规律。

中国共产党百年奋斗之所以成功，是复杂的、变化的、发展的，但最根本的就是中国共产党人以"当今之世，舍我其谁"的革命胆略和英雄气概，顺应了实现中华民族伟大复兴的时代需要和中国人民的历史选择，顺应了中国革命和中国特色社会主义道路的发展规律。

中国共产党百年奋斗之所以成功，原因是多方面的，有主要的次要的、有内在的外在的，但起决定性作用的是中国共产党坚信人民是历史的创造者、坚定社会主义和共产主义的理想信念、对国情的正确认识、坚持不懈的奋斗精神、胸怀世界和全人类的情怀、始终坚持自身的坚强领导和自我革命。

中国共产党百年奋斗之所以成功，千条万条，归根结底可以归结为一条，这就是：一切为了人民！

中国共产党正是因为找到了马克思主义这个为最广大人民求解放、谋幸福的科学理论，找到了"一切为了人民"这个人类最新最先进的科学武器，从而找到了正确的依靠力量，从而越来越赢得了人民群众的赞成、拥护和支持，不仅迎来了中华民族和中国人民的光明前景，而且迎来了世界社会主义发展和人类社会发展的光明前景。

中国共产党百年奋斗之所以能够成功，我们还可以把它概括为多种成功智慧或成功要素的综合作用，诸如中国共产党人的信仰要素、国情要素、主体要素、世界要素、领导要素、制度要素等，但最根本的还是"人民要素"。

中国共产党的成功可以看成是中国共产党人信仰的力量、从国情出发实事求是的力量、正义是最强的力量、人心是最大的政治、融入世界潮流大势的力量、中国共产党自身超凡的领导能力、社会主义制度优势产生的综合力量、道路决定出路等，但归根结底还是"人民的力量"。

中国共产党百年奋斗所体现的成功智慧或成功要素，是中国共产党百年奋斗、不断发展的成功支柱，是中国共产党日益成熟、更加强大的政治智慧，它们之间相辅相成、相互融合，内在统一于"人民是历史的创造者"这一颠扑不破的真理。

中国共产党的成功智慧或成功要素，是中国共产党百年成长贡献给世界上的政党、执政党和人类社会发展进步的政治智慧，也是中国共产党勇于面向未来、面向世界、迎接未来新的挑战和不断谱写中国特色社会主义事业新篇章的政治底气。

本书从历史与现实、中国与世界、理论与实践、政党与人物、阐释与事例相结合的视角，结合个人、政党、国家之间的命运关联，深刻地阐发了中国共产党百年奋斗之所以成功的奥秘所在，对理解历史与人生、政党与国家、个人梦与民族梦等的深层关系有深刻启迪。

一切为了人民

YI QIE

WEILE RENMIN

第一章

信仰就是旗帜

马克思、恩格斯在《共产党宣言》开篇就说：一个幽灵，共产主义的幽灵，在欧洲游荡。

这个"幽灵"在欧洲上空一直游荡，被一切旧势力绞杀，一直落不了地。飘到俄国，越过欧亚大地，来到中国才最终落了地。

中国共产党人向旧中国的一切旧恶势力公开说明自己的观点、自己的目的、自己的意图，并且用自己的宣言、信仰和实际行动，向全世界证明了任何关于反驳共产主义幽灵的神话都是徒劳的。

中国社会主义革命道路、建设道路和中国特色社会主义道路，不仅迎来了中华民族和中国人民的光明前景，而且迎来了世界社会主义发展和人类社会发展的光明前景。

| 一 |　千年未有之大变局

翻开中华民族五千多年文明历史的宏伟画卷，可以看到，在近代以前，中华民族创造了灿烂的中华文化和中华文明，为人类做出了卓越贡献。然而，鸦片战争后，中华民族却陷入了内忧外患的黑暗境地，中国人民从此经历了战乱频仍、山河破碎、民不聊生的深重苦难。从此，谋求民族独立和人民解放，实现国家富强和人民幸福，成为中华民族面临的两大历史任务。

中国与世界关系的新认识

鸦片战争开启了中国的近代史，自此，中华民族接受了史无前例的世界冲击和历史挑战，被称为"三千年未有之大变局"。

"三千年未有之大变局"，先后出现在同治十一年（1872年）五月李鸿章的奏折《复议制造轮船未裁撤折》和光绪元年（1875年）李鸿章的奏折《因台湾事变筹画海防折》之中。李鸿章在奏折中说：

"臣窃惟欧洲诸国百十年来，由印度而南洋，由南洋而东北，闯入中国边界腹地，凡前史之所未载，亘古之所未通，无不款关而求互市，我皇上如天之度，概与立约通商以牢笼之，合地球东西南朔九万里之遥，胥聚于中国，此三千余年一大变局也。"①

"历代备边多在西北，其强弱之势、客主之形皆适相埒，且犹有中外界限。今则东南海疆万余里，各国通商传教来往自如，麇集京师及各省腹地，阳托和好之名，阴怀吞噬之计，一国生事，诸国构煽，实为数千年未有之变局。"②

在这两份奏折中，李鸿章提出了一个对中国与世界关系的全新认识："中国遇到了数千年未有之强敌，中国处在三千年未有之大变局。"

李鸿章的这个观点和看法得到了中国社会越来越广泛的认同，认为这是十九世纪中国人看世界眼界最高、看得最远的一句话。后来的中国人看得越来越清楚，这个"大变局"实际上就是世界已经进入到近代化、现代化、全球化的世界历史进程之中，并且对中国带来了史无前例的大变革、大挑战和大冲击，而且，中国不可能置身于事外。

1789 年，法国爆发了资产阶级革命。

1840 年，英国完成了工业革命，之后带动了整个世界的工业化浪潮、市场化浪潮和全球化浪潮。

1861 年，俄国实行了农奴制改革。

1861 年—1865 年，美国经历了南北战争，在一定意义上是完成了美国历史上的第二次资产阶级革命。

1868 年，日本开始明治维新。

---

① 顾廷龙、戴逸主编《李鸿章全集 5（奏议五）》，安徽教育出版社 2008 年版，第107 页。

② 顾廷龙、戴逸主编《李鸿章全集 6（奏议六）》，安徽教育出版社 2008 年版，第159 页。

1866 年、1871 年，德国普鲁士分别打败了奥地利和法国，建立了德意志帝国……

李鸿章讲"三千年未有"，我们屈指可算，所谓"三千年"可以追溯到中华民族从西周开国到鸦片战争，正好约三千年。

从西周开国一直到晚清，春秋战国"大一统"之后中国经过了多少朝代更替，经过了多少异族入侵，农民起义不断、宫廷争夺皇位频仍、分久必合、合久必分，分分合合，折腾来折腾去，都不能同鸦片战争之后中华民族遭遇的"大变局"相比拟，其性质、其内涵、其方式已全然不同……

应该说，李鸿章的见地是卓尔不凡的，他最早、朦朦胧胧地察觉到了中华民族这个"大变局"的来临。

古老帝国不再辉煌

在中国古代，封建王朝通常以朝代名称来指代当时的"中华帝国"，如汉朝、唐朝、明朝、清朝等，都是不同时期的"中华帝国"。

西方史学界也常把历史上"大一统"时代的古代中国封建王朝称为"中华帝国"。

在鸦片战争之前，中国一直被认为是世界上最强大的"帝国"或国家之一。

秦始皇统一六国、实现"大一统"之后，汉唐盛世、宋代繁荣、康乾盛世，被世界上尤其是欧亚大陆的其他国家所景仰，朝鲜、越南等周边国家甚至甘愿对中国称臣纳贡，接受中国的封号，学习中国的文明礼仪。

宋元朝时期蒙古铁骑几乎横扫欧亚大陆，明朝郑和七下西洋，足迹远至西太平洋和印度洋的三十多个国家和地区，国力之强盛，当时无两。

从经济总量上看，有一份关于世界古代 GDP 比重的统计，我们姑且不论这份统计的真实依据和权威性，但它能从一个角度说明古代中国在世界上的地位：

汉朝时期中国的 GDP 占世界总量的 26%；

唐朝时期中国的 GDP 占世界总量的 58%；

宋朝时期中国的 GDP 占世界总量的 60%；

明朝万历时期中国的 GDP 占世界总量的 55%，整个明朝的 GDP 占世界总量的 45%；

到清朝的康乾时期，中国的 GDP 仍然约占世界总量的 35%，甚至到鸦片战争爆发的 1840 年中国的 GDP 仍然占到世界总量的 29%，仍居当时世界第一位。

可见，在鸦片战争之前，中国的国力确实非常强盛。

然而，古老文明的中国和中华文明，在近代却被率先迈入工业文明的西方资本主义列强终结了辉煌时代。

工业化、近代化、现代化、市场化、全球化的浪潮席卷而来，对古老的中国产生了前所未有的巨大冲击。洋枪、大炮、钟表、望远镜、机器、火车、银行、股票、自由贸易、天文、地理、物理等现代文明，彻底颠覆了中国传统农业社会的生产方式和生活方式。

1840 年，第一次鸦片战争爆发，中国进入了晚清时代。西方资本主义的侵略不断深入，晚清王朝开始衰落，西方列强以武力、战争、殖民、掠夺获得在华利益，迫使晚清王朝签订不平等条约，民族资本主义开始萌芽，封建统治者赖以统治的农村自然经济开始解体，晚清王朝的专制统治危机从此一步步加深，中华民族也从此遇到了三千年未有之强敌，被迫面对"三千年未有之大变局"。

以鸦片战争为分水岭，中华民族由强变弱，由受他国敬仰、膜拜到受他国欺凌、侵略，逐渐沦为半殖民地半封建社会。

由于晚清王朝腐败无能，中国国力一落千丈。鸦片战争后，晚清王朝在对外战争中接连失败，被迫签订各种不平等条约，内容包括战争赔偿、割地、租界、单边治外法权（包括领事裁判权）、通商（开通通商口岸）、提供片面最惠国待遇、协定关税、划定势力范围，等等。

中英战争，清王朝失败，割地赔款；

中法之战，"法国不胜而胜，中国不败而败"；

英法联军攻陷北京，火烧圆明园；

沙皇俄国趁火打劫，割占外东北、外西北等大片领土。

……

（一）战争频仍

自1840年鸦片战争后，中华民族逐渐陷入半殖民地半封建社会的深渊。从此，西方列强发动了侵略中国的一系列战争，给中国人民带来了巨大灾难。同时，由于晚清王朝的内部政治日益腐朽，战乱、灾害、贫困和疾病像幽灵那样，一直笼罩着中华大地。根据1982年上海辞书出版社出版的《中国近代史词典》、1997年中国大百科全书出版社的修订本《中国大百科全书（中国历史）》卷、1999年上海辞书出版社出版的《辞曲》、2013上海辞书出版社出版的《大辞海（中国近现代史卷）》统计，从1840年鸦片战争爆发到1949年新中国建立的100年余间，中国经历的重大战争、战役、战乱有：

第一次鸦片战争（1840年—1842年）；

太平天国运动（前期1851年1月—1856年8月，后期1856年9月—1866年2月）；

第二次鸦片战争（亦称"英法联军之役"，1856年—1860年）；

捻军起义（前期1853年春—1863年3月，后期1863年4月、1868年8月）；

上海小刀会起义（1853年—1855年）；

大成国起义（1854年6月—1864年5月）；

贵州苗民起义（1855年4月—1873年）；

云南回民起义（1856年—1873年）；

李永和、蓝朝鼎起义（1859 年—1864 年）；

陕甘回民起义战争（1862 年 5 月—1873 年 11 月）；

左宗棠收复新疆的战争（1876 年—1878 年）；

中法战争（1883 年 12 月—1885 年 4 月）；

中日甲午战争（1894 年—1895 年）；

八国联军侵华战争（1900 年—1901 年）；

瑷珲保卫战（1900 年）；

江孜抗英战役（1903 年 12 月—1904 年）；

日俄战争（1904 年—1905 年）；

辛亥革命（1911 年 10 月—1912 年 4 月）；

二次革命（亦称"讨袁之役"，1913 年 7 月—9 月）；

白朗起义战争（1912 年—1914 年 8 月）；

护国战争（亦称"护国运动"，1915 年 12 月—1916 年 7 月）；

护法战争（亦称"护法运动"，1917 年—1918 年 11 月）；

直皖战争（1920 年）；

第一次直奉战争（1922 年 4 月—5 月）；

第二次直奉战争（1922 年、1924 年 9 月—10 月）；

第一次国内革命战争（1924 年—1927 年）；

第二次国内革命战争（亦称"土地革命战争""十年内战"，1927 年—1937 年）；

蒋桂战争（1929 年）；

中原大战（1930 年）；

中国人民抗日战争（简称"抗日战争"，1931 年—1945 年）；

解放战争（亦称"中国人民解放战争""第三次国内革命战争"，1946 年—1950 年 6 月）。

从以上所列重大战争、战役、战乱中，可以看出，自 19 世纪 40 年代到 20 世纪 40 年代这 100 年间，中华大地几乎战争不断，生灵涂炭，社会物质财富被毁。仅 1930 年的一次军阀混战——中原大战，就死伤 40 万余人，14 年的日本侵华战争更使中国人口死伤多达 3500 万人！

（二）丧权辱国

据有关统计，从 1840 年鸦片战争爆发到 1949 年中华民国垮台的 109 年间，晚清政府、北洋军阀政府和中华民国政府先后同帝国主义国家、外国政府、国际组织、外商等签订的各种契约、条约、协约和合约，共 1100 多件。其中，晚清政府 500 多件，北洋军阀政府 300 多件，中华民国政府 200 多件，影响最大、危害最大的当属晚清时期签订的一系列不平等条约。

自从鸦片战争战败以来，西方列强及中国的近邻沙俄、日本不断欺辱闭关锁国、腐朽没落的"大清王朝"，接二连三地逼迫晚清王朝签订了一系列丧权辱国的不平等条约，开口通商、割让土地、战争赔款、关税协定、强占租界、治外法权、外交豁免、军事占领，等等，各种各样。其中，英国 163 个，日本 153 个，沙俄 104 个，法国 73 个，德国 47 个，美国 41 个，比利时 26 个，葡萄牙 13 个，意大利 7 个，荷兰 5 个，奥匈帝国 5 个，西班牙 4 个，其他国家 68 个。

根据前述《中国近代史词典》《中国大百科全书（中国历史卷）》《辞海》和《大辞海（中国近现代史卷）》统计，从鸦片战争到新中国建立前，晚清王朝、北洋军阀政府、中华民国政府与西方列强签订的重要不平等条约有：

1842 年中国与英国签订的《南京条约》；

1843 年中国与英国签订的《虎门条约》和《中英五口通商章程》；

1844 年中国与美国签订的《望厦条约》；

1844 年中国与法国签订的《黄埔条约》；

1858 年中国与俄国签订的《中俄瑷珲条约》；

1858 年中国与俄美英法签订的《天津条约》；

1860 年中国与英法俄签订的《北京条约》；

1864 年中国与俄国签订的《中俄勘分西北界约记》；

1876 年中国与英国签订的《烟台条约》；

1881 年中国与俄国签订的《伊犁条约》；

1885 年中国与法国签订的《中法新约》；

1895 年中国与日本签订的《马关条约》；

1901 年中国与英俄德法美日意等 11 国签订的《辛丑条约》；

1915 年中国与日本签订的《二十一条》等。

在国民党统治的中华民国时期，签订的出卖中华民族国家利益的卖国条约主要有：

《淞沪停战协定》（1932 年）；

《塘沽协定》（1933 年）；

《秦土协定》（1935 年）；

《何梅协定》（1935 年）；

《国际货币基金协定》（1944 年）；

《美国在华空中摄影协议》（1945 年）；

《中苏友好同盟条约》（1945 年）；

《中苏关于中国长春铁路之协定》（1945 年）；

《中苏关于大连之协定》（1945 年）；

《中苏关于旅顺口之协定》（1945 年）；

《成渝铁路修建协定》（1946 年）；

《中美航空协定草案》（1946 年）；

《中美三十年船坞秘密协定》（1946 年）；

《中美宪警联合勤务议定书》（1946 年）；

《粤汉铁路借款协定》（1946 年）；

《中美友好通商航海条约》（1946 年）；

《中美航空协定》（1946 年）；

《青岛海军基地秘密协定》（1947 年）；

《滇越铁路管理与川滇铁路修筑协定》（1947 年）；

《国际关税与贸易一般协定》（1947 年）；

《美军驻华美蒋秘密协定》（1947 年）；

《中美救济协定》（1947 年）；

《中美海军协定》（1947 年）；

《中美双边协定》（即《中美关于经济援助之协定》，1948 年）；

《中美农业协定》（1948 年）。

这就是所谓的"三千年之一大变局"吧。

屈辱与抗争的交响曲

中国近代史，既是中华民族的一部屈辱史，也是中华民族的一部抗争史。面临外国强敌入侵和国内矛盾加剧的双重压力，中国近代社会各个阶级的先进人物和中华民族的优秀儿女，开始了睁眼看世界，开始了学习、探索和反抗，也开始了不懈地探寻实现中华民族救亡图存、实现中华民族的近代化现代化和伟大复兴的艰辛历程。

从鸦片战争到中国共产党成立前的几十年间，中国社会各个阶级的先进人物都着眼于中华民族的救亡图存和民族复兴这个历史主题和奋斗目标，先后拿出过各种各样的方案，进行了各种各样的尝试。这些方案和尝试，大致包括四大类型：

一是沿袭传统农民起义，试图改朝换代继续走封建主义的老路。农民阶级发起了"太平天国运动"，严重打击了晚清王朝和西方列强的势力。但是，由于"太平天国运动"的领导集团没有真正认识到西方帝国主义列强的实质，在政治上仍然封建化，没有先进性，在组织上仍然是农民化，不能保持领导核心的高度团结，军事上战略决策一再失误，加之外交上缺乏经验，在内外镇压下归于失败，是必然的结局。

二是固守中国传统封建制度，试图走"师夷之长技以制夷"的道路，企图通过学习西方资本主义的先进技术来实现器物层面的近代化现代化。西方列强在入侵的同时，西方科学、技术、教育、文化和宗教等也涌入中国，晚清王朝在试图抵抗外侮与克服内忧的同时，也逐渐冲破封建主义的部分束缚，开始向西方学习并一步步探索，发起了一连串的技术改革与革命，如开展"洋务运动"、建立"北洋海军"，虽然促进了我国近代民族工业、文化和社会的成长与革新，并出现了改革派与守旧派拉锯的局面，但是终究因为固守落后的君主专制制度而归于失败。

三是部分地变更中国传统封建制度，试图走改良主义的道路。"甲午战争"的失败，使晚清王朝技术改革和军事改革的努力受到沉重打击，随后西方列强掀起了进一步瓜分中国的狂潮。"戊戌变法"企图仿效英国、日本等国，在中国建立君主立宪式的资产阶级共和国，但因守旧派的顽固抵制而最终以失败告终。晚清王室虽然也推动清末新政，取得一些成效，但让许多知识分子失望转而支持革命，清王朝近300年的江山气数殆尽。

四是彻底推翻晚清王朝的封建专制制度，试图走西方资本主义道路。孙中山领导的"辛亥革命"，希望能在中国建立西方式的资产阶级共和国，为资本主义在中国的发展彻底扫除障碍。1911年10月10日，"辛亥革命"风暴席卷全国，晚清政府的政治统治迅速崩溃，1912年2月12日宣统皇帝溥仪被迫颁布退位诏书，结束了清王朝自1644年入关以来268年的封建统治。辛亥革命虽然成功了，但很快被袁世凯篡夺了胜利果实，复辟帝制。随后，中华民族进入了"军阀混战"的年代。

这些方案和尝试，由于缺乏科学理论的正确指导，缺乏对实现中华民族伟大复兴的一系列深层次问题的正确回答，尤其是缺乏对实现中华民族伟大复兴依靠力量的正确把握，最终都以失败告终。

这也即所谓的"三千余年一大变局也"。

|二| 人类全新政治观的力行者

鸦片战争以来，中华民族救亡图存和实现民族复兴的各种方案和各种尝试都失败了。但是，中国共产党成立后为什么能够一步步走向成功、走向胜利呢？

中国共产党首先解决了人的思想问题，解决了旗帜问题，接受了马克思主义，从深层次上回答和解决了中华民族救亡图存和实现民族复兴的一系列理论和实践问题，尤其是找到了实现中华民族伟大复兴的正确依靠力量，顺应了历史发展趋势和世界发展潮流。

解决中国问题的大本大源

思想就是力量，信仰就是旗帜。

自从马克思主义传入中国，中国的先进知识分子从此以马克思主义为旗帜，建立中国共产党，把马克思主义普遍原理与中国具体实际相结合，孕育了马克思主义中国化的道路，孕育了中国革命、社会主义建设和改革开放的发展之路，孕育出了一条建设社会主义现代化和实现中华民族伟大复兴的道路，即中国特色社会主义道路。

中国共产党之所以能够一步一步走向成功，首先是找到了解决中国问题的"大本大源"。我们以毛泽东为什么最终选择马克思主义为例。

青年时期的毛泽东就注重从宇宙的"大本大源"上去探求中华民族救亡图存的道路，去寻求救国兴国之道。他认为，今之天下纷纷，各种变法和改革皆是从枝节入手，未得本源，因而皆以失败告终。1917年8月23日，还在湖南省立第一师范学校读书的毛泽东，在给老师兼好友黎锦熙的信中说：

"欲动天下者，当动天下之心，而不徒在显见之迹，动其心者，当具有大本大源。今日变法，俱从枝节入手，如议会、宪法、总统、内阁、军事、实业、教育，一切皆枝节也。枝节亦不可少，惟此等枝节，必有本源。"①

当时中国正处于社会动荡、新旧文化激烈交锋的阶段，各种思想、思潮和主义都在中国粉墨登场，改良主义、自由主义、社会达尔文主义、无政府主义、实用主义、民粹主义、工团主义等，"你方唱罢我登场"，但都没有能够改变中国的前途和命运。

正是由于将全副工夫向"大本大源"处探讨，毛泽东反对"空虚的思想"，主张"踏着人生社会的实际说话"，"研究实事和真理"，主张"向大本大源处探讨"，"根本上变换全国之思想"。毛泽东认为，变革中国的方子虽然开了不少，但都是头痛医头、脚痛医脚，都是"俱从枝节入手"而"本源未得"，没有抓住病根。对于当时的军阀政客，毛泽东认为他们"胸中茫然无有""如秋潦无源，浮萍无根"，只剩"手腕智计"。这样的政客与古代奸雄无异，无补于中国世事。只有"学有本源"、有雄才大略的政治家、思想家才是中国之所需，才能求得中国面貌的根本改变。他说：

"夫本源者，宇宙之真理。天下之生民，各为宇宙之一体，即宇宙之真理，各具于人人之心中，虽有偏全之不同，而总有几分之存在。今吾以大本大源为号召，天下之心其有不动者乎？天下之心皆动，天下之事有不能为者乎？天下之事可为，国家有不富强幸福者乎？然今之天下则纷纷矣！推其原因，一在如前之所云，无内省之明；一则不知天下应以何道而后能动，乃无外观之识也。故愚以为，

① 《毛泽东早期文稿》，湖南人民出版社 2008 年版，第 73 页。

当今之世，宜有大气量人，从哲学、伦理学入手，改造哲学，改造伦理学，根本上变换全国之思想。此如大簏一张，万夫走集；雷电一震，阴曀皆开，则沛乎不可御矣！"①

从湖南第一师范学校毕业后，毛泽东先后两次来到北京，在新文化运动的策源地北京大学得到图书馆管理员助理职位期间，认识了中国最早传播马克思主义的李大钊、陈独秀等中国共产党的创始人，以及邓中夏等进步青年。毛泽东在读了许多关于俄国"十月革命"情况的书后，热心搜寻并如饥似渴地阅读马克思主义书刊，对确立马克思主义信仰起到了关键性作用。

在1917年8月给黎锦熙的信中，毛泽东说："十年未得真理，即十年无志；终身未得，即终身无志。"当时他还因未得"大本大源"之道而心中茫然。到了1920年夏天，关于解决中国问题的"大本大源"之道开始在毛泽东的心中日益明确起来，他鲜明地提出了对中国问题"不赞成没有主义头痛医头脚痛医脚的解决"。经过认真比较，毛泽东在诸种思想、思潮和主义中，非常坚定地选择了马克思主义。他说：

"尤其要有一种为大家共同信守的'主义'。"②

"唯物史观是吾党的哲学的根据。"③

"到了一九二〇年夏天，在理论上，而且在某种程度的行动上，我已成为一个马克思主义者了，而且从此我也认为自己是个马克思主义者了。"④

①《毛泽东早期文稿》，湖南人民出版社2008年版，第73页。

②《毛泽东早期文稿》，湖南人民出版社2008年版，第497页。

③《毛泽东文集》第一卷，人民出版社1993年版，第4页。

④《毛泽东年谱（1893—1949）》上卷（修订本），中央文献出版社2013年版，第56页。

刘少奇说：“马克思主义确能救中国”

1948年7月1日，在为纪念党的诞辰而举行的干部会议上的讲话中刘少奇这样写道：

"在共产党产生以前，马克思主义也传到中国来了，我就是在一九二〇年（共产党产生的前一年），看到了那样的小册子。从前听到过社会主义、无政府主义，后来看到无政府主义的小册子，又看到马克思主义的小册子。此外，还有一个最大的事情，就是俄国十月革命的胜利，这个革命把全世界想要革命但又没有找到出路的人都惊醒了。特别是在中国，我们那时感觉到了亡国灭种的危险，但又不晓得朝哪里跑，这一下就有办法了。……

我们共产党人，在最初的时候，在没有加入共产党以前，也和普通的中国人一样，是有各种不同的从旧社会得来的错误思想的。以我个人为例，在年幼时，是随着母亲求神拜佛的，在读了孔孟之书以后，也深信中国的封建制度和封建道德是最好的东西。后来进了所谓洋学堂，又深受达尔文学说的影响，并深信孙中山先生所倡导的民主主义学说。直到"五四运动"以后，我们才接受了社会主义的影响。在社会主义的学说传到中国以后，是有许多空想的社会主义学说和马克思主义一道传来的，而无政府主义的思想在当时则传布最广，接受和介绍的人也最多。我们在当时接受马克思主义并不是随便接受的，而是经过了研究、考虑、和无政府主义者辩论之后，认为它确实是真理，确能救中国，才确定接受的。不少马克思主义小组是在和无政府主义者辩论之后才建立的。这就是说，我们若干共产党人还在共产党成立之前，就经过了一系列的思想改造，之后才成为共产党人的。"

旗帜举起来了才知所趋附

纵观中国共产党成立前后及其以来的历史，不难发现，中国共产党始终是一个以马克思主义为指导并将马克思主义基本原理与中国实际相结合的政党，一个既注重马克思主义指导作用又善于进行马克思主义中国化的政党。马克思主义成为中国共产党立党、新中国立国的根本指导思想，成为全党和全国各族人民团结奋斗的共同思想理论基础，成为指引中华民族不断从一个胜利走向另一个胜利的思想指南。毛泽东说：

> "中国坏空气太深太厚，吾们诚哉要造成一种有势力的新空气，才可以将他们斟换过来。我想这种空气，固然要有一班刻苦励志的'人'，尤其要有一种为大家共同信守的'主义'，没有主义，是造不成空气的。我想我们学会，不可徒然做人的聚集，感情的结合，要变为主义的结合才好。主义譬如一面旗子，旗子立起了，大家才有所指望，才知所趋赴。"①

中国共产党成立后，中国共产党人坚持马克思主义"为最广大人民群众求解放"的思想初衷，不忘"为中国人民谋幸福、为中华民族谋复兴"的初心，在中国革命和建设的艰难曲折中，终于寻找到了把马克思主义基本原理同中国革命和建设的具体实际结合起来的正确道路，团结带领全国各族人民经过长期奋斗，取得了新民主主义革命和社会主义革命的胜利，建立了中华人民共和国和社会主义基本制度，进行了社会主义建设的艰辛探索，成功实现了中华民族从"东亚病夫"到"站起来"的伟大飞跃。这一伟大飞跃，以铁一般的事实证明，只有以马克思主义为指导，中国新民主主义革命、社会主义革命与建设才能不断走向胜利。

---

① 《毛泽东早期文稿》，湖南人民出版社 2008 年版，第 498 页。

改革开放以来，中国共产党人坚持立党为公，执政为民，始终把马克思主义基本原理同中国改革开放的具体实际结合起来，团结带领全国各族人民进行中国特色社会主义伟大实践，使中国大踏步地赶上了世界发展和时代潮流，实现了中华民族从"站起来"到"富起来"的伟大飞跃。这一伟大飞跃，以铁一般的事实证明，只有以马克思主义为指导，从社会主义初级阶段的基本国情出发，才能不断发展中国特色社会主义。

党的十八大以来中国特色社会主义进入新时代，中国共产党人坚持"中国特色社会主义是科学社会主义的理论逻辑和中国社会发展历史逻辑两者的辩证统一"，团结带领全国各族人民进行伟大斗争、建设伟大工程、推进伟大事业、实现伟大梦想，推动了党和国家事业取得了全方位、开创性的历史成就，发生了深层次、根本性的历史变革，中华民族开启了从"富起来"到"强起来"的新征程。这一新征程的开启，以铁一般的事实证明，只有以马克思主义为指导，只有坚持科学社会主义而不是别的什么主义，只有发展中国特色社会主义，才能实现中华民族的伟大复兴。

历史业已证明，中国共产党之所以能够取得成功、能够开创出中国特色社会主义道路，离不开对马克思主义基本原理的科学继承、离不开对中国革命、社会主义革命与建设和改革开放伟大实践的科学总结、离不开对具有中国特色的社会主义基本经验的科学认识。

历史业已证明，中国共产党把马克思主义写在自己的纲领上是完全正确的。马克思主义为中国新民主主义革命、社会主义革命与建设和改革开放提供了强大思想武器，使中国这个古老的东方大国创造了人类历史上前所未有的发展奇迹。

历史业已证明，马克思主义的命运早已同中国共产党的命运、中华民族的命运、中国人民的命运紧紧连在一起，它的人民性和实践性在中国共产党身上得到了充分贯彻，它的科学性、真理性在中国得到了充分检验，它的开放性和时代性在中国得到了充分彰显，它的前瞻性和革命性将给中华民族和世界社会主义带来无限广阔的前景。

2016 年 7 月 1 日，在庆祝中国共产党成立 95 周年大会上，习近平说："马克思主义是我们立党立国的根本指导思想。背离或放弃马克思主义，我们党就会失去灵魂、迷失方向。"[①]

人类社会的全新政治观

自从五四前后的中国先进分子接受马克思主义，从一开始就不是把它当作单纯的学理、学术来研究和探讨的，而是把它作为洞察世界变化、观察历史发展、事关国家命运的思想武器，按照毛泽东的话说，就是解决中国问题的"大本大源"。

马克思主义本身也不是一种纯粹的学术理论，而是一种理论性与实践性、科学性与价值性、思想性与革命性相统一的思想体系，而它的本质就是"人民性"。

马克思主义的诞生，使人类社会以往关于历史发展的一切旧的政治观、世界观、人民观、历史观发生了革命性变革，以一种全新的政治立场、政治观点、政治追求和政治态度展现在人类面前，是人类思想史上的一个伟大事件。

在马克思主义产生之前，人类社会的一切政治思想和政治理论，都是为少数剥削阶级和少数统治者服务的，最广大的人民群众在政治中、在历史中找不到应有的位置，都是少数统治者"你方唱罢我登场"。

马克思主义的出现，首先表现为人类社会一种全新的政治观，即人民的政治观。

与人类社会以往一切政治思想理论和一切非马克思主义不同，马克思主义政治观最鲜明的政治立场，就是最直接、最大胆地宣称自己的一

---

① 《十八大以来重要文献选编（下）》，中央文献出版社 2018 年版，第 346 页。

切理论和奋斗，要代表无产阶级的根本利益，要致力于实现最广大人民群众的根本利益。

自从马克思、恩格斯创建世界上第一个无产阶级政党，这个被称为"共产党"的社会组织和政党，就开始以自己特殊的身份和标志、以自己特殊的方式，活动在人类社会的政治舞台上。这位创建世界上第一个无产阶级政党、并为它奠定思想理论基础的马克思，在中学的毕业论文中，就表达了自己的人生理想和价值目标。他写下了这样一段感人至深、令人心潮澎湃的话：

> "如果我们选择了最能为人类福利而劳动的职业，那么，重担就不能把我们压倒，因为这是为大家而献身；那时我们所感到的就不是可怜的、有限的、自私的乐趣，我们的幸福将属于千百万人，我们的事业将默默地、但是永恒发挥作用地存在下去，面对我们的骨灰，高尚的人们将洒下热泪。"①

"选择最能为人类福利而劳动的职业"，这样的人生才是崇高的人生，才是有意义的人生、伟大的人生。这就是马克思创立共产主义理论、建立共产党组织的初衷，就是共产党人价值追求的灵魂："造福人民，为绝大多数人谋福利。"

就是这位选择了为全世界无产阶级和全人类解放事业而做出牺牲的历史伟人，在他的一生中，放弃了本来可以通过自己的专业过上优裕物质生活的机会，而担当起了为整个人类社会的发展而探求正确道路的历史重任，忠实地践行了他在中学时就立下的人生誓言，并以自己的思想理论引导世界各国一批又一批的先进分子走上了同样的人生道路。

马克思把自己的理论称之为"解放全世界无产阶级和全人类的科

---

① 《马克思恩格斯全集》第40卷，人民出版社1982年版，第7页。

学"，把自己创立的这一思想理论称之为"科学社会主义"，把自己预见的未来社会形态称之为"社会主义社会""共产主义社会"。

马克思主义创立的人类社会历史上这种全新的、共产党人的政治观，建立在一种全新的世界观和方法论基础之上。根据这种世界观和方法论，社会物质资料生产的发展是整个社会发展和进步的基础，而从事社会物质资料生产的广大人民群众是推动社会历史向前发展的主要力量，他们也理应成为社会历史发展的真正主人。尊重社会历史的主人，并为他们的利益而奋斗，是尊重社会历史发展规律并推动社会历史发展的内在要求。因此，在《共产党宣言》中，马克思、恩格斯非常鲜明地宣称：

> "过去的一切运动都是少数人的或者为少数人谋利益的运动。无产阶级的运动是绝大多数人的、为绝大多数人谋利益的独立的运动。无产阶级，现今社会的最下层，如果不炸毁构成官方社会的整个上层，就不能抬起头来，挺起胸来。"[1]
>
> "他们（共产党人）没有任何同整个无产阶级的利益不同的利益。"
>
> "共产党人始终代表整个运动的利益。"[2]

这是人类社会历史上一种多么崇高、多么伟大、多么豪迈的理想和创举啊！

在《共产党宣言》中，马克思、恩格斯以人类社会历史的发展规律为理论基础，以消灭剥削、消灭压迫、实现人的自由而全面发展作为实践目标，以为绝大多数人的利益而奋斗作为纲领，不仅体现了绝大多数无产阶级的理想，而且体现了全人类的理想，为全世界无产者提供了强

---

[1]《马克思恩格斯选集》第一卷，人民出版社1995年版，第283页。
[2]《马克思恩格斯选集》第一卷，人民出版社1995年版，第285页。

大精神力量。

马克思主义提倡的共产党人的初心、使命和理想信念，用一句话概括，就是为了人类解放、为最大多数人的利益而奋斗。

170 多年前的社会现实，恰恰是资本主义发展进程中普遍存在的人的不自由、不平等，人与人之间剥削与被剥削、压迫与被压迫的关系。马克思、恩格斯指出，无产阶级必须拿起革命的武器，打破一个旧世界，建立一个新世界，在那里面没有剥削、没有压迫，是一个"自由人的联合体"。《共产党宣言》把这一崇高理想正式表达为："代替那存在着阶级和阶级对立的资产阶级旧社会的，将是这样一个联合体，在那里，每个人的自由发展是一切人的自由发展的条件。"[①]

在科学论证的基础上，马克思、恩格斯在《共产党宣言》结尾发出了这样的号召：

> "共产党人不屑于隐瞒自己的观点和意图。他们公开宣布：他们的目的只有用暴力推翻全部现存的社会制度才能达到。让统治阶级在共产主义革命面前发抖吧。无产者在这个革命中失去的只是锁链。他们获得的将是整个世界。""全世界无产者，联合起来！"[②]

马克思、恩格斯为什么要宣传革命？为什么要投身革命？为什么要做一个革命家？

很显然，革命只不过是手段，革命的目的，归根结底是为了绝大多数人的解放、自由，以及为绝大多数人谋福利。正如恩格斯所说的：

> "马克思首先是一个革命家。他毕生的真正使命，就是以这种或

---

① 《马克思恩格斯选集》第一卷，人民出版社 1995 年版，第 294 页。
② 《马克思恩格斯选集》第一卷，人民出版社 1995 年版，第 307 页。

那种方式参加推翻资本主义社会及其所建立的国家设施的事业，参加现代无产阶级的解放事业，正是他第一次使现代无产阶级意识到自身的地位和需要，意识到自身解放的条件。斗争是他的生命要素，很少有人像他那样满腔热情、坚韧不拔和卓有成效地进行斗争。"[1]

马克思、恩格斯讲过"为人类服务""为人民服务"，强调"科学绝不是一种自私自利的享乐。有幸能够致力于科学研究的人，首先应该拿自己的学识为人类服务。"[2]无产阶级建立自己的政权以后，必须防止国家机关由社会公仆蜕化为社会主人。

马克思主义是人类社会第一个为最广大人民群众求解放的政治思想体系。这一全新的政治思想体系一经诞生，就产生了巨大的魅力和历史作用。列宁说："这一理论对世界各国社会主义者所具有的不可遏止的吸引力，就在于它把严格的和高度的科学性（它是社会科学的最新成就）同革命性结合起来，并且不仅仅是因为学说的创始人兼有学者和革命家的品质而偶然地结合起来，而是把二者内在地和不可分割地结合在这个理论本身中。"[3]

共产党人的政治观之所以具有区别于其他政党和社会组织的鲜明特征，就是这个政党所创造、所信奉的马克思主义理论，向全世界公开宣称自己的观点、自己的目的、自己的意图不同于以往的任何一种思想理论及其运动，这就是：

"一切为了人民。"

---

① 《马克思恩格斯选集》第三卷，人民出版社 1995 年版，第 777 页。

② 《摩尔和将军——回忆马克思恩格斯》，人民出版社 1973 年，第 88 页。

③ 《列宁选集》第一卷，人民出版社 1972 年版，第 81 页。

既是思想力量更是实践力量

马克思主义作为全世界无产阶级认识自然界、人类社会和人的思维的发展规律的科学，作为人类社会认识世界和改造世界的宇宙观、世界观和方法论，从思想到逻辑都具有强大的真理力量。马克思主义在揭示自然、人类和人的思维发展的一般规律基础上，立足于"现实的人"的人类实践活动，更加注重在认识世界的基础上改造世界，从科学性到革命性更具有强大的实践力量。

马克思主义的诞生可以说是人类社会一次最具颠覆性的思想革命和政治革命，人类社会从此开启了为绝大多数人"立命"和奋斗的光明前景，开启了为全世界无产者谱写"立德、立功、立言"的历史新篇章。马克思主义作为一种具有历史性变革意义的政治思想，其真理性、革命性和实践性对实现其思想革命和政治革命具有科学意义。

（一）一种新的政治认识体系

马克思主义批判地继承了人类社会历史上一切政治观的积极成果，形成了关于无产阶级的政治观，从而为人民大众尤其是工人阶级的根本利益进行科学的、彻底的价值辩护和科学论证，是无产阶级道义主义和功利主义的有机统一，是对人类历史上一切政治观的彻底颠覆和超越，形成了一个真理性与实践性相统一的思想理论体系，既有思想的力量，更具实践的力量；既有认识世界的功能，更具改造世界的功能。

马克思主义对未来人类社会的科学预见和创立的科学社会主义，以及建立在此基础上的全新政治观，首先是人类社会的一种新的政治认识体系。在批判前人成果的基础上，马克思发现了"唯物史观"和"剩余价值学说"，从而实现了人类思想史上的伟大革命，为无产阶级认识历史和时代问题提供了一种崭新的、科学的世界观和方法论，这也是马克思主义的根本理论基础，是建构社会主义、共产主义社会理想的科学基础。

与以往的一切理论不同，马克思主义设想的社会主义、共产主义理想将实现"两大和解"——"人类同自然的和解，以及人类本身的和解"，即在人与人之间、人与自然之间形成真正和谐的关系。马克思主义关于"两个和解"的思想，是人类生存和发展的基本问题。

所谓人与自然的和解，就是实现人的自然主义和自然的人道主义的统一，人类摆脱了自然对人的支配和统治而获得自由，人从与自然的和谐中获得自由。这是人与自然的关系问题，是人与自然和谐相处的理想状态和最高境界。

所谓人类本身的和解，是人与人之间矛盾的真正解决，就是消灭了私有制，消灭了阶级和阶级统治，消灭了一切经济上、政治上和精神上的剥削、压迫和控制而获得真正的、完全的自由，人与人之间不再对立，人与社会之间不再对立——两个"不再对立"和"个体和类之间的斗争"已经停止，人真正成为自身与社会结合的主人，从而实现了人的彻底解放，获得了自由而全面的发展。这是人与人的关系问题，是人与人和谐相处的理想状态和最高境界。

从"两大和解"中，我们可以看到马克思主义包括的政治认识体系，它有这样几个方面的内容：

一是人与自然的关系及其认识体系；

二是人与人类的关系及其认识体系；

三是人与社会的关系及其认识体系；

四是人与自身的关系及其认识体系；

五是人与国家的关系及其认识体系。

马克思说："工人没有祖国。"[①]但是，在国家没有被消灭、仍然存在的现实条件下，人与国家的关系是一组重要的政治关系。国家伦理是马克思主义政治伦理的重要内容。

所以，马克思主义首先是一种关于事物发展规律的认识体系。人、

---

① 《马克思恩格斯选集》第一卷，人民出版社 1995 年版，第 291 页。

自然和社会以及客观世界的一切领域，都是按照固有的规律运动着的，因而只要是符合客观规律的思想和观念，就是符合马克思主义要求的思想和观念，就属于马克思主义的认识体系。

（二）一种新的政治价值体系

马克思主义对未来社会的科学预见和追求的社会主义社会、共产主义社会，不仅是一种崭新的政治认识体系，更是一种全新的、合目的性的人类社会发展的政治价值体系，是一种关于未来社会的政治诉求和政治理想。它指向消灭一切剥削和剥削制度，消灭阶级对立，实现全人类的解放和人的自由全面发展。

马克思主义认为，社会主义、共产主义要求将人的思想和价值从资本、宗教、国家、劳动的"异化"状态下彻底解放出来，最大限度地接受思想和科技的优秀成果，使人的人格日益完善，智力日益发展，最终获得人的自由全面发展。"社会主义"是"共产主义"的初级阶段，它不仅比资本主义更能推动社会生产力的发展，而且能够提供一种制度安排和思想文化体系，使资本主义向共产主义的过渡"以最合理、最人道的方式"进行，以"缩短和减轻分娩的痛苦"。

在谈到人类解放物质生产力和社会发展水平的标准和目标时，马克思说："事实上，自由王国只是在由必需和外在目的规定要做的劳动终止的地方才开始；因而按照事物的本性来说，它存在于真正物质生产领域的彼岸。"[①]现代资本主义还远没有达到这种物质条件，也不可能达到。马克思和恩格斯认为，社会主义、共产主义的一切实践运动、制度安排、体制模式，都要以"最合理、最人道的方式"来设计和建设。"最合理、最人道的方式"高度体现了马克思主义政治价值体系的崇高和高效要求。马克思说：

---

① 《马克思恩格斯全集》第 25 卷下册，人民出版社 1974 年版，第 926 页。

"这个领域的自由只能是：社会化的人，联合起来的生产者，将合理地调节他们和自然之间的物质变换，把它置于他们的控制之下，而不让它作为盲目的力量来统治自己；靠消耗最小的力量，在最无愧于和最适合于人们的人类本性的条件下来进行这种物质变换。但是不管怎样，这个领域始终是一个必然王国。在这个必然王国的彼岸，作为目的本身的人类能力的发展，真正的自由王国，就开始了。但是，这个自由王国只有建立在必然王国的基础上，才能繁荣起来。工作日的缩短是根本条件。"①

所谓"最合理、最人道的方式"，即是一种合乎人类目的性的方式，合乎人类价值理想和价值意愿的方式。马克思主义在对未来社会进行大致描绘和粗线条的勾勒时，并没有对未来社会的政治价值体系做出详尽的论述和具体的说明，但是在批判资本主义的过程中，涉及了未来社会的价值观和价值体系。

比如社会主义应具有比资本主义更高的劳动生产率、更发达的社会生产力、生产资料归社会全体成员所有、计划经济、劳动成为人的第一需要、各尽所能按需分配、人的共产主义觉悟普遍提高、阶级差别消灭、国家消亡、个人获得自由而全面的发展等。这些目的性的综合和这些价值理想、价值意愿的综合，就形成了社会主义、共产主义的政治价值体系。马克思主义涉及的价值理念，如对人的自由而全面的发展、平等正义、民主人权、友爱互助、富裕和谐、普遍幸福等价值理念的深入阐述，内容十分丰富，可以看作是马克思主义政治价值体系的主要范畴。

同时，马克思主义认为，人类社会的发展和全人类的解放，只有借助于每个人的自由而全面的发展，只有具体落实到每个人的自由而全面的发展，才能真正得到实现，才具有现实性、普遍性和彻底性。这是马

---

① 《马克思恩格斯全集》第 25 卷下册，人民出版社 1974 年版，第 926—927 页。

克思主义政治观的最高旨趣。

（三）一种新的政治制度体系

马克思主义把社会主义、共产主义学说看作是一种科学学说，看作是一种人类社会最美好、最进步的制度。它认为，"社会主义"作为一种符合历史发展规律的制度安排，是对资本主义社会制度和社会秩序的否定与超越，是代表无产阶级根本利益的基本经济制度、基本政治制度和意识形态的确立，是社会主义现实的"事实标准"。

马克思主义设想的社会主义、共产主义社会制度，主要体现在几大基本制度：

一是公有制。在经济制度领域，逐渐废除资本主义私有制，建立生产资料社会主义公有制。由于生产资料公有，劳动与资本之间的对立不复存在，按劳分配和消费资料的个人所有制在事实上造成人与人之间的不平等将被消灭，不再具有剥削的性质。

二是无产阶级专政。马克思主义把科学社会主义看作是关于无产阶级解放的学说，社会主义革命与制度建设是无产阶级自己的事业，在政治制度领域必须坚持无产阶级专政、坚持人民民主。随着社会生产力的高度发达、物质财富的极大丰富和人的觉悟的极大提高，阶级和国家最终将走向消亡，建立起"自由人的联合体"。

三是计划生产。社会生产将有计划地进行，不存在商品生产、货币交换和市场。生产者不交换自己的产品，用在产品上的劳动不再表现为这些产品的价值，不再表现为这些产品所具有的某种物的属性，而是直接作为总劳动的组成部分存在着。在生产资料社会化和由此而来的管理社会化的基础上，每一个行业的生产以及这种生产的增加都不再通过价值规律和市场机制调节，而是直接由社会需要调节和控制，由社会按照一个统一的大的计划协调地配置生产力。

四是按劳分配和按需分配。在共产主义第一阶段，由于刚刚从资本主义社会中脱胎出来，因此它在各方面，在经济、道德和精神方面都还带着它脱胎出来的那个旧社会的痕迹。为了实现再生产，在消费品分配给劳动者之前，必须从社会总产品中扣除生产力方面的消耗和需要，实行等量劳动领取等量产品的原则。随着社会生产力的增长和个人的全面发展，集体财富的一切源泉都充分涌流之后，即到了共产主义高级阶段，社会实行"各尽所能，按需分配"。

五是平等正义。马克思主义从来不离开物质基础条件来谈论各种价值问题和制度问题，对待平等与正义的价值原则及其制度也是如此。社会生产力高度发达，物质产品极大丰富，人的觉悟极大提高，个人获得自由而全面的发展，劳动个体的天然特权使他们对生活资料的数量、种类的需求不同，按照个体不同需求进行分配，则是未来社会最高的正义原则。

六是"自由人的联合体"。马克思、恩格斯认为，当阶级差别在发展进程中已经消失而全部生产集中在联合起来的个人的手里的时候，公共权力将就失去政治性质。无产阶级在消灭旧的生产关系的同时，也就消灭了阶级对立的存在条件，消灭了阶级本身的存在条件，从而消灭了它自己这个阶级的统治。当彻底消灭了阶级剥削和阶级压迫，消灭了人对人的统治的时候，国家也就自行消亡了，未来的社会"将是这样一个联合体，在那里，每个人的自由发展是一切人的自由发展的条件"。"自由人的联合体"不仅是共产主义社会生产的组织者，也是人们社会生活的组织者。

所谓公有制、无产阶级专政、计划生产、按劳分配和按需分配，都是为了实现公平正义，实现人的自由而全面的发展，都是为实现社会主义、共产主义社会理想的价值目标服务的。正是在这种新的制度体系的意义上，马克思主义对经济基础、上层建筑、阶级、国家、法治、专政、民主、政府、管理等一系列政治制度范畴进行了深入阐发。

（四）一种新的政治实践体系

与以往一切理论特别不同的是，马克思主义政治观更是一种实际运动和实践体系。马克思、恩格斯反复强调，他们的理论始终坚持在改造旧世界的斗争中不断地发现新世界、建设新世界，因而十分重视对客观世界发展规律及其趋势的认识、预测和把握，十分重视对现实世界的实践改造，强调合乎规律和合乎目的地去创造未来。马克思说：

> "哲学家们只是用不同的方式解释世界，问题在于改变世界。"①
> "对实践的唯物主义者即共产主义者来说，全部问题都在于使现存世界革命化，实际地反对并改变现存的事物。"②

马克思主义认为，社会主义是社会发展的一种实践运动，是改造现实社会发展的一种实践运动，"是那种消灭现存状况的现实的运动"，是无产阶级"用实际手段来追求实际目的的最实际的运动"。社会主义将以资本主义的灭亡标志自己的诞生，资本主义的灭亡和社会主义的胜利都是不可避免的。

马克思主义的政治观作为一种全新的政治认识体系、政治价值体系和政治制度体系，是在马克思主义政治观的实际运用和实践体系中实现的。它体现为一种合规律性与合目的性的辩证统一、社会发展与人的发展的辩证统一、科学理性和实践理性的辩证统一。它意味着这样两个"真正的解决"："它是人和自然界之间、人和人之间的矛盾的真正解决，是存在和本质、对象化和自我确证、自由和必然、个体和类之间的斗争的真正解决。"在《1844年经济学哲学手稿》中，马克思对未来社会的本质特征作了如下表述：

> "共产主义是对私有财产即人的自我异化的积极的扬弃，因而是通过人并且为了人而对人的本质的真正占有；因此，它是人向自身、也就是向社会的即合乎人性的人的复归，这种复归是完全的复

---

①《马克思恩格斯选集》第一卷，人民出版社1995年版，第57页。
②《马克思恩格斯选集》第一卷，人民出版社1995年版，第75页。

归，是自觉实现并在以往发展的全部财富的范围内实现的复归。这种共产主义，作为完成了的自然主义，等于人道主义，而作为完成了的人道主义，等于自然主义，它是人和自然界之间、人和人之间的矛盾的真正解决，是存在和本质、对象化和自我确证、自由和必然、个体和类之间的斗争的真正解决。它是历史之谜的解答，而且知道自己就是这种解答。"①

因而，共产主义社会是消灭了阶级和阶级对立，消除了少数人占有财产而多数人处于绝对或相对贫困的社会，是人们对美好生活的合理需要不断得到满足和提高的社会，是人获得自由而全面发展的社会。

从人类历史发展的规律来看，共产主义社会一定能够实现。我国现在虽然还处在社会主义初级阶段并将长期处于初级阶段，距离实现共产主义的理想目标还有很远一段距离，但并不能因其遥远而否定共产主义理想的规律性。共产主义理想目标的实现不是一种许诺，更不是一种坐等，而是一个连续运动、接续奋斗的实践过程，是共产主义因素不断增长的发展过程。马克思说："共产主义对我们来说不是应当确立的状况，不是现实应当与之相适应的理想。我们所称为共产主义的是那种消灭现存状况的现实的运动。这个运动的条件是由现有的前提产生的。"②

中国共产党人始终坚持对马克思主义的信仰和对共产主义的理想追求。党的十九大报告说："中国共产党一经成立，就把实现共产主义作为党的最高理想和最终目标，义无反顾肩负起实现中华民族伟大复兴的历史使命，团结带领人民进行了艰苦卓绝的斗争，谱写了气吞山河的壮丽史诗。"③

---

① 《马克思恩格斯文集》第一卷，人民出版社 2009 年版，第 185—186 页。
② 《马克思恩格斯选集》第一卷，人民出版社 1995 年版，第 87 页。
③ 《十九大以来重要文献选编》上，中央文献出版社 2019 年版，第 10 页。

深刻改变了世界和中国

社会主义由理想变成了现实，成为人类社会发展的世界潮流，深刻地改变了人类历史的发展进程和世界格局。

1848 年，以《共产党宣言》诞生为标志，社会主义由空想变成了科学，在实践上推动了世界社会主义实践运动的发展。欧洲风起云涌的工人运动，使无产阶级革命越来越成为可能。马克思认为，巴黎公社是对他的共产主义理论的一个有力证明。

1917 年，列宁领导的俄国"十月革命"胜利后苏联的建立，标志着人类历史上第一个社会主义国家正式建立。1922 年，苏联无产阶级政权和社会主义制度的建立，使马克思主义设想的社会制度由理想变成了现实，从而打破了资本主义一统天下的局面。

第二次世界大战以后，社会主义由一国实践变成了多国实践，并形成了世界社会主义阵营，更是结束了资本主义一统天下的局面。

2018 年 4 月 23 日，第十九届中央政治局就《共产党宣言》及其时代意义举行第五次集体学习，习近平在主持时说：

《共产党宣言》的问世，是人类思想史上的一个伟大事件。

《共产党宣言》是第一次全面阐述科学社会主义原理的伟大著作。

《共产党宣言》深刻阐述了马克思主义的科学世界观、马克思主义政党的先进品格、马克思主义政党的政治立场、马克思主义政党的崇高理想、马克思主义的革命纲领和马克思主义政党的国际主义精神。

《共产党宣言》是一部科学洞见人类社会发展规律的经典著作，是一部充满斗争精神、批判精神、革命精神的经典著作，是一部秉持人民立场、为人民大众谋利益、为全人类谋解放的经典著作。

习近平还说，中国共产党是《共产党宣言》精神的忠实传人。学习运用《共产党宣言》，就要不忘初心、牢记使命，始终把人民放在心中最高位置，更好增进人民福祉，推动人的全面发展、社会全面进步。要着眼于满足人民日益增长的美好生活需要，贯彻新发展理念，着力解决发展不平衡不充分的问题，提高发展质量，不断提高人民生活品质、生活品位，让发展成果更多更公平地惠及全体人民，既尽力而为又量力而行，促进社会公平正义，在幼有所育、学有所教、劳有所得、病有所医、老有所养、住有所居、弱有所扶上不断取得新进展，不断朝着全体人民共同富裕迈进。

2018 年 5 月 4 日，在纪念马克思诞辰 200 周年大会上，习近平称马克思是全世界无产阶级和劳动人民的革命导师，称马克思主义是人民的理论。他说：

> "马克思主义是人民的理论，第一次创立了人民实现自身解放的思想体系。马克思主义博大精深，归根到底就是一句话，为人类求解放。在马克思之前，社会上占统治地位的理论都是为统治阶级服务的。马克思主义第一次站在人民的立场探求人类自由解放的道路，以科学的理论为最终建立一个没有压迫、没有剥削、人人平等、人人自由的理想社会指明了方向。马克思主义之所以具有跨越国度、跨越时代的影响力，就是因为它植根人民之中，指明了依靠人民推动历史前进的人间正道。"[1]

> "马克思主义不仅深刻改变了世界，也深刻改变了中国。"[2]

> "实践证明，马克思主义的命运早已同中国共产党的命运、中国人民的命运、中华民族的命运紧紧连在一起，它的科学性和

---

[1]《十九大以来重要文献选编》上，中央文献出版社 2019 年版，第 424 页。
[2]《十九大以来重要文献选编》上，中央文献出版社 2019 年版，第 426 页。

真理性在中国得到了充分检验，它的人民性和实践性在中国得到了充分贯彻，它的开放性和时代性在中国得到了充分彰显！"

"实践还证明，马克思主义为中国革命、建设、改革提供了强大思想武器，使中国这个古老的东方大国创造了人类历史上前所未有的发展奇迹。历史和人民选择马克思主义是完全正确的，中国共产党把马克思主义写在自己的旗帜上是完全正确的，坚持马克思主义基本原理同中国具体实际相结合、不断推进马克思主义中国化时代化是完全正确的！"①

习近平认为，今天中国共产党人学习马克思的重要内容之一，就要学习和实践马克思主义关于坚守人民立场的思想。人民性是马克思主义最鲜明的品格。马克思说，"历史活动是群众的活动"。让人民获得解放是马克思毕生的追求。

中国共产党人要始终把人民立场作为根本立场，把"为人民谋幸福"作为根本使命，全心全意为人民服务，坚持贯彻群众路线，尊重人民主体地位和首创精神，始终保持同人民群众的血肉联系，凝聚起众志成城的磅礴力量，团结带领人民共同创造历史伟业。这是尊重历史规律的必然选择，是共产党人不忘初心、牢记使命的自觉担当。

| 三 |　马克思主义为什么能在中国落地开花结果

马克思主义是中国共产党产生和成立的一个重要条件。中国共产党以马克思主义作为指导思想和理论基础，成为一个马克思主义政党。如

---

① 《十九大以来重要文献选编》上，中央文献出版社 2019 年版，第 427-428 页。

果没有马克思主义在中国的广泛传播，没有中国的先进分子对马克思主义的最终选择，也就没有中国共产党。

那么，让今天的中国人感到困惑的一个问题是，在中国共产党成立前后，各色各样的思想、思潮和主义相继涌入中国，在中国粉墨登场，改良主义、自由主义、社会达尔文主义、无政府主义、实用主义、民粹主义、工团主义、新村主义，从国家主义到世界主义，从先验主义到英美经验主义、实验主义，从新实在论到尼采主义，乃至民主主义、自由主义、个人主义……为什么最终只有马克思主义而不是别的什么主义能够在中国落地开花结果呢？

人民成为人类历史的至高"道义"

自从马克思主义产生以来，就产生了强大的号召力、吸引力和凝聚力，并没有因为有人不理解或强烈反对就减弱马克思主义思想的光辉，它不仅感动和唤醒了千百万人民大众，而且常常令自己的对手、敌人也为之动容、汗颜和心惊胆战。

马克思主义建立起来的全新政治观，不同于以往人类历史上任何一种政治观，用最简洁的文字来概括，就是：人民当"道""人民政治"。或者说马克思主义建立起来的共产党人的政治观，其核心要义就是"一切为了人民"。

这种全新的政治观，明确了社会成员之间每个人都是劳动者，都是为人民而劳动、为社会而劳动的。按照马克思主义的设想，在劳动过程中，每个人都是服务主体，又是服务客体。作为个人，每个人都是"为人民服务"的；作为人民，每个人都在接受别人的服务。这个服务，不以利益为前提，而是一种义务、一种责任、一种大义、一种道义。每个人的工作和生产活动，都是服务他人和社会的手段，而不是获取利益的途径。服务者有一种崇高感，被服务者有一种温暖感，人与人之间是完全平等的关系，是一种相互关心、相互爱护、相互帮助、相互信任的关系。人们在相互服务中得到幸福，思想和精神又在相互服务中得到升华，社会文明达到一个崇高境界。

这种全新的政治观，也确定了国家管理者和人民之间的一种新型关系。

就主体而言，政治包括两部分：一是国家管理者，二是每一个社会成员、国家公民。国家管理者包括国家各级管理机构的管理人员，就是共产党各级组织的党员干部和各个政府部门的工作人员。国家管理者不再是统治者和统治工具，而是人民的服务员、勤务兵，是人民权力的"赋予者"。人民为上，管理者为下，共产党及其执政的国家的各级组织机构及其工作人员的职责和一切工作，就是"为人民服务"，而不是高高在上，支配和奴役人民。

马克思、恩格斯设想的未来理想社会——共产主义社会也为国家管理者不可能再成为奴役"人民"的统治者提供了根本保障，因为社会生产力的高度发展、人的自由全面发展、人的觉悟与社会文明程度的极大提高、国家管理体制机制的高度民主化，全面保障了在国家管理者和社会成员之间是完全可以互换的。这种全新的政治观告诉人们，国家的一切包括国家机器都属于人民，一切组织及其工作人员都是"为人民服务"的。人民是国家的主人，国家管理者和人民不是统治和被统治的关系，而是服务和被服务的关系。

确定人民是国家的主人、是被服务的，共产党人是彻底为人民服务的，这就彻底颠覆了几千年来人民与国家管理者之间的关系。这是中国传统的"民本"文化和西方社会的"契约"文化都没有达到的政治高度，它真正使"人民"成了至高无上的"道义"，是真正的人民当"道"。

中国传统文化中虽然也强调"民本"意识，但是那种高高在上的政治统治者的姿态，"只许官兵放火，不许百姓点灯"，它强调的是为百姓做主、为人民做主，而不是让百姓做主、让人民当家做主，强调的是恩赐百姓、是"父母官"，而不是服务百姓、服务人民。中国古代"民本"思想的出发点，都是为极少数统治阶级服务的，目的是巩固统治阶级的统治，统治者和百姓之间的关系是统治和被统治的关系。统治者始终是"舟"，人民群众永远是"水"，"水能载舟，亦能覆舟"，但是"舟"与"水"始终不可同日而语，始终不是同一个性质的东西。

人民当"道"，这是马克思主义这种全新政治观的先进性所在，也是它具有强大震撼力的根本原因所在。我们讲中国共产党是一个先进政党，就是因为它是一个"为人民服务"的政党，是"执政为民"的政党，除了"为了人民"没有自己的特殊利益。任何共产党人都是"人民群众"中的普通一员，人民群众是"水"，国家管理者也是"水"，两者只有分工不同、岗位不同，而没有"统治者"与"被统治者"的截然对立。

应该说，在中国"五四运动"前后流行的众多思想、思潮和主义中，许多喧嚣一时的思想流派后来大多都退出了中国社会的政治舞台和历史舞台，有的甚至消失了，而只有马克思主义逐步发展成为中国新文化的思想主流，成为中国共产党的思想旗帜，并最终在中国落地生根开花结果，从根本上说首先是因为马克思主义是代表人民的、是人类社会最先进的科学理论，它符合人类社会发展的历史潮流，也符合了近代以来中国社会发展进步的客观需要。

中华民族发展进步的内在需要

近代中国，风起云涌，风云激荡。近代中国的大变局，同时也引发了思想文化的大碰撞、大变革、大发展。各种思潮竞相表演，各路英才登台呐喊，各种方案相继尝试，各类运动此起彼伏。自鸦片战争以来，中华民族积贫积弱，内忧外患，许多种救亡图存、复兴中华的建国方案都惨遭失败，中华民族亟须一种新的思想理论来指导救亡图存的伟大实践。思想是行动的先导，观念是行为的前提，在此起彼伏、波澜壮阔的近代中国历史上，无论是技术变革、军事变革、教育变革、政治变革，思想文化变革都是其中的重要内容，都居于引领地位。

自近代以来尤其是"新文化运动"以来，西方文化和马克思主义相继传入中国，在"中西马"相互激烈碰撞的交汇交锋交融过程中，中国人民通过"五四运动"前后的"东西文化论战"，"五四运动"时期的"问题与主义论战""社会主义论战""无政府主义论战"，以及"科学与人生观论战"（亦称"科学与玄学论战""人生观论战"），20世纪30年代的"中国社会性质论战""中国文化的出路大讨论""唯物辩证法论战"等，针对当时我国社会发展进步面临的一系列重大理论问题，诸如认识我国社会的世界观方法论、我国社会的基本性质、中国文化的出路、中华民族的前进方向等展开了激烈交锋，逐步冲破了以儒家思想为主导的中国传统文化的禁锢和对西方资本主义文化的盲目崇拜，从中华民族"救亡图存"和实现复兴的实践需要出发，为马克思主义在中国的"落地生根开花结果"奠定了坚实的认识基础。尤其是中国共产党运用马克思主义、列宁主义指导中国革命的具体实际，为马克思主义在中国的"落地生根开花结果"奠定了坚实的实践基础。

可以说，"五四运动"前后中国的先进分子是历尽千辛万苦、经过各自摸索，才找到了马克思主义并最终认定马克思主义的，在马克思主义的旗帜下集合起来，马克思主义在中国从此就具有了极其伟大和深远的历史意义与现实意义。毛泽东说：

> "自从中国人学会了马克思列宁主义以后，中国人在精神上就由被动转入主动。从这时起，近代世界历史上那种看不起中国人、看不起中国文化的时代应当完结了。伟大的胜利的中国人民解放战争和人民大革命，已经复兴了并正在复兴着伟大的中国人民的文化。"[1]

①《毛泽东选集》第四卷，人民出版社1991年版，第1516页。

马克思列宁主义来到中国，之所以被中国的先进分子所认同、所接受，之所以能够发生这样大的作用，最根本的是近代以来中国社会的发展进步有了这种客观需要。否则，任何思想理论都是起不了这种作用的。近代中国半封建半殖民地的社会特征，以及中国几千年农业社会的特点，决定了中国革命必然选择马克思主义为指导，选择走新民主主义革命的道路和中国特色社会主义的建设发展之路。毛泽东说：

> "马克思列宁主义来到中国之所以发生这样大的作用，是因为中国的社会条件有了这种需要，是因为同中国人民革命的实践发生了联系，是因为被中国人民所掌握了。任何思想，如果不和客观的实际的事物相联系，如果没有客观存在的需要，如果不为人民群众所掌握，即使是最好的东西，即使是马克思列宁主义，也是不起作用的。"①

中华民族自古以来就是勤劳勇敢、不怕牺牲，自强不息、厚德载物的伟大民族。中国人民的革命斗争从来都是英勇、顽强的斗争。自从有了马克思主义作指导和中国共产党的领导，中国的革命斗争就出现了新面貌，革命的胜利就不可阻挡了。

中国共产党成立后，成为肩负中华民族救亡图存和实现伟大复兴这一历史主题的领导承担者。中国共产党的成立，正如毛泽东所说的那样，是一个开天辟地的大事变。中国共产党成立后，中国革命的面目就为之一新了。毛泽东说：

> "那种西方资产阶级的文化，一遇见中国人民学会了的马克思列宁主义的新文化，即科学的宇宙观和社会革命论，就要打败

①《毛泽东选集》第四卷，人民出版社1991年版，第1515页。

仗。被中国人民学会了的科学的革命的新文化，第一仗打败了帝国主义的走狗北洋军阀，第二仗打败了帝国主义的又一名走狗蒋介石在二万五千里长征路上对于中国红军的阻拦，第三仗打败了日本帝国主义及其走狗汪精卫，第四仗最后地结束了美国和一切帝国主义在中国的统治及其走狗蒋介石等一切反动派的统治。"①

2018 年 12 月 18 日，在庆祝改革开放 40 周年大会上的讲话中，习近平强调指出："建立中国共产党、成立中华人民共和国、推进改革开放和中国特色社会主义事业，是"五四运动"以来我国发生的三大历史性事件，是近代以来实现中华民族伟大复兴的三大里程碑。"②

自从有了马克思主义这面旗帜，成立中国共产党，把马克思主义普遍原理与中国具体实际相结合，孕育了马克思主义中国化的道路，孕育了中国革命、建设、改革和发展的道路，孕育了一条建设社会主义现代化和实现中华民族伟大复兴的道路，即中国特色社会主义道路。在马克思主义指导下，共产党领导中国人民相继赢得了新民主主义革命、社会主义改造与建设和改革开放的辉煌胜利，一个积贫积弱的旧中国已经变成了一个初步繁荣昌盛的社会主义中国。

众多"主义"中选定马克思主义

只要翻开历史的画卷，就可以看到，鸦片战争后中华民族陷入了内忧外患、被动挨打的可悲境地，中国人民从此经历了战乱频仍、山河破碎、民不聊生的深重苦难。谋求民族独立、人民解放，实现国家富强、人民幸福，成为近代以来中华民族面临的两大历史任务；实现民

---

①《毛泽东选集》第四卷，人民出版社 1991 年版，第 1514-1515 页。
②《十九大以来重要文献选编》上，中央文献出版社 2019 年版，第 721 页。

族伟大复兴、实现人民生活幸福，成为近代以来中华民族的伟大梦想。

在中国共产党成立之前，为了实现民族伟大复兴和人民生活幸福，无数仁人志士不屈不挠、前仆后继，进行了可歌可泣的斗争，进行了各式各样的尝试，但都以失败告终。毛泽东深刻地总结了鸦片战争以来中国的先进分子寻求先进思想理论救亡图存的历史进程。他说：

> "自从一八四○年鸦片战争失败那时起，先进的中国人，经过千辛万苦，向西方国家寻找真理。洪秀全、康有为、严复和孙中山，代表了在中国共产党出世以前向西方寻找真理的一派人物。那时，求进步的中国人，只要是西方的新道理，什么书也看。向日本、英国、美国、法国、德国派遣留学生之多，达到了惊人的程度。国内废科举，兴学校，好像雨后春笋，努力学习西方。我自己在青年时期，学的也是这些东西。这些是西方资产阶级民主主义的文化，即所谓新学，包括那时的社会学说和自然科学，和中国封建主义的文化即所谓旧学是对立的。学了这些新学的人们，在很长的时期内产生了一种信心，认为这些很可以救中国，除了旧学派，新学派自己表示怀疑的很少。要救国，只有维新，要维新，只有学外国。那时的外国只有西方资本主义国家是进步的，它们成功地建设了资产阶级的现代国家。日本人向西方学习有成效，中国人也想向日本人学。在那时的中国人看来，俄国是落后的，很少人想学俄国。这就是十九世纪四十年代至二十世纪初期中国人学习外国的情形。"[1]

直到马克思主义传入中国，成立了中国共产党，才逐渐改变了这种状况。

1915 年开始的"新文化运动"，在中国形成了一场几千年来从未有

---

[1] 《毛泽东选集》第四卷，人民出版社 1991 年版，第 1469-1470 页。

过的思想启蒙和思想解放的高潮，并涌现出了一批具有先进文化思想的知识分子，为马克思主义在中国的传播创造了有利条件。

1917年11月，列宁领导的俄国"十月革命"取得胜利，在世界上建立了第一个由无产阶级政党领导的社会主义国家，对中国先进的知识分子产生了巨大影响，使中国人民首先是先进的知识分子受到极大鼓舞，看到了寻求民族解放的新希望。俄国"十月革命"的胜利，加速了马克思主义在中国的传播，进一步唤醒了中国的先进分子。

俄国"十月革命"向全世界宣告，崭新的社会主义社会制度由理想变为现实，开辟了人类探索社会主义道路的新时代，使马克思列宁主义传遍世界，也传到了中国。毛泽东曾说："十月革命一声炮响，给我们送来了马克思列宁主义。"①

"五四运动"前后，中国出现了许多介绍和讨论《共产党宣言》的文章，马克思主义在中国得到广泛传播。以陈独秀和李大钊为代表的先进知识分子开始接受，并在中华大地上率先举起了马克思主义的思想旗帜，在中国开始大力传播马克思主义。

李大钊独具慧眼，首先指出俄国"十月革命"开辟了人类历史的新纪元。他说，一叶落而天下惊秋，听鹃声而知气运。我们应当有这样的历史眼光，努力地去适应世界的新潮流。

然而，当时尽管马克思主义、社会主义、"十月革命"的炮声已开始传入中国，但许多人对马克思主义、社会主义、"十月革命"还只是一种朦胧的向往，在一段时期里许多人实际上并不知马克思主义、社会主义为何物。无政府主义、革命工团主义、基尔特社会主义、社会民主主义、实用主义，以及新村主义、泛劳动主义等社会思潮，与马克思主义的社会主义一道，在各种报刊上纷然杂陈，在中国社会粉墨登场。经过反复的比较、推求、讨论甚至争辩，中国的先进分子才真正了解了马克思主

①《毛泽东选集》第四卷，人民出版社1991年版，第1471页。

义，并最终选择了马克思主义。

在中国早期信仰、传播马克思主义的，主要由以下三种类型的人物组成：

一是新文化运动的思想领袖，代表人物如李大钊、陈独秀；

二是"五四运动"的左翼骨干，代表人物如毛泽东、周恩来、蔡和森、杨匏安等；

三是一部分老同盟会会员、辛亥革命时期的活动家，代表人物如董必武、林伯渠、吴玉章等。

其中，李大钊、陈独秀属于中国马克思主义的先驱者和擎旗人，毛泽东、蔡和森等"五四运动"的左翼骨干是其主体部分，他们都是当时中国最优秀的分子之一。他们历尽千辛万苦，经过反复摸索才找到马克思主义，并最终选择和认定马克思主义，在马克思主义的旗帜下集合起来。

1919年冬，受中国共产党创始人之一的陈独秀委托，陈望道翻译了《共产党宣言》的第一个中文全译本，经李汉俊校阅、陈独秀审定之后，于1920年8月第一次在上海出版。《共产党宣言》第一个中文全译本在中国的出版，不仅使当时中国的思想先进人士对马克思主义有了更加深刻的了解，更加坚定了他们追求共产主义的信念。它在那个年代犹如一面旗帜指引着革命者前行，为1921年中国共产党的成立做了思想上、理论上的准备，在后来中国共产党领导的革命实践中发挥了主要指导作用。

中国共产党的理想信念和信仰，就来自于《共产党宣言》、来自马克思主义和社会主义思想，这使中国共产党有了明确的奋斗目标。《共产党宣言》庄严宣告："无产者在这个革命中失去的只是锁链。他们获得的将是整个世界。"

正是《共产党宣言》、马克思主义和社会主义思想给了中国共产党革命的思想力量和信仰力量。从上海兴业路到浙江嘉兴南湖的红船，一群胸怀救国济民远大志向、接受马克思主义先进思想的年轻人聚在一起，建立了中国共产党。他们受到马克思主义关于社会主义、共产主义理想描述的极大鼓舞，把为共产主义、社会主义而奋斗写进了党的纲领，从此成为中国共产党革命和奋斗的强大动力。

中国最初的共产党员手里都有一本《共产党宣言》，正是里面宣扬的革命思想和共产主义远大理想，激励中国共产党人不懈奋斗。当时的革命者最喜欢的一句口号就是《国际歌》中的"英特纳雄耐尔一定要实现"。"英特纳雄耐尔"是法文 internationale 的音译，意思是"国际共产主义"。

毛泽东说："有三本书特别深地铭刻在我的心中"

1936 年 10 月，毛泽东在同斯诺谈话时说：

"在这个时候，我的思想是自由主义、民主改良主义、空想社会主义等思想的大杂烩。我憧憬'十九世纪的民主'、乌托邦主义和旧式的自由主义，但是我反对军阀和反对帝国主义是明确无疑的。我在一九一二年进师范学校，一九一八年毕业。……

我对政治的兴趣继续增长，我的思想越来越激进。我已经把这种情况的背景告诉你了。可是就在这时候，我的思想还是混乱的，用我们的话来说，我正在找寻出路。我读了一些关于无政府主义的小册子，很受影响。……

一九一九年我第二次前往上海。在那里我再次看见了陈独秀。我第一次同他见面是在北京，那时我在国立北京大学。他对我的影响也许超过其他任何人。那时候我也遇见了胡适，我去拜访他，想争取他支持湖南学生的斗争。在上海，我和陈独秀讨论了我们组织'改造湖南联盟'的计划。接着我回到长沙着手组织联盟。……

一九二〇年冬天，我第一次在政治上把工人们组织起来了，在这项工作中我开始受到马克思主义理论和俄国革命历史的影响的指引。我第二次到北京期间,读了许多关于俄国情况的书。我热心地搜寻那时候能找到的为数不多的用中文写的共产主义书籍。有三本书特别深地铭刻在我的心中,建立起我对马克思主义的信仰。我一旦接受了马克思主义是对历史的正确解释以后,我对马克思主义的信仰就没有动摇过。这三本书是:《共产党宣言》,陈望道译,这是用中文出版的第一本马克思主义的书;《阶级斗争》,考茨基著;《社会主义史》,柯卡普著。到了一九二〇年夏天,在理论上,而且在某种程度的行动上,我已成为一个马克思主义者了,而且从此我也认为自己是一个马克思主义者了。"

蔡和森最早提出"中国共产党"的名称

1920 年 7 月 6 日—10 日,留法新民学会会员在蒙达尼召开会议,蔡和森说:

"我以为先要组织党——共产党。因为他是革命运动的发动者、宣传者、先锋队、作战部,以中国现在的情形看来,须先组织他,然后工团,合作社,才能发生有力的组织。革命运动,劳动运动,才有神经中枢……明目张胆正式成立一个中国共产党。"①

中国共产党是马克思主义同中国工人运动相结合的产物。蔡和森是第一个提出"中国共产党"这一组织名称的人。中国工人阶级作为一支独立的政治力量,在"五四运动"中登上了历史舞台。由于马克思主义在中国的广泛传播,"五四运动"中涌现出的一批年轻先进分子,像毛泽东、邓中夏、蔡和森、周恩来等开始思想转变,接受了马克思主义,并

---

①《蔡和森文集》,人民出版社 1980 年版,第 51 页。

把它作为观察世界和国家命运的理论武器。

有了马克思主义，有了中国工人运动，两者的结合便产生了中国共产党。

1921 年 7 月，中国共产党第一次全国代表大会召开，马克思主义被确定为中国共产党的指导思想，从而逐步成为近代以来中国社会发展进步的思想主流，对中国的新民主主义革命、社会主义革命、建设和改革开放发挥了重要指导作用，马克思主义的科学性、真理性、实践性和人民性，不断地为中国共产党成立 100 年来的奋斗历程及其走向成功经验所证明。

全新政治实践的灵魂震撼

马克思主义不是一种学院式的书斋学问，而是一种对实践最具有革命性的科学理论，是科学思想与革命精神有机结合的、指导无产阶级认识世界和改造世界，而且根本在于改变世界的世界观和方法论。

中国共产党成立之前的一段时期，正值世界资本主义的发展达到一个高峰——正处于帝国主义阶段。然而，也正是这一时期第一次世界大战爆发，资本主义世界内部的弊端充分暴露出来，资本主义国家国际国内矛盾突出，工人运动风起云涌。马克思主义具有预见性地、深刻地分析和揭露了资本主义的内在矛盾和发展规律，看到了资本主义发展必然带来的弊端，比其他任何一种学说都更加具有说服力。

同时，以马克思主义为指导，巴黎公社的试验、苏联"十月革命"的胜利，更加使中国的先进分子认同马克思主义的科学性、真理性、革命性和实践性，认识到马克思主义是一种认识世界和改变世界的崭新的宇宙观、世界观和革命观。

中国共产党自成立以来，无论是在硝烟弥漫的战争岁月，还是在热火朝天的建设年代，无论是在事业遭受巨大挫折的关头，还是在事业高歌迈进的时刻，人民群众一直都跟着共产党走，其中一个重要原因就是他们认准了共产党人是为人民的利益而革命的、而奋斗的、而工作的，是人民可以信赖和依靠的人；共产党人所干的事业，就是人民群众自己的事业，就是为人民群众利益奋斗的事业。

中国古代社会几千年讲"千里做官，只为吃穿"、"三年清知府，十万雪花银"、无官不贪。所以，当共产党人方志敏被敌人抓住以后，那些从他身上搜不出钱财的人，就很难理解"革命不是为发财"，这么大的一个共产党高官怎么会没有钱财？

当共产党人杨靖宇被叛徒出卖以后，前来劝他投降的叛徒很难理解：他为什么放着日本人承诺的高官厚禄不要，却愿意在冰天雪地里忍冻挨饿，甚至甘愿牺牲自己的生命？

明明写一张自首书就可以享受荣华富贵，却宁愿把牢底坐穿；

明明可以坐拥万贯家产坐享清福，却把自己的财产分给穷苦人，走上革命的道路；

宁愿自己少活二十年，也要拼命为国家拿下大油田，等等。

这样让人感到难以理解的事例，还有很多很多……

一个政党能让人民群众信任到这种程度，一大批优秀的共产党人能让老百姓信任到这种程度，就是因为绝大多数共产党人所信奉的这样一种全新政治观，产生了强大的精神力量和人格魅力。

中国共产党人中的那些优秀代表，比如李大钊、瞿秋白、方志敏、夏明翰、江姐、张思德、刘胡兰、雷锋、焦裕禄、王进喜、谷文昌等等，虽然已经离开人们几十年了，但谈到他们的生前事迹，当年在他们身边的人依然热泪盈眶，他们的事迹使后人依然感到一种灵魂的震撼。

| 四 | 中国共产党人的政治灵魂

1921 年 7 月在上海兴业路的一个狭小房间里秘密成立，因突遭法国巡捕搜查会议还被迫休会，从上海乘火车转移到嘉兴，再从狮子汇渡口登上渡船到湖心岛，最后被迫转登上一艘游船宣告诞生的中国共产党，当时在全国的成员只有区区 50 多人，与在中国政治舞台上纵横捭阖的各路政治力量相比，看上去是那样的势单力孤、弱小无助。

在中国近代史上，怀抱各种主义和信仰的政党似乎都相信自己能够拥有未来，在"五四运动"前后的众多政党中，为什么恰恰是中国共产党这个幼小的政党越来越壮大并最终掌握了中华民族的命运和未来呢？

答案可以列出万千条，但归根结底的一条，就是中国共产党人坚定信仰共产主义，坚信"一切为了人民"具有坚不可摧的无穷力量。可以说，"一切为了人民"就是中国共产党的核心竞争力。

共产主义信仰是行动指南

翻开中国近代史可以看到，无论是洪秀全领导的不触动封建社会根基的旧式农民起义，还是洋务派领导的"师夷长技以制夷"的"洋务"自救或自强运动，无论是以康有为、梁启超为代表的维新派领导的资产阶级改良运动，还是以孙中山为代表的资产阶级革命派领导的资产阶级革命，都没有能够完成中华民族"救亡图存"的历史使命和反帝反封建的历史任务。

那么，为什么只有马克思主义才能够指导中华民族完成"救亡图存"和反帝反封建的历史使命和历史任务呢？

最根本的原因，在于中国共产党人把马克思主义、共产主义作为自己的信仰。

所谓信仰，在原始的意义上，是源于人类初期对自然界以及祖先的崇拜，如天地信仰、祖先信仰，后来亦指对某种思想，或宗教，或对某人某物的信奉敬仰。

信仰与信念既相联系又有所不同。"信念"是人们坚信的东西或者事情，信仰常常是人们对生活所持的某些长期的和必须加以捍卫的根本信念，是人们对某种主张、主义、宗教、某人或某物极其相信和尊敬，拿来作为自己行动的指南，是对人的灵魂和行动的标注，常常表现为精神和行动的一种共同执着。"信仰"是人的一种高级精神活动和执着行动。有了信仰，人就有了精神寄托和精神支柱，就有了行动纲领和行动指南。

一般认为，信仰往往带有某种非理智的主观色彩和情感体验，特别是在宗教信仰上，甚至会丧失理智。哲学家甚至认为，信仰是一种强烈的、执着的、坚定的信念，通常表现为对缺乏足够证据的、不能说服每一个理性的人的事物的固执信任。然而，中国共产党人对马克思主义、对共产主义的信仰，与一般的信仰却有着根本不同。中国共产党人的理想、追求和忠诚，不是自发的、盲目的，对马克思主义、共产主义的信仰更不是自发的和盲目的，而是源自马克思主义真理的科学指导，源自认识世界、改造世界的伟大实践，源自中国共产党人领导中国人民百年奋斗的理性思维和理论创新的自觉选择。

选择信仰马克思主义、共产主义，是中国共产党人的初心，对马克思主义、共产主义的信仰即对马克思主义理论和共产主义力行的信服、尊敬和忠诚。

马克思主义不是脱离实际的书斋式学问，而是经过一百多年无产阶级革命实践检验的科学真理；不是代表少数人的、统治阶级根本利益的学说，而是解放无产阶级和全人类的精神武器；共产主义远大理想不是脱离现实的社会空想，而是马克思主义为人类社会向何处去指明的前进方向。

马克思主义思想和共产主义理想，是无产阶级和全人类长远利益的集中体现，是人类社会一种全新的政治观和思想体系，主张消灭生产资料私有制，并建立一个没有阶级制度、没有剥削、没有压迫，实现人类自我解放的社会，也是社会化集体大生产的社会，面对人类社会的一切旧恶势力会团结一致，实现全体人民的"普遍幸福"。

因此，对马克思主义、共产主义的信仰是一种科学信仰，是人类社会有史以来最伟大、最崇高的信仰。以马克思主义为指导，对共产主义的信仰，体现着全世界无产阶级的向往和追求，是共产党人强大的精神支柱和精神武器。确立了对马克思主义和共产主义的信仰，就要把在全人类实现共产主义作为自己终生奋斗的理想信念；就要用马克思主义观察世界、观察社会、观察人生，树立科学的世界观、人生观、价值观；就要用共产主义道德原则和规范来处理个人与社会、集体与他人的关系，培养高尚的道德品质；就要用共产主义信仰作为自己一切行动的指南。

也许会追问，到底是什么让最广大的中国人民最终选择了中国共产党而不是其他政党呢？

在中国近代史的政治舞台上，各方政治力量都有登台亮相的机会，诸如革命党、封建复辟势力、北洋军阀、国民政府。但是，为什么是中国共产党最终走到了中国政治舞台的中心？这个弱小的诞生之初并没有任何耀眼光环、没有任何背景、没有任何资历的政党，哪来的一往无前的勇气和底气呢？这个政党一路走来，面临着各种围剿追击，面临各种逃离、掉队、背叛，靠什么坚持到最后的胜利呢？

答案只有四个字："理想信念。"正如习近平在庆祝中国共产党成立95周年大会上所说的：

> "共产主义远大理想激励了一代又一代共产党人英勇奋斗，成千上万的烈士为了这个理想献出了宝贵生命。'砍头不要紧，只要主义真'，'敌人只能砍下我们的头颅，决不能动摇我们的信仰'，这些视死如归、大义凛然的誓言生动表达了共产党人对远大理想的坚贞。理想之光不灭，信念之光不灭。"①

---

① 《习近平谈治国理政》第二卷，外文出版社2017年版，第35页。

朱德寻党的故事

一个只有12个代表的大会，一个只有50多名党员的政党，靠一种什么力量克服千难万险，把一大批非常优秀的人逐渐聚集到一起？

朱德原是一个身居高位的高级军阀将领，为什么要放下一切荣华富贵去追寻一个刚刚成立一年的政党？

1922年，36岁的朱德做出了一个令人震惊的决定，放弃一切"荣华富贵"，离开旧军阀的队伍去寻找救国救民的真理，这个真理就是马克思主义、共产主义，就是去寻找中国共产党。

当时朱德已经拥有的"荣华富贵"是什么呢？他已经担任云南陆军宪兵司令官、云南省警务处处长兼省会警察厅长，月薪是三百大洋。在当时军阀混战时期，拥有军队可是说是很有地位的，真可谓"荣华富贵"。那一年，朱德深切地感觉到，他生活的祖国不是他理想中的国家，他生活的社会不是他理想中的社会，于是就告别了成就自己无上荣耀的川滇大地，告别了拥有的股票、洋房和存款，去了北京，去了上海，去了德国。

朱德来到北京，不巧李大钊去了外地。他又辗转到上海，找到当时中国共产党的总书记陈独秀，陈独秀看不上朱德的复杂背景和军阀经历，拒绝了朱德提出的加入中国共产党的请求。朱德虽有短暂的灰心丧气。他后来回忆说："我感到绝望、混乱。我的一只脚还站在旧秩序中，另一只脚却不能在新秩序中找到立足之地。"但是，很快又树立了对马克思主义和共产党组织的信心和决心，他婉言拒绝了孙中山十万军饷打广东的邀请，又毅然决定去欧洲寻找马克思主义和共产党的组织，经法国来到德国。

在德国，朱德终于在张申府、周恩来的介绍下加入了中国共产党。在德国期间，朱德接受了马克思主义，并表示"归国后即终身为党服务，作军事运动"。因参加革命活动，曾两次遭柏林警察逮捕。

1923 年 7 月，朱德由德国赴苏联学习军事。

1926 年 5 月，朱德在中国共产党的组织安排下，回国参加北伐战争。

朱德之所以成为"红军之父"、成为"红军总司令"，靠的就是对共产主义的坚定信念，对中国共产党的坚定信心。

朱德在参加中国共产党组织后，实际上，直到参加南昌起义的时候，朱德也还只是一个配角，并不是一个重要角色。不论是在南昌起义之前还是南昌起义过程中，在组织指挥起义的核心领导成员中，都没有朱德。南昌起义总指挥的前委书记是周恩来，前委委员里面有张国焘、李立三、叶挺、贺龙、刘伯承、聂荣臻，甚至郭沫若都是前委委员，朱德却不是。正如陈毅元帅后来回忆说，朱德在南昌暴动的时候，地位并不重要，也没有人听他的话，大家只不过尊重他是个老同志罢了。

朱德真正发挥作用，是在这支部队面临失败、面临解散的时候。

南昌起义失败后，南昌起义部队南下，当时滇军遍布江西。为利用旧谊使滇军让路，朱德负责部队的先遣任务。他后来回忆说："我自南昌出发，就走在前头，做政治工作，宣传工作，找寻粮食……和我在一起的有彭湃、恽代英、郭沫若，我们只带了两连人，有一些学生，一路宣传一路走，又是政治队，又是先遣支队，又是粮秣队。"

由于南昌起义的主力部队南下作战损失殆尽，领导人失散，留下来的革命火种几乎奄奄一息。这真是一个异常严峻的时刻，没有基本的队伍、说话没人听的朱德，在中国革命最紧要的关头，接过了这个几乎没有人再抱有希望的烂摊子，挑起了带领中国共产党领导的人民武装的重任。

陈毅后来回忆当时朱德所面临的状况是："当时是人心涣散，士无斗志，很多人受不了这种失败的考验，受不了这种艰苦的考验，不辞而别了。像七十三团这样坚强、这样有光荣传统的队伍，都无力进行战斗了。连土豪劣绅的乡团都可以缴我们的枪，谁也没有心思打仗。"

大家的普遍感觉是："完蛋了！二十军和二十一军都失败了。"更严重的是一些从南边跑来的官兵讲："主力都散了，我们还在这儿干什么？我们也散伙算了。"

还有人认为，资产阶级再度出卖了革命，而且与封建地主和帝国主义联成一气，势力大得无法抵抗，因而指责继续进行革命斗争是不折不扣的冒险主义。

这些情绪极大地动摇了这支人民武装的军心。

就是在这样一个非常时刻，面对这支并非十分信服自己的队伍，朱德表现出了坚定的理想信念和坚强的领导能力。

在行军途中，朱德不断鼓舞士气："我们还有人，还有枪。有人，有枪就有办法。"他主持召开了一次会议，20余名排以上的干部参会。他说："我拒绝向军阀主义投降，我已经选定了人民革命的道路，我要坚持到底。"

这位蓄着长髯的革命党人率先表明自己的态度。"只要还有一个人和我留下来，我就继续战斗；就是这个人也开了小差，我敢说，我还能发动另外的人。"

他鼓励大家说："你们许多人是参加过北伐的，打过许多胜仗。不要因为我们一时受了挫折就灰心丧气。胜败乃兵家常事，不要悲观。我们要经得起胜利的考验，也要经得起失败的考验。主力失利了，我们吃了败仗，但革命没有完。留得青山在，不怕没柴烧。我们要保留南昌起义的革命种子，要把实力保存下来！"

朱德激情澎湃地说："起义军虽然失败了，但是'八一'起义这面旗帜不能丢，武装斗争的道路一定要走下去。我是共产党员，我有责任把'八一'南昌起义的革命种子保留下来，决心担起革命重担，有信心把这支革命队伍带出敌人的包围圈。"

原本低着头的人，都抬起了头，望着朱德。

朱德继续说："我们一定要团结起来，把革命干到底！"

正是朱德异乎寻常的坚定执着，为困境中的队伍指明了出路。茫然四顾的官兵听信了朱德的话，这支队伍终于没有解散。

面对眼前的这支行将溃散的队伍，朱德镇定地说："大家知道，大革命失败了，我们的起义军也失败了！但是我们还是要革命的。同志们要革命的跟我走，不革命的可以回家，不勉强！"他还说："1927年的革命好比1905年的俄国革命。俄国在1905年革命失败后，是黑暗的，但黑暗是暂时的。1917年俄国革命就成功了……中国也会有个'1917年'的。"

从朱德铿锵有力、掷地有声的话语中，人们真切地感受到他心中对革命那股不可抑制的激情与信心。朱德后来之所以能成为人民军队的三任总司令——工农红军总司令、八路军总司令和人民解放军的总司令，起决定作用的一举就在于此刻的振臂一呼。

许多年以后，萧克将军回忆说，朱德在部队中有很高的威信，部队对朱德带点神秘式的信仰。

在困难无望的时刻表现出磐石一般的革命意志，在生死一线的时刻一马当先杀出血路，从此之后，朱德便成为人民军队无可争议的军事统帅。

陈毅元帅后来回忆说，朱德讲了两条政治纲领：一是共产主义必然胜利，二是革命必须自愿。这两条纲领，后来成为革命军队政治宣传工作的基础。选择留下来的八百人，是符合这两条纲领的八百人，也就是最坚定的革命者。

陈毅还说："朱总司令在最黑暗的日子里，在群众情绪低到零度、灰心丧气的时候，指出了光明的前途，这是总司令的伟大。"

"艰难困苦，玉汝于成。"《中国人民解放军战史》评价说，这支队伍在极端困难的情况下能够保存下来，朱德、陈毅为中国革命事业做出了重大贡献。

那么，朱德在成为中国工农红军的"总司令"之后，过的又是一种什么状况的生活呢？走上革命道路的朱德，虽然统率着千军万马，过手的钱千千万，但他自己却连接济饥荒中的母亲都无能为力。

朱德曾有过这样一段困苦的经历。在抗日战争期间，朱德总司令给同乡同窗好友戴与龄写过一封信。信中这样写道：

与龄老弟：

我们抗战数月，颇有兴趣，日寇占领我们许多地方，但是我们又去恢复了许多名城，一直深入到敌人后方北平区域去日夜不停地与日寇打仗，都天天得到大大小小的胜利，差堪告诉你们。昨邓辉林、许明扬、刘万方等随四十一军来晋，已到我处，谈及家乡好友，从此话中知道好友行迹甚以为快，更述及我家中近况颇为寥落，亦破产时代之常事，我亦不能再顾及他们。惟家中有两位母亲，生我养我的均在，均已八十，尚康健。但因年荒，今岁乏食，恐不能度过此年，又不能告贷。我十数年实无一钱，即将来亦如是。我以好友关系向你募贰佰元中币速寄家中朱理书收。此款我亦不能还你，请作捐助吧。

望你做到复我。

此候近安。

朱德十一月二十九日于晋洪洞战地

一个八路军的总司令，穷困到连接济母亲的生活费都没有，向朋友募捐还言明"不能还你"，这是何等的"清贫"。

新中国成立后，作为新中国的最高领导人之一的朱德总司令，生活条件是不是就好了呢？新中国成立后，朱德总司令为了报答家族亲人支持他干革命的恩情，让他几个兄弟妹妹的家里各送一个孩子来北京读书，家里总共有十几口人，成了中南海里的"大家庭"。所有这些孩子的学费、生活费，都是靠朱总司令的工资来支付的。因此，这样一个大家庭就成了当时中南海大院里的"困难户"。

朱老总年纪大、资历老，新中国成立后中央给他定的工资最高，他主动要求他的工资一定不能高于毛主席。

中央办公厅了解到他的家庭困难情况后，曾设法给予补助。但是，朱德总司令从来也没有去领过。

这就是朱德在36岁时立志成为共产党人，并在此后始终信仰共产主义的感人故事，朱德从此成为一个真正有了理想信念和树立了为人民服务价值观的共产党人。理想信念的力量多么催人奋进、感人至深，它能够帮助人们克服任何艰难险阻。正如朱德在最终成为一名党员时因喜极而泣地说："我走南闯北，游荡半生，今天终于像唐僧西天取经一样，修成正果。"

从此，朱德一生坚定共产主义信念和坚守为人民服务的根本宗旨，就没有动摇过。最终，他成为伟大的马克思主义者，无产阶级革命家、政治家和军事家，中国人民解放军和中华人民共和国的主要缔造者和领导人之一，被誉为"总司令""红军之父"，是中华人民共和国十大元帅之首，毛泽东称赞朱德是"人民的光荣"。

2016年11月29日，在纪念朱德同志诞辰130周年座谈会上，习近平高度地评价了朱德："不忘初心，方得始终。对马克思主义的信仰，对社会主义和共产主义的信念，是共产党人的政治灵魂，是共产党人经受住各种考验的精神支柱。只有理想信念坚定的人，才能始终不渝、百折不挠，不论风吹雨打，不怕千难万险，坚定不移为实现既定目标而奋斗。"

革命信仰高于一切

选择信仰艰难，坚守信仰更难。实现共产主义是中国共产党的信仰，也是每一个共产党员的信仰，而且更重要的是要落实到每一个共产党员的身上。在坚守马克思主义、共产主义信仰的道路上，铺满了荆棘，需要不畏艰难、不屈不挠，更有可能需要付出鲜血和生命的代价。

中国共产党的十八大报告指出："对马克思主义的信仰，对社会主义和共产主义的信念，是共产党人的政治灵魂，是共产党人经受住任何考验的精神支柱。"

崇尚马克思主义真理，坚定共产主义信仰，从而每一位真正的共产党人都品味到信仰的味道。这是中国共产党人生命的味道、人生的味道。

近代以来，没有哪一个政治团体能像中国共产党这样，拥有如此众多为了心中的理想抛头颅、洒热血，前赴后继、义无反顾、舍生忘死的奋斗者。他们不为官、不为钱、不怕苦、不怕死，只为主义，只为信仰。

李大钊、瞿秋白、蔡和森、夏明翰、方志敏、澎湃、张思德、刘胡兰……都是我们熟悉的名字。他们惊天地、泣鬼神，令战友敬佩、令敌人心惊。

毛泽东由衷地称李大钊为"真正的老师"

李大钊是近代中国最早选择、传播马克思主义的先驱者之一，是中国共产主义运动的先驱和中国共产党的主要创始人。他早年留学日本，回国后任北京大学教授，热情传播马克思主义，发表了《庶民的胜利》《布尔什维主义的胜利》《我的马克思主义观》等名文，并用马克思主义观点分析第一次世界大战和十月革命的原因。

李大钊积极领导了"五四运动"，1920年与邓中夏、高君宇等在北京大学秘密发起了一个马克思学说研究会。在他的影响下，许多先进青年不仅在"五四"时期成为初步具有共产主义思想的知识分子，而且很快成为马克思主义者。由于与陈独秀一起积极从事组建中国共产党的活动，因而在思想界的先驱者中享有"南陈北李"的崇高声誉，成为早期中国共产党人心目中的精神领袖。

从介绍"十月革命"的经验、传播马克思主义的思想，到创建一个又一个的先进组织，再到中共一大的筹备，李大钊都起到了先锋与领路人的作用。

毛泽东就是一个受李大钊思想影响的典型代表。"五四"时期，李大钊和毛泽东曾在北京大学图书馆有过一段共事的经历，两人曾长时间保持密切交往。正是这段与李大钊密切交往的经历，对毛泽东由一个民主主义者转变为一个马克思主义者产生了重要影响，为毛泽东后来一生的革命征程奠定了基础。

毛泽东由衷地称李大钊为"真正的老师"。

1921 年 7 月中国共产党成立后，李大钊代表党中央指导北方全面工作。他虽然在党内没有担任重要的领导职务，但他的创始人的历史地位却是不可动摇的。他是中国第一个富有理性的马克思主义者，开创了中国共产主义运动及其思想传统。为组建中国共产党，李大钊是共产国际代表来华所接洽的第一个人。

1926 年 3 月，李大钊领导并亲自参加了北京人民反对日本、英国帝国主义和反对军阀张作霖、吴佩孚的斗争。北洋军阀段祺瑞政府制造了"三·一八"惨案，北京一片白色恐怖，在极端危险和困难的情况下，李大钊坚持领导中国共产党的北方组织开展革命斗争。

1927 年 4 月被捕后，李大钊受尽酷刑，在监狱中、在法庭上始终大义凛然，坚贞不屈。在狱中，李大钊承认自己是马克思学说的崇信者，故加入共产党，其他一概不知。他写下了《狱中自述》，公开昭示自己"自束发受书，即矢忠努力于民族解放之事业，实践其所信，励行其所知"的人生理想和革命历程，表示"为功为罪，所不暇计"。1927年4月28日，在西交民巷京师看守所内，李大钊等20人被判绞刑。李大钊首登绞刑台，神色从容地看着前来告别的家人，在绞刑台高呼"共产党万岁"，慷慨赴义，年仅38岁。

李大钊曾是生活富裕的大学教授，每月数百大洋可养活四五十口人，但他却以生命之钟敲击了旧中国的黑暗。他说：

"只要我们有觉悟的精神，世间的黑暗终有灭绝的一天。"

"试看将来的环球，必是赤旗的世界。"

李大钊生前还曾撰有一篇短文《牺牲》。他这样写道："人生的目的，在发展自己的生命，可是也有为发展生命必须牺牲生命的时候。因为平凡的发展，有时不如壮烈的牺牲足以延长生命的音响和光华。绝美的风景，多在奇险的山川。绝壮的音乐，多是悲凉的韵调。高尚的生活，常在壮烈的牺牲中。"

李大钊视革命信仰高于一切，"铁肩担道义，妙手著文章"，成为他一生的鲜明写照。

"主义"譬如一面旗帜。马克思主义传入中国后，为在黑暗中摸索的中国人指明了方向。许许多多的中国共产党人自从选择了共产主义信仰，就从未动摇过。

任弼时说："随时准备用自己的生命去殉我们的事业。"

彭湃说："我们农友真正当家做主，天下才能太平！"

方志敏说："抛弃自己原来的主义信仰，是狗！是猪！是畜生！"

1927年10月，在湖南省酃县（今炎陵县）水口街叶家祠的阁楼上，一场6个人的入党仪式秘密举行。这6个人庄严地向党旗宣誓："严守秘密，服从纪律，牺牲个人，阶级斗争，努力革命，永不叛党。"

这6个人分别是陈士榘、赖毅、刘炎、李恒、欧阳健、鄢辉，主持这场入党仪式的是毛泽东。毛泽东在新党员的入党誓词中第一次加入了"永不叛党"4个字。

这4个坚守信仰的汉字，是数以万计的中国共产党人用鲜血和生命换来的。因为就在这场入党仪式的半年前，上海发生了震惊全国的"四·一二"反革命政变。从1927年3月至1928年上半年，全国有31万余人死在国民党反动派的屠刀之下，其中包括26000余名共产党员。历史以最严苛的方式淘汰那些投机分子、懦弱分子，但更多的中国共产党人始终坚定共产主义信仰。

据史料统计，从1921年到1949年的二十八年间，在中国共产党领导的中国革命进程中，有名可查的烈士就达370万人。

在世界政党史上，有哪一个政党像中国共产党这样为了践行和坚守自己对马克思主义、共产主义的信仰付出了如此巨大而惨烈的牺牲？他们抛头颅、洒热血、闹革命，靠的就是一种无坚不摧的信仰的力量，为的就是一个共产主义美好的社会理想。

荣光以耻辱为借镜

中国共产党的百年奋斗历程，可以说是一部高举马克思主义旗帜的英勇革命史，是一部百折不挠、勇往直前的艰辛探索史，是一部艰苦卓绝、可歌可泣的伟大精神史诗。

不可否认，在中国共产党发展壮大及至执政领导的历程中，党员甚至高级领导干部中也出现过一批信念动摇者、逃跑主义者、机会主义者，甚至脱党、叛变、投敌者，脱离了中国共产党的队伍，给中国革命和建设事业造成了极大损害，永远被人民和历史钉在了耻辱柱上。

中国共产党历史上的三大叛徒

在中国共产党领导中国革命的历史上，也曾出现过三位身居要职的臭名昭著的叛徒——顾顺章、向忠发、张国焘。

顾顺章，中国共产党的早期领导人，中共地下情报人员，是中共秘密特务组织中共中央特科的负责人。1931年被捕后，没有严刑拷打，也没有威逼利诱，就立即叛变，并急于向敌人邀功，要求面见蒋介石，供出其掌握的党的机密。由于他掌握了大量中国共产党的核心机密，致使中共地下党组织遭受巨大破坏，多名中共地下党员遇害，被称为"中共历史上最危险的叛徒"。国民党中统老牌特务万亚刚在其回忆录中称顾顺章为"全能特务，可称得上特务大师。在顾顺章之后，特务行列中，无人能望其项背。"

向忠发，1922年加入中国共产党，之后积极参加工人运动，是中国共产党的早期领导人。在1928年7月召开的中共六届一中全会上当选为中共中央总书记，成为中共领袖。1931年6月22日被国民党特务逮捕，在狱中叛变。由于向忠发供不出别的中共秘密机关，蒋介石下令将其就地枪决。就这样，向忠发在被捕后的第三天——6月24日便被押上刑场。行刑前，他跪在地上，苦苦哀求饶他一命，但无情的子弹还是结束了他的可耻的生命。

张国焘，中国共产党的创始人之一、中国共产党第一次全国代表大会的执行主席、中共早期领导人之一、红军重要领导人之一。1920年10月在北京创建了共产党早期组织，1932年进入鄂豫皖苏区成为根据地事实上的领导者，1935年4月放弃川陕根据地开始长征，1935年6月懋功会师后反对中央北上的决定，之后率红四方面军南下川康，宣布另立"中央"，1936年6月被迫取消。1938年4月初，乘祭黄帝陵之机逃出陕甘宁边区，投靠国民党政府，加入军统，从事反共特务活动，上演了一幕"中共创始人反对中共"的闹剧，被中国共产党开除党籍。晚年信仰基督教，1979年病逝于加拿大多伦多。

在革命战争年代，面对白色恐怖和枪林弹雨，一些投机分子由于信仰动摇，理想信念不坚定，对党的前途丧失信心，不惜出卖党的利益，背叛党和人民，讨好国民党反动派。在著名小说《红岩》中，生动地描述了一个让读者咬牙切齿痛恨的人物——出卖江姐的叛徒甫志高。他们甚至变成污蔑和诋毁共产主义信仰与党的事业的极端反面人物。张国焘投奔国民党后，1948年在其出版的《创进》周刊发表的文章中，把造成全国危机四伏、民不聊生的原因归罪于中国共产党，指责中国共产党"为了夺取政权"，"毫无道德伦理和国家存亡的顾忌"，认为"中国共产党无论标尚何种理想目的，他们该采取的手段则是有害而可怕的"，"假定共党'武装革命'成功，继军事征服力量而起的，必然是一种独裁政治无疑"。显然，张国焘指责污蔑中国共产党的这些言论，是极端错误和有害的。

在和平建设年代，有的党员领导干部为了一己私利，理想信念模糊动摇，有的对共产主义丧失信仰甚至缺乏信仰，感到共产主义太遥远，是虚无缥缈的幻想，甚至认为个人的发展才是硬道理，对中国特色社会主义缺乏信心，有的人没有从思想上入党，世界观、人生观、价值观扭曲，倒在了骄傲自满、自我膨胀、糖衣炮弹、贪污腐化之下。如刘青山、张子善，没有倒在抗日的战场、解放的战场上，而是倒在了新中国成立后的糖衣炮弹之下；像周永康、薄熙来、郭伯雄、徐才厚、孙政才、令计划、苏荣等，则是腐败蜕化变质的典型。

这些反面典型警醒我们，任何时候都要坚持党的崇高信仰不动摇。

中国共产党的核心竞争力

对马克思主义和共产主义的信仰，归根结底就是对人民的信仰，对人民的忠诚。中国共产党对马克思主义和共产主义的信仰，表现在始终"为中国人民谋幸福、为中华民族谋复兴"的初心和使命上。

人民是历史的创造者，是社会发展进步的真正动力。中国共产党作为马克思主义政党，始终以人民立场作为自己根本的政治立场，始终把实现好、维护好、发展好人民的根本利益作为一切工作的出发点和落脚点，始终把不断为人民谋幸福作为自己的根本遵循，始终同人民血肉相连、风雨同舟、生死与共。

这是中国共产党战胜一切艰难险阻的力量之源。

中国共产党的坚定信仰，铸就了伟大事业的理论自信。中国共产党对马克思主义的信仰，是在真学、真懂、真用中自觉信服马克思主义的，以理论自觉坚定理论自信。中国共产党是真正把系统掌握马克思主义作为"看家本领"，始终坚持实事求是、解放思想、与时俱进，不僵化、不教条，在"修炼"中发展，在发展中"修炼"，在不断彰显马克思主义真理的时代性中练就"金刚不坏之身"，迎接时代和人民的考验。

中国共产党的崇高信仰，铸就了伟大事业的道路自信。中国共产党对马克思主义、共产主义的信仰，在一代代中国共产党人为之不懈奋斗的历史进程中，越来越彰显信仰的无尽力量。中国共产党对马克思主义、共产主义的信仰不是空洞的口号和说教，而是具有鲜明的实践指向和前进方向，带领全国人民取得了新民主主义革命的伟大胜利，实现了国家独立和人民解放，实现了人民当家做主，进行了社会主义建设的艰辛探索，开创了中国特色社会主义道路，踏上了建设社会主义现代化强国之路。

争取民族独立、人民解放和国家富强、人民幸福，实现中华民族伟大复兴，是近代以来中华民族不懈奋斗的崇高目标。从近代以来中华民族先贤的屡次失败的迷茫与彷徨中，中国共产党终于找到了中国革命的前进方向，投身共产主义事业，把"为中国人民谋幸福、为中华民族谋复兴"同人类求解放、同人的自由而全面的发展的伟大事业有机统一起来，与为人类谋解放、为世界谋发展相统一，从而使中国共产党的信仰更加厚重更加崇高。

中华人民共和国 70 年的经济发展成就

中华人民共和国建立 70 多年尤其是改革开放 40 多年来，经济发展和经济实力显著增强，在世界上越来越具有重要影响。

根据国家统计局公布的数据显示，按照美元计价计算，1952 年我国的国内生产总值（GDP）为 300 亿美元；1978 年我国的 GDP 为 3645 亿美元，在世界排名居第 11 位。2018 年我国的 GDP 达到 136082 亿美元，比 1952 年增长了 452.6 倍，比 1978 年增长了近 247 倍。2010 年，我国的 GDP 超越日本，成为世界第二大经济体，并在此后稳居世界第二位。经济翻一番，我国只用了 10 年时间，日本用了 30 年，美国用了 50 年。同时，除了经济实力，我国的制度建设、法治进程、科技实力、国防实力、综合国力、软实力等现代化要素也已经进入到世界前列。

据世界银行统计，中华人民共和国建立时我国的人均国民总收入仅有 66 美元，1978 年只有 200 美元，2018 年达到 9470 美元，与世界平均水平的差距逐渐缩小，达到世界平均水平的 85.3%。在世界银行公布的人均国民总收入排名中，2018 年我国排名居第 71 位（共计 192 个经济体），比 1978 年（共计 188 个经济体）提高 104 位。

改革开放 40 多年来，我国的经济发展对世界经济发展的贡献越来越大。根据国家统计局公布的数据显示，1979 年—2012 年，我国的经济发展对世界经济增长的年均贡献率为 15.9%，仅次于美国，居世界第二位。2013 年—2018 年，我国的经济发展对世界经济增长的年均贡献率达到 28.1%，居世界第一位。自 2006 年以来，我国对世界经济增长的贡献率稳居世界第一位，是世界经济增长的第一引擎。2018 年，我国对世界经济增长的贡献率为 27.5%，比 1978 年提高了 24.4 个百分点。

改革开放 40 多年来，我国的经济发展让我国 7 亿多的贫困人口脱贫，脱贫攻坚成就之大举世罕见。根据国家统计局 2019 年 8 月 29

日发布的报告显示，按照我国现行农村贫困标准测算，1978年我国农村的贫困人口为7.7亿人，贫困发生率为97.5%。2018末，我国农村的贫困人口1660万人，比1978年减少7.5亿人，贫困发生率下降到1.7%，比1978年下降95.8个百分点。据世界银行发布的数据显示，我国是最早实现联合国千年发展目标中减贫目标的发展中国家，全球范围内每100人脱贫就有70多人来自中国。2020年在如期消除绝对贫困后，我国将提前10年完成联合国2030年可持续发展议程制定的消除贫困的目标，这将给全球减贫带来巨大信心。

中国革命为什么能够成功？中国特色社会主义为什么能够如此迅速发展？中国共产党为什么能够如此发展壮大？最根本的就在于中国共产党始终坚定马克思主义、共产主义信仰，始终坚定理想信念、牢记宗旨，高举社会主义、共产主义精神伟大旗帜，始终坚持以人民为中心的理念。

革命理想高于天，信仰的力量大无边。

信仰的力量是中国共产党之所以胜利的"钥匙"。邓小平曾说：

> "为什么我们过去能在非常困难的情况下奋斗出来，战胜千难万险使革命胜利呢？就是因为我们有理想，有马克思主义信念，有共产主义信念。"[1]

> "过去我们党无论怎样弱小，无论遇到什么困难，一直有强大的战斗力，因为我们有马克思主义和共产主义的信念。"[2]

2010年9月，在中共中央党校秋季学期的开学典礼上，习近平曾讲述中国共产党历史上的一些感人事迹，以激励新的历史条件下党员领导

---

[1]《邓小平文选》第三卷，人民出版社1993年版，第110页。
[2]《邓小平文选》第三卷，人民出版社1993年版，第144页。

干部坚定马克思主义和共产主义信仰，坚定理想信念，筑牢共产党人的精神之魂。他说：

"我们党从成立那一天起，就在马克思主义世界观指导下把在中国实现社会主义、共产主义确立为自己的远大理想和奋斗目标，一代又一代中国共产党人确立了为之不懈奋斗的坚定信念。革命战争年代，革命先烈在生死考验面前所以能够赴汤蹈火、视死如归，就是因为他们对崇高的理想信念坚贞不渝、矢志不移。毛主席一家为革命牺牲6位亲人，徐海东大将家族牺牲70多人，贺龙元帅的贺氏宗亲中有名有姓的烈士就有2050人。革命前辈们为什么能够无私无畏地英勇献身？就是为了实现崇高的革命理想，为了坚守崇高的政治信仰，为了在中国彻底推翻黑暗的旧制度，为了实现民族独立和人民解放。我多次读方志敏烈士在狱中写下的《清贫》。那里面表达了老一辈共产党人的爱和憎，回答了什么是真正的穷和富，什么是人生最大的快乐，什么是革命者的伟大信仰，人到底怎样活着才有价值，每次读都受到启示、受到教育、受到鼓舞。同样，在和平建设和改革开放时期，许许多多共产党员所以能够在平凡的岗位上做出英雄壮举，也是因为他们具有崇高的理想信念。一些领导干部蜕化变质、堕落为腐败分子，根本原因在于放松了世界观改造和思想道德修养，背弃了共产党人的理想信念。无论社会怎么发展，无论经济怎么繁荣，如果放弃了对崇高理想信念的追求，我们的国家、我们的民族就不可能巍然屹立于世界。"①

因此，从本质上看，是中国共产党人对马克思主义和共产主义的坚

---

① 习近平：《领导干部要树立正确的世界观权力观事业观》，《学习时报》2010年9月6日。

定信仰、是中国共产党人的坚定理想信念、是中国共产党人的政治灵魂，决定着中国革命、建设和改革的成败胜负。

信仰的力量，是中国共产党的核心竞争力。

信仰铸就了中国共产党的伟大事业，实践彰显了中国共产党信仰的伟大力量。

一切为了人民

YI QIE
WEILE RENMIN

第二章

民心是最大的政治

历史表明，人心向背，不仅决定疆场安危胜败，同样决定一个政党、一个国家的存亡盛衰。

毛泽东曾精辟地说，所谓"政治"，就是"要把我们的人搞得多多的，把敌人的人搞得少少的"。毛泽东的这一名言生动、形象地说明了政治与人、与人民的关系。

中国人民凭什么要选择中国共产党而不选择别的政党？凭什么相信并非要一直跟着中国共产党？

习近平说："民心是最大的政治，正义是最强的力量。"一个政党、一个政权，其前途命运取决于人心向背。人民群众反对什么、痛恨什么，我们就要坚决防范和纠正什么。

人心是最大的政治，政治是最难的"艺术"。中国共产党的百年奋斗之所以成功，关键就在于赢得了民心，充分彰显了与人民群众的血肉联系，彰显了中国共产党是中国历史上最高明的政治艺术家。

|一| 马克思主义固有的政治立场

任何政治理论和政治立场首先要回答的一个问题，就是"为了谁"的问题。"为了谁"的问题，即为什么人的问题，从来就不是一个小问题，而是一个关系政治立场、政党命脉、国家兴亡的根本问题、大是大非的问题。只有搞清楚了"为了谁"的问题，才能够进一步解决好"相信谁""依靠谁"的问题。

马克思主义对"人民"有着不同于以往任何政治理论的情感认知、理论认知和实践认知。从"为了谁"这一根本问题上回答"什么是马克思主义"，就能深刻认识到马克思主义固有的政治立场。中国人民之所以选择一定要跟着中国共产党，最根本的原因就在于中国共产党始终有着坚定的马克思主义政治立场，首先回答了"为了谁"这一根本问题。

为了人民

马克思主义不是凭空产生的，而是创始人马克思、恩格斯在批判继承人类一切优秀思想文化成果的基础上，紧密结合当时资本主义的发展实际，尤其是无产阶级革命斗争的实践经验，经过艰辛的科学探索形成的思想结晶。但是，马克思主义之所以是马克思主义，之所以区别于一切其他政治理论和学说，是由其内在固有的根本价值指向和政治立场所决定的。否则，即使贴上"马克思主义"的标签，也是非马克思主义的。这是我们区别马克思主义和非马克思主义的科学方法。

与一切非马克思主义不同，马克思主义最鲜明的政治立场，就是最直接、最大胆地宣称自己的一切理论和奋斗，就是要代表无产阶级和最广大人民的根本利益。马克思、恩格斯认为，无产阶级作为人类历史上最先进的生产方式的代表，其根本利益与社会发展规律、与人类彻底解放的趋势是完全一致的，是以解放全人类为己任的最先进、最彻底、最革命的阶级。他们创立的思想体系，就是要为这一代表最先进的生产方式的阶级提供认识世界和改造世界的思想武器。因此，代表人民、为了人民，始终是马克思主义的根本价值指向和政治立场，它鲜明地回答了马克思主义"为了谁""代表谁"的问题。

马克思主义公开坦言自己的学说是关于无产阶级的思想体系，是无产阶级的世界观和方法论，是无产阶级争取自身和全人类彻底解放的科学理论，是关于无产阶级斗争的性质、目的和解放条件的学说。

马克思主义的另一个名词是"共产主义"。恩格斯在论及"什么是共产主义"时，多次提到共产主义是关于无产阶级解放及其条件的学说、运动。

马克思主义认为，无产阶级代表了最广大劳动人民的根本利益。因此，无产阶级的解放包括了广大劳动者的解放，无产阶级解放和全人类的解放是一致的，全人类的解放只有通过无产阶级的解放才能实现，无产阶级只有解放全人类才能最终解放自己。无产阶级的解放运动，是为大多数人谋利益的运动，是用社会主义代替资本主义的运动，是最终消灭一切阶级和剥削制度，实现共产主义，解放全人类的运动。

代表人民

马克思、恩格斯的一个重要历史功绩，就是把科学社会主义与工人运动相结合，建立无产阶级革命政党。无产阶级政党的根本宗旨就是始终代表人民、为了人民。

马克思、恩格斯认为，科学社会主义理论如果不与工人运动相结合，就只能是一种善良的愿望，对实际生活产生不了重大影响；而工人运动如果缺乏科学社会主义的理论指导和思想武装，则会陷入分散状态，处于自发阶段，无法形成强大的阶级力量，而二者结合的结果必然产生无产阶级政党。马克思、恩格斯说：

> "无产阶级在反对有产阶级联合力量的斗争中，只有把自身组织成为与有产阶级建立的一切旧政党不同的、相对立的政党，才能作为一个阶级来行动。为保证社会革命获得胜利和实现革命的最高目标——消灭阶级，无产阶级这样组织成为政党是必要的。"[1]

> "要使工人摆脱旧政党的这种支配，最好的办法就是在每一个国家里建立一个无产阶级的政党，这个政党要有它自己的政策，这种政策显然与其他政党的政策不同，因为它必须表现出工人阶级解放的条件。"[2]

> "应当从事的政治是工人的政治；工人的政党不应当成为某一个资产阶级政党的尾巴，而应当成为一个独立的政党，它有自己的目的和自己的政治。"[3]

---

[1]《马克思恩格斯选集》第二卷，人民出版社1995年版，第611页。
[2]《马克思恩格斯选集》第二卷，人民出版社1995年版，第639页。
[3]《马克思恩格斯选集》第三卷，人民出版社1995年版，第124页。

无产阶级政党的正确领导，是无产阶级革命斗争取得胜利的根本保证。因此，无产阶级要取得阶级斗争的胜利和获得彻底解放，必须建立自己独立的革命政党。

马克思、恩格斯创立的无产阶级建党学说，包括丰富的内容。

（一）无产阶级政党必须是无产阶级的先锋队

马克思、恩格斯认为，共产党是无产阶级群众中最先进和最坚决的部分，在无产阶级的解放运动中，能够掌握科学的世界观，能够了解无产阶级解放的条件、进程和一般结果。"共产党人不是同其他工人政党相对立的特殊政党"，"他们没有任何同整个无产阶级的利益不同的利益"。[1]

（二）无产阶级政党必须以科学的理论为行动指南

马克思说，只有当工人"通过组织而联合起来并获得知识的指导时，人数才能起举足轻重的作用"。无产阶级政党是无产阶级群众自觉进行革命斗争的启迪者和教育者，"在理论方面，他们胜过其余无产阶级群众的地方在于他们了解无产阶级运动的条件、进程和一般结果"[2]。如果没有科学的理论指导，无产阶级政党就不可能了解无产阶级解放运动的规律、进程、方向和结果，也就谈不上带领无产阶级群众沿着正确的道路前进。

（三）无产阶级政党必须要有统一的革命纲领和策略

马克思、恩格斯认为，统一的革命纲领是无产阶级政党公开树立起来的一面旗帜，外界就是根据它来判断党的性质。无产阶级政党的纲领，最近目标是推翻资产阶级统治，使无产阶级上升为统治阶级，争得民主；最终目标是消灭私有制，消灭阶级，建立共产主义社会；实现党的纲领的正确道路，是通过暴力革命，打碎旧的国家机器，建立无产阶级专政。他们还指出，要实现党的纲领，必须制定正确的斗争策略。

---

[1]《马克思恩格斯选集》第一卷，人民出版社1995年版，第285页。
[2]《马克思恩格斯选集》第一卷，人民出版社1995年版，第285页。

（四）无产阶级政党必须要有严格的组织纪律

马克思、恩格斯认为，无产阶级政党既要充分发扬民主，坚持民主选举、党内平等等原则，要求党的各级委员会和领导人由选举产生，又要保持党在思想上、政治上的高度统一，要有严格的组织纪律，要按照民主集中制原则组织起来，实行严格的组织和制度。同时，无产阶级政党的每一个党员和领导者都必须是无产阶级先进战士。马克思、恩格斯认为，共产党员是无产阶级队伍中具有共产主义觉悟的最不知疲倦的，无所畏惧的和可靠的先进战士，党的领导者应该具备的基本条件和健康成长的道路是"在我们党内，每个人都应该从当兵做起；要在党内担任负责的职务，仅仅有写作才能和理论知识，即使二者确实具备，都是不够的，要担任负责的职务还需要熟悉党的斗争条件，习惯这种斗争的方式，具备久经考验的耿耿忠心和坚强性格，最后还必须自愿地把自己列入战士的行列"。[①] 否则，就会变成一个松散的团体而毫无战斗力。

（五）无产阶级政党必须是无产阶级各种革命组织的领导核心

马克思、恩格斯认为，建立与发展无产阶级政党的出发点和目的，就是为了领导无产阶级及其各种组织进行革命斗争。他们指出："工人，首先是共产主义者同盟，不应再度降低自己的地位，去充当资产阶级民主派的随声附和的合唱队，而应该努力设法建立一个秘密的和公开的独立工人政党组织，同那些正式的民主派相抗衡，并且应该使自己的每一个支部都要成工人的中心和核心，在这种工人协会中，无产阶级的立场和利益问题应该能够进行独立讨论而不受资产阶级影响。"[②] 在创立国际工人协会时，他们在《共同章程》中明确提出："本协会设立的目的，是要成为追求共同目标即追求工人阶级的保护、发展和彻底解放的各国工人团体进行联络和合作的中心。"[③]

---

① 《马克思恩格斯选集》第四卷，人民出版社 1995 年版，第 399 页。
② 《马克思恩格斯选集》第一卷，人民出版社 1995 年版，第 369 页
③ 《马克思恩格斯选集》第二卷，人民出版社 1995 年版，第 610 页

（六）无产阶级政党必须坚持国际主义原则

无产阶级争取自身和全人类彻底解放的伟大事业，意味着无产阶级革命是一项国际性、世界性的伟大事业。各国无产阶级的联合行动，是无产阶级获得解放的条件之一。马克思、恩格斯认为，共产党人"没有任何同整个无产阶级的利益不同的利益"，共产党人同其他无产阶级政党不同的地方只是"在无产者不同的民族的斗争中，共产党人强调和坚持整个无产阶级共同的不分民族的利益"[1]，主张"全世界无产者，联合起来"。无产阶级革命政党要坚持无产阶级国际主义，正确处理各国无产阶级政党之间关系，把国际主义同各国人民的爱国主义统一起来。

近代以来，为什么只有中国共产党有能力把"一盘散沙"的中国人凝聚起来呢？在中国革命、建设和改革开放的伟大事业中，中国共产党又为什么有魅力赢得人民的忠心拥戴呢？在中国特色社会主义新时代，中国共产党又为什么能动员、组织14亿多中国人民的力量全面建设社会主义现代化强国和实现中华民族伟大复兴呢？

这就是因为中国共产党自成立以来始终按照马克思主义的建党思想和建党原则不断加强和完善党的建设，始终坚持马克思主义的政治立场，始终代表了中国人民，始终为了中国人民和中华民族的根本利益而奋斗。

能否站在最广大人民的立场上，代表最广大人民的根本利益，是区分唯物史观和唯心史观的分水岭，也是判断马克思主义政党和非马克思主义政党的试金石。中国共产党之所以能够赢得中国人民的赞成、拥护和支持，就在于中国共产党人深切地知道：

中国革命是为了劳苦大众翻身得解放，建立新中国是为了建立人民当家做主的新政权，进行改革开放是为了全体中国人民过上小康生活和实现中华民族伟大复兴……

---

[1]《马克思恩格斯选集》第一卷，人民出版社1995年版，第285页。

毛泽东说："我们的责任，是向人民负责。"① "我的特长就是'为人民服务'。"②

邓小平说："一切以人民利益作为每一个党员的最高准绳。"③

江泽民说："实现、维护和发展人民群众的利益，始终是我们最大最重要的政治。"④

胡锦涛说："权为民所用，情为民所系，利为民所谋。"⑤

习近平说："人民对美好生活的向往，就是我们的奋斗目标。"⑥

习近平还曾引用"大鹏之动，非一羽之轻也；骐骥之速，非一足之力也"的古语，提出"中国要飞得高、跑得快，就得依靠14亿人民的力量"⑦。

中国共产党人始终坚持的是马克思主义政党矢志不渝的政治信念和根本宗旨，始终代表的是最广大人民群众的根本利益，这是中国共产党的生命源泉和力量源泉。因此，才能在历史的征程中始终共聚党心民心，真正汇集起进行中国革命、建设和改革开放不可战胜的磅礴力量。

实现共产主义是人民的事业

在人类历史上，人们从主观愿望出发，设想过未来人类理想社会的许多"乌托邦"，企盼过宗教的或世俗的救世主，但是从来没有真正阐述关于人类解放的科学理论。

马克思、恩格斯在揭示人类社会发展一般规律的基础上，运用唯物

① 《毛泽东选集》第四卷，人民出版社1991年版，第1128页。
② 转引自陈思：《发挥好"为人民服务"的特长》，《解放军报》2020年10月20日。
③ 《邓小平文选》第一卷，人民出版社1994年版，第257页。
④ 《江泽民思想年编（1989—2008）》，中央文献出版社2010年版，第371页。
⑤ 《十六大以来重要文献选编》，中央文献出版社2006年版，第68页。
⑥ 《习近平谈治国理政》第一卷，外文出版社2018年版，第5页。
⑦ 《习近平淡治国理政》第一卷，外文出版社2018年版，第98页。

史观分析资本主义产生、发展和衰落的历史趋势，得出了资本主义社会必然为更加美好的社会所代替的科学结论。马克思把这个更加美好的社会称为"共产主义"，这就是实现物质财富极大丰富，人民精神境界极大提高，每个人自由而全面发展。

马克思主义指出，共产主义既是科学学说，又是实际运动，也是人类最美好、最进步的社会制度。根据社会生产力发展水平的不同，共产主义社会又可以分为两个阶段，其初级阶段，马克思称之为"共产主义之第一阶段"，列宁称之为"社会主义社会"。当代中国正处于并将长期处于社会主义初级阶段。

马克思主义对未来理想社会的科学预见，为无产阶级明确了前进方向，激励着全世界无产阶级联合起来，推翻资本主义制度，建立无产阶级专政，实现生产资料公有制，建设社会主义社会，并在此基础上逐步过渡到共产主义社会。

（一）实现共产主义是无产阶级解放斗争的最终目标

马克思主义深刻地揭示了无产阶级作为最先进、最革命的阶级所肩负的推翻资本主义、建立共产主义新社会的伟大使命。在全世界实现共产主义，是无产阶级解放斗争的最终目标，也是马克思主义政党奋斗的最高纲领。

（二）实现共产主义是全人类彻底解放的根本体现

无产阶级的解放与全人类的解放是完全一致的。无产阶级特殊的社会地位和历史使命，决定了它只有解放全人类才能最后彻底解放自己。共产主义社会制度的最终实现，不仅是无产阶级彻底解放的标志，而且是全人类彻底解放的标识。

（三）实现共产主义是十分艰巨的历史伟业

共产主义社会的实现，要经历不同的阶段，在不同的国家、不同的历史阶段，都有代表那个阶段最广大人民根本利益的奋斗纲领。在这个意义上说，无产阶级政党必须是最低纲领与最高纲领的统一论者。党的路线、方针与政策，必须把党的最高纲领与现阶段的基本纲领有机地统一起来。无产阶级政党既不能脱离实际空谈理想，否则就会犯超越历史阶段的"左"的错误；也不能只顾眼前而忘记远大目标，否则就会失去前进的方向，犯背离自身宗旨的右的错误。有没有坚定的社会主义信念和远大的共产主义理想，是区分真假马克思主义者的重要标志。

坚守马克思主义政治立场

马克思主义始终具有鲜明的价值指向和政治立场，这就是始终站在以无产阶级为代表的最广大人民群众的立场，诚心诚意为人民谋利益。马克思主义的全部理论，都是立足于实现和维护最广大人民群众的根本利益，把全人类的彻底解放和人的自由全面发展作为最高价值追求。正因为这样，马克思主义理论才成为对人民大众最具有吸引力的强大思想武器。

坚持马克思主义的政治立场，就是要坚持一切为了人民、一切相信人民、一切依靠人民。始终站在人民群众的立场上，首先是对人民群众要有真挚的感情，关键是诚心诚意地为人民谋利益，无产阶级政党最根本的是为人民掌好权用好权。正如毛泽东所说，要"站在最大多数劳动人民一边"，"如果不帮助人民，就是背叛马克思主义"。

人们常说，延安革命根据地政权"是陕北人民用小米哺育出来的"，淮海战役"是人民用独轮小车推出来的"，改革开放"是适应人民愿望、根据群众创造搞起来的"。历史一再启示我们，人民是历史的创造者，只有始终坚持人民利益高于一切，切实做到权为民所用、情为民所系、利为民所谋，才能获得人民群众的衷心拥护，才能拥有取之不尽、用之不竭的力量源泉。

无产阶级政党——共产党之所以以马克思主义作为指导思想，就在于马克思主义不仅代表着最广大人民群众的根本利益，而且是先进的思想理论体系，是科学真理。它从根本上揭示了人类社会发展的一般规律，揭示了人类社会必然走向社会主义，并将最终走向共产主义的历史必然性。马克思主义之所以具有巨大生命力，就在于它能够为无产阶级的革命运动提供科学指导，使人们在认识规律、把握规律、运用规律的基础上更好地改造客观世界和改造主观世界。也就是说，马克思主义不仅体现了最广大人民群众的根本利益和意志要求，而且为最广大人民群众建设未来新社会提供了全新的、科学的、强大的思想武器。

纵观马克思主义诞生170多年来的历史，我们可以深刻地感受到，马克思主义已不仅仅是一个"幽灵"，而是已经转化为活生生的实践；已不只是在欧洲游荡，而是冲出了欧洲大陆，影响了全世界，马克思主义以强大的生命力指导着社会主义的伟大实践和极大地影响着人类社会的发展。尽管各种学说、理论、主义纷纭繁杂，但没有哪一种理论学说能像马克思主义那样保持勃勃生机，对推动社会进步发挥着这样巨大的作用，产生这样深远的影响。

马克思主义的思想影响

西方著名思想家熊彼特曾这样评价马克思主义："我们完全可以称之为伟大的创作，这个把伟大和生命力联结在一起的称谓不会不恰当。"

1999年9月，英国广播公司（BBC）评选"千年第一思想家"，在全球互联网上公开征询，全球投票结果，马克思位居第一，爱因斯坦位居第二。

2005年7月，英国广播公司以"古今最伟大的哲学家"为题调查了3万名听众，结果马克思仍然荣登榜首（得票率27.93%），休谟位居第二（得票率12.6%）。

马克思主义是中国共产党的指导思想，共产主义是中国共产党的远大理想。没有马克思主义信仰、共产主义理想，就没有中国共产党，就没有中国特色社会主义。社会主义是共产主义的第一阶段，或曰低级阶段、初始阶段，是为实现共产主义创造条件的历史发展阶段，但同属于共产主义范畴，两者具有内在的、必然的、本质的联系。

马克思主义是认识自然界、人类社会和思维发展规律的科学世界观和方法论，共产主义理想是运用马克思主义分析人类社会发展规律得出的必然结论。因此，信"马"与信"共"，是共产党人理想信念这个问题的两面，信"马"必然导致信"共"的科学结论，信"共"必然要以信"马"为前提，两者互为一体，相辅相成。

一段时期以来，在社会上和理论界曾流传着一种"共产主义渺茫论""共产主义遥远论""共产主义是乌托邦""共产主义可望不可即""马克思主义过时了"等论调，认为中国现在处于并将长期处于社会主义初级阶段，是要"躲避崇高"。显然，这些论调的立场是极端错误的、观点是极端偏颇的。

党的十八大以来，习近平一再强调"革命理想高于天"。中国共产党人的根本，就是对马克思主义的信仰，对共产主义和社会主义的信念。习近平说：世界社会主义实践的曲折发展历程告诉我们，马克思主义政党一旦放弃对马克思主义的信仰、对社会主义和共产主义的信念，就会土崩瓦解。共产党人如果没有信仰、没有理想，或信仰、理想不坚定，精神上就会缺"钙"，就会得"软骨病"，就必然导致政治上变质、经济上贪婪、道德上堕落、生活上腐化。只有毫不动摇地坚持以马克思主义为指导，高高举起共产主义理想的旗帜，并将其与我国社会主义现代化建设和实现中华民族伟大复兴"中国梦"的具体实践紧密结合起来，才能在国际国内错综复杂的文化交流与价值碰撞过程中立于不败之地。

同时，习近平也鲜明地指出：共产主义绝不是"土豆烧牛肉"那么简单，不能唾手可得、一蹴而就，但我们不能因为实现共产主义理想是一个漫长的过程，就认为那是虚无缥缈的海市蜃楼，就不去做一个忠诚的共产党员。

这昭示我们，共产主义是共产党人的理想旗帜，是共产党人的政治灵魂，是共产党人经受住任何考验的精神支柱，什么时候都不能丢。

|二| 中国人数最多的一群人投身了革命

人心向背、力量对比，是决定党和人民事业成败的关键，是最大的政治。

中国共产党"为人民谋幸福、为民族谋复兴"的初心，代表了中国人民的根本利益，这就决定了中国共产党与中国人民必然有着固有的血肉联系和特殊的感情。

中国共产党领导中国人民进行中国革命、社会主义革命与建设和改革开放，都是为了和代表最广大人民群众的根本利益，其本质要求就是大团结大联合，解决的都是人心和力量问题。

陈毅元帅在《枣园曲》中说："深知人心有向背，敢后发制人奸强虏。"

美国学者邹谠认为，中国共产党"和社会最下层的阶级——尤其是农民阶级——建立了一种血肉相连的关系，这就等于把几千年来在政治领域里无足轻重的阶级拉到政治领域中来，并使之成为一种重要的力量。这是中国社会自秦汉以来最重要的变化，它完全改变了政治运动和政治参与的格局，并且最后导致了国民党的失败与共产党的成功"。

革命的首要问题

马克思主义传入中国后，毛泽东深刻地认识到"唯物史观是吾党哲学的根据"。唯物史观贯穿毛泽东思想的整个体系，群众史观成为毛泽东思想的世界观、历史观、国家观，成为毛泽东最鲜明的政治立场。

贯穿毛泽东一生革命活动的一条主线，就是从观念史观和圣贤史观到唯物史观和群众史观。

早在青年时期，尽管还没有完全摆脱唯心史观的影响，毛泽东就把"民众的大联合"和群众路线看作是改造社会的根本方法，认为民众的力量才是决定历史命运和历史走向的根本动力，认为人民群众才是决定人类社会历史的创造者。早在《民众的大联合》一文中，毛泽东就写道："天下者，我们的天下。国家者，我们的国家。社会者，我们的社会。我们不说，谁说？我们不干，谁干？"[1]毛泽东号召民众起来掌握自己的命运，只有"民众的大联合"，才是最强大的力量。

在转变为马克思主义者之后，毛泽东以历史唯物论的群众史观和阶级斗争学说为根本方法，从中国实际出发，设计出了一条符合中国实际的政治路线和建立起一整套正确的方针政策，使群众史观具体化为民主革命的战略和策略，走出了一条"农村包围城市"的有中国特色的新民主主义革命道路。

1926年，在《中国社会各阶级的分析》一文中，毛泽东辟文即说："谁是我们的敌人？谁是我们的朋友？这个问题是革命的首要问题。"

所谓"革命的首要问题"，就是革命是"为了谁""依靠谁"的根本问题。以毛泽东为代表的中国共产党人对马克思主义发展的最大贡献，就在于不仅始终坚持马克思主义代表无产阶级这一鲜明的价值指向和政治立场，而且进一步发展了群众史观，科学地回答和解决了中国革命的

---

[1]《毛泽东早期文稿》，湖南人民出版社 2008 年版，第 356 页。

"首要问题"。

1945 年 4 月，毛泽东在《论联合政府》中说，中国共产党从建党之日起，就以马克思列宁主义作为党的理论基础，马克思列宁主义是"全世界无产阶级的最正确最革命的科学思想的结晶。"

1955 年 3 月，毛泽东在《在中国共产党全国代表会议上的讲话》中又说："马克思主义有几门学问：马克思主义的哲学，马克思主义的经济学，马克思主义的社会主义——阶级斗争学说。"

从理论来源看，中国新民主主义革命体现了马克思主义基本原理和科学社会主义基本原则。马克思主义充分揭露了资本主义的种种弊端及其不合理性。由于国民党政权与封建主义、帝国主义、官僚资本主义相结合构成的反动统治的残酷性，毛泽东把马克思主义的一整套革命原则同当时中国社会的需要相结合，创造出了一套针对反对统治的革命理论体系。这种革命理论体系有着坚实的社会基础，就是最广泛地动员和组织全体人民，在反动统治最薄弱的地区求生存求发展，才能最终取得革命的胜利。

中国新民主主义革命取得胜利，其根本原因在于中国共产党代表了最广大人民群众的根本利益。中国共产党从一开始就将"道义"合法性掌握在自己的手里，这个合法性就是人民群众的生存和发展。中国共产党的革命取向是解决中国最大多数人的生存问题，首先是中国最广大的农民，因为农民是中国社会最受剥削、压迫、欺凌的一群人，也是人数最多的一群人。为了人民群众的生存，谁"象征"反动的统治，就打倒谁，就革谁的命。革命，就是推翻人民头上的剥削者和压迫者，给人民以利益。

信仰人民就是"上帝"

信仰是最虔诚的，也是最能感动人的。

毛泽东也有信仰，小的时候跟他的母亲文七妹一起信仰过佛教，成为马克思主义者之后坚定地信仰马克思主义，坚定地信仰人民就是"上帝"。

毛泽东为什么信仰人民就是"上帝"呢？这是因为他看到了只有"人民"才能给予中国共产党取之不尽、用之不竭的无穷力量。

1945年6月11日，毛泽东在中国共产党的七大上致闭幕词，曾引用"愚公移山"这个寓言做比喻，讲了如何持之以恒、坚持不懈，如何依靠广大人民群众的支持战胜强大的敌人的问题，所阐发的事理至今还让许多人记忆犹新。他说：

> "现在也有两座压在中国人民头上的大山，一座叫做帝国主义，一座叫做封建主义。中国共产党早就下了决心，要挖掉这两座山。我们一定要坚持下去，一定要不断工作，我们也会感动上帝的。这个上帝不是别人，就是全中国的人民大众。"[1]

一个政党的力量在于有人民的拥护，一支军队的力量在于有人民的支持，一个国家的力量在于人民的齐心协力。

中国共产党百年奋斗之所以成功的精髓，就是信仰人民就是"上帝"，并且真正感动了中国人民这个"上帝"。

把人民群众比作"上帝"，就要深刻认识到人民群众在历史长河中的决定作用，就要坚信人民群众的伟大力量，对人民群众要有崇敬的态度、负责的态度、谨慎的态度和永不懈怠的态度，对人民群众要有"敬畏之心"，即要像基督教徒信仰、敬畏"上帝"一样敬而畏之，要像信仰、敬畏"上帝"一样虔诚。这样，中国共产党人就会感动"上帝"，"上帝"就会帮助中国共产党搬走压在中国人民头上的帝国主义、封建主义两座大山。

新中国建立后，毛泽东还在不同的时间和场合，如在考察、调研的谈话中，对"上帝"的问题做了进一步的发挥，提出了"上帝"不能惹

---

[1]《毛泽东选集》第三卷，人民出版社1991年版，第1102页。

的问题，谁惹怒了"上帝"，"上帝"就会让脱离人民群众的党员领导干部最终垮台的论断。

毛泽东把人民比喻为"上帝"，并且从革命和建设的不同角度强调了人民群众在社会历史发展中所起的重要作用，形象生动，内涵丰富，寓意深远，深刻阐发了中国共产党在革命和建设时期同人民群众血肉联系的重要性。

毛泽东之所以说"人民就是上帝"，是因为人民群众不仅是社会物质财富和精神财富的创造者，也是人类社会历史发展和变革社会制度的决定力量。这个论断，符合马克思主义的唯物史观，体现和反映了马克思主义的人民观、群众观和中国共产党的群众路线的深刻意蕴。从中国共产党的历史发展看，中国共产党之所以能够从小到大、从弱到强，不断战胜前进道路上的一个又一个艰难险阻，从胜利走向胜利，决定性因素就是得到了最广大人民群众的衷心拥护和广泛支持。

中国共产党是无神论者，没有宗教意义的信仰，但它有科学意义上、真理意义上和情感意义上的信仰，那就是信仰"人民"，信仰马克思主义和共产主义。

毛泽东说中国共产党信仰人民就是信仰"上帝"，这一信仰感天动地，感动了全体中国人民，从而赢得了自己的辉煌和荣光。

毛泽东对人民群众的形象比喻

在新民主主义革命和社会主义建设时期，毛泽东对人民与中国共产党的内在关系还有过多个比喻，除了把人民比作共产党的"上帝"，还把人民比喻为共产党的"眼睛"、共产党的"土地"和共产党的"水"。

毛泽东把人民群众比喻为共产党人的"眼睛"，告诫中国共产党人对人民群众要怀有"珍爱之情"。1943年7月2日，毛泽东在《中共中央为抗战六周年纪念宣言》中说："共产党员应该紧紧地和民众在一起，保卫人民，犹如保卫你们自己的眼睛一样；依靠人民，犹如依靠自己的父母兄弟姊妹一样。"眼睛"是心灵的窗户，因而每个人都对"眼睛"珍爱有加。共产党要把人民群众当"眼睛"，就要像珍爱自己的"眼睛"一样珍爱人民群众。常怀"珍爱之情"，真正为人民群众谋福祉，把人民群众当"亲人"，中国共产党就能赢得人民群众的衷心拥护和全力支持。

毛泽东还把人民群众比喻为共产党人的"土地"，把中国共产党与广大人民群众的关系比作"种子"和"土地"的关系。1945年10月17日，毛泽东在延安干部会上作了《关于重庆谈判》的报告，针对当时中国共产党有的干部到各地开展工作的需要，毛泽东把人民群众比作"土地"，把共产党人比作"种子"，说"种子"要发芽、吐穗、结实，一刻也脱离不了"土地"。他说："所有到前方去的同志，都应当作好精神准备，准备到了那里，就要生根、开花、结果。我们共产党人好比种子，人民好比土地。我们到了一个地方，就要同那里的人民结合起来，在人民中间生根、开花。"①

"种子"和"土地"的关系，形象地说明了人民群众是中国共产党赖以生存和发展的基础，就好像"种子"只有植根于土壤之中，才能充分地吸收养分，进而生根、发芽，最终才能开花结果。中国共产党要报人民群众的"养育之恩"，就要心系大地之母，从群众中来，到群众中去，真正做到一切为了群众，一切依靠群众。如果中国共产党人脱离了人民群众这个"大地之母"，就好像"种子"离开了土壤，就失去了自己赖以生存的基础，也就不可能实现自己的崇高理想和奋斗目标。

毛泽东还把人民群众比作共产党人的"水"，告诫中国共产党人要知"鱼水之情"。唐朝初年，魏征在上唐太宗疏中说："鱼失水则

---

① 《毛泽东选集》第四卷，人民出版社1991年版，第1162页。

死，水失鱼犹为水也。"1941年6月，陕甘宁边区政府在延安杨家岭小礼堂召开边区各县县长联席会议，讨论征粮工作和农民负担问题。当天下午，一个炸雷将延川县代县长劈死。噩耗传开，一个农民逢人就说："老天爷不睁眼，咋不打死毛泽东？"面对这样的咒骂，毛泽东后来说："群众发牢骚，有意见，说明我们的政策和工作有毛病。我们共产党人无论如何不要造成同群众对立的局面。"鉴于此，毛泽东后来在延安召开的会议上说："党群关系好比鱼水关系，共产党是鱼，老百姓是水；水里可以没有鱼，鱼永远也离不开水！"

人民群众即为"水"，中国共产党则为水中的"鱼"，"鱼"因"水"获得生命，"水"因"鱼"而充满生机。共产党人把人民群众当作"水"，就是要把人民群众看作"生命之源"，树立"深入群众鱼得水，脱离群众树断根"的情怀，把群众呼声作为第一信号，把群众需要作为第一选择，把群众满意作为第一标准，真正建立密切联系群众的鱼水关系。

新中国建立后，1957年7月毛泽东再一次讲到"鱼水"关系。他说："党群关系好比鱼水关系。如果党群关系搞不好，社会主义制度就不可能建成，社会主义制度建成了，也不可能巩固。"①毛泽东把党群关系上升到了事关社会主义成败的高度来看待。没有水，鱼是活不了的，中国共产党一旦离开了群众，就将不复存在。

毛泽东的这些"比喻"，告诫中国共产党人要始终植根人民、不忘人民，这是中国共产党人宗旨的生动体现，也是中国共产党宝贵的精神财富和动力源泉。中国共产党百年奋斗的一大作风，就是贯彻好群众路线，就是信仰人民、敬畏人民、相信人民、爱护人民、关心人民、依靠人民、服务人民，与人民群众心连心，同呼吸、共命运。

---

① 《建国以来毛泽东文稿》第六册，中央文献出版社1992年版，第547页。

古语说："感人心者，莫先乎情。"要想赢得人民群众的尊重、拥护和支持，就要了解人民群众的所需所想，就要为了人民群众的根本利益而奋斗。只有植根人民、心系人民、不忘人民，才能把人民群众赋予的力量转化为中国新民主主义革命、社会主义革命与建设，以及实行改革开放、推动社会进步的强大动力，才能赢得人民群众的拥护，才能保证党和国家的事业兴旺发达，实现国家长治久安。

中国革命的"法宝"

中国共产党领导中国革命、建设、改革开放之所以成功，之所以道路越走越宽广，也在于中国共产党有自己的"法宝"。

"法宝"是常用的一个词语，在中国古代神话小说中，常指用来降妖伏魔的宝物。《封神演义》第38回描述，中国兵家鼻祖姜子牙上昆仑山玉虚宫，拜见元始天尊。元始天尊为助他伐纣兴周，赠他三件"法宝"：一是"四不像"神兽一匹，骑之可以"三山五岳霎时逢"；二是"打神鞭"一根，可以打各路妖魔鬼怪；三是"中央戊己旗"一面，旗内有简，简上有妙计，观简可以逢凶化吉。姜子牙持此三件"法宝"，辅佐文王、武王伐纣灭商，旗开得胜，建立了西周。

1939年7月7日，中国共产党在敌后创办的第一所高等学府——华北联合大学举行开学典礼，将迁到抗日根据地去时，校长成仿吾请毛泽东作演讲。毛泽东在演讲中引用《封神演义》中姜子牙的神话故事，借题发挥，将中国新民主主义革命取得成功的根本经验十分精炼地概括成"三件法宝"，给人的印象十分深刻。他说："当年姜子牙下昆仑山，元始天尊赠了他杏黄旗、四不像和打神鞭三样法宝。现在你们出发上前线，我也赠给你们三样法宝，这就是：统一战线，武装斗争，党的建设。"

毛泽东提出的新民主革命的"三大法宝"，灵感虽然来源于《封神演义》中姜子牙的"三大法宝"，但与《封神演义》中"三大法宝"不同的是，它不是所谓的"神"赋予的力量、神秘的力量，而是团结的力量、军队的力量和人民的力量，是一种正义的力量、思想的力量和实践的力量。毛泽东用"统一战线""武装斗争""党的建设"作为华北联合大学师生们为当时抗日战争和新民主主义革命贡献力量的"三大法宝"，借古喻今，暗喻当时中国共产党与国民党、日本帝国主义相比还很弱小，要打败强大的敌人、打败日本帝国主义和国民党反动派，就需要有"法宝"帮助我们出奇制胜。

1939 年 10 月，在《〈共产党人〉发刊词》中，毛泽东进一步系统分析和总结了中国共产党十八年奋斗历程的基本经验。他认为，十八年中中国共产党经历了许多伟大的斗争，党员、党的干部和党的组织在这些伟大斗争中锻炼了自己，经历过伟大的革命胜利，也经历过严重的革命失败。中国革命和中国共产党的发展道路，是在同中国资产阶级的复杂关联中走过来的，而半殖民地半封建的国家性质不但规定了中国革命的性质是资产阶级民主革命的性质，革命的主要对象是帝国主义和封建主义，基本的革命动力是无产阶级、农民阶级和城市小资产阶级，而在一定的时期中一定的程度上还有民族资产阶级的参加，并且规定了中国革命斗争的主要形式是武装斗争。而在中国只要一提到武装斗争，实质上即是"农民战争"，中国共产党同"农民战争"的密切关系，即是同农民的关系，即中国革命的武装斗争是无产阶级领导的以农民为主体的革命战争，农民是无产阶级最可靠的同盟军和中国革命的主力军。他说：

"统一战线问题，武装斗争问题，党的建设问题，是我们党在中国革命中的三个基本问题。正确地理解了这三个问题及其相互关系，就等于正确地领导了全部中国革命。"[1]

"十八年的经验，已使我们懂得：统一战线，武装斗争，党的建

① 《毛泽东选集》第二卷，人民出版社 1991 年版，第 605—606 页。

设，是中国共产党在中国革命中战胜敌人的三个法宝，三个主要的法宝。这是中国共产党的伟大成绩，也是中国革命的伟大成绩。"①

中国共产党的"三大法宝"
（一）统一战线

所谓"统一战线"，在本质上解决的根本问题就是"得人"，就是团结一切可以团结的力量，使革命力量形成"千千万万"之众、"浩浩荡荡"之势。中国古话讲，天时不如地利，地利不如人和，"得人心者得天下"，也就是毛泽东所说的，所谓"政治"，就是"要把我们的人搞得多多的，把敌人的人搞得少少的"。要批判"左"倾关门主义，如果把同盟军推到门外，把"千千万万"和"浩浩荡荡"都赶到敌人一边去，只会博得敌人的喝彩。毛泽东说，要"组织千千万万的民众，调动浩浩荡荡的革命军，是今天的革命向反革命进攻的需要"。

毛泽东把"统一战线"和"武装斗争"看作是战胜敌人的两个基本武器，"统一战线"也是实行"武装斗争"的统一战线，而党的组织则是掌握"统一战线"和"武装斗争"这两个武器以实行对敌冲锋陷阵的英勇战士。正确地把握了这三个问题及其相互关系，就等于正确地领导了全部的中国革命。从这里可以看到，毛泽东几乎把中国共产党能够团结的一切力量都紧紧地团结起来了，不仅使中国人数最多的一群人——中国工人阶级和农民阶级都参加了革命，而且争取到了城市小资产阶级和民族资产阶级的支持，参加中国革命。

1949年6月，毛泽东在《论人民民主专政》中对"三大法宝"又作了更加完整的概括。他认为，中国无产阶级要领导中国革命取得胜利，必须团结一切可能团结的阶级和阶层，组织革命的统一战线。

---

① 《毛泽东选集》第二卷，人民出版社1991年版，第606页。

他科学地分析了中国社会各阶级的状况，指出农民是无产阶级的天然的和最可靠的同盟军，工农联盟是中国革命的主要依靠力量，农民以外的小资产阶级也是无产阶级的可靠同盟者。中国资产阶级分为依附于帝国主义的大资产阶级和既有革命要求又有动摇性的民族资产阶级两部分，由于他们代表的生产关系不同，对中国革命所持有的态度也不同，民族资产阶级完全可以成为中国革命统一战线的对象。毛泽东说：

"人民是什么？在中国，在现阶段，是工人阶级，农民阶级，城市小资产阶级和民族资产阶级。"[1]

"一个有纪律的，有马克思列宁主义的理论武装的，采取自我批评方法的，联系人民群众的党。一个由这样的党领导的军队。一个由这样的党领导的各革命阶级各革命派别的统一战线。这三件是我们战胜敌人的主要武器。……依靠这三件，使我们取得了基本的胜利。"[2]

（二）武装斗争

所谓"武装斗争"，在本质上讲的就是中国共产党领导下的武装力量，由于处在强大的敌对武装万千重的包围之中，为实现由弱到强的转变，为在敌强我弱的形势下达到保存自己、发展自己，最终消灭敌人的目的，依靠人民实行游击战和持久战的人民战争，陷敌人于人民的"汪洋大海"之中，是中国共产党进行"武装斗争"策略。

毛泽东深刻地分析了中国共产党的领导与武装斗争、军队的深层关系。他认为，在中国如果离开了武装斗争，就没有无产阶级和共产党的地位，就不能完成任何的革命任务。他从马克思主义关于国家学说的观点出发，因为军队是国家政权的主要成分，因此谁想夺取国家政权并想

---

[1]《毛泽东选集》第四卷，人民出版社1991年版，第1475页。
[2]《毛泽东选集》第四卷，人民出版社1991年版，第1480页。

保持它，谁就应该拥有强大的军队，没有一支强大的人民军队，便没有人民的一切。因此，共产党员不争个人的兵权，但要争党的兵权、争人民的兵权、争民族的兵权，以武装的革命反对武装的反革命。这是中国革命的特点，也是中国革命的优点。

正是在这样的伟大思想的统一认识下，像周恩来、朱德、陈毅、彭德怀等一大批军事家深刻认识到"党对军队的绝对领导"的极端重要性，以个人地位服从党的领导的要求，紧紧地团结在以毛泽东为核心的党中央周围，带领中国人民进行艰苦卓绝的长期武装斗争。

（三）党的建设

所谓"党的建设"，就是要把中国共产党建设成为广大人民群众相信的党，与人民血肉相连的全心全意为人民服务的党。人民群众相信党才会跟党走，党才能发挥领导作用。人民不相信党，与党离心离德，党就不能生存下去，就要灭亡。

中国革命的"三大法宝"，不仅在新民主主义革命中成为战胜敌人的主要武器和"法宝"，使自己的力量由弱变强，使敌人由强变弱，最后战胜敌人，建立新中国，而且在中国社会主义革命与建设时期和改革开放新时期，发挥了非常重大的作用。在中国特色社会主义新时代，中国革命的"三大法宝"仍然具有非常重大的指导意义。

"统一战线"历来是中国共产党的总路线总政策的重要组成部分，是为总路线总任务服务的。在中国特色社会主义新时代，"统一战线"能够最大限度地把各阶层、各民族、各党派、各团体和各界人士的意志、智慧和力量都凝聚起来，调动一切可以调动的积极因素，团结一切可以团结的力量，为促进中国特色社会主义经济、政治、文化、社会、生态文明"五位一体"的社会主义建设服务，为促进香港、澳门长期繁荣稳定和祖国的和平统一服务，为全面深化改革、维护安定团结的政治局面、实现"两个一百年"奋斗目标与中华民族伟大复兴奠定坚实的社会基础。

"武装斗争"虽然在夺取政权之后、在和平年代、在国内已不是主要手段，随着中国共产党从革命党转变为执政党，中国共产党的历史任务也发生了根本变化，从"武装夺取政权"发展为完成推进现代化建设、实现祖国统一、维护世界和平与促进共同发展的"三大历史任务"，但是，中国共产党领导的人民军队和武装力量仍然肩负着新的历史使命，从推翻反动统治、夺取政权转变为巩固执政地位和国家主权。要完成新的"三大历史任务"和历史使命，必须建设一支与中华民族在国际上的应有地位相匹配的强大的人民军队，加强人民军队建设，尤其是正规化、现代化、信息化建设，才能成为保卫祖国、保卫人民的钢铁长城，才能保卫和巩固改革开放的各项成果，抵御外来侵略，捍卫国家主权、安全、领土完整，为中国特色社会主义现代化建设保驾护航，为维护世界和平、创造安定和谐的国内外环境做出重大贡献。"强国必须强军，军强才能国安。"要从实现中华民族伟大复兴中国梦的战略高度，建设一支听党指挥、能打胜仗、作风优良的人民军队。

"党的建设"是三大法宝的核心。中国共产党的领导地位，是在长期的革命、建设和改革开放的伟大实践中形成的，是全国人民的历史性选择。在中国特色社会主义新时代，中国共产党面临着新的"四大考验"和"四大危险"，特别是经过100年来的发展，所处的地位、环境、条件，所肩负的历史任务以及党员队伍，都发生了重大变化。这些新情况新变化，都对"党的建设"提出了新挑战。因此，"党的建设问题"仍然是中国共产党在新时代的一大基本问题，仍然是坚持和发展中国特色社会主义的一大"法宝"。要以"党的建设"为核心，不断增强党的政治领导力、思想引领力、群众组织力、社会号召力，确保中国共产党永葆旺盛生命力和强大战斗力。

中国共产党的"神器"

中国共产党领导中国革命、建设、改革开放之所以成功，之所以道路越走越宽广，不仅在于中国革命有"三大法宝"，而且还在于中国共产党有着自己的"神器"。

中国共产党的"神器"，就是"三大作风"："理论联系实际""密切联系群众"和"批评与自我批评"。中国革命"三大法宝"中的"统一战线"，讲的是如何团结最广大人民群众的问题，中国共产党的"三大作风"则讲的是如何把最广大人民群众紧紧围绕在自己身边的问题。

在1939年10月的《〈共产党人〉发刊词》中，毛泽东就提出了建设"一个全国范围的、广大群众性的、思想上政治上组织上完全巩固的布尔什维克化的中国共产党"的党建任务，把它作为一项"伟大的工程"。

在1945年4月召开的中国共产党第七次全国代表大会上，毛泽东进一步从政治高度把中国革命的"三大法宝"之一的"党的建设"的经验，以及中国共产党在长期奋斗中形成的优良作风概括为"三大作风"。

中国共产党"三大作风"的提出，经历了一个逐步形成的过程。

从成立之日起，中国共产党就明确规定党的任务是为全中国人民的利益而奋斗。

早在大革命时期，中国共产党逐步认识到革命与群众结合的重要性。毛泽东从1925年至1926年间，先后撰写了《中国社会各阶级的分析》《国民革命和农民运动》《湖南农民运动考察报告》等文章，初步阐明了中国社会各阶级的实际情况和革命与群众结合的重要性和必要性。

土地革命战争时期，中国共产党在领导革命斗争的实践中初步形成了"理论联系实际""密切联系群众"的作风。1929年9月，周恩来在给红四军前委的信中说，红军筹款、没收地主财产等工作，一定要经过群众路线。同年12月，毛泽东在起草的《古田会议决议》中指出，红军的任务除了打仗消灭敌人，还要担负起宣传群众、组织群众、武装群众、帮助群众的任务。1930 年 5 月，毛泽东针对党内存在的"左"倾教条主义，写了《反对本本主义》一文，批评了离开实际调查的机会主义和盲动主义，提出中国革命斗争的胜利"要靠中国同志了解中国情况"。在反"围剿"斗争中，中国共产党人更加深刻地认识到依靠群众的重要性，认识到中国革命离开群众就不能生存。1934 年 1 月，毛泽东在《关心群众生活，注重工作方法》一文中说："真正的铜墙铁壁是什么？是群众，是千百万真心实意地拥护革命的群众。"① 他指出，如果不依靠群众，不关心群众生活，不注重和改进工作方法，是什么任务也不能完成的。

抗日战争时期，中国共产党进一步认识到理论与实际结合、坚持群众路线的重要性。在《实践论》和《矛盾论》中，毛泽东深刻阐述了理论与实践相统一的重要性，为最终形成"理论联系实际"的作风奠定了思想理论基础。1942 年开始的"延安整风"运动，极大地推动了马克思主义与中国革命实际的结合。在此期间，毛泽东发表了《改造我们的学习》《整顿党的作风》《反对党八股》等讲话，通过反对主观主义以整顿学风、反对宗派主义以整顿党风、反对党八股以整顿文风。"延安整风"运动使"理论和实践相结合"的作风得到极大推广和普及。1943 年 6 月，毛泽东在《关于领导方法的若干问题》一文中，科学阐述了"从群众中来，到群众中去"的群众路线。

在抗日战争即将取得胜利之际，中国又即将面临两个前途、两种命运的历史选择。1945 年 4 月 23 日至 6 月 11 日，中国共产党第七次全国代表大会在延安隆重召开。这次大会与党的六大相距整整十七年，跨越了差不多整个土地革命战争和抗日战争两个时期。出席大会的正式代表 547 人，候补代表 208 人，代表全国 121 万党员②。大会回顾了建党 24 年

---

① 《毛泽东选集》第一卷，人民出版社 1991 年版，第 139 页。
② 参见《中国共产党历史》第一卷（1921—1949）下册，中共党史出版社 2011 年版，第 651 页。

来的奋斗历程，深刻总结了作为新民主主义革命的"三大法宝"，及时分析了面临的国内外形势，深刻阐述了新民主主义的基本理论，提出了"废止国民党一党专政，建立民主的联合政府"的政治主张，将中国共产党的政治任务确定为："放手发动群众，壮大人民力量，团结全国一切可能团结的力量，在我们党领导之下，为着打败日本侵略者，建设一个光明的新中国，建设一个独立的、自由的、民主的、统一的、富强的新中国而奋斗。"①

在中国共产党七大的政治报告《论联合政府》中，毛泽东明确概括了党的"三大作风"，认为这"三大作风"是中国共产党的先进性的具体体现，是中国共产党人区别于其他任何政党的显著标志之一，是中国共产党的生命力、战斗力、号召力、凝聚力的坚实基础，是中国共产党领导全国各族人民取得伟大胜利的根本保证。他说：

> "以马克思列宁主义的理论思想武装起来的中国共产党，在中国人民中产生了新的工作作风，这主要的就是理论和实践相结合的作风，和人民群众紧密地联系在一起的作风以及自我批评的作风。"②

"三大作风"的基本精神被写进了党的七大通过的新党章，这标志着中国共产党正式确立了实事求是的思想路线，密切联系群众的群众路线，重视从思想上建党，坚持把马克思列宁主义基本原理同中国革命的具体实践相结合，坚决反对教条主义、经验主义。大会把"群众路线"确定为中国共产党的根本政治路线和组织路线，党员必须全心全意地为人民服务，一刻也不脱离群众，明确提出了为防止各种政治灰尘和政治微生物侵蚀党的思想和肌体，必须推广民主作风，展开正确认真的批评和自

---

① 《毛泽东选集》第三卷，人民出版社 1991 年版，第 1026 页。
② 《毛泽东选集》第三卷，人民出版社 1991 年版，第 1093—1094 页。

我批评。大会还提出，要继续保持党的其他优良作风，诸如谦虚谨慎、戒骄戒躁、艰苦奋斗等。毛泽东在大会开幕词中说："我们应该谦虚，谨慎，戒骄，戒躁，全心全意地为中国人民服务。"在大会闭幕词中，他借用"愚公移山"寓言，号召全党"下定决心，不怕牺牲，排除万难，去争取胜利"。

刘少奇在《关于修改党的章程》的报告中提出："群众路线"是党的根本政治路线，其基本精神就是从群众中来，到群众中去。扩大党内民主的中心一环，在于启发党员和干部的批评和自我批评。周恩来在《论统一战线》一文中也说：我们党从六大到现在，之所以能够经历国内外重大事变和考验，成为在中国乃至世界上都强大的共产党，是从永远保持密切联系群众中锻炼出来的，是从勇敢地实行自我批评中锻炼出来的。

在解放战争时期特别是新中国成立后，中国共产党的"三大作风"得到进一步拓展和深化。1949年3月，毛泽东在中国共产党的七届二中全会上进一步提出了"两个务必"的重要思想，即"务必使同志们继续地保持谦虚、谨慎、不骄、不躁的作风，务必使同志们继续地保持艰苦奋斗的作风"。他还说，我们要掌握好批评与自我批评这个马克思列宁主义的武器，去掉不良作风，保持优良作风，迎接新的更加伟大的任务的到来。

中国共产党"三大作风"

（一）理论联系实际

"理论联系实际"的实质，就是奠定马克思列宁主义基本原理与中国具体实际相结合的思想理论基础，既坚定对马克思主义的信仰和共产主义的远大理想，又从中国的基本国情和具体实际出发，其落脚点就是更好地回答和解决在中国这样一个国家如何认识、动员和组织中国最广大的人民群众投身于中国革命，为中国最广大的人民群众谋幸福、为中华民族谋复兴的问题。在近代半殖民地半封建社会的中国，与西方资本主义革命和苏联的情况都不一样，无产阶级人数很少、农民阶级和小资产阶级占绝大多数，中国共产党肩负着民族民主革命的双重使命，没有占绝大多数的农民阶级和小资产阶级参与，中国革命是不可能取得成功。

（二）批评与自我批评

"批评与自我批评"的实质，就是形成正确处理党内外问题的方式方法，使中国共产党"用自我批评的武器和加强学习的方法，来改造自己使适合于党与革命的需要"，从而把中国共产党建设成为一个在思想上、政治上、组织上完全巩固，达到空前团结和统一的政党，成为带领中国人民进行中国革命的坚强领导核心，发挥好中国人民的"领导者"和"领头雁"的伟大作用。实行"知无不言，言无不尽""言者无罪，闻者足戒""有则改之，无则加勉"的批评与自我批评，是中国共产党人抵抗各种政治灰尘和政治微生物侵蚀思想与党的肌体的唯一有效的方法。

（三）密切联系群众

"密切联系群众"的实质，就是直接从中国共产党作为无产阶级先锋队和广大人民利益的忠实代表出发，提出中国共产党开展工作应有的方式方法要求。是否代表人民群众的根本利益，是否与人民群众紧密联系在一起，是共产党的本质要求，决定了共产党领导革命和建设的成败。延安时期的"整风运动"，全党上下结合，深入群众，实际上也是一场伟大的群众运动，参加整风运动的群众之多、发动之彻底都是空前的，从党的领导班子整风计划的制定，到每一个阶段运动的具体部署，都贯彻了群众路线。

在中国革命和建设的进程中，毛泽东总结出了一套紧密联系群众的工作方法，提出了"一般和个别相结合""领导和群众相结合""从群众中来，到群众中去"等著名论断。他说：

"我们共产党人区别于其他任何政党的又一个显著的标志，就是和最广大的人民群众取得最密切的联系。全心全意地为人民服务，一刻也不脱离群众；一切从人民的利益出发，而不是从个人或小集团的利益出发；向人民负责和向党的领导机关负责的一致性；这些就是我们的出发点。共产党人必须随时准备坚持真理，因为任何真理都是符合于人民利益的；共产党人必须随时准备修正错误，因为任何错误都是不符合于人民利益的。"[①]

"凡属正确的任务、政策和工作作风，都是和当时当地的群众要求相适合，都是联系群众的；凡属错误的任务、政策和工作作风，都是和当时当地的群众要求不相适合，都是脱离群众的。教条主义、经验主义、命令主义、尾巴主义、宗派主义、官僚主义、骄傲自大的工作态度等项弊病之所以一定不好，一定要不得，如果什么人有了这类弊病一定要改正，就是因为它们脱离群众。我们的代表大会应该号召全党提起警觉，注意每一个工作环节上的每一个同志，不要让他脱离群众。教育每一个同志热爱人民群众，细心地倾听群众的呼声；每到一地，就和那里的群众打成一片，不是高踞于群众之上，而是深入于群众之中；根据群众的觉悟程度，去启发和提高群众的觉悟，在群众出于内心自愿的原则之下，帮助群众逐步地组织起来，逐步地展开为当时当地内外环境所许可的一切必要的斗争。"[②]

"总之，应该使每个同志明了，共产党人的一切言论行动，必须

---

① 《毛泽东选集》第三卷，人民出版社 1991 年版，第 1094-1095 页。
② 《毛泽东选集》第三卷，人民出版社 1991 年版，第 1095 页。

以合乎最广大人民群众的最大利益，为最广大人民群众所拥护为最高标准。应该使每一个同志懂得，只要我们依靠人民，坚决地相信人民群众的创造力是无穷无尽的，因而信任人民，和人民打成一片，那就任何困难也能克服，任何敌人也不能压倒我们，而只会被我们所压倒。"①

在近代中国的历史舞台上，各个阶级、各种政治力量都做过充分表演。历史证明，只有中国共产党领导、带领中国人民完成了新民主主义革命，实现了民族独立和人民解放，开启了中华民族的新纪元，开创了中国社会主义革命与建设和中国特色社会主义的伟大事业，为实现中华民族的伟大复兴找到了正确道路，社会主义在中国展现出了蓬勃的生机和活力，建立了独立的比较完整的国民经济体系，经济实力和综合国力显著增强，十三亿多中国人不仅解决了温饱问题，而且总体上达到小康水平，中华民族开启了从站起来到富起来又到强起来的新征程。

毛泽东曾说："三次革命的经验，尤其是抗日战争的经验，给了我们和中国人民这样一种信心：没有中国共产党的努力，没有中国共产党人做中国人民的中流砥柱，中国的独立和解放是不可能的，中国的工业化和农业近代化也是不可能的。"②

中国共产党的坚强领导，是保证中国新民主主义革命胜利、社会主义革命与建设胜利和中国特色社会主义事业胜利的最先进和最强大的领导力量，只有把中国共产党建设成为坚强的领导核心，才能强有力地领导中国革命、建设和改革开放事业的胜利前进。

在中国特色社会主义新时代，围绕中国共产党的政治路线加强党的建设，保证党的先进性和纯洁性，发挥党的先进性作用和领导核心作用，

---

① 《毛泽东选集》第三卷，人民出版社 1991 年版，第 1096 页。
② 《毛泽东选集》第三卷，人民出版社 1991 年版，第 1097—1098 页。

不断增强党的创造力、凝聚力和战斗力，是实现"两个一百年"奋斗目标和中华民族伟大复兴的政治保障。

"理论联系实际""密切联系群众"和"批评与自我批评"的"三大作风"，正是中国共产党人经常洗心革面、正人先正己的强大武器。中国共产党只有始终不渝地发挥"三大作风"的优良传统，始终以中国最广大人民的根本利益为出发点，才能保证自己所从事的事业是永远合乎正义的事业，才能赢得人民群众的真正拥护和信任，才能巩固和发展党的执政地位。

|三| "人民"居于政府之上

"人民"作为一个革命范畴，它代表着社会发展进步的动力和前进方向。"人民"作为一个历史范畴，虽然在不同的历史时期有着不同的内涵，但它始终代表着一个国家、一个民族的绝大多数人，而且呈现出不断扩大的发展趋势。1949 年 10 月 1 日，毛泽东在中华人民共和国的开国大典上庄严宣布："中央人民政府今天成立了！"

"人民"二字彰显了中国共产党执政的政治立场：人民立场。在几千年的中国历史上，"人民"二字第一次立于"政府"之前、"政府"之上。

建立基于"人民性"的政治制度

列宁说："一切革命的根本问题是国家政权问题。"中国共产党的历史使命和历史任务，就是从事中国人民翻身解放的伟大事业，就是为了建立能够保证人民当家做主的政治制度。从诞生之日起，中国共产党就把推翻严重阻碍社会生产力发展和摧残人民幸福生活的反动政权、建立人民当家做主的革命政权作为自己的直接奋斗目标。

在长期的革命、建设和改革开放过程中，中国共产党走出了一条独特的人民政权建设之路。它首先是在局部的中央苏区、革命根据地等农村区域建立，而后经过长期的"武装斗争"逐步扩展，直至推向城市走向全国，最终在全国建立起人民民主的国家政权。在这个过程中，中国共产党积累了人民政权建设的多方面经验，以毛泽东为核心的中国共产党人不断总结历史经验和实践成果，对红色政权、人民民主政权和人民共和国的国体、政体等做出了原则性论述。

早在在中央苏区时期毛泽东就撰写了《中国的红色政权为什么能够存在？》，在抗日战争时期撰写了《新民主主义论》，在解放战争后期撰写了《论人民民主专政》等著作，展现了人民民主政权的历史发展过程和未来蓝图，为1949年9月中国人民政治协商会议通过的具有临时宪法性质的《共同纲领》和1954年9月全国人民代表大会制定的《中华人民共和国宪法》积累了经验，奠定了基础，对中华人民共和国的国体、政体等问题形成了具有法律效力的明确规定。

"人民民主专政"作为一个完整概念，是毛泽东1948年9月8日在中共中央政治局会议上的报告中提出来的。毛泽东在《论人民民主专政》一文中系统地阐述了"人民民主专政"的国家学说，体现了中华人民共和国的国体。所谓国体，是指社会各个阶级在国家中的地位，即一个国家领导权属于哪一个阶级，这个阶级又联合哪些阶级，对哪些阶级实行专政。不同阶级专政的国家，形成不同的国体。关于中华人民共和国的国体，毛泽东说："我们政权的阶级性是这样：无产阶级领导的，以工农联盟为基础，但不是仅仅工农，还有资产阶级民主分子参加的人民民主专政。"①

所谓"人民民主专政"，究其实质，就是无产阶级专政。所谓"人

---

① 《毛泽东文集》第五卷，人民出版社1996年版，第135页。

民民主政权"，就是无产阶级领导的政权，基础是工人阶级、农民阶级和城市小资产阶级的联盟，还应当团结民族资产阶级。但是，民族资产阶级不能充当革命的领导者，也不应当在国家政权中占主要地位。毛泽东认为，"人民民主专政"需要工人阶级的领导，因为只有工人阶级最有远见，最大公无私，最富于革命的彻底性。整个革命的历史证明，没有工人阶级的领导，革命就要失败，有了工人阶级的领导，革命就胜利了。只有工人阶级才能够代表广大人民群众的根本利益，才有能力团结一切可以团结的力量，去完成民族复兴和人民解放的使命和任务。

自从私有制和国家出现以来，人类社会的发展进步就希望改变少数人对多数人剥削、压迫的不合理状况，为此进行了不懈的探索和斗争。历史上以前存在的国家政权，都是少数人对多数人的统治，但是，他们都不敢面对这种阶级统治的实质，而是用种种谎言加以粉饰。例如，在中国长期的封建社会里，是用"君权神授""受命于天"这一套封建迷信的说法来掩盖其皇权专制制度；在资本主义社会，则是用民主、自由、博爱等一套抽象、虚伪、空洞的说教来宣扬其"全民性质""普世价值"，以掩盖其资产阶级专政的实质。而"人民民主专政"则是一种全新的国体，这种国体是真正代表绝大多数人对少数人的统治的国家制度，它保证了人民当家做主的权利，使绝大多数人获得了做人的权利和真正的民主权利。

"人民民主专政"的国家政权，保证了新中国具有最广泛的群众基础。毛泽东说，中国革命所建立的政权是工人阶级领导的人民大众的政权，所谓人民大众包括工人阶级、农民阶级、城市小资产阶级和民族资产阶级，而以工人、农民和其他劳动人民为主体。这就是说，新中国作为"人民民主专政"的国家政权，包括两个联盟。在新中国建立初期，一个联盟是工人阶级和其他劳动人民的联盟，主要是工农联盟；一个联盟是工人阶级和其他可以合作的非劳动人民的联盟，主要是和民族资产阶级的联盟。进入社会主义社会后，仍然包括两个联盟：一个联盟是工农知识分子等社会主义劳动者之间的联盟；一个联盟是工农知识分子等社会主义劳动者、拥护社会主义的爱国者与拥护祖国统一的爱国者的联盟。这表明，"人民民主专政"的政权基础是十分广泛的，广大人民享有法定的民主权利。

"人民民主专政"是中国革命经验的集中体现，是中国革命成果的智慧结晶。毛泽东在《论人民民主专政》一文中说："总结我们的经验，集中到一点，就是工人阶级（经过共产党）领导的以工农联盟为基础的人民民主专政。这个专政必须和国际革命力量团结一致。这就是我们的公式，这就是我们的主要经验，这就是我们的主要纲领。"① 毛泽东认为，人民民主专政"对于胜利了的人民，这是如同布帛菽粟一样地不可须臾离开的东西。这是一个好东西，是一个护身的法宝，是一个传家的法宝，直到国外的帝国主义和国内的阶级被彻底地干净地消灭之日，这个法宝是万万不可以弃置不用的。"②

在改革开放新时期，邓小平也说，运用"人民民主专政"的力量，巩固人民的政权，是正义的事情，没有什么输理的地方。虽然毛泽东、邓小平在不同的历史时期针对的情况不同，但讲的都是同一个思想、同一个道理，讲的都是人民民主专政"是正义的事情，没有什么输理的地方"，它是中华人民共和国的国体，是人民当家做主这一历史地位的标志和保证。同时，中华人民共和国的政体、国家结构形式、政党制度，与国体相互作用、相辅相成，共同构成维护最广大人民根本利益的政治制度。这四个方面共同构成了新中国的基本政治制度。其中，"国体"即工人阶级领导的、以工农联盟为基础的人民民主专政的国家制度，具有最根本的意义和决定性作用。这种基本政治制度，完全符合中国的实际情况和广大人民的根本利益，有着极大的优越性。

---

① 《毛泽东选集》第四卷，人民出版社1991年版，第1480页。
② 《毛泽东选集》第四卷，人民出版社1991年版，第1502-1503页。

关于新中国的"政体",毛泽东说,中国共产党采用民主集中制,而不采用资产阶级的议会制。中国共产党不必搞资产阶级的议会制和"三权鼎立"等,而应当建立民主集中制的各级人民代表会议制度①。

关于新中国的国家结构形式,毛泽东和中共中央根据中国长期是一个统一的多民族国家的历史,认为单一制的国家结构形式符合中国的实际情况,在统一的国家内部实行民族区域自治有利于民族平等原则的实现。毛泽东说,我们国家的名称叫中华人民共和国而不叫联邦。我们虽不是联邦,但却主张民族区域自治,行使民族自治权力。

关于新中国的政党制度,中国共产党逐步与各民主党派、无党派民主人士建立合作和协商共事的关系。1949 年 1 月 22 日,各民主党派领导人和著名无党派民主人士 55 人联合发表声明,一致表示愿意在中国共产党的领导下为独立、自由、和平、幸福的新中国之早日实现而奋斗。同年春天,毛泽东说,民主党派应积极参政,共同建设新中国。随后,中国共产党便与各民主党派、无党派人士一起进行筹备新的政治协商会议、筹建新中国的工作,从而确立了中国共产党领导的多党合作和政治协商制度。

各级政府都要加上"人民"二字

自从马克思恩格斯创建世界上第一个无产阶级政党,这个被称为"共产党"的政党组织以来,共产党就以自己特殊的身份、标志和方式活动在人类社会的政治舞台。在中国大地这个政党组织的出现并被人们所逐步认识,是从中国共产党的成立开始的。

历经 28 年的新民主主义革命、29 年的社会主义革命与建设、40 多年的改革开放和中国特色社会主义建设,中国共产党越来越强大的思想

---

① 《毛泽东文集》第五卷,人民出版社 1996 年版,第 136 页。

引领力、政治领导力、组织作用力和社会影响力，在中国历史上甚至人类社会发展史上，都是空前的。不管对它抱有什么样的态度，任何一个人都不会否认它对人类历史发展所起的作用。而它之所以能起到这样的巨大作用，一个根本原因就是由于这个政党组织赋予了它的每一个成员一种非常鲜明的特质，这种特质区别于其他社会组织及其成员，这就是它的人民立场。

中国共产党人的政治立场，是建立在马克思主义全新的世界观和方法论基础之上的。根据这种世界观和方法论，社会物质资料生产的发展是整个社会发展和进步的基础，而从事社会物质资料生产的广大人民群众，是推动社会历史向前发展的主要力量，他们也理应是社会历史的真正主人，是国家政权的主人。尊重社会历史的主人，并为他们的根本利益而奋斗，是尊重社会历史发展规律并推动社会历史发展的内在要求。正是这样一种逻辑，支持着共产党人形成了自己鲜明的政权观。

毛泽东提出的"人民民主专政"理论，最大的特色就是它的"人民性"。在毛泽东看来，人民是历史的创造者，中国共产党建立新中国，"人民"应当享有充分的民主权利，人民的意志应当制约整个政治生活和社会生活的发展过程。毛泽东对"人民"的概念作了明确界定：

> "人民是什么？在中国，在现阶段，是工人阶级，农民阶级，城市小资产阶级和民族资产阶级。这些阶级在工人阶级和共产党的领导之下，团结起来，组成自己的国家，选举自己的政府，向着帝国主义的走狗即地主阶级和官僚资产阶级以及代表这些阶级的国民党反动派及其帮凶实行专政……，对人民内部的民主方面和对反动派的专政方面，互相结合起来，就是人民民主专政。"①

---

① 《毛泽东选集》第四卷，人民出版社1991年版，第1475页。

"人民"作为一个历史范畴，在不同的历史时期有不同的内涵，但它始终占国民的绝大多数，而且呈现出内涵不断扩大的发展趋势，直至使国内政治完全成为人民内部的关系，实现"人民"与"国民"的重合。毛泽东认为，"人民民主专政"的国家，就是以人民代表会议产生的政府来代表它的政权。他说：

> "关于建立民主集中制的各级人民代表会议制度问题，我们政权的制度是采取议会制呢，还是采取民主集中制？过去我们叫苏维埃代表大会制度，苏维埃就是代表会议，我们又叫'苏维埃'，又叫'代表大会'，'苏维埃代表大会'就成了'代表大会代表大会'。这是死搬外国名词。现在我们就用'人民代表会议'这一名词。我们采用民主集中制，而不采用资产阶级议会制。议会制，袁世凯、曹锟都搞过，已经臭了。在中国采用民主集中制是很合适的。我们提出开人民代表大会，孙中山遗嘱还写着要开国民会议，国民党天天念遗嘱，他们是不能反对的。外国资产阶级也不能反对，蒋介石开过两次'国大'，他们也没有反对。德国、北朝鲜也是这样搞的。我看我们可以这样决定，不必搞资产阶级的议会制和三权鼎立等。"[1]

"人民"是无产阶级政党的命根子，"群众路线"是中国共产党的根本工作路线。早在《井冈山的斗争》中，毛泽东就直言不讳地批评了官僚体制可能有脱离群众的危险，他说："现在民众普遍知道的'工农兵政府'，是指委员会，因为他们尚不认识代表会的权力，以为委员会才是真正的权力机关。没有代表大会作依靠的执行委员会，其处理事情，往往脱离群众的意见……"[2]他敏锐地指出："县、区、乡各级民众政权是普

---

① 《毛泽东文集》第五卷，人民出版社 1996 版，第 136 页。
② 《毛泽东选集》第一卷，人民出版社 1991 年版，第 72 页。

遍地组织了，但是名不副实。许多地方无所谓工农兵代表会。……一些地方有了代表会，亦仅认为是对执行委员会的临时选举机关；选举完毕，大权揽于委员会，代表会再不谈起。名副其实的工农兵代表会组织，不是没有，只是少极了。"毛泽东对产生这种专断情况的原因进行了分析，他说："因为缺乏对于代表会这个新的政治制度的宣传和教育。封建时代独裁专断的恶习惯深中于群众乃至一般党员的头脑中，一时扫除不净，遇事贪图便利，不喜欢麻烦的民主制度。"①

毛泽东非常喜欢用"人民"一词，从新中国建立的那一天起就主张在新中国的国家名称、国家机器的名称和其他各个机构的名称前面，都要加上"人民"二字。1948 年 9 月，毛泽东在中共中央政治局会议上，对新中国成立后的中国政权性质作了这样的阐释：

> "我们是人民民主专政，各级政府都要加上'人民'二字，各种政权机关都要加上'人民'二字，如法院叫人民法院，军队叫人民解放军，以示和蒋介石政权不同。我们有广大的统一战线，我们政权的任务是打倒帝国主义、封建主义和官僚资本主义，要打倒它们，就要打倒它们的国家，建立人民民主专政的国家。"②

为了实现从革命党向执政党的历史性转变，中国共产党积极做好执政准备，扩大执政基础。囿于中国革命的特殊环境，中国共产党长时期在偏僻、落后的农村开展革命斗争，以贫雇农为主要依靠对象。随着革命胜利的即将来临，许多人囿于中国古代社会几千年的农民起义传统，错误地认为"贫雇农打江山坐江山"。站在马克思主义的政治立场高度，毛泽东谆谆告诫道：

---

① 参见《毛泽东选集》第一卷，人民出版社 1991 年版，第 72 页。
②《毛泽东文集》第五卷，人民出版社 1996 年版，第 135-136 页。

"'贫雇农打江山坐江山'的口号是错误的。在乡村，是雇农、贫农、中农和其他劳动人民联合一道，在共产党领导之下打江山坐江山，而不是单独贫雇农打江山坐江山。在全国，是工人，农民（包括新富农），独立工商业者，被反动势力所压迫和损害的中小资本家，学生、教员、教授、一般知识分子，自由职业者，开明绅士，一般公务人员，被压迫的少数民族和海外华侨，联合一道，在工人阶级（经过共产党）的领导之下，打江山坐江山，而不是少数人打江山坐江山。"①

　　中国共产党之所以成为一个先进的政党，就在于它从此改变了中国历史的政治传统，站在了人民大众的政治立场上，确立了人民民主政权。

人民民主是社会主义的生命

　　中国共产党明确指出："人民民主是社会主义的生命。"

　　在中国历史上，没有哪一个政党像中国共产党这样，真正地关注最广大人民群众的根本利益和民主权利，把"为人民服务"当作立党的根本宗旨。

　　在新民主主义革命时期，中国共产党就高高举起"民主"的旗帜。1949年新中国建立后，以毛泽东为核心的党中央第一代领导集体，对中国社会主义政治发展的道路开始了艰辛探索，明确把争取民主、建立民主政治作为新中国的头等大事和首要任务，领导全党全国人民着手进行社会主义民主法制建设。中国共产党创造性地把马克思主义关于无产阶级专政学说同中国社会主义革命与建设的具体实际相结合，形成了人民民主专政理论，成功地确立了社会主义的基本政治制度。

---

① 《毛泽东选集》第四卷，人民出版社1991年版，第1268-1269页。

党的十一届三中全会后，以邓小平为核心的党中央第二代领导集体深刻总结新中国建立以来社会主义民主法制建设的历史经验，吸取"文化大革命"的沉痛教训，通过拨乱反正，把发展民主政治作为我国社会主义现代化建设始终不渝的奋斗目标，通过加强社会主义民主法制建设来保证国家的长治久安。

"民主"一词源于希腊语"demo"，其意为"民，众"，"demos"为"demo"（人民、人们）的复数，即意为"民众"。在现代民主政治体制下，"人民"拥有超越立法者和政府的最高主权，民主政府是由全体公民——直接或间接选出的代表——行使权力和公民责任的政府。尽管资本主义国家也宣称它们的政府是民主的政府，但马克思认为，资本主义国家的"民主"是虚伪的、不彻底的、狭隘的，其实质仍然是维护少数人统治的"抽象民主"，只有在社会主义的国家制度和特定原则下，才能建立真正的民主政府，以及真正按照人人平等、少数服从多数的原则来共同管理国家与社会事务的运作方式。

"民主"的基本含义是保障人的基本权利，国家的一切权力来源于人民，属于人民。社会主义民主的实质，就是人民真正当家做主。"民主"作为社会主义发展追求的政治目标，要求必须把"人民民主"当作社会主义的生命，把建设社会主义民主政治作为中国政治体制改革总体目标的首要任务，坚持依法治国，建设社会主义法治国家，建设社会主义政治文明。

"民主"不是资本主义的专利。作为一种价值理念，它是人类梦寐以求的政治价值追求，更是无产阶级及其政党始终不渝的奋斗目标。邓小平说："我们过去对民主宣传得不够，实行得不够，制度上有许多不完善，因此，继续努力发扬民主，是我们党今后一个长时期的坚定不移的目标。"[1]

---

[1]《邓小平文选》第二卷，人民出版社 1994 年版，第 176 页。

"人民民主"作为社会主义的生命，是现代社会主义最重要、最核心的价值理念。"民主"的前提是自由，"民主"的基础是平等，"民主"的本质是人民当家做主，"民主"的保障是法治，社会主义民主是公平和正义的真正体现。因此，在自由、平等、人权、民主、法治、公平和正义等价值理念中，民主具有最基础、最重要的意义，是自由、平等、人权、法治、公平和正义的集中体现。只有建设真实的、现实的社会主义民主，自由、平等、人权、法治、公平和正义，才能得到切实保障。

　　社会主义是人民的事业，是人民群众自觉参加的、实现自己根本利益的事业，没有广大人民群众行使真正当家做主的民主权利，没有千百万人民群众主动性、积极性、创造性的充分发挥，社会主义和共产主义事业就不可能取得成功。社会主义国家如果没有充分的民主，或者社会主义民主制度遭到破坏，经济建设就会遭受重大挫折，社会秩序就会出现严重混乱，社会主义制度就会遭遇危机。社会主义民主政治建设的根本目标，就是以真正实现"人民当家做主"为己任。

　　"民主"是社会主义政治的本质，社会主义民主的本质是真正体现人民当家做主。马克思主义的社会和国家发展观，简要地说，就是从少数人做主（剥削制度）——多数人做主（社会主义）——人人做主（国家消亡——共产主义）的民主发展历程。马克思主义认为，社会主义民主就是以多数人和劳动者的民主代替少数人和剥削者的民主，即代替资本主义民主，就是人民当家做主，参与国家管理。马克思在《共产党宣言》中说："工人革命的第一步就是使无产阶级上升为统治阶级，争得民主。"[①] 俄国"十月革命"后，特别是俄国内战结束后，列宁特别重视发展社会主义民主，强调要对社会主义政治制度实行一系列的改变，认为没有民主就不可能有社会主义，就不会有社会主义。他说："无产阶级民主比任何资产阶级民主要民主百万倍，苏维埃政权比最民主的资产阶级共

---

① 《马克思恩格斯选集》第一卷，人民出版社1995年版，第293页。

和国要民主百万倍。"①

真正的社会主义民主将大大地超越资产阶级民主，因为资产阶级民主实质上是以资本为前提的民主，是资产阶级的民主、少数人的民主。马克思说，体现资产阶级民主的普选制实际上是"每三年或六年决定一次由统治阶级中什么人在议会里当人民的假代表"，是虚伪的、不彻底的、狭隘的民主。无产阶级革命的任务之一，就是彻底发展民主，找出发展民主的形式，在真正意义上实现人民主权，实现人民真正当家做主。

社会主义民主以平等、公正为前提，代表最广大人民的根本利益，是一种保证人民真正当家做主的政治制度，体现为民主选举、民主决策、民主管理、民主监督，以及保障和尊重人权等。

中国共产党创立的民主政治制度，真正保障人民居于主人翁地位，保障最大限度地实现最广大人民的民主、自由、人权。

那么，"什么是中国人民今天所需要的民主呢"？邓小平说：

> "中国人民今天所需要的民主，只能是社会主义民主或称人民民主，而不是资产阶级的个人主义的民主。人民的民主同对敌人的专政分不开，同民主基础上的集中也分不开。我们实行的是民主集中制，这就是民主基础上的集中和集中指导下的民主相结合。民主集中制是社会主义制度的一个不可分的组成部分。在社会主义制度之下，个人利益要服从集体利益，局部利益要服从整体利益，暂时利益要服从长远利益，或者叫作小局服从大局，小道理服从大道理。我们提倡和实行这些原则，决不是说可以不注意个人利益，不注意局部利益，不注意暂时利益，而是因为在社会主义制度之下，归根结底，个人利益和集体利益是统一的，局部利益和整体利益是统一的，暂时利益和长远利益是统一的。我们必须按照统筹兼顾的原则

---

① 《列宁选集》第三卷，人民出版社1995年版，第606页。

来调节各种利益的相互关系。如果相反，违反集体利益而追求个人利益，违反整体利益而追求局部利益，违反长远利益而追求暂时利益，那末，结果势必两头都受损失。民主和集中的关系，权利和义务的关系，归根结底，就是以上所说的各种利益的相互关系在政治上和法律上的表现。正因为这样，毛泽东才说，我们的目标，是想造成一个又有集中又有民主，又有纪律又有自由，又有统一意志、又有个人心情舒畅、生动活泼，那样一种政治局面。这就是社会主义民主的政治局面，这就是我们今天和今后所要努力实现的政治局面。"①

中国共产党在中国社会主义初级阶段基本国情基础上所建立起来的社会主义民主政治制度，应该说在实质上已经实现了列宁所说的"比任何资产阶级民主要民主百万倍"。当然，要真正做到列宁所说的从实质上高出"百万倍"到实践上、形式上高出"百万倍"，还要经历一个长期的发展过程，需要坚持中国共产党的领导和中国特色社会主义政治发展道路，坚持不懈地进行社会主义民主政治建设，不断推进政治体制改革，扩大社会主义民主，加快建设社会主义法治国家，发展社会主义政治文明，不断推动社会主义民主取得重大进展。

中国有一句俗语：鞋子合不合脚，只有脚清楚。2013 年 3 月 23 日，习近平在莫斯科国际关系学院演讲时，曾引用了这句中国老百姓从实际生活中总结出来的俗语，用鞋子与脚的匹配关系和经验，形象地说明了中国特色社会主义政治制度和政治道路与中国国情和实际情况的关系。他说："我们主张，各国和各国人民应该共同享受尊严。要坚持国家不分大小、强弱、贫富一律平等，尊重各国人民自主选择发展道路的权利，反对干涉别国内政，维护国际公平正义。'鞋子合不合脚，自己穿

---

① 《邓小平文选》第二卷，人民出版社 1994 年版，第 175-176 页。

了才知道'。一个国家的发展道路合不合适，只有这个国家的人民才最有发言权。"①

2016 年 7 月 1 日，习近平在庆祝中国共产党成立 95 周年的大会上更加坚定地说：

> "我们要坚信，中国特色社会主义制度是当代中国发展进步的根本制度保障，是具有鲜明中国特色、明显制度优势、强大自我完善能力的先进制度。"②
>
> "中国共产党人和中国人民完全有信心为人类对更好社会制度的探索提供中国方案。"③

建立什么样的政治制度，是近代以来中国面临的一个历史性课题。为解决这一历史性课题，中国人民进行了艰辛探索，无数仁人志士孜孜不倦地寻找着适合中国国情的政治制度模式。辛亥革命前，太平天国运动、洋务运动、戊戌变法、义和团运动、清末新政等都未能取得成功。辛亥革命后，中国先后尝试过君主立宪制、帝制复辟、议会制、多党制、总统制等各种形式，各种政治势力及其代表人物纷纷登场，都没能找到正确答案，中国依然是山河破碎、积贫积弱，列强依然在中国横行霸道、巧取豪夺，中国人民依然生活在苦难和屈辱之中。2014 年 4 月 1 日，习近平出访欧洲，在布鲁日欧洲学院发表演讲时说："中国人苦苦寻找适合中国国情的道路。君主立宪制、复辟帝制、议会制、多党制、总统制都想过了、试过了，结果都行不通。最后，中国选择了社会主义道路。"

中国共产党领导中国人民取得中国革命胜利后，经过实践探索和理

---

① 《习近平谈治国理政》第一卷，外文出版社 2018 年版，第 273 页。
② 《习近平谈治国理政》第二卷，外文出版社 2017 年版，第 36 页。
③ 《习近平谈治国理政》第二卷，外文出版社 2017 年版，第 37 页。

论思考，建立了以人民代表大会制度、中国共产党领导的多党合作和政治协商制度、民族区域自治制度以及基层群众自治制度为主要形式的中国特色的人民民主制度。

民主作为一种政治制度，从来都不是抽象的，而是历史的、具体的，是一定社会阶段的经济、社会、文化等综合作用的产物。一百多年来的中国近代史证明，中国的发展不能全盘照搬西方的民主模式，而要充分考虑中国的基本国情。中华人民共和国建立 70 多年来的历史表明，中国特色的人民民主制度是行之有效的民主制度，其特点和优势在于坚持国家一切权力属于人民；坚持中国共产党的领导、人民当家做主、依法治国的有机统一；坚持民主内容和形式的统一；坚持以民主集中制为根本组织原则和活动方式。

一个国家选择什么样的民主发展道路和模式，归根结底是由这个国家的性质和国情决定的。习近平说：

"世界上没有完全相同的政治制度模式，政治制度不能脱离特定社会政治条件和历史文化传统来抽象评判，不能定于一尊，不能生搬硬套外国政治制度模式。"①

评判一个国家民主的基本标准，要看这种民主是否符合这个国家历史文化传统、现实国情、社会政治制度、经济文化的发展水平，是否有利于解决本国面临的主要问题。民主制度，应当有利于本国人民行使选举权、知情权、参与权、表达权和监督权等民主权利，管理国家事务和社会事务、管理经济和文化事业，真正体现人民当家做主；应当有利于这个国家的人民安居乐业、享受幸福生活，得到绝大多数人民群众的认同、支持；应当有利于国家政治体制高效运行，使公权力受到有效监督

---

① 《十九大以来重要文献选编》上，中央文献出版社 2019 年版，第 25 页。

制约、腐败降到最低程度；应当有利于本国经济持续发展、社会和谐稳定、法治秩序建立；应当有利于本国民族团结和睦、国家强盛统一。

事实最具有说服力。改革开放以来，正是在有效保证人民广泛参与国家治理和社会治理的制度安排下，中国经济实现了腾飞，综合国力、人民生活水平不断跨上新台阶，社会长期保持和谐稳定。实践证明，中国社会主义民主政治制度具有强大生命力和显著优越性。

坚持人民群众的主体地位，首先要落实人民群众在国家和社会中的主人地位和体现人民意志。尊重人民主体地位，保证人民当家做主，就必须长期坚持、不断发展中国的社会主义民主政治，积极稳妥推进政治体制改革，推进社会主义民主政治制度化、规范化、程序化，保证人民依法通过各种途径和形式管理国家事务，管理经济文化事务，管理社会事务，巩固和发展生动活泼、安定团结的政治局面。

"都是人民的勤务员"

马克思主义的人民观，始终坚持人民群众是历史的创造者的观点，相信人民群众的伟大力量，心存对人民群众的敬畏，始终依靠信任群众、尊重群众去赢得群众，这是为人民群众办好事情的认识论基础。

中国共产党所肩负的正义事业，始终离不开人民群众的力量，只有充分调动和发挥人民群众的积极性、主动性和创造性，依靠人民群众的磅礴伟力，才能完成各项工作和任务。一切依靠群众，必须置身于群众之中，依靠发动群众去团结群众、组织群众，使群众自觉投身于党和人民共同的事业当中。反之，不依靠群众，不发动群众和干部的积极性，就不可能克服困难。只有凝聚起广大人民群众的力量，才能筑牢我们事业的真正铜墙铁壁。

在革命战争年代，毛泽东就曾说"群众是党的真正的铜墙铁壁"。1934年，在江西瑞金召开的第二次全国工农兵代表大会上，为了在国民党反动派的"围剿"中争取主动，毛泽东提出了"关心群众生活、注意工作方法"的工作路线。他提醒领导干部说："真正的铜墙铁壁是什么？是群众，是千百万真心实意地拥护革命的群众。这是真正的铜墙铁壁，什么力量也打不破的，完全打不破的。"① 发挥好群众的铜墙铁壁作用，首先就是要尊重人民群众的主体地位和首创精神。

毛泽东认为，中国共产党要和人民群众打成一片，必须反对官僚主义作风。官僚主义是领导干部最容易犯的政治顽症，为人民群众所深恶痛绝，是破坏党群关系、扭曲群众路线的毒瘤之一。毛泽东严肃地批评了官僚主义、命令主义作风，提醒党员干部要避免这种歪风邪气，真正走到群众中去，和群众交朋友，把人民群众和党员干部的关系视为朋友关系。共产党的领导干部应该始终把自己看作是普通群众中的一员，保持着劳动人民的本色，对人民群众的态度就像对待朋友一样，朴素、和蔼、诚恳，不摆架子，不要威风，不搞特殊化。他说：

> "共产党员在政府工作中，应该是十分廉洁、不用私人、多做工作、少取报酬的模范。共产党员在民众运动中，应该是民众的朋友，而不是民众的上司，是诲人不倦的教师，而不是官僚主义的政客。共产党员无论何时何地都不应以个人利益放在第一位，而应以个人利益服从于民族的和人民群众的利益。"②

毛泽东把中国共产党人的根本宗旨概括为"全心全意为人民服务"。1944年9月，在为中央警备团战士张思德因公殉职举行的追悼会上，毛泽东即兴发表演讲，这就是著名的"老三篇"之一的《为人民服务》。他说："我们的共产党和共产党所领导的八路军、新四军，是革命的队伍。

---

① 《毛泽东选集》第一卷，人民出版社1991年版，第139页。
② 《毛泽东选集》第二卷，人民出版社1991年版，第522页。

我们这个队伍是完全为着解放人民的，是彻底地为人民的利益而工作的。"① 毛泽东还亲笔题写了挽词："向为人民利益而牺牲的张思德同志致敬。"同年12月16日，毛泽东在《解放日报》上发表《1945年的任务》一文，又说："我们一切工作干部，不论职位高低，都是人民的勤务员，我们所做的一切，都是为人民服务，我们有些什么不好的东西舍不得丢掉呢？"② 要当好"人民的勤务员"，就要树立全心全意为人民服务的宗旨意识。

当好人民的勤务员，就要关心群众的生产生活。"解决群众的穿衣问题，吃饭问题，住房问题，柴米油盐问题，疾病卫生问题，婚姻问题等一切群众的实际生活问题。总之，一切群众的实际生活问题，都是我们应当注意的问题。"③ 毛泽东说，一切空话都是无用的，必须给人民以看得见的物质福利。"我们的第一个方面的工作并不是向人民要东西，而是给人民以东西。我们有什么东西可以给予人民呢？就目前陕甘宁边区的条件说来，就是组织人民、领导人民、帮助人民发展生产，增加他们的物质福利，并在这个基础上一步一步地提高他们的政治觉悟与文化程度。"④

1945年4月，毛泽东在党的七大所做的政治报告《论联合政府》中，进一步提出了"全心全意为人民服务"这一宗旨。他说：

> "这个军队之所以有力量，是因为所有参加这个军队的人，都具有自觉的纪律；他们不是为着少数人的或狭隘集团的私利，而是为着广大人民群众的利益，为着全民族的利益，而结合，而战斗的。紧紧地和中国人民站在一起，全心全意地为中国人民服务，就是这

①《毛泽东选集》第三卷，人民出版社1991年版，第1004页。
②《毛泽东文集》第三卷，人民出版社1996年版，第243页。
③《毛泽东选集》第一卷，人民出版社1991年版，第136-137页。
④《毛泽东文集》第二卷，人民出版社1993年版，第467页。

个军队的唯一的宗旨。"①

"全心全意地为人民服务，一刻也不脱离群众；一切从人民的利益出发，而不是从个人或小集团的利益出发；向人民负责和向党的领导机关负责的一致性；这些就是我们的出发点。共产党人必须随时准备坚持真理，因为任何真理都是符合于人民利益的；共产党人必须随时准备修正错误，因为任何错误都是不符合于人民利益的。"②

"以中国最广大人民的最大利益为出发点的中国共产党人，相信自己的事业是完全合乎正义的，不惜牺牲自己个人的一切，随时准备拿出自己的生命去殉我们的事业，难道还有什么不适合人民需要的思想、观点、意见、办法，舍不得丢掉的吗？难道我们还欢迎任何政治的灰尘、政治的微生物来玷污我们的清洁的面貌和侵蚀我们的健全的肌体吗？"③

一切为了人民、一切依靠人民，中国共产党不仅是这么说的，更是这么做的，"为人民服务"成为全党的行动指针。毛泽东曾多次题写"为人民服务"。

人民是历史的创造者，是真正的英雄。毛泽东说："人民，只有人民，才是创造历史的动力。"

党的十八大以来，中国特色社会主义进入新时代。2018年3月20日，习近平再次当选中华人民共和国主席，在十三届全国人大一次会议闭幕会上，他发表演说，4000多字的内容，84次提到"人民"。他说："始终要把人民放在心中最高的位置，始终全心全意为人民服务，始终为人民利益和幸福而努力工作。"习近平认为，中国共产党只有始终不忘保持对

---

① 《毛泽东选集》第三卷，人民出版社1991年版，第1039页。
② 《毛泽东选集》第三卷，人民出版社1991年版，第1094—1095页。
③ 《毛泽东选集》第三卷，人民出版社1991年版，第1096—1097页。

人民的赤子之心这颗"初心"，始终坚持"以人民为中心"的发展思想，把人民放在心中最高位置，才能始终保持建党时中国共产党人的奋斗精神，使中国共产党永远立于不败之地。基层党员干部要始终坚持把人民群众当作最坚实的"靠山"，才能得到群众的信任和支持。

当好人民的勤务员，"以人民为中心"，把人民放在心中最高的位置，对中国共产党而言，已不再仅仅是一种政治立场和价值理念，而是一种实实在在的行动和实践。2015年6月16日，习近平在贵州遵义考察时曾提出一种"群众的哭笑观"，他说：

> "群众拥护不拥护是我们检验工作的重要标准。党中央制定的政策好不好，要看乡亲们是哭还是笑。要是笑，就说明政策好。要是有人哭，我们就要注意，需要改正的就要改正，需要完善的就要完善。"

中国共产党来源于人民、植根于人民，依靠的是人民、为的是人民。人民群众是中国共产党的衣食父母。中国共产党领导革命、建设和改革开放，依靠的是人民、更是为了人民。把人民放在最高的位置，就要把人民拥护不拥护、赞成不赞成、高兴不高兴、答应不答应作为衡量中国共产党人一切工作得失的根本标准。进入新时代，就要着力解决好人民最关心最现实的利益问题，顺应人民群众对美好生活的向往，以百姓之心为心，以更大的力度、更实的措施，让全体中国人民在实现中华民族伟大复兴的历史进程中享受新时代带来的实惠。

在中国特色社会主义新时代，各级领导干部要当好人民的勤务员，就应增强宗旨意识，始终与人民心连心、同呼吸、共命运，把人民放在心中最高位置，始终坚持以人民为中心，把人民的利益发展好实现好维护好；不仅要把服务人民体现在党的纲领、路线方针政策上，而且要落实在具体行动中，确保中国共产党始终成为中国特色社会主义事业的坚强领导核心；应问政于民、问需于民、问计于民，多干让人民满意的好事、实事；要永葆人民情怀，走群众路线，设身处地为群众着想，心平气和地化解矛盾，真诚公平地解决问题，做到亲民爱民为民，把人民的事情办好，真诚服务群众。

| 四 |　检验中国共产党执政活动的标准

马克思主义认为，人民群众是历史的创造者，历史活动是群众的事业，人类社会的全部物质财富和精神财富都是人民群众创造的，人民群众是历史的主人。无产阶级政党的一切权力都来源于人民，一切权力都归属于人民。人民群众委托能够代表他们根本利益的共产党管理国家、管理社会，把权力授予这种政治力量。

无产阶级政党执政的科学理论有千条万条，但归根结底就是一条：立党为公、执政为民。如果共产党放弃了"立党为公、执政为民"的本质，就不再是马克思主义政党，就会失去人民的支持，就会丢掉执政地位。

人类社会最高的政治境界

中国共产党成立以来，不管是在硝烟弥漫的战争岁月，还是在热火朝天的建设年代，不管是在事业遭受巨大挫折的关头，还是在事业高歌迈进的时刻，人民群众之所以一直都跟着中国共产党走，其中一个重要原因，就是他们认准了中国共产党人是为人民群众的利益而工作的，是他们可以信赖和依靠的人；中国共产党人所干的事业，就是人民群众自己所要干的事业，就是为人民群众的根本利益而奋斗的事业。

一个政党能让人民群众信任到这种程度，一大批优秀的共产党人能让老百姓信任到这种程度，就是因为绝大多数共产党人所信奉的这样一种政治观和政权观，产生了强大的精神力量和人格魅力。

　　为什么中国共产党人的政治立场具有这么大的震撼力呢？为什么这种政权观是人类社会历史上最高的政治境界呢？

　　我们可以通过比较来看这种政治立场和政权观的先进性。

　　在共产党这个政治组织产生之前，封建社会维系社会关系的政治统治基本靠两条：一是皇权，二是封建礼教。

　　资本主义社会维系社会关系的政治统治也是基本靠两条：一是宗教，二是法律。

　　然而，无论是封建社会还是资本主义社会，所采用的手段只能在一个阶段对规范人的行为、缓解社会矛盾起到一定的作用，它们都没有也不可能达到人类政治理想的境界，因为不论是封建社会还是资本主义社会，人们的社会关系是建立在生产资料私有制基础上的，私有制必然产生两个结果：一是造成阶级分化和阶级矛盾，这是不可调和的，是不以人的意志为转移的；二是促使人们争取更多的占有生产资料和生活资料，从而使私欲无限膨胀，而私欲的膨胀和满足，必然带来精神和道德的堕落，如拜金主义、享乐主义和极端个人主义。

　　由于封建社会和资本主义社会都是建立在落后的社会制度基础之上，都是为维系落后的社会关系服务的，是为少数人统治服务的，所以对提高人的道德水准、改善社会关系不能起到决定性作用，发挥不了理想作用，都不可能达到人类最高的政治境界。

　　那么，为什么共产党组织的政治立场和政权观是人类最高的政治境界呢？

（一）人民政权观确立了一种全新政治关系

　　就人民政权观的主体而言，"为人民服务"包括两个部分：一是国家管理者，二是每一个社会成员、国家公民。国家管理者包括国家各级管理机构的管理人员，就是共产党各级组织的党员干部和各个政府部门的工作人员。国家管理者不再是统治者和统治工具，而是人民的服务员、勤务兵，是人民权利的"让渡者"。人民为上，管理者为下，党和国家的各级组织机构及其工作人员的职责和一切工作，就是"为人民服务"，而不是高高在上，支配和奴役人民。这就建立了人类社会一种全新的政治关系，这种新型的政治关系告诉人们，国家的一切包括国家机器都属于人民，一切组织及其工作人员都是"为人民服务"的。

这就彻底颠覆了几千年来人民与国家管理者之间的政治关系。

中国传统政权观中虽然也强调"民本"意识，但那种姿态是高高在上的，"只许官兵放火，不许百姓点灯"。它强调的是为百姓做主，而不是让百姓做主，强调的是恩赐百姓、是"父母官"，而不是服务百姓、服务人民。它的出发点是为统治阶级服务的，目的是巩固统治阶级的统治，统治者和百姓之间的关系是统治和被统治的关系。

西方资本主义政权规则是建立在"社会契约"假设基础上的，认为国家是人民契约的结果，人们"要寻找出一种结合的形式，使它能以全部共同的力量来卫护和保障每个结合者的人身和财富，并且由于这一结合而使每一个与全体相结合的个人只不过是在服从自己本人"。[①] 在这个共同体下，"我们每一个人都以其自身及其全部的力量置于公意的最高指导之下，并且我们在共同体中接纳每一个成员作为全体之不可分割的一部分"。[②] 这种结合行为产生一种集体的伦理共同体，在被动的场合称"国家"，在主动的场合称"主权者"，与同类相比较时称"政权"，至于每个结合者，作为集体时称"人民"，作为个人时称"公民"。西方资本主义政权观的实质，仍然是维护少数人统治的"抽象民主"。

马克思主义的人民政权观的核心要义，是人民是国家的主人，国

---

① 让·雅克·卢梭：《社会契约论》，商务印书馆 1980 年版，第 23 页。
② 让·雅克·卢梭：《社会契约论》，商务印书馆 1980 年版，第 24–25 页。

家管理者和人民不是统治和被统治的关系，而是服务和被服务的关系。这是中国传统政权观和西方资本主义政权观没有达到也不可能达到的高度。当然，就中外统治阶级而言，也不可能建立和倡导这种政权观。由于人民成了国家主人，是被服务的、被伺候的国家政权的所有者，从而产生了做梦都梦不见的自豪感和主人翁意识，因而也爆发出强烈的爱国意识和建设热情，国家也会达到真正的和谐和社会进步。

（二）人民政权观明确了人民内部新型关系

生产资料私人占有的社会，人们对生产资料和生活资料的占有成为最高追求，尤其是在市场经济条件下，市场交换原则必然成为社会的核心价值准则和行为准则，人与人之间的关系，必然是物质利益交换的关系、金钱交换的关系，这同样是不以人的意志为转移的。这就必然造成两个问题：一是为追求利益最大化必然不择手段，因而必然是兽性的最大化，人越来越物化，唯利是图、道德沦丧，道德体系、精神家园必然遭到巨大破坏，社会关系越来越难以维系。二是既然是交换关系、利用关系，那么人们心目中衡量事物的标准，便不是是非、善恶、美丑，而是利益。当一个人为人办事的时候是为了得到回报，或者是为了得到别人回报而给人办事的时候，真情对人来说便不那么重要了，甚至没有了，善良也没有了，美好也没有了，人与人之间的关系必然脆弱。

个人之间因为植入了利益交换原则，人与人之间的关系就变成了赤裸裸的交换关系、金钱关系，打碎了人类一切美好的东西。为了利益，人与人之间变成了你死我活的敌人。甚至连亲情、婚姻都没有了真情和美好，因为遗产兄弟姐妹相残，因为财产夫妻从一结婚就同床异梦，婚前如何财产登记、离婚如何财产分割、离婚前如何先防备对方一手。人从一生下来到死去，一生都在生意场当中，死了也要花高价买一块放尸体、骨头的地方。

国家各个管理部门因为植入了利益交换原则，权力就变成了向人民掠夺生活资料的工具，也改变了为人民服务的性质，权力寻租、开药都要拿回扣，法官律师"吃了被告吃原告"，官民之间、警民之间、师生之间、医患之间的关系，就都变成了交换关系、金钱关系。人们的心灵用金钱做纽带，再也没有了服务与被服务、关心与被关心、温暖与被温暖的幸福感。

"人民立场"和人民政权规则从根本上改变了这种物质利益交换关系、金钱交换关系，明确了社会成员之间每个人都是劳动者，都是为人民、为社会而劳动的。按照马克思主义的设想，在劳动过程中每个人都是服务主体，又是服务客体。作为个人，每个人都为人民服务；作为人民，每个人都在接受别人的服务，这种服务不以利益为前提，而是一种义务、一种责任、一种大义。每个人的工作和生产活动，都是服务他人和社会的手段，而不是获取利益的途径。服务者有一种崇高感，被服务者有一种温暖感，人与人之间是一种相互关心、相互爱护、相互帮助、相互信任的关系。人们在相互服务中得到幸福，思想和精神又在相互服务中得到升华，社会文明达到一个新境界。

（三）人民政权观体现了人民共同的价值追求

中国传统文化包括宗教，也强调济世、强调普度众生，但是，这些都是通过教化使每个人能够净化灵魂，从而达到人与人关系的融洽，达到社会的和谐，强调的是个人的修行、觉悟。每个人自己修行好了，人与人之间的矛盾就少了，社会就和谐了。

修行、觉悟有它不可忽视的重要作用。然而，"人民立场"和人民政权观强调的"为人民服务"，不仅是个人的修行，不仅是个人的价值追求，而且更是共产党组织内成员的共同价值追求，是全社会的共同价值追求。所谓共同的价值追求，就是共产党组织及其所代表的全体人民的追求。这里包含五层意思：

（1）是共产党这个组织的追求；

（2）是共产党这个组织里的每个成员一道去追求；

（3）是作为"无产阶级"这个阶级的人民共同的价值追求；

（4）这种价值追求是有组织的，而不是松散的、自然的，更不是个人的修行修身；

（5）这种价值追求是一种责任和义务，是天经地义的，而不是你想做就做、想不做就不做的，不是你主观愿望所决定的。

所以，在"人民立场"和人民政权观的规定下，"为人民服务"是共产党组织及其所代表的阶级的整体性自觉，是全体人民的自觉。既是共同行为，又是共同理想，要求达到全体人民思想觉悟的共同提高，因此，远远高于中国传统文化所提倡的个人修养和修身。共产党人"为人民服务"的价值观，要求不论是组织还是党员干部、抑或每个普通社会成员，在履行责任和义务的过程中，既要服务人民，又要使自己的思想觉悟和道德情操得到升华，从而使整个社会更加进步、更加文明、更加和谐。

（四）人民政权观强调共产党人既要改造客观世界又要改造主观世界

中国传统文化也好，西方资本主义文化也好，只是强调改造主观世界，通过改造主观世界调节社会关系，达到社会和谐，而不强调改造客观世界，更不强调改造社会，因而是消极的、落后的。

社会存在决定社会意识。"人民立场"和人民政权观确立起来的"为人民服务"价值观，既强调改造主观世界，强调以人民为本、服务人民的高尚道德情操，又强调改造客观世界，包括改造自然与社会、改革落后的社会制度，以及一切落后的东西，改造人民的生产生活，从而达到与客观世界相适应的主观世界的改造。所以，"为人民服务"价值观要求党员干部和社会成员要在参与社会实践、参与生产斗争和阶级斗争的实践活动中改造自己，在改造自己的同时还要斗争，通过斗争改造一切落后的东西，从而做到服务人民，而不是闭门的、脱离社会实践的个人式的"每日三省吾身"。

因此，对共产党人而言，"为人民服务"不仅是做好事，更包括批判和消除坏事，提倡和一切落后的、反动的、腐朽的、丑恶的东西积极斗争，强调斗争是消灭一切落后的、反动的、腐朽的、丑恶的东西最直接、最有效的方式。

马克思主义之所以非常强调"斗争"，毛泽东之所以抓住"斗争"二字不放，新时代习近平之所以高度强调"伟大斗争"，这与"斗争"在社会进步中的巨大作用是紧密联系的。从这一意义上说，"为人民服务"比中国传统文化和西方资本主义文化更积极、更纯粹、更高尚、更彻底。马克思主义认为，"斗争"最彻底的办法和最高形态，就是消灭落后的生产资料所有制，建立与"为人民服务"相适应的新的所有制形式，这就是公有制。"为人民服务"只有在公有制的基础上才能实现，才能真正成为国家管理者和一切社会成员的共同道德准则。

当然，"人民立场"和人民政权观所主张的"为绝大多数人谋利益""为人民服务"和"以人民为中心"，是一种理想政治追求和崇高政治境界，它的实现需要建立在社会生产力高度发达、物质财富极大丰富、人的觉悟极大提高的基础之上，是一个逐步实现的过程。当前，中国正处在并将长期处在社会主义初级阶段，我们要从实际情况出发，认识到践行和弘扬"为人民服务"原则的艰巨性、长期性和复杂性。

苏共垮台东欧剧变的历史教训

在世界社会主义运动的历史上，社会主义阵营发生的一次重大政治事件，是 20 世纪 80 年代末 90 年代初的苏联解体和东欧剧变。苏联和东欧各国共产党丧失执政地位，虽然有着非常错综复杂的原因，但从认识论的角度讲，作为掌握国家权力、代表人民行使国家权力的执政党，因为没有遵循人类社会的发展规律和顺应历史发展潮流，更没有遵循社会主义国家的发展规律和共产党的执政规律，从而丧失了国家权力和执政地位。

这是值得包括中国共产党在内的所有共产党执政国家认真汲取的深刻的历史教训。

过去我们一直说，无产阶级政党、共产党是用马克思主义武装起来的政党，只要坚持用马克思主义作指导，就是战无不胜的党，就能够长期执政，永远执政，永远立于不败之地。因为马克思主义是科学真理，是颠扑不破的真理，放之四海而皆准。但是，随着苏联、东欧等一些社会主义国家共产党执政的垮台，这一命题被打破。苏联发生了"天鹅绒革命"，解体了，苏联共产党解散了；东欧一些社会主义国家也相继发生了"颜色革命"，出现了共产党执政垮台的多米诺骨牌效应。匈牙利、捷克斯洛伐克也发生了"天鹅绒革命"，格鲁吉亚发生了"玫瑰革命"，乌克兰发生了"橙色革命"，吉尔吉斯斯坦发生了"郁金香革命"，黎巴嫩发生了"雪松革命"，伊拉克发生了"紫色革命"，缅甸发生了"袈裟革命"……

自古以来，一个政权的丧失，主要取决于两点：一是被统治阶级再也不能忍受统治阶级的压迫和剥削；二是统治阶级再也不能照旧继续统治下去了。

在这两点中，"不能忍受"多指人民群众的主观感觉，"不能继续"多指维持统治的客观因素，而"民心向背"则是这两点的衡量标准，是一个政权兴衰的转换器。

我们知道，苏联共产党首先在列宁的领导下，以马克思主义为指导，代表最广大人民群众的根本利益，凭借鲜明的人民性纲领、先进性标准和纯洁性要求，建党建政，赢得了当时苏联最广大人民群众的拥护和支持。

但是，在后来苏联共产党的执政过程中，在政治理念上不仅没有与社会主义国家相一致的执政理念，而且长期人为地大搞"阶级斗争"和"清除异己"；在经济建设上忽视集中力量发展社会生产力，人民生活水平没有提高甚至下降；在制度建设上，在相当长的时期内实行高度集中的政治经济体制，执政党和国家政治生活极不正常，民主集中制原则形同虚设，导致苏联共产党和国家日益缺乏生机和活力；不注重党员领导干部个人的道德品质修养，从中央到地方各级领导热衷于搞特权化、特殊化，高高在上，以权谋私，个人迷信盛行，思想普遍僵化，导致苏联共产党执政严重脱离人民群众，与广大人民群众日渐疏离，干群逐步分化，民心逐渐丧失，从而发生了人类政治史上最大的党殇、国丧。

人心向背决定苏共垮台

可以说，苏共的兴亡过程就是民心向背更替、民意兴衰转换的过程，就是原苏联共产党逐渐丧失执政有效性、进而丧失执政正当性的过程。我们说，失苏联者，苏联共产党也，而非欧美也！外因只有通过内因才能起作用，苏共解散、苏联解体的根本原因不在欧美国家实施的"颜色革命""和平演变"和干扰破坏，而在苏联"共产党内部"。

由于苏联共产党执政长期推行以牺牲个人利益为代价的物质现代化、军事现代化，始终未能解决广大民众的民生、民权、民主问题。同时，伴随着权贵阶层和既得利益集团的发展壮大，共产党员作为人民的公仆逐渐变成了人民的主人，因此，人民群众极度不满。据统计，原苏共解散前，85%的苏联人民认为原苏共已经成为党政官僚和机关干部的代表，而不代表工人、农民的根本利益。

据报道，戈尔巴乔夫政府被推翻的那一天，即1991年8月19日早上，俄罗斯电视台仍然在反复播放着芭蕾舞剧《天鹅湖》，坦克虽然开上了莫斯科街头，但市民表现得异常平静，照常上班，好像与自己不太相关一样，政变似乎在人们的意料之中，苏联人民对于是不是苏联共产党继续执政，已经麻木不仁，漠不关心。与以往许多社会变革相比，苏联的解体和东欧国家的剧变显得异常平静，似乎没有多少人激动、抗争，没有大规模的动乱和流血。因此，西方人形容这是"天鹅绒革命"。

苏联解体和东欧剧变表明，并不是把马克思主义挂在口头上、写进教材里、贴在墙面上、喊在口号里，就能赢得人民群众的支持和拥护。马克思主义作为代表无产阶级和最广大人民群众根本利益的思想理论体系，共产党执政只有在实践中把这种指导思想转化为真正的"执政为民"，才能真正得到广大人民群众的赞成、拥护和支持。否则，人民群众会用自己的实际行动来投票，来表达自己的选择。

苏联解体和东欧剧变给我们的深刻启示是：并不是指导思想正确就能永葆执政地位，并不是只要把马克思主义当作指导思想，执政就可以高枕无忧；只有在实践中真正做到"执政为民"，才能赢得广大人民群众的赞成、拥护和支持；你只有真正把人民放在心上，人民才会让执政党坐在台上。

苏联解体和东欧剧变的事实表明，共产党执政一方面绝不能放弃马克思主义指导思想，必须始终坚持立党为公，执政为民，代表最广大人民群众的根本利益；另一方面必须把经济建设搞上去，发展是硬道理；必须进一步改革开放，必须发展社会主义市场经济；必须全面深化改革，发展中出现的问题要通过发展的办法来解决。

中国共产党的执政理念

《共产党宣言》中，马克思就说：一切理论和奋斗都致力于实现最广大人民的根本利益。无产阶级建立自己的政权以后，必须防止国家机关由社会公仆蜕化为社会主人。早在新中国建立之前，1944 年 9 月 8 日毛泽东在为一位为救战友不幸牺牲的八路军战士——张思德的追悼会上所做的演讲中说：

> "我们的共产党和共产党所领导的八路军、新四军，是革命的队伍。我们这个队伍完全是为着解放人民的，是彻底地为人民的利益工作的。"[1]

---

[1]《毛泽东选集》第三集，人民出版社 1991 年版，第 1004 页。

中国共产党领导中国人民经过28年的艰苦卓绝的奋斗，建立了中华人民共和国，从此走上了掌权执政的历史舞台。从毛泽东提出"全心全意为人民服务"到邓小平提出的"三个是否有利于"，从江泽民提出"立党为公、执政为民"的执政理念和"三个代表"重要思想到胡锦涛提出的坚持以人为本的科学发展观，再到习近平提出的"以人民为中心"的发展思想，都充分阐述了中国共产党的根本宗旨，中国共产党执政的根本目的是为最广大人民群众谋利益、为中华民族谋复兴。

中国共产党掌权执政，无非是受人民群众的委托管理国家、治理社会。中国共产党执政的权力，来自于人民，归人民所有，所以必须服务于人民。中国共产党的一切执政活动，都要从人民群众的意愿和利益出发，把为中华民族谋复兴、为中国人民谋幸福当作根本目的。这是马克思主义政治立场的集中表现，也是回答中国共产党治国理政"为了谁""服务谁"这一根本问题唯一正确的答案。胡锦涛说：

> "相信谁、依靠谁、为了谁，是否站在最广大人民的立场上，是区分唯物主义和唯心主义的分水岭，也是判断马克思主义政党的试金石。对于马克思主义执政党来说，坚持立党为公、执政为民，实现好、维护好、发展好最广大人民的根本利益，充分发挥全体人民的积极性来发展先进生产力和先进文化，始终是最紧要的。"[1]

胡锦涛提出的"权为民所用、情为民所系、利为民所谋"，坚持了马克思主义的人民观和权力观，充分体现了中国共产党"立党为公、执政为民"的本质要求，系统回答了中国共产党"为谁执政、靠谁执政"等重大课题，深入回答了中国共产党执政"为了谁"的根本问题，体现了马克思主义鲜明的政治立场，丰富发展了无产阶级政党的执政理念。党

---

[1]《十六大以来重要文献选编》上，中央文献出版社2005年版，第369页。

的十八大报告指出：

> "坚持以人为本、执政为民，始终保持党同人民群众的血肉联系。为人民服务是党的根本宗旨，以人为本、执政为民是检验党一切执政活动的最高标准。任何时候都要把人民利益放在第一位，始终与人民心连心、同呼吸、共命运，始终依靠人民推动历史前进。"①

"以人为本，执政为民"这八个字，是中国共产党对新时期执政理念的精辟概括，科学回答了中国共产党的宗旨和本质，明确回答了"为谁执政"的问题，有利于从根本上纠正"官本位"的错误思想，扭转"主仆错位"的不良倾向。在任何情况下，中国共产党都要始终坚持全心全意为人民服务的宗旨，始终坚持立党为公、执政为民，始终坚持群众路线，把实现人民群众的利益作为一切工作的出发点和归宿。习近平说："我们党已经走过了95年的历程，但我们要永远保持建党时中国共产党人的奋斗精神，永远保持对人民的赤子之心。一切向前走，都不能忘记走过的路；走得再远、走到再光辉的未来，也不能忘记走过的过去，不能忘记为什么出发。面向未来，面对挑战，全党同志一定要不忘初心、继续前进。"②

2017年10月18日，中国共产党第十九次全国代表大会的政治报告指出：

> "坚持以人民为中心。人民是历史的创造者，是决定党和国家前途命运的根本力量。必须坚持人民主体地位，坚持立党为公、执政为民，践行全心全意为人民服务的根本宗旨，把党的群众路线贯彻

---

① 《十八大以来重要文献选编》上，中央文献出版社2014年版，第39-40页。
② 《习近平谈治国理政》第二卷，外文出版社2017年版，第32-33页。

到治国理政全部活动之中，把人民对美好生活的向往作为奋斗目标，依靠人民创造历史伟业。"①

古语说："感人心者，莫先乎情。"要想赢得人民群众的尊重和支持，就要了解人民群众的所需所想。只有植根人民、不忘人民，才能把握人民赋予的权力和力量，将其转化为改善民生福祉、推动社会和谐进步的强大动力，才能赢得人民群众的拥护，才能保证事业兴旺发达，实现国家长治久安。

中国共产党之所以能够在近100年的风雨中屹立不倒、砥砺前行，就在于永远保持了对中国人民的"赤子之心"和"初心"。这个"赤子之心"和"初心"，就是中国共产党人的出发点，就是中国共产党人肩负的伟大历史使命和历史责任，就是为中国人民谋幸福、为中华民族谋复兴，就是对马克思主义的信仰，对中国特色社会主义和共产主义的信念，对人民的忠诚。

每个人都有自己的初心。每个共产党人的初心，就是在党旗下的铮铮誓言，就是融入血液的全心全意为人民服务的不变宗旨。在中国革命、建设和改革开放等各个时期，正是一批批中国共产党人永远保持了对中国人民的"赤子之心"和"不忘初心"，接续奋斗，才迎来了国家和民族伟大复兴的光明前景，使中国人民日益走上共同富裕、生活幸福的道路。

联系中国共产党反腐中一些落马官员的忏悔来品味"赤子之心"和"不忘初心"这两句话，不禁令人感慨。一些贪腐官员在"末路"时分，往往追悔莫及：自己起初也是一名好干部，兢兢业业工作，但随着事业的攀升和权力的增大，逐渐放松了警惕、迷失了自我、背弃了誓言，最终滑向罪恶深渊……

人们可以看到，在中国共产党的党员干部队伍中，有一些人因为经

①《十九大以来重要文献选编》上，中央文献出版社2019年版，第15页。

受不住新的考验，在各种权力、金钱、美色的诱惑面前倒下了。在这些人当中，也有曾经敢于担当、曾经吃苦耐劳、曾经联系群众、曾经为中国共产党和人民的事业做过很多工作的人。但是，在环境变了、职位变了、待遇变了、周围发生了新的变化的时候，他们抛弃了"赤子之心"，忘记了"初心"，全心全意为人民服务的价值取向变了，中国共产党人的价值观蜕变了。于是，他们就走到了人民的对立面，被人民群众所唾弃。丢弃"赤子之心"，忘记"初心"，就会不知所终，甚至身败名裂、堕落犯罪。

"永远保持对中国人民的赤子之心""不忘初心"，道出了中国共产党在治国理政实践中一以贯之的信念、信条，是每一个中国共产党人应该忠实遵守的政治准则。在任何情况下中国共产党执政都必须坚持全心全意为人民服务的宗旨，坚持立党为公、执政为民，坚持群众路线，把实现人民群众的利益作为一切工作的出发点和归宿。2018年6月29日，习近平在中共第十九届中央政治局第六次集体学习时说："要紧扣民心这个最大的政治，把赢得民心民意、汇集民智民力作为重要着力点。要站稳人民立场，贯彻党的群众路线，同人民想在一起、干在一起，坚决反对'四风'特别是形式主义、官僚主义，始终保持党同人民群众的血肉联系。要教育和激励广大党员、干部锐意进取、奋发有为，把精力和心思用在稳增长、促改革、调结构、惠民生、防风险上，用在破难题、克难关、着力解决人民群众最关心最直接最现实的利益问题上。"

"立党为公，执政为民"这八个字，是中国共产党对自我执政理念的精辟概括，科学地揭示了中国共产党的宗旨和本质，明确回答了"为谁执政"的问题。"要紧扣民心这个最大的政治"，是检验中国共产党一切执政活动的政治要求。

马克思主义认为，人民群众是推动社会发展的根本力量，无产阶级政党执政就是为人民执政，同时也是依靠人民执政。人民群众的支持和拥护，是无产阶级政党执政最牢固的政治基础和最深厚的力量源泉。中国共产党成立近100年来，人民群众的支持和拥护，始终是中国共产党夺取革命、建设和改革伟大事业胜利的重要法宝。中国共产党能不能长期执政，同样也取决于人民群众的认同感和信任感，取决于人民群众答应不答应、拥护不拥护、支持不支持。

荀子云，"水可载舟亦可覆舟"，人心向背决定执政党的兴衰存亡。中国共产党的路线、方针、政策和全部工作，只有顺民意、谋民利、得民心，才能得到人民群众的支持和拥护，才能立于不败之地。拥有80多年历史、近2000万党员的苏共之所以垮台，一个重要原因就是脱离人民群众，丧失了人民群众的支持和拥护。历史教训说明，共产党的最大政治优势就是密切联系群众；共产党执政后的最大政治危险就是脱离群众。

所以，在任何时候、任何情况下，中国共产党都必须始终保持同人民群众的血肉联系，紧紧依靠最广大人民来掌好权、执好政。中国共产党十八大报告说，对马克思主义的信仰，对社会主义和共产主义的信念，是共产党人的政治灵魂，是共产党人经受住任何考验的精神支柱。"全党必须牢记，只有植根人民、造福人民，党才能始终立于不败之地。"[1]

"我将无我，不负人民"

2019年3月22日下午，习近平在罗马会见意大利众议长菲科。临近结束时，"70后"的菲科突然提了这样一个问题："您当选中国国家主席的时候，是一种什么样的心情？"听到众人的笑声，菲科补充道："因为我本人当选众议长已经很激动了，而中国这么大，您作为世界上如此重要国家的一位领袖，您是怎么想的？"

全场目光都注视着习近平。习近平目光沉静而充满力量，他说，这么大一个国家，责任非常重、工作非常艰巨。我将无我，不负人民。我愿意做到一个"无我"的状态，为中国的发展奉献自己。

"我将无我"在中华文化中讲的是一种"物我"关系。著名学者王

---

[1] 《十八大以来重要文献选编》上，中央文献出版社2014年版，第38-39页。

国维在谈到中国诗词的美学境界时，提出了"有我之境"和"无我之境"的概念。他在《人间词话》中说："有我之境，以我观物，故物皆着我之色彩"，如"泪眼问花花不语，乱红飞过秋千去""可堪孤馆闭春寒，杜鹃声里斜阳暮"；"无我之境，以物观物，故不知何者为我，何者为物"，如"采菊东篱下，悠然见南山""寒波淡淡起，白鸟悠悠下"。

王国维的"无我"概念，讲的是处理"物"与"我"的关系。在中国传统文化中，"无我"更表示了一种崇高的境界、圣人的境界，即将"小我"融于"大我"，将个人的价值和追求融入民族、国家和人民的事业追求，有心无旁骛、心无杂念，鞠躬尽瘁、死而后已的意思。

从中国的政治传统和马克思主义全新的人民政治观来看，习近平说的"无我"就是这种"我"与民族、与国家、与人民的关系。作为一个政治家，一个共产党员，作为人民领袖，习近平表达的意思应该是他将"公而忘私""大公无私"，他要将自己的人生献给中华民族的事业、国家的事业和人民的事业，献给共产主义的远大理想和中国特色社会主义强国建设，把自己的"小我"献给民族、国家、人民之"大我"，也就是要达到一个共产党人献身于人民事业的"无我"境界。

《中国共产党章程》明确规定："党除了工人阶级和最广大人民的利益，没有自己特殊的利益。"这一规定，体现了中国共产党的性质和宗旨，体现了中国共产党的先进性和纯洁性。作为一个共产党人，必须始终把人民的利益放在首位，作为一个领导干部，则要有更高的道德境界，有无私奉献的精神，作为人民公仆必须当好人民的勤务员，把有限的生命投入到无限的为人民服务当中去。

习近平所说的"我将无我，不负人民"，正是作为执政党的每一个共产党人、每一个领导干部以身许党、以身许国的初心和崇高追求，正是中国共产党执政念兹在兹的立党为公、执政为民，以及全心全意为人民服务的最好诠释。

坚持科学民主依法执政

中国共产党是中国特色社会主义事业的领导核心，最广大人民群众是中国特色社会主义事业的依靠力量。早在160多年前，马克思、恩格斯就说，"历史活动是群众的事业，随着历史活动的深入，必将是群众队伍的扩大"①，强调人民群众是历史的创造者，是推动社会发展的决定力量。

在当代中国，一切赞成、支持和参加中国特色社会主义建设的阶级、阶层和社会力量，都属于"人民"的范畴，都是建设中国特色社会主义事业的依靠力量。工人、农民、知识分子占我国总人口的绝大多数，是决定国家前途和命运的根本力量，也始终是推动我国先进生产力、先进文化发展和社会全面进步的根本力量。建设中国特色社会主义首先必须依靠他们，充分发挥他们的积极性、主动性、创造性。

新的社会阶层也是中国特色社会主义事业的建设者，他们都是中国共产党执政的依靠力量。因此，我们党特别强调要团结一切可以团结的力量，最广泛、最充分地调动一切积极因素，努力构建社会主义和谐社会，把构建社会主义和谐社会作为党的执政能力建设的重要内容。这是对科学社会主义的新发展，也是对马克思主义的新贡献。

坚持执政为了人民、依靠人民，必须坚持科学执政、民主执政、依法执政。

坚持科学执政，就是结合中国实际不断探索和遵循共产党执政规律、社会主义建设规律、人类社会发展规律，以科学的思想、科学的理论和科学的制度、科学的方法来执政，把加强党的执政能力建设建立在更加自觉地运用客观规律、更好地为人民执政的基础之上，建立在更好地运用马克思主义世界观和党的思想路线基础之上。

坚持民主执政，就是坚持人民至上，依靠人民执政，真正落实人民

---

① 《马克思恩格斯文集》第1卷，人民出版社2009年版，第287页。

当家做主，坚持和完善人民民主专政，坚持和完善民主集中制，以发展党内民主带动人民民主，壮大最广泛的爱国统一战线；就是扩大公民有序的政治参与，保证人民依法实行民主选举、民主决策、民主管理、民主监督的权利。

坚持依法执政，就是紧紧抓住法制建设这个具有根本性、全局性、稳定性、长期性的重要环节，坚持依法治国，领导立法，带头守法，保证执法，不断推进国家经济、政治、文化、社会生活的法制化、规范化，建设社会主义法治国家。

"依法治国和科学执政、民主执政、依法执政"，是中国共产党在领导中国人民建设中国特色社会主义伟大事业的征程中取得的重大制度成果。站在历史选择与社会发展进步的高度看，它的提出和贯彻执行，在彻底清除几千年封建专制主义和权力本身对人的影响、科学规范执政行为、保障人民当家做主的权利等方面，是一种巨大的政治进步，是对封建主义和"人治"思想的重大跨越，但同时仍有着许多重大理论和现实问题需要进一步解决和完善。

（一）深化依法治党

党要管党、从严治党，是中国共产党发展壮大的重要前提。

中国共产党作为无产阶级政党，与其他类型政党的重要区别，就是坚持党的先进性、纯洁性、组织性和纪律性。在革命战争时期，中国共产党之所以受到广大人民群众的拥戴，并自觉跟随中国共产党，在正确决策的前提下，共产党之所以能够做到令行禁止，就在于共产党有严明的纪律。

但是，在和平时期特别是改革开放以来，尽管中国共产党一直在践行"从严治党"的方针，但随着党员数量的快速增长，党员素质和质量已经出现参差不齐的现象，甚至部分党员及干部甘于堕落，其所言所行有的甚至不及一般群众。长此以往，这种现象将严重削弱中国共产党执政的威信。同时，随着新党员结构的变化，也对从严治党、依法治党提出了新的更高要求。

中国共产党基本数据资料

当前，全世界有 130 多个共产党组织，有 1 亿多共产党党员。根据中共中央组织部党内统计数据显示，截至 2019 年 12 月 31 日，中国共产党党员总数为 9191.4 万名，中国共产党现有基层组织 468.1 万个，其中基层党委 24.9 万个，总支部 30.5 万个，支部 412.7 万个。从 1921 年中国共产党成立时的 50 多名党员，到 1949 年新中国成立时的 448.8 万名党员，再到 2019 年底的 9191.4 万名党员，在近百年的发展历程中，中国共产党的吸引力、凝聚力、战斗力不断增强，可谓一枝独秀。

在现有党员中，超过八成是 1978 年党的十一届三中全会后入党的，"80 后""90 后"党员超过总数的三分之一，大专及以上学历党员接近一半。队伍结构持续优化，党员质量不断提高。

治国必先治党，治党必须从严。从严治党，就要依法治党，这里的"法"，既包括党内法规，也包括国家法律法规。党要管党，贵在执行，不仅对普通党员，对党员干部尤其是高级领导干部，也应该一视同仁。这需要中国共产党完善对党员领导干部的考核及惩戒制度，建立完善党员领导干部的公开公示公信制度，完善党的纪律检察机构，探讨依法治党的多种有效方式。

（二）深化依法治国

依法治国，建设社会主义法治国家，是中国共产党经过若干年治国历程后总结出的宝贵治国经验，既是中国共产党吸取法治溃乱导致经济社会停滞不前的教训后做出的战略决策，也是中国共产党执政摒弃人治、推进法治的重要体现。作为国家的领导核心，中国共产党的决定和战略决策要转化为国家的法律法规，成为国家战略，就必须遵循一定的程序和方式；提名的国家和政府领导人候选人名单，也应该遵循一定的程序和方式；以党组的方式在国家机关保障自己的领导权，包括推荐干部，都应该遵循一定的程序和方式。而所有的程序和方式，都必须在国家宪法和法律范围内进行。

（三）深化依法行政

监督和督促政府依法行政，是中国共产党执政面临的重要任务。尽管中国共产党在现阶段采取了考录和招聘等方式完善政府工作人员的来源结构，并在干部提拔上充分考虑了无党派人士和民主党派人士的比例，但总体来看，绝大部分政府工作人员特别是高级领导干部，仍是由共产党员来担任的。这有利于保持中国共产党的核心领导地位和执政地位，有利于保障已经变为国家决策和政府法令的党的决策的实施，也有利于中国共产党督促政府依法行政。

在现阶段，中国共产党提出了建设服务型政府的目标，并通过各种方式督促政府尽快建设法治、透明、民主的服务型政府。这要求中国共产党要通过党内民主促进党的发展，并切实担负起领导人民监督政府的责任。中国共产党领导下的人民政府依法行政的程度提高了，人民群众对中国共产党核心领导地位和执政地位正当性的认同，自然也就会提高。

让人民有全面的获得感

西汉刘向在《说苑·政理》中说："善为国者，遇民如父母之爱子、兄之爱弟，闻其饥寒为之哀，见其劳苦为之悲。"意思是说，真正善于治国理政的人对待民众就像父母爱护子女、兄长爱护弟弟，听到他们遭受饥寒就为之感到哀伤，看到他们劳作辛苦就为之感到悲痛。

人民群众是否有全面的获得感，是检验中国共产党执政成效的重要标尺，是人民群众赞成不赞成、拥护不拥护、支持不支持的重要前提。

新中国建立 70 多年来尤其是改革开放 40 多年来，伴随着中国经济社会的快速发展、深刻变化与现代转型，广大人民群众的物质生活水平与精神文化需要都得到了极大的改善和满足。但毋庸讳言，同时也出现了改革开放的供给侧不能适应人民群众物质精神文化需求的急剧变化和层次提升的现象。

从发展趋势看，人民群众对"获得"的要求、层次不断提高，从生存的需要逐步上升到发展的需要、享受的需要，从基本的物质生活需要上升到更高层次的精神文化生活的需要。物质需求满足所带来的获得感及其边际效用逐步递减，精神与价值方面的尊重感、成就感、认同感、归属感等逐步上升，人民群众的物质精神文化需求越来越多样化、个性化、差异化，对"获得"转化为"获得感"的条件也提出了新的要求。

实现人民对美好生活的向往，是中国共产党治国理政的不懈追求。习近平说：

> "我们要坚持党的群众路线，坚持人民主体地位，时刻把群众安危冷暖放在心上，及时准确了解群众所思、所盼、所忧、所急，把群众工作做实、做深、做细、做透。要正确处理最广大人民根本利益、现阶段群众共同利益、不同群体特殊利益的关系，切实把人民利益维护好、实现好、发展好。要认真贯彻落实中央各项惠民政策，把好事办好、实事办实，让群众时刻感受到党和政府的关怀。"[1]

中国共产党为人民执政，最终要落实到民生问题的解决和人民对幸福生活的追求，必须充分体现"发展为了人民，发展依靠人民，发展成果由人民共享"的人民指向和"民生无小事"的人民情怀，把人民群众最关心、最迫切需要解决的问题作为社会建设的出发点和落脚点，做的是得人心、暖人心、稳人心的事，赢得的是人民群众对中国共产党执政

---

[1] 习近平：《全面贯彻落实党的十八大精神要突出抓好六个方面工作》（2012年11月15日），《求是》杂志2013年第1期。

的满意、拥护和支持，赢得的是中国共产党为人民的美好形象。

习近平提出，中国共产党执政要让"广大人民群众有更多的获得感"。"获得感"，仅仅三个字，却道出了人民群众作为主人翁的主体地位，表达了中共执政坚持执政为民、以人为本的深层价值追求，表明了中国共产党坚持让改革发展成果更多更公平惠及全体人民的实践取向。

党的十九大报告说："必须始终把人民利益摆在至高无上的地位"，"不断增强人民群众获得感"。"至高无上"是无可代替；"不断"是持续发力；"增强"是加强提升。党的十九大提出中国特色社会主义进入新时代，对应的是"人的全面发展"、人民全面的"获得感"。

中国特色社会主义进入新时代，随着中国社会主要矛盾的变化，意味着人民对美好生活的需要日益广泛，不仅对物质文化生活提出了更高要求，而且在民主、法治、公平、正义、安全、环境等方面的要求日益增长。因此，惠民举措要不断推陈出新并落地实施，让"获得感"具体化为人民生活中的点滴改变，具体化为"幼有所育、学有所教、劳有所得、病有所医、老有所养、住有所居、弱有所扶"的美好生活。

"获得感"及其实质

"获得感"并不是虚无缥缈的，而是实实在在、看得见、摸得着的，直通人心。"获得感"作为对"获得"的主观活动，首先是一种自我感觉、主观感受，进而深化为对"获得"的客观肯定与价值评价，是客观价值与主观评价的有机统一。

"获得"是获得感的来源、前提和基础，有了"获得"才有"获得感"，"获得"越多越有"获得感"。没有"获得"，就没有"获得感"可言。

因此，"获得感"是人对"获得"的感受、感知与感悟，是一种积极的肯定性的评价和心理状态，表现为对物质精神生活需求得到实

146

现后的满足感、安全感、享受感，也表现为"人作为人"的尊重感、认同感与成就感。

"获得感"是人的"幸福感"的重要前提和基础。2018年的中国政府工作报告说，要在发展基础上多办利民实事、多解民生难事，兜牢民生底线，不断提升人民群众的获得感、幸福感、安全感。从人民在全面深化改革、全面建成小康社会进程中的"获得感"而言，"获得感"至少应包涵这样几个方面的实际内容：

"获得感"是一种公正感。公平正义是中国特色社会主义的内在要求，必须维护社会公平正义。要在全体人民共同奋斗、经济社会发展的基础上，加紧建设对保障社会公平正义具有重大作用的制度，逐步建立以权利公平、机会公平、规则公平为主要内容的社会公平保障体系，努力营造公平的社会环境，保证人民平等参与、平等发展权利。在改善民生和创新管理中加强社会建设，多谋民生之利，多解民生之忧，解决好人民群众最关心最直接最现实的利益问题，在学有所教、劳有所得、病有所医、老有所养、住有所居上持续取得新进展，努力让人民过上更好生活。

"获得感"是一种受益感。中国共产党执政，改革的目标和动力就是让人民群众得到更多实惠，是改革发展的成果惠及全体人民，让人民群众不断受益，人民也切切实实地感受到这种受益。

"获得感"是一种呼应感。"人民有所呼，改革有所应。"群众关心什么、期盼什么，改革就要抓住什么、推进什么。人民群众切实感受到改革的思路、决策、措施更接地气、更有人气，更好满足自己的诉求。

"获得感"是一种尊严感。人民生活在新时代的中国，感受到"作为人"拥有的应有权利，得到应有的尊重，让人感受到付出与获得之间能够得到基本平衡，让人感受活得有尊严，能放心、安心、踏实地享受生活。

"政之所兴在顺民心，政之所废在逆民心。"习近平说：

> "全心全意为人民服务，是我们党一切行动的根本出发点和落脚点，是我们党区别于其他一切政党的根本标志。党的一切工作，必须以最广大人民根本利益为最高标准。检验我们一切工作的成效，最终都要看人民是否真正得到了实惠，人民生活是否真正得到了改善，人民权益是否真正得到了保障。面对人民过上更好生活的新期待，我们不能有丝毫自满和懈怠，必须再接再厉，使发展成果更多更公平惠及全体人民，朝着共同富裕方向稳步前进。"①

这是坚持立党为公、执政为民的本质要求，是党和人民事业不断发展的重要保证。

党的十九大报告说："为什么人的问题，是检验一个政党、一个政权性质的试金石？"让人民在发展中切身感受到一系列社会进步，真正体会到"获得感"的不断增强，是检验中国共产党执政能力的试金石。2017 年 10 月 25 日，习近平在新一届中共中央政治局常委同中外记者见面时说："全面建成小康社会，一个不能少；共同富裕路上，一个不能掉队。我们将举全党全国之力，坚决完成脱贫攻坚任务，确保兑现我们的承诺。我们要牢记人民对美好生活的向往就是我们的奋斗目标，坚持以人民为中心的发展思想，努力抓好保障和改善民生各项工作，不断增强人民的获得感、幸福感、安全感，不断推进全体人民共同富裕。"②

"知政失者在草野。"任何政党的前途和命运，最终都取决于人心向背。"民心是最大的政治"，任何政党都是如此，这是历史发展的铁律，古今中外概莫能外。

中国共产党的宏伟奋斗目标，离开了人民的赞成、支持和拥护，也

---

① 《习近平谈治国理政》第一卷，外文出版社 2018 年版，第 28 页。
② 《十九大以来重要文献选编》上，中央文献出版社 2019 年版，第 86 页。

就绝对无法实现。中国共产党的执政水平和执政成效，都不是由自己说了算的，必须而且只能由人民来评判，人民群众是中国共产党执政活动的最高裁决者和最终评判者。

心中没有人民必被人民抛弃

习近平总书记提出了一个引发全党深思的问题：苏联共产党被解散时，为什么两千多万党员竟无一人是男儿？①

表面上看，这是从戈尔巴乔夫实行的"新思维"开始的，但深层的根源还要从赫鲁晓夫借批判斯大林而搞修正主义溯源。无论是与美国搞"和平竞赛"，还是将苏联共产党蜕变为"全民党"，苏联共产党从根本上丢掉了马克思主义的世界观方法论，丧失了共产党人的理想信念，从而使苏联共产党的性质发生了蜕变。

苏共垮台的根本原因，就在于逐渐改变了"立党为公、执政为民"的根本性质，逐渐脱离了为人民服务的根本宗旨和"执政为民"的实践标准。

苏联共产党垮台是如此，许多国家的执政党丢掉政权，也是如此。

例如2004年印度人民党执政的垮台。在2001年-2004年印度人民党执政时期，印度的经济增长率每年都在6%-8%，2003年甚至达到了10%，IT产业非常发达，拉动了印度经济的迅速发展，发展速度与当时中国的发展速度几乎不相上下。但是，在2004年的竞选中，印度人民党却败给了国大党，被选下了台。究其原因，并不是因为印度人民党执政时期经济发展的问题，而是因为印度人民党在执政期间没有充分关注社会民生问题，没有注重解决社会公平问题，从而使印度社会阶层严重分化，社会的中下阶层觉得日子过不下去了。于是，就把选票投给了国大党，因为国大党提出要关注穷人，关注社

① 《推进党的建设新的伟大工程要一以贯之》，《求是》2019年第19期。

会公平。有人形象地比喻，这是"泥巴打败了鼠标"。

再如2010年底突尼斯发生的"茉莉花革命"。2010年底，突尼斯发生的"茉莉花革命"，起因只是突尼斯街头的一个小贩，遭到执法人员的粗暴对待，随即自焚抗议，不治身亡。该小贩是一名26岁的大学毕业生，因找不到工作，遂上街卖水果。这名青年的死，激起了突尼斯人长期以来潜藏在心中的对失业率高涨、物价上涨，以及政府腐败的怒火，最终竟导致了总统本·阿里政权的终结。

研究发现，在突尼斯的"茉莉花革命"事件中，执法人员不够人性的执法，是引发这一恶性事件的导火索，随之而来的是民怨沸腾，导致执政23年、连续五次连任总统的本·阿里政权垮台，并引发利比亚、叙利亚、埃及等中东、北非国家相继发生"革命"。突尼斯事件反映的实质问题，是民生问题与执政的关系问题，如果不解决失业、物价、教育、医疗、收入分配等民生问题，以及政治腐败、独裁专制等政治问题，会给执政带来致命的打击。也就是说，一个执政党的垮台，可能就因为一个人失业；而一个国家的执政动荡，则可能引发一个地区的执政动荡。

突尼斯事件还告诫政治家们，一个国家必须关心和解决失业、物价、教育、医疗、收入分配等民生问题，必须切实解决政治腐败、独裁专制等政治问题；一个国家的公职人员，必须坚持以人为本、人性化的工作方式。否则，一件小事情也可能会引发大矛盾，闹出大事件。

历史证明，一个执政党执政不为人民，必被人民抛弃；一个领袖心中没有人民，必被人民抛弃。一个政党执政只有做到真正"执政为民"，才能得到广大人民群众的赞成、拥护和支持，才能确保执政地位。一个领袖只有心中真正装有人民，才会被人民衷心爱戴。

它提醒中国共产党，在任何时候任何情况下，都必须紧紧依靠最广大人民来掌好权、执好政，始终保持同人民群众的血肉联系，不忘初心，牢记使命，方得始终。

一切为了人民

YI QIE

WEILE RENMIN

第三章

正义是最强的力量

道，既代表事物发展的规律，又代表人间正义。

"一切为了人民"，是人世间的最高正义。还有哪一种"人间正义"能够超越"一切为了人民"这种正义呢？

中国古话讲，得道多助，失道寡助。

《道德经》曰："有道无恃，道乃虚空，有恃无道，其恃也忽。欲动天下，当动天下之心。言不必信，行不必果，唯义所在。"

"欲动天下者，当动天下之心。"

中国共产党所从事的事业，之所以越来越兴旺、道路越走越宽广，就在于中国共产党始终站在人类社会和中华民族的道义制高点上，是人类正义的事业，代表着人类社会和中华民族的前进方向，人心所向。

中国共产党百年奋斗的成功历程，正是"得道多助，失道寡助"的生动写照，体现了"正义是最强的力量"。

|一| 中国共产党人的初心

共产党人的初心，就是信仰马克思主义和共产主义的远大理想，信仰共产党人应该坚守的灵魂：造福人民，为绝大多数人谋福利。

中国共产党人的初心，就是"为中国人民谋幸福，为中华民族谋复兴"。中国共产党从来没有自己的私利，从诞生的那天起就把中国最广大人民的利益和中华民族的利益作为根本利益、核心利益。这是人类社会有史以来最正义的事业，是中华民族最伟大、最光荣、最壮丽的事业。

为人民谋幸福和为民族谋复兴

从中国共产党走过的百年历程，我们要问：为什么无论是弱小的时候还是强大的时候，无论是处于顺境的时候还是逆境的时候，中国共产党都能够一步一步走向胜利？

最关键的就在于中国共产党初心不改，矢志不渝，团结带领人民历经千难万险，付出巨大牺牲，面对曲折，修正错误，攻克一个又一个看似不可攻克的难关，创造一个又一个彪炳史册的人间奇迹。

这个不改的"初心"就是由马克思所倡导的灵魂：造福人民，为绝大多数人谋福利。

陈独秀说："以谋改造中国"

陈独秀在《辩诉状》中写道：

"予行年五十有五矣，弱冠以来，反抗帝制，反抗北洋军阀，反抗封建思想，反抗帝国主义，奔走呼号，以谋改造中国者，于今三十余年。前半期，即'五四'以前的运动，专在知识分子方面，后半期，乃转向工农劳苦人民方面。盖以大战后，世界革命大势及国内状况所明示，使予不得不有此转变也。

半殖民地的中国，经济落后的中国，外困于国际资本帝国主义，内困于军阀官僚。欲求民族解放，民主政治之成功，决非懦弱的妥协的上层剥削阶级全躯保妻子之徒，能实行以血购自由的大业。并且彼等畏憎其素所践踏的下层民众之奋起，甚于畏憎帝国主义与军阀官僚。因此，彼等亦不欲成此大业。只有最受压迫最革命的工农劳苦人民和全世界反帝国主义反军阀官僚的无产阶级势力，联合一气，以革命怒潮，对外排除帝国主义的宰制，对内扫荡军阀官僚的压迫，然后中国的民族解放，国家独立与统一，发展经济，提高一般人民的生活，始可得而期。工农劳苦人民一般的斗争，与中国民族解放的斗争，势已合流并进，而不可分离。此即予于'五四'运动以后开始组织中国共产党之原因也。"

李大钊说："益感再造中国之不可缓"

李大钊在《狱中自述》写道：

"留东三年，益感再造中国之不可缓，值洪宪之变而归国，暂留上海。后应北京大学之聘，任图书馆主任。历在北京大学、朝阳大学、女子师范大学、师范大学、中国大学教授史学思想史、社会学等科。数年研究之结果，深知中国今日扰乱之本原，全由于欧洲现代工业勃兴，形成帝国主义，而以其经济势力压迫吾产业落后之国家，用种种不平等条约束制吾法权税权之独立与自主。而吾之国民经济，遂以江河日下之势而趋于破产。今欲挽此危局，非将束制吾民族生机之不平等条约废止不可。从前英法联军有事于中国之日，正欧、美强迫日本以与之缔结不平等条约之时，日本之税权法权，亦一时丧失其独立自主之位置。厥后日本忧国之志士，不忍见其国运之沉沦，乃冒种种困难，完成其维新之大业，尊王覆幕，废止不平等条约，日本遂以回复其民族之独立，今亦列于帝国主义国家之林。

唯吾中国，自鸦片战役而后，继之以英法联军之役，太平天国之变，甲午之战，庚子之变，乃至辛亥革命之变，直到于今，中国民族尚困轭于列强不平等条约之下，而未能解脱。此等不平等条约如不废除，则中国将永不能恢复其在国际上自由平等之位置。而长此以往，吾之国计民生，将必陷于绝无挽救之境界矣！然在今日谋中国民族之解放，已不能再用日本维心时代之政策，因在当时之世界，正是资本主义勃兴之时期，故日本能亦采用资本主义之制度，而成其民族解放之伟业。今日之世界，乃为资本主义渐次崩颓之时期，故必须采用一种新政策。对外联合以平等待我之民族及被压迫之弱小民族，并列强本国内之多数民族；对内唤起国内之多数民众，共同团结于一个挽救全民族之政治纲领之下，以抵制列强之压迫，而达到建立—恢复民族自主、保护民众利益、发达国家产业之国家之目的。"

以毛泽东为代表的第一代中国共产党人从事中国革命的初心，就是要"改造中国和世界"，就是要使中国大多数穷苦人生活幸福。

1919年，毛泽东曾豪迈地预言："他日中华民族的改革，将较任何民族为彻底，中华民族的社会，将较任何民族为光明。"

1921年，中国共产党成立后通过的第一个决议即强调，中国共产党在斗争中只能维护无产阶级的利益。

1925年，毛泽东曾明确地说："为什么要革命？为了使中华民族得到解放，为了实现人民的统治，为了使人民得到经济的幸福。"

可以说，毛泽东投身革命的初心在很大程度上就代表了中国共产党人的初心，这与中国共产党的十九大报告所概括的中国共产党的初心和使命在内涵上是完全一致的。而要使中华民族得到解放，使人民获得幸福，在毛泽东看来，就要在中国实现社会主义、共产主义。在《新民主主义论》中，他说："只有进到社会主义时代才是真正幸福的时代。"

1945年中国共产党的七大通过的党章明确规定："中国共产党代表中华民族与中国人民的利益。"

中国共产党的宗旨是全心全意为人民服务，就是共产党人的一切言论行动必须以合乎最广大人民群众的最大利益、为最广大人民群众所拥护为最高标准。共产党人的责任，就是向人民负责。每句话、每个行动、每项政策，都要适合人民的利益。这就是中国共产党人的价值观，是不同于其他政党的根本所在，是中国共产党成功的法宝。

今天，以习近平同志为核心的党中央明确提出中国共产党的初心和使命是"为中国人民谋幸福，为中华民族谋复兴"，朝着实现中华民族伟大复兴中国梦的宏伟目标前进，这正是中国共产党人历经百年风雨、尝遍千辛万苦，初心未曾改、使命仍在身的鲜明表现。

2017年10月24日，中国共产党第十九次全国代表大会新修改的《中国共产党章程》规定：中国共产党是中国工人阶级的先锋队，同时是中国人民和中华民族的先锋队，是中国特色社会主义事业的领导核心，代表中国先进生产力的发展要求，代表中国先进文化的前进方向，代表中国最广大人民的根本利益。

人们说，中国共产党所坚持的指导思想——马克思列宁主义、毛泽东思想、邓小平理论、"三个代表"重要思想、科学发展观、习近平新时代中国特色社会主义思想是一脉相承的。那么，这个"脉"是什么呢？这个"脉"，最根本的就是马克思主义创立的初心、所坚守的政治灵魂：造福人民，为绝大多数人谋福利。

为什么说毛泽东思想是马克思主义在中国的发展，是中国化的马克思主义？因为毛泽东思想指导中国人民推翻了三座大山的压迫、建立了新中国，实现了国家独立、人民解放。它回答了中国革命的一个重要时代课题，即革命是为了什么？就是为了更好地造福中国人民，为中国人民谋福利。

为什么说中国特色社会主义理论体系是马克思主义在中国的发展，是中国化的马克思主义？因为中国特色社会主义理论体系把"三个有利于"作为评价一切改革成败得失的根本标准，最终落实到是否有利于人民生活水平的提高。它回答了改革开放的一个重大时代课题，即改革是为了什么？这就是为了更好地造福中国人民、为中国人民谋福利。

为什么说习近平新时代中国特色社会主义思想是马克思主义在中国的创新发展，是马克思主义中国化的最新成果？因为习近平新时代中国特色社会主义思想始终坚持"以人民为中心"，把实现人民对美好生活的向往作为奋斗目标，始终把人民放在心中最高的位置，紧紧依靠人民，始终为了人民，从理论和实践的结合上系统回答了新时代坚持和发展什么样的中国特色社会主义、怎样坚持和发展中国特色社会主义，自始至终都贯穿了造福中国人民、为中国人民谋福利这个初心。

归结中国共产党以马克思主义为指导，领导中国革命、建设和改革的"初心"和"使命"，就是为了谋求民族独立、人民解放，实现国家富强、人民幸福，就是习近平在党的十九大报告中所说的："为中国人民谋幸福，为中华民族谋复兴。"

其作始也简，其将毕也必巨

中国共产党人对马克思主义、共产主义的信仰，是经受住了历史考验的信仰。在一条小船上诞生的一个弱小政党，成长为一个领导中国人民进行中国革命取得全国性胜利的政党，成为一个拥有 14 亿多人口的社会主义大国、具有五千多年历史的文明古国唯一执政的大党，这绝不是历史的偶然。

人的生命只有一次，为什么中国革命进程中的先烈们能够视死如归，义无反顾？

就像夏明翰烈士在他那首著名的就义诗中所说的那样：

"砍头不要紧，只要主义真。杀了夏明翰，还有后来人。"

正是一批又一批的"夏明翰们"的舍身奋斗，才使马克思主义信仰和共产主义信仰不再只是纸面上的文字，不再只是口头上的声音，不再只是思想中的空中楼阁，而是一个又一个具体鲜活的目标，一个又一个越来越大的胜利。

对马克思主义、共产主义的信仰，是引领革命者前进的"天"，始终对人民怀有敬畏和忠诚之心；是支撑革命者奋斗的"地"，这些革命先烈都是"顶天立地"的人。

中国共产党人是马克思主义、共产主义的忠诚信仰者和践行者，信仰的不仅仅是真理，更在于能够前赴后继、舍生忘死地去践行自己的信仰。

历史证明，马克思主义和共产主义信仰的先进性和崇高性，已经深入到中华民族亿万先进分子的灵魂深处，引发了无数先进分子为之以命相托，倾情奉献。在一百年的非凡奋斗历程中，一代又一代中国共产党人顽强拼搏，不懈奋斗，涌现了一大批视死如归的革命烈士、一大批顽强奋斗的英雄人物、一大批忘我奉献的先进模范，形成了井冈山精神、长征精神、遵义会议精神、延安精神、西柏坡精神、红岩精神、抗美援朝精神、"两弹一星"精神、特区精神、抗洪精神、抗震救灾精神、抗疫精神等伟大精神，构筑起了中国共产党人的精神谱系。

在当今中国，中国共产党人对马克思主义、共产主义的信仰，已经成为中国人民和中华民族共同倡导的信仰，已经成为中国人民和中华民族的思想主流和精神旗帜。

对共产主义的信仰和对中华民族与中国人民的忠诚，是中国共产党人坚定信仰的本质特征与强大精神支撑和行动纲领。

中国共产党人不仅紧握着最先进、最有力的精神武器，而且拥有最震撼、最强大的行动能力。正是在马克思主义、共产主义信仰的感召和支撑下，先进的中国共产党人和中国人民一道揭开了现代中国历史的新篇章。

1917年俄国"十月革命"爆发后，李大钊备受鼓舞，曾先后发表《法俄革命之比较观》《庶民的胜利》《Bolshevism的胜利》《新纪元》等文章和演讲，热情讴歌"十月革命"。他以极敏锐的眼光，比同时代的中国人更早更深刻地看到了这场革命对20世纪世界历史进程将产生的划时代影响，也从中看到了中华民族独立和中国人民获得解放的希望。他说，"十月革命"的时代精神和革命性质完全不同于法国革命等资本主义革命，它所引起的世界革命潮流"实非现在资本家的政府所能防遏得住的"，是人类历史"新纪元"的开始。李大钊在《Bolshevism的胜利》（1918）中预言，将来的环球"必是赤旗的世界"。他说：

> "在这世界的群众运动的中间，历史上残余的东西——什么皇帝咧，贵族咧，军阀咧，官僚咧，军国主义咧，资本主义咧——凡可以障阻这新运动的进路的，必挟雷霆万钧的力量摧拉他们。他们遇见这种不可当的潮流，都像枯黄的树叶遇见凛冽的秋风一般，一个一个的飞落在地。由今以后，到处可见的，都是Bolshevism战胜的旗。到处所闻的，都是Bolshevism的凯歌的声。人道的警钟响

了！自由的曙光现了！试看将来的环球，必是赤旗的世界！"[①]

一个成立时仅有 50 多名党员、12 名代表的幼小政党，勇敢地肩负起国家独立、人民解放和国家富强、人民富裕两大历史任务，勇敢地肩负起实现社会主义现代化和中华民族伟大复兴的历史重任。在中国新民主主义革命的洪流中，经过血与火的洗礼，逐步发展起来、成熟起来、壮大起来，带领中国人民经过 28 年的浴血奋斗，推翻了"三座大山"，缔造了社会主义新中国，让蒙受百年屈辱的中华民族和中国人民从此站起来了；在其后的社会主义建设和改革开放的征程中，历经艰辛探索，接续奋斗，如今已成为一个拥有 9500 多万名党员的世界第一大执政党，领导 14 亿多中国人民进行中国特色社会主义建设，社会主义中国已经成为世界第二大经济体，中华民族开启了从站起来、富起来到强起来的新征程。

关于中国共产党成立以来的发展壮大，毛泽东曾有过许多精辟论述，其中影响最大的一句是引用中国古代先贤庄子的"其作始也简，其将毕也必巨"。在 1945 年 4 月 21 日中国共产党第七次全国代表大会预备会议上，毛泽东说：

"一九二一年，我们党开第一次代表大会。在十二个代表中，现在活着的还是共产党员的（叛变了的如张国焘之流不算），一个是陈潭秋，现在被国民党关在新疆监牢里，一个是董必武，现在飞到旧金山去了，我也是一个。十二个代表中现在在南京当汉奸的就有两个，一个是周佛海，一个是陈公博。会是在七月间开的，我们现在定七月一日为党的周年纪念日。……所谓代表，哪有同志们现在这样高明，懂得这样，懂得那样。什么经济、文化、党务、整风

---

①《李大钊全集》第二卷，人民出版社 2006 年版，第 263 页。

等等，一样也不晓得。当时我就是这样，其他人也差不多。当时陈独秀没有到会，他在广东当教育厅长。我们中国《庄子》上有句话说，'其作始也简，其将毕也必巨'。现在我们还没有'毕'，已经很大。"①

通过回顾中国共产党走过的24年历程，毛泽东满怀豪情地说："我们党尝尽了艰难困苦，轰轰烈烈，英勇奋斗。从古以来，中国没有一个集团像共产党一样，不惜牺牲一切，牺牲多少人，干这样的大事。"

"其作始也简，其将毕也必巨。"这句话的意思是说，有些事情在开始的时候也许极其微小，不被重视，但是后来发展得非常强大。

1945年6月17日，在中国革命死难烈士追悼大会上，毛泽东发表演说，再一次引用了这句话，并解释说：

"'作始'就是开头的时候，'简'就是很少，是简略的，'将毕'就是快结束的时候，'巨'就是巨大、伟大。这可以用来说明是有生命力的东西，有生命力的国家，有生命力的人民群众，有生命力的政党。"②

毛泽东的这些讲话，通过简要地回忆中国共产党成立的情况，透露了许多鲜为人知的信息。比如一大召开的时间、地点、代表人数，当时还活着的代表的情况，以及毛泽东本人的情况等，阐发了从中共一大到中共七大怎样由"简"到"巨"，由十分弱小到发展成为一个具有旺盛生命力、强大战斗力的政党。中国共产党的日益壮大，给中华民族带来了惊天动地、翻天覆地的深刻变化。

---

① 《毛泽东文集》第三卷，人民出版社1996年版，第291页。
② 《毛泽东文集》第三卷，人民出版社1996年版，第435页。

1956 年 2 月，中共中央政治局委员、中共一大代表董必武来到上海一大会址视察，并为纪念馆题词，其题词内容也是毛泽东引用过的这句话："作始也简，将毕也巨。"

"其作始也简，其将毕也必巨"这句话，正是中国共产党一路走来的鲜明写照。

在中国共产党刚刚成立的时候，只有几十名党员，在当时中国的众多政党和团体中显得非常弱小，并没有什么重大影响。胡乔木说："'一大'开过了，似乎什么也没有发生，连报纸上也没有一点报道。但是中国的伟大事变在实质上却开始了。"

中国共产党由"简"到"巨"的事实雄辩地说明，中国共产党作为中国工人阶级的先锋队、中国人民和中华民族的先锋队，代表着中国社会先进生产力的发展要求、代表着中华民族和中国人民的根本利益、代表着中国先进文化的前进方向，充满着旺盛生命力，具有强大战斗力，将不断创造着惊天地、泣鬼神的历史伟业。

初心不改方得始终

中国共产党是世界上最大的执政党，只有永远牢记自己肩负的历史使命和历史责任，坚定自己的理想信念，不忘初心、牢记使命，才能永远立于不败之地。

具有五千多年文明史的中国，积累了非常深刻的治国理政经验，博大精深的中华优秀传统文化汇聚了数不胜数的经世致用之道，"察盛衰之理、审权势之宜"。

"赤子之心"和"不忘初心"，就是这样一种深邃的经世治党之道。2016 年 7 月 1 日，在庆祝中国共产党成立 95 周年大会上，习近平说：

"我们党已经走过了 95 年的历程，但我们要永远保持建党时中国共产党人的奋斗精神，永远保持对人民的赤子之心。一切向前走，都不能忘记走过的路；走得再远、走到再光辉的未来，也不能忘记走过的过去，不能忘记为什么出发。面向未来，面对挑战，全党同志一定要不忘初心、继续前进。"①

　　中国共产党之所以能够在近 100 年的风雨中屹立不倒、坚实前行，就在于永远保持了对中国人民的"赤子之心"和"不忘初心"。这个"赤子之心"和"初心"，就是中国共产党人的出发点，就是中国共产党人肩负的历史使命和历史责任，就是为中国人民谋幸福、为中华民族谋复兴，就是对马克思主义的信仰，对中国特色社会主义和共产主义的信念，对人民的忠诚。

"赤子之心"

　　"赤子之心"一词，出自《孟子·离娄下》："大人者，不失其赤子之心者也。"

　　孟子所说的"大人"，在中国古代主要指具有伟大人格的人，认为道德上的成就与原始纯洁的"赤子之心"有着深刻的关系；也指统治者，认为统治者要有高尚的道德。"赤子之心"就是一颗纯真、善良、热爱生命、好奇而富想象力、生命力的旺盛之"心"。常常怀着"赤子之心"，才可以成为"大人"。意思就是伟大的人是不失去纯洁、永远真诚如孩童般的人。孩童的心之所以可贵，贵就贵在真诚、纯洁四个字。

　　"不忘初心，方得始终"是大乘佛教的经典《华严经》中的名句，意思是指做某件事情最初的愿望或心意、最初的原因。随着时间的消

---

①《习近平谈治国理政》第二卷，外文出版社 2017 年版，第 32－33 页。

逝，人们做某件事情的初心也可能会渐渐地逝去，因此提醒人们要时刻"不忘初心"。也就是说，只有坚守本心信条、初心不改，才能德行圆满。

"赤子之心"和"不忘初心"其义相近，相辅相成。习近平用这两个词来指明和象征中国共产党肩负的历史使命和历史责任，形象生动，特别有感染力和说服力。

每个人都有自己的初心。每个共产党人的初心，就是在党旗下的铮铮誓言，就是融入血液的全心全意为人民服务的不变宗旨。

在中国革命、建设和改革等各个时期，正是一批批中国共产党人永远保持了对中国人民的"赤子之心"和"不忘初心"，接续奋斗，才迎来了国家和民族伟大复兴的光明前景，使中国人民日益走上共同富裕、生活幸福的道路。

联系中国共产党反腐中一些落马官员的忏悔来品味"赤子之心"和"不忘初心"这两个词，不禁令人感慨。

在中国共产党的党员干部队伍中，有不少人因为经受不住新的考验，在权力、金钱、美色的各种诱惑面前倒下了。在这些人当中，也有曾经敢于担当、曾经吃苦耐劳、曾经联系群众、曾经为党和人民的事业做过很多工作的人。但是，在环境变了、职位变了、待遇变了、周围发生了新的变化的时候，他们抛弃了"赤子之心"，忘记了"初心"，"立党为公、执政为民"的执政理念变成了以权谋私，全心全意为人民服务的价值取向变成了私欲膨胀，中国共产党人的价值观念蜕变成了贪污腐化。于是，他们就走到了人民的对立面，最终被人民群众所唾弃。

丢弃"赤子之心"，忘记"初心"，就会不知所终，甚至身败名裂、堕落犯罪。

"永远保持对中国人民的赤子之心"和"不忘初心"，道出了中国共产党人一以贯之的信念信条和思想内核，是中国共产党人应该始终忠实遵守的政治准则。

2017年10月18日，习近平在中国共产党第十九次全国代表大会上作的政治报告中，把"不忘初心、牢记使命"作为大会的主题："不忘初心，牢记使命，高举中国特色社会主义伟大旗帜，决胜全面建成小康社会，夺取新时代中国特色社会主义伟大胜利，为实现中华民族伟大复兴的中国梦不懈奋斗。"习近平说：中国共产党人的初心和使命，就是为中国人民谋幸福，为中华民族谋复兴。不忘初心，方得始终。他说：

> "这个初心和使命是激励中国共产党人不断前进的根本动力。全党同志一定要永远与人民同呼吸、共命运、心连心，永远把人民对美好生活的向往作为奋斗目标，以永不懈怠的精神状态和一往无前的奋斗姿态，继续朝着实现中华民族伟大复兴的宏伟目标奋勇前进。"①

"为中国人民谋幸福，为中华民族谋复兴"，是中国共产党人的"初心"，也是党的十八大以来习近平作为人民领袖的"初心不改"和坚定信念。

2018年3月17日，在第十三届全国人大一次会议上，习近平全票当选中华人民共和国主席、中华人民共和国中央军事委员会主席。3月20日，第十三届全国人民代表大会第一次会议在北京人民大会堂闭幕，习近平发表讲话。他说："人民是历史的创造者，人民是真正的英雄。波澜壮阔的中华民族发展史是中国人民书写的！博大精深的中华文明是中国人民创造的！历久弥新的中华民族精神是中国人民培育的！中华民族迎

---

① 《十九大以来重要文献选编》上，中央文献出版社2019年版，第1页。

来了从站起来、富起来到强起来的伟大飞跃是中国人民奋斗出来的！"①

中国共产党走过的 100 年来波澜壮阔的历史告诉我们，只有勇于担当、心存敬畏、攻坚克难，永远保持对人民的赤子之心，才能真正做到"不忘初心"，才能团结和带领全国各族人民继续在中国特色社会主义的道路上不断前进。

|二| 中国为什么没有走资本主义道路？

今天，仍然有不少人疑惑：中国为什么不搞资本主义？为什么不走资本主义道路？

早在 1984 年 6 月邓小平就谈到过这一问题。针对当时中国社会上有些人的疑问，邓小平说：

> "人们提出这样一个问题，如果中国不搞社会主义，而走资本主义道路，中国人民是不是也能站起来，中国是不是也能翻身？让我们看看历史吧。国民党搞了二十几年，中国还是半殖民地半封建社会，证明资本主义道路在中国是不能成功的。中国共产党人坚持马克思主义，坚持把马克思主义同中国实际结合起来的毛泽东思想，走自己的道路，也就是农村包围城市的道路，把中国革命搞成功了。"②

资本主义在中国为什么会失去魅力？中国最终为什么不走资本主义

---

① 《十九大以来重要文献选编》上，中央文献出版社 2019 年版，第 386-387 页。
② 《邓小平文选》第三卷，人民出版社 1993 年版，第 62-63 页。

道路呢？

第一次和第二次世界大战的爆发，资本主义的弊端越来越暴露，在世界上越来越失"道"，在世界上的吸引力、影响力越来越小。同时，俄国"十月革命"的胜利，使社会主义在世界上的吸引力、影响力越来越大，逐渐成为一种世界潮流，浩浩荡荡，在很长一段时间内社会主义和资本主义两大阵营相抗衡，选择走社会主义道路是一种大势所趋，人心所向。

"五四"时期中国的先进分子从俄国"十月革命"的胜利中，看到了中国新的出路不是资本主义而是社会主义，只有社会主义才是适合"为中国人民谋幸福，为中华民族谋复兴"的"正道"和光明大道。

资本主义革命道路走不通

一个国家、一个民族选择走什么道路，是与其历史发展走向密切相关的，都有其历史的决定性和必然性。

1840年鸦片战争后，"中国走什么样的道路"这一问题就逐渐开始成为先进的中国人思考和探索的问题。为了争取民族独立、人民解放和实现国家富强、人民幸福，中国的先进分子向西方寻求救国救民的真理，试图按图索骥，依照西方资本主义制度来改造中国，把实现民族独立和国家富强的希望寄托在实行和发展资本主义道路上。从洋务运动到戊戌变法，再到辛亥革命，最后都以失败告终。国民党也曾在中国搞了几十年的资本主义，最后留下的是一个四分五裂、千疮百孔的烂摊子，使中国在半殖民地半封建社会的泥潭中越陷越深。

在相当长一段时间里，中国的先进分子所找到的答案就是学习西方，走资本主义道路。那么，是什么原因使中国的先进分子越来越怀疑并最终放弃走资本主义道路呢？

（一）中国长期的封建社会对发展资本主义阻力重重

中国封建社会的历史长达两三千年，形成了世界上最完备也最顽固的封建主义生产关系，传统小农自然经济导致了封建君主专制制度长期"重农抑商"，而"重农抑商"反过来又巩固了传统的小农文化，从而使小农文化深入人心。自给自足的自然经济使资本主义发展缺乏自由劳动力和市场交换，到中国封建社会晚期，虽然在封建社会内部也开始了商品经济的发展，已经孕育着资本主义的萌芽，但是封建势力为了巩固封建君主专制统治地位，维护其经济政治利益，绝不允许中国发展资本主义，中国资本主义萌芽产生的时间并不太迟，却被封建君主专制政治统治扼杀在襁褓之中。在近代中国，封建势力还顽固地与帝国主义相勾结，压迫中国资本主义的发展。

（二）中国人学习西方资本主义的努力屡遭失败

中国人学习西方，曾经是十分热烈、十分虔诚的。但是，所有这些努力在实践中都一而再、再而三地碰壁了，夭折了。洋务运动夭折了，戊戌维新运动失败了，辛亥革命流产了。孙中山领导的辛亥革命虽然结束了统治中国几千年的封建君主专制制度，对推动中国社会进步具有重大意义，但也未能改变近代以来中国半殖民地半封建的社会性质和中国人民的悲惨命运。正如毛泽东后来所说的，人们看到国家的情况一天一天坏，环境迫使人们活不下去，于是"怀疑产生了，增长了，发展了"。正是由于怀疑资本主义建国方案在中国的可行性，中国的先进分子才会想到要另辟蹊径，去探索挽救中国危亡的新方案，从而为尔后接受马克思主义思想、选择走社会主义道路，准备了合宜的思想土壤。

（三）帝国主义侵略打破了中国人学西方的迷梦

帝国主义列强侵略中国的目的，绝不是要把封建的中国变成资本主义的中国，而是要占领中国的市场，掠夺中国的资源，使中国变成它们的半殖民地和殖民地，并以其强大的经济实力排除和压迫中国民族资本主义的正常发育和发展，而绝不允许中国发展成为一个独立富强的资本主义国家。毛泽东曾说，很奇怪，为什么先生老是侵略学生呢？中国人向西方学得很不少，但是行不通，理想总是不能实现。多次奋斗，包括辛亥革命那样全国规模的运动，都失败了。他说："如果没有外国资本主义的影响，中国也将缓慢地发展到资本主义社会。"但是，西方帝国主义势力绝不会允许中国走资本主义道路。毛泽东指出：

> "帝国主义的侵略打破了中国人学西方的迷梦。很奇怪，为什么先生老是侵略学生呢？中国人向西方学得很不少，但是行不通，理想总是不能实现。多次奋斗，包括辛亥革命那样全国规模的运动，都失败了。国家的情况一天一天坏，环境迫使人们活不下去。怀疑产生了，增长了，发展了。第一次世界大战震动了全世界。俄国人举行了十月革命，创立了世界上第一个社会主义国家。过去蕴藏在地下为外国人所看不见的伟大的俄国无产阶级和劳动人民的革命精力，在列宁、斯大林领导之下，像火山一样突然爆发出来了，中国人和全人类对俄国人都另眼相看了。这时，也只是在这时，中国人从思想到生活，才出现了一个崭新的时期。中国人找到了马克思列宁主义这个放之四海而皆准的普遍真理，中国的面目就起了变化了。"[1]

（四）帝国主义时代资本主义制度的内在矛盾明显暴露

第一次世界大战的爆发，给世界人民带来了极其深重的灾难，震惊了全世界，它用以往任何时候都不曾有过的尖锐形式，进一步暴露了资本主义制度固有的不可调和的矛盾。第一次世界大战是一场非正义的、帝国主义争霸性质的掠夺战争，除少数国家具有民族解放和自卫的正义性质外，其他都是非正义的。战争爆发的根本原因，是帝国主义国家经

---

[1]《毛泽东选集》第四卷，人民出版社1991年版，第1470页。

济政治发展不平衡。第一次世界大战持续的时间长达 4 年零 3 个月，参加国家多达 30 多个，约 15 亿人口，占当时世界人口总数的 67%。战争给人类带来了重大损失，造成了极大破坏。按当时的美元计算，参战国直接经济损失高达 1805 亿美元，间接经济损失达 1516 亿美元，有人估计欧洲的工业生产水平至少倒退了 8 年。

这些情况，不能不对中国思想界产生重大影响。

梁启超说，当时在西方世界中许多人都感到"西方文明已经破产了"，"全社会人心都陷入怀疑、沉闷、畏惧之中，好像失了罗针的海船遇着风遇着雾，不知前途怎生是好。"

李大钊说："此次战争，使欧洲文明之权威大生疑念。欧人自己亦对于其文明之真价不得不加以反省。"

陈独秀说："自竞争人权之说兴，机械资本之用广，其害遂演而日深。政治之不平等，一变而为社会之不平等；君主贵族之专制，一变而为资本家之压制，此近世文明之缺点，毋庸讳言者也。"

中国人是否还应当在西方人后面亦步亦趋，继续走资本主义这条路，就越来越成为问题了。

（五）中国资产阶级的软弱性不可能独立走上资本主义道路

由于中国的资产阶级在经济上和政治上的软弱性，由于他们同帝国主义和封建主义并未完全断绝经济上的联系，因此不可能有彻底的反帝反封建的革命勇气，更没有推翻封建统治、推翻帝国主义、争取民族独立的能力，只有完全或主要依附于国际资本主义才能得以生存发展。因而，靠中国资产阶级的力量，中国最终也不可能成为一个独立的资本主义国家，也不具备建立资本主义制度的经济政治条件。

历史以血的代价告诉中国人民，在中国走资本主义道路走不通。毛泽东说：

"就是这样，西方资产阶级的文明，资产阶级的民主主义，资产阶级共和国的方案，在中国人民的心目中，一齐破了产。资产阶级的民主主义让位给工人阶级领导的人民民主主义，资产阶级共和国让位给人民共和国。这样就造成了一种可能性：经过人民共和国到达社会主义和共产主义，到达阶级的消灭和世界的大同。康有为写了《大同书》，他没有也不可能找到一条到达大同的路。资产阶级的共和国，外国有过的，中国不能有，因为中国是受帝国主义压迫的国家。唯一的路是经过工人阶级领导的人民共和国。"①

"一切别的东西都试过了，都失败了。曾经留恋过别的东西的人们，有些人倒下去了，有些人觉悟过来了，有些人正在换脑筋。事变是发展得这样快，以至使很多人感到突然，感到要重新学习。人们的这种心情是可以理解的，我们欢迎这种善良的要求重新学习的态度。"②

两大阵营分裂深刻影响世界

资本主义道路走不通，封建主义旧统治又延续不下去。中国的出路究竟在哪里？

正当中国人民为"救亡图存"而感到困惑和迷茫的时候，俄国"十月革命"给我们送来了马克思列宁主义。

第一次世界大战是一场巨大的灾难，但同时也开辟了人类历史的新纪元。正如李大钊所说的："这个新纪元带来新生活、新文明、新世界，和一九一四年以前的生活、文明、世界，大不相同，仿佛隔几世纪一样。"

李大钊所说的"新文明"，指的就是世界性的社会主义运动高涨，以

①《毛泽东选集》第四卷，人民出版社1991年版，第1471页。
②《毛泽东选集》第四卷，人民出版社1991年版，第1471—1472页。

及给人类文明带来了新的巨大希望。

世界社会主义运动的高涨，通过"新文化运动"和"五四运动"，马克思主义、社会主义思想在中国得到广泛传播，使社会主义思想成为二十世纪二十年代初期中国最流行的社会思潮。

由于苏联"十月革命"的胜利采取的是激进的革命手段，骤然使世界社会主义运动分裂为两大阵营：以西欧社会民主党为代表的社会民主主义（亦称第二国际，简称"西欧模式"）和以苏联共产党为代表的共产主义（亦称第三国际，简称"苏联模式"）。"西欧模式"主张通过温和的议会斗争掌握政权，渐进地实现社会主义改良，最终实现社会主义、共产主义；"苏联模式"主张通过暴力革命建立无产阶级专政，快速地实现社会主义理想和共产主义。

世界社会主义运动这两大阵营的分裂，深刻地影响了整个世界，也深刻地影响了二十世纪二十年代的中国。各种派别的社会主义在中国都有所反映，导致了当时中国倾向社会主义的共产党、国民党和研究系发生激烈争论。共产党坚信苏联式共产主义，研究系认同西欧式社会民主主义，而国民党对两种模式采取了折中态度。这种思想的分歧，最终在中国大革命后期产生了血腥的后果。

在第一次世界大战期间，俄国发生无产阶级革命，举行了"十月革命"，创立了世界上第一个社会主义国家——苏维埃联邦社会主义共和国（简称"苏俄"），并宣布退出第一次世界大战。苏俄社会主义革命的胜利，不仅使过去蕴藏在地下为外国人所看不见的伟大的俄国无产阶级和劳动人民的革命力量，在列宁、斯大林的领导之下，像火山一样突然爆发出来了，而且沉重地打击了帝国主义的统治，推动了国际社会主义运动的发展，鼓舞了殖民地半殖民地人民的解放斗争，标志着世界现代史的开始。从此，共产主义便开始在世界各国扩散。

中国人和全世界对俄国人另眼相看了。这时，也只是在这时，中国人从思想到生活才出现了一个崭新的时期——找到了马克思列宁主义这个放之四海而皆准的普遍真理，中国的面目开始起了新的变化。

同时，当时中国的北洋政府参加第一次世界大战的"协约国"一方，于1917年3月14日与德国断交，8月14日对德奥宣战。战争结束后，中国作为战胜国之一，在"巴黎和会"上提出的合理要求却被拒绝，引发了1919年的"五四"爱国运动。此后，北洋军阀政府因失去民心而垮台，也使得马克思主义理论在中国广泛传播，并促使了中国共产党的诞生和发展。

也正是在第一次世界大战期间，中国的先进分子通过深入反思和总结，逐渐深刻认识到仅仅从器物、制度层面并不足以解决中国的贫穷落后、救亡图存的问题，认识到只有从灵魂、思想和文化深处解放人的观念，才会进行深刻的、彻底的革命行动。于是，决心发动一场思想启蒙运动，提倡民主和科学，批判封建社会的正统思想，以便为在中国建立起资产阶级的现代国家、走独立发展的资本主义道路扫清思想障碍。这场后来被冠以"新文化运动"之名，但它最终并没有使中国顺利走上资本主义道路，而是因为俄国"十月革命"的爆发，最终使思想启蒙转移到了接受马克思主义和社会主义思想的选择上。

"新文化运动"是生动活泼的、前进的、革命的，对冲击封建主义在中国经济、政治和社会生活中的支配地位，对资产阶级民主主义的提倡，在客观上起到了振聋发聩的作用。正当"新文化运动"掀起中国思想解放潮流的时候，一种新的社会思想和社会运动——马克思主义指导的社会主义运动正风起云涌。同一时期资本主义的弊端越来越充分地暴露出来，越来越引发人们的疑惑迷茫和深入思考，中国的先进分子越来越对资产阶级的民主政治和文化思想持保留态度，而对社会主义思想和运动越来越了解，越来越持认同和接受的态度。

例如，中国新文化运动的先驱陈独秀在1915年赞颂法国文明时，把创立社会主义（空想社会主义）看作是法国人对于近代文明所做的三大贡献之一，认为这是"反对近世文明之欧罗巴最近文明"。

李大钊在 1916 年 5 月说过："代议政治虽今犹在试验之中，其良其否，难以确知，其存其易，亦未可测。"

毛泽东在 1917 年 8 月也说过："东方思想固不切于实际生活，西方思想亦未必尽是，几多之部分，亦应与东方思想同时改造。"

随着帝国主义的入侵和近代民族工业的发展，中国产生了无产阶级，而且不断发展壮大，到 1919 年产业工人已经发展到 200 万人左右。无产阶级的产生和发展，为中国共产党的建立奠定了阶级基础。

1917 年俄国"十月革命"的胜利，给中国送来了马克思列宁主义，使中国的先进分子找到了救国救民的真理。马克思列宁主义在中国的广泛传播，为中国共产党的建立奠定了思想基础。

1919 年爆发的"五四运动"，促进了马克思主义与中国工人运动的结合，为中国共产党的建立作了思想上和干部上的准备。

1921 年 7 月 23 日—31 日，中国共产党第一次全国代表大会在上海和嘉兴南湖召开，大会通过了中国共产党的第一个纲领和决议。从此，中国诞生了完全新式的、以共产主义为目的、以马克思主义列宁主义为行动指南的、统一的工人阶级政党。

中国共产党的成立，给灾难深重的中国人民带来了光明和希望，给中国革命指明了新的前进方向。

同时，中国共产党的创建和早期发展，还有一个十分重要的外因作用，就是得到了列宁和他创建的共产国际的指导与帮助。"十月革命"胜利后，列宁亲自接见了旅俄中国工人同盟主席和华侨工会负责人。"五四运动"爆发后，列宁不仅亲自找到中国同志了解情况，而且还派魏金斯基一行和马林来华。为了进一步推动中国革命，列宁在 1920 年 7 月还为共产国际"二大"起草了《民族和殖民地问题提纲（初稿）》。这个提纲不仅成为中国共产党建党的指导思想，而且对促进国共合作的建立起到了重大作用。

中国共产党最终选择了走"俄国人的路"。

新中国搞资本主义也不行

在中国共产党领导下，中国人民推翻了帝国主义、封建主义和官僚资本主义三座大山，取得了新民主主义革命的胜利，从根本上改变了中国半殖民地半封建社会的性质。那么，新民主主义革命胜利后，新中国又为什么不能走资本主义道路呢?

概括而言，在新中国建立前后，新中国面临选择的发展道路主要有:

一选择走美国式的西方资本主义道路;

二选择走苏联模式的社会主义道路;

三选择走中国式的社会主义道路。

但是，历史和现实都决定了新中国绝没有可能选择走美国式的西方资本主义道路，只能走社会主义道路。在中国革命取得胜利以后，为了使中国从落后的农业国变成先进的工业国，新中国究竟应当选择什么样的道路? 毛泽东和邓小平都曾有过精彩论述:

> "资本主义道路，也可增产，但时间要长，而且是痛苦的道路。我们不搞资本主义，这是定了的，如果又不搞社会主义，那就要两头落空。"[1]

> "建国以后，我们从旧中国接受下来的是一个烂摊子，工业几乎等于零，粮食也不够吃，通货恶性膨胀，经济十分混乱。我们解决吃饭问题，就业问题，稳定物价和财经统一问题，国民经济很快得到恢复，在这个基础上进行了大规模经济建设。靠的是什么? 靠的是马克思主义，是社会主义。人们说，你们搞什么社会主义! 我们说，中国搞资本主义不行，必须搞社会主义。如果不搞社会主义，而走资本主义道路，中国的混乱状态就不能结束，贫困落后的

---

[1]《毛泽东文集》第六卷，人民出版社 1996 年版，第 299 页。

状态就不能改变。"[1]

这到底是因为什么呢?

(一) 国际环境的有力促使

新民主主义社会本身就是属于社会主义体系的,是社会主义社会的过渡性社会阶段。在新民主主义革命胜利之后,社会主义的因素不论在经济上还是在政治上,都已经处于新中国的主导地位,加之当时国际条件也极其有利于社会主义发展,在社会主义阵营与资本主义阵营矛盾愈演愈烈的国际背景下,新中国必须逐步过渡到社会主义社会。

1917 年俄国"十月革命"建立了第一个社会主义国家,打破了资本主义世界的一统天下,开创了世界历史的新纪元,从此也开启了社会主义国家与资本主义国家意识形态的斗争。在第二次世界大战中,为了对付共同的敌人,社会主义苏联同美英等资本主义国家曾结成了反法西斯同盟。

然而,第二次世界大战结束后,反法西斯同盟任务完成,社会主义国家与资本主义国家的意识形态矛盾又很快成为主要矛盾,美国成为世界头号资本主义强国,社会主义苏联成为唯一能与美国相抗衡的政治军事大国。美国妄图凭借强大的经济实力和军事实力称霸世界,但是美国的称霸野心遭到了苏联等社会主义国家的钳制。

由于第二次世界大战刚刚结束,人们对战争深恶痛绝,和平成为世界潮流,美苏不敢贸然发动战争。

二十世纪三四十年代,由于全球经济危机的出现和第二次世界大战的爆发,越来越显示了自由资本主义的危害和弊端,并催生了凯恩斯主义,资本主义在世界上的影响力逐步下降。同时,通过反法西斯战争,大大削弱了世界主要资本主义国家的实力。相反,社会主义国家苏联由

---

[1]《邓小平文选》第三卷,人民出版社 1993 年版,第 63 页。

于实行集中、计划的经济体制，经济、军事力量得到快速发展，综合国力位居世界领先，加之苏联在第二次世界大战中对反法西斯战争的贡献和战后苏联地位的提高，改变了许多人对共产主义和社会主义的看法，极大地鼓舞了世界人民的革命热忱，推动了社会主义运动的大发展。

同时，由于第二次世界大战结束后欧洲的经济困难，使人们具有求变的心理。受苏联的影响，东欧建立了一批社会主义国家，全球社会主义力量迅速增长，资本主义势力持续低迷。西方资本主义国家把社会主义国家的快速增长看作是"洪水猛兽"。

可以说，社会主义在欧洲的兴起和苏联作为有全球性领导力的社会主义大国，为新中国选择走社会主义道路提供了极好的国际环境。

此外，资本主义世界对中国共产党领导的正义事业和新生的中华人民共和国采取了敌对政策，对新中国进行经济、政治和军事封锁，更加促使了新中国最终必然对以苏联为"老大哥"的社会主义阵营采取"一边倒"的政策，选择加入社会主义阵营。

在以苏联为首的全世界社会主义运动的潮流中，新中国加速了自身的社会主义改造，在"两大阵营"的国际环境中，顺理成章地走上了社会主义道路。

（二）中国民族资本主义的发展状况使中国人民对走资本主义道路失望

19世纪下半期开始萌芽的中国民族资产阶级，虽然具有在中国发展资本主义的强烈愿望，但由于与帝国主义和封建主义有着千丝万缕的联系，没有彻底的反帝反封建的革命勇气和能力，历史证明不仅不可能成为彻底进行中国民主革命的领导者，中国也不可能发展成为独立的完全的资本主义社会，而且使中国人民认识到在中国发展资本主义不可能"救亡图存"，不可能实现中华民族的伟大复兴。中国发展资本主义只能依附于国际资本主义，这种状况并没有因国民党的执政而改变。国民党取得政权后，既没有兑现它所许诺的"平均地权"，也没实现它所声称的"发展民族工商业"，而是依附于帝国主义、具有封建性的官僚资本和"四大家族"，聚敛了大量财富，使中华民族在半殖民地半封建社会的泥潭中越陷越深。

对国民党政权的完全失望，使中国的普通民众越来越坚定地站在中国共产党一边，各民主党派也纷纷明确支持中国共产党改造旧中国、开辟新道路的政治、经济主张，甚至连主张走"第三条道路"的知识分子也不反对在中国实行社会主义经济制度。

经过新民主主义革命，中国走上社会主义道路得到了中国广大工农大众的广泛支持，得到了知识分子的赞同，得到了各民主党派的拥护。显然，在新中国已经不可能再选择走上美国式的西方资本主义道路。1965年毛泽东重上井冈山，在一次谈话中他曾警示说：

> "事情不是那么简单，人家资本主义制度发展了几百年，比社会主义制度成熟得多，但中国走资本主义道路走不通。中国的人口多，民族多，封建社会历史长，地区发展不平衡，近代又被帝国主义弱肉强食，搞得民不聊生，实际四分五裂。我们这样的条件搞资本主义，只能是别人的附庸。帝国主义在能源、资金等许多方面都有优势，美国对西欧资本主义国家既合作又排挤，怎么可能让落后的中国独立发展、后来居上？过去中国走资本主义道路走不通，今天走资本主义道路，我看还是走不通。要走，我们就要牺牲劳动人民的根本利益，这就违背了共产党的宗旨和井冈山的追求。国内的阶级矛盾、民族矛盾都会激化，搞不好，还会被敌人利用。四分五裂，危险得很。"①

---

① 马社香：《前奏：毛泽东1965年重上井冈山》，当代中国出版社2006年版，第173页。

邓小平也说："在中国现在落后的状态下，走什么道路才能发展生产力，才能改善人民生活？这就又回到是坚持社会主义还是走资本主义道路的问题上来了。如果走资本主义道路，可以使中国百分之几的人富裕起来，但是绝对解决不了百分之九十几的人生活富裕的问题。"[①]

（三）中国革命的领导力量决定了中国不可能走资本主义道路

要完成近代以来中华民族实现民族独立、人民解放和国家富强、人民幸福的两大历史任务，首先要完成民主革命的任务。中国共产党成立后，作为无产阶级的先锋队，理所当然地成了新民主主义革命的领导者。

在中国社会的各个阶级、各阶层中，虽然农民阶级人口最多，是中国民主革命的最大力量，但由于中国广大农村的分散性和经济、文化条件的某些落后性，不可能成为中国民主革命的领导阶级。

中国工人阶级登上历史舞台后，成为中国社会最先进、最革命、最有组织性的阶级，因而天然地成了中国民主革命的领导者。因此，中国的民主革命只能是无产阶级领导的新民主主义革命，只有中国共产党而没有别的其他哪个政治力量能够提出正确的纲领，团结一切进步的力量，从根本上解决中华民族反帝反封建的问题，解决中国实现人民民主和维护国家统一的问题。

中国工人阶级作为领导阶级，中国共产党作为领导者，在完成新民主主义革命后，发展方向必然是社会主义，而不可能再选择走上美国式的西方资本主义道路。正如毛泽东所说，在这两个阶段中间，"不容横插一个资产阶级专政的阶段"。

（四）社会主义阵营是中国新民主主义革命胜利后的天然归宿

1945年第二次世界大战结束后，由于帝国主义无法继续维持原来的世界格局，各种国际政治力量按照资本主义和社会主义的力量对比发生了很大变化。社会主义阵营在世界上迅速崛起、发展和壮大，国际关系

[①]《邓小平文选》第三卷，人民出版社1993年版，第64页。

体系随之也发生了新的深刻变化，很快形成了以苏联为代表的社会主义阵营和以美国为代表的资本主义阵营相抗衡的世界格局，两大阵营呈现出一种与第二次世界大战前完全不同的状态。

德国、意大利、日本法西斯在第二次世界大战中彻底失败，英国、法国资本主义受到严重削弱，美国成为资本主义超级大国，西方资本主义唯美国马首是瞻。

社会主义由一国胜利扩展到多国胜利，不仅在政治上、经济上而且在地理上也连成一片，从而使社会主义和资本主义的力量对比发生根本变化，殖民地、半殖民地国家的民族解放运动蓬勃发展，很多国家相继取得独立，建立社会主义国家。

当时的国际格局和历史背景，以及中国共产党作为中国最广大人民根本利益的代表和作为领导者的革命性质，决定了在新民主主义革命胜利后新中国在变革方式上唯一可以学习和借鉴的只有"苏联社会主义模式"，必然归属社会主义阵营。这与中国共产党成立之初选择苏俄"十月革命"的道路一样，舍此别无他途。

因此，在新中国诞生前夕，毛泽东在《论人民民主专政》一文中明确地提出了新中国只能站在以苏联为代表的社会主义和平民主阵营一边。

骑墙是不行的

新中国的建立虽然使中华民族获得了国家独立和主权统一（除台湾、香港、澳门外），但随即遭受到了西方资本主义国家的经济封锁、外交孤立和军事威胁，朝鲜战争的爆发更加凸显了外部军事干涉和入侵的可能，以美国为代表的资本主义阵营企图把新生的中华人民共和国扼杀在襁褓之中。

为了维护新生的新中国政权尽快获得国际承认，中国共产党选择了"一边倒"的外交政策，加入了以苏联为代表的社会主义阵营。新中国虽然在政治上获得了独立，但由于社会生产力发展水平仍然十分落后，在经济上并没有独立能力，需要迅速恢复并发展经济，建设现代化的农业、工业、交通、科学技术和国防等。总之，需要尽快实现新民主主义革命向社会主义革命与建设的过渡。

面对资本主义和社会主义对垒的国际新格局，新生的中华人民共和国如何着手建立外交关系，能否在对抗的两大阵营之间不作倾向性的选择呢？历史和现实都表明，这种可能性是不存在的。新中国唯一的选择就是加入社会主义阵营。

有人认为，当时新中国也可以寻求与美国建立良好关系，选择走美国式的西方资本主义道路。事实上，这是完全不可能的。以毛泽东为核心的中国共产党人之所以做出这样的抉择，与当时新中国面临的国际国内局势密切相关。

（一）在资本主义与社会主义两大阵营中必然选择社会主义阵营

面对第二次世界大战结束后迅速形成的资本主义阵营和社会主义阵营对峙的世界格局，新生的中华人民共和国要么联合以苏联为代表的社会主义阵营，要么联合以美国为代表的资本主义阵营，舍此没有第三条道路。旧民主主义革命的历史实践已经告诉我们，资产阶级共和国的政治方案在中国是行不通的。另一方面，新中国建立前后，毛泽东也曾试图在社会主义和资本主义两大阵营之间采取灵活的外交政策，寻求第三条道路，但事实证明也是走不通的。

例如，对于美国，毛泽东曾一直主张采取灵活的斗争策略。中华人民共和国建立前夕，他曾明确说："如果美国及英国能断绝和国民党的关系，我们可以考虑和他们建立外交关系的问题。"在与外宾的谈话中，毛泽东几次谈到，对美国一方面我们要争取主动，公开主张与他们和平共处，建立外交关系，解决台湾问题，欢迎他们来中国。他还说："至于帝国主义国家，我们也要团结那里的人民，并且争取同那些国家和平共处，做些生意，制止可能发生的战争，但是决不可以对他们怀抱一些不切实际的想法。"毛泽东主张，在原则问题上我们要寸步不让，坚持斗争。

由于帝国主义决不会很快就以平等的态度对待新中国，因此，毛泽东主张在同资本主义国家建立外交关系时，应与社会主义国家在办法上有所区别：一是不能急于和帝国主义国家建立外交关系；二是一切资本主义国家在和我们建立外交关系以前均须经过谈判，即把与国民党断绝外交关系作为与新中国建交的一个基本条件。但是，对于平等互利的经济往来，我们并不拒绝。毛泽东还提出，要学习资本主义在经营、管理上的长处。

（二）新中国要获得强有力的国际援助必须在两大阵营中表明态度

第二次世界大战结束后，美苏从战时的盟国走向敌对关系，成为世界格局中两个主要的竞争对手。美国为遏制苏联，实行冷战政策。1947年及以后，美国先后抛出了杜鲁门主义和马歇尔计划，1949年又策划建立北大西洋公约组织，从经济和军事上具体实施对苏联的遏制和称霸世界的计划。

面对帝国主义的威胁，为维护安全、主权和国家利益，苏联和欧亚各人民民主国家从经济、政治、军事各方面加强联系，签订双边、多边和共同的协定、条约，1947年组成9国共产党和工人党情报局，1949年成立经济互助委员会，后又组成华沙条约组织，以同北大西洋公约组织相抗衡。

面对美苏的尖锐对立，中国想采取左右逢源的外交政策，在现实中显然行不通。保持中立，在美苏激烈竞争的国际舞台上也难以立足。只有明朗的外交态度，才有可能赢得一方强有力的国际援助。

毛泽东对此十分明确。他认为中国是大国但还不是强国，经济十分落后，需要国际援助。中国革命胜利后，中国共产党首要的任务就是进行国家经济建设，但是中国共产党对经济建设并不熟悉，应该向外国特别是社会主义苏联学习，建设还需要有稳定的和平环境。新中国成立，帝国主义不会甘心失败，可能会进行武装干涉。这些情况，都决定了新中国必须从以苏联为代表的社会主义阵营方面获得援助的必要性。没有这种国际援助，新中国就可能得不到巩固。这是新中国安全和建设所需要的客观条件，也是新中国在外交上与苏联结盟的重要依据。

（三）中国共产党与苏联的渊源关系决定了必然选择走社会主义道路

自成立以来，中国共产党奉行的指导思想和意识形态就是与苏联共同的，即以马克思列宁主义为指导的意识形态，选择的是社会主义革命道路，在外交上一直采取与苏联友好的立场。尽管毛泽东对苏联的政策在某些方面也持有不同看法，但总的说来还是一直把苏联当作中国人民的真正朋友和最好的朋友，对于苏联采取的和平外交政策以及对中国人民解放事业的援助，毛泽东一直记在心里。他曾举例说："十月革命"胜利后，苏联是第一个废除不平等条约并和中国订立平等新约的国家；1924年，孙中山先生召开国民党第一次全国代表大会时、在其后进行北伐战争时，苏联都是当时唯一援助中国的国家；在1937年日本全面发动侵华战争以后，苏联又是第一个援助中国反对日本侵略者的国家；新中国成立后，苏联是第一个承认新中国并互派大使的国家……

因此，第二次世界大战后，由于与美国、苏联的历史渊源关系和实际关系，决定了新中国在当时也只能选择以苏联为代表的社会主义阵营一边站队。

（四）新中国建立后所面临的国际形势必然使中国选择走社会主义道路

新中国建立后，面临的国际形势是非常严峻的，美国采取敌视中华人民共和国的外交政策，不仅支持国民党蒋介石盘踞台湾，阻止恢复新中国在联合国的合法席位，而且还武装发动朝鲜战争，梦想以朝鲜为跳板进犯新生的中华人民共和国，干涉印度支那国家内政，支持法国殖民主义者镇压印度支那人民，对中国北方和南方边陲的安全构成重大威胁。

面对来自朝鲜半岛、台湾海峡和印度支那半岛三个方面的战争威胁，新中国必须在国际上寻找强有力的支持，同时又要广交朋友，坚持"独立自主"的外交立场，以免受制于人。在这样的国际背景下，从维护新中国的根本利益出发，以毛泽东为核心的中共中央第一代领导集体采取了明确的"一边倒"国际战略和全方位的外交方针。

新中国建立前夕，针对中国民族资产阶级中一些人幻想在中国无限制地发展资本主义、走第三条道路的思想，毛泽东曾明确地说，积孙中山40年和中国共产党28年的经验，中国人不是倒向帝国主义一边就是倒向社会主义一边，绝无例外。骑墙是不行的，第三条道路是没有的。而中国新民主主义革命的性质又决定了胜利后必然走上社会主义道路。这种政治信仰和社会制度上的倾向性，决定了新中国在外交战略上的倾向性，必然是选择以苏联为代表的社会主义阵营。

因此，新中国建立后，中国共产党提出联苏抗美的"一边倒"国际战略，并非主观臆断，而是根据当时世界格局、新中国与美苏关系的历史渊源以及现实环境做出的重大而审慎的决策。这一国际战略在政治上的倾向虽然是十分明显的，正如毛泽东和周恩来在谈及此举的意义时所说：我们提出"一边倒"，意味着在政治上必须同社会主义阵营的国家团结起来，同社会主义国家站在一边，而不可能一脚跨在社会主义，另一脚跨在西方资本主义。这是由当时的世界局势所决定的。所谓"一边倒"，表明新中国同资本主义国家断然分开，打消对西方资本主义国家的幻想。

新中国提出的"一边倒"国际战略，事实上也是原则性的、全方位的和辩证的，而不是机械的、僵化的、盲目的。中国共产党提出同社会主义国家站在一边，并不意味着无条件地倒向苏联一边，或者说与美国就是绝对的对抗。事实上，无论是对苏联还是对美国，新中国都没有放弃"独立自主"的原则立场，对待苏联在"一边倒"的同时也绝不丧失自己的独立立场，尤其是在国家主权和根本利益上，对待美国在反对的同时也存在一定条件下谋求和平的一面。

毛泽东曾把"一边倒"的国际战略分为三个层次：第一、二个层次是"巩固同苏联的团结，巩固同一切社会主义国家的团结，这是我们的基本方针，基本利益所在"。根据这一方针，新中国不经谈判即同各社会主义国家建交，同他们发展友好合作关系。第三个层次"是亚非国家以及一切爱好和平的国家和人民，我们应当巩固和发展同他们的团结"。他认为，有了以苏联为代表的社会主义国家和亚非国家两种力量的团结，"我们就不孤立了"。为此，新中国在建立初期十分注意与新兴的民族独立国家，尤其是邻近的民族独立的国家建立和发展外交关系，以独立自主、平等互利、相互尊重的崭新形象赢得了亚、非、拉国家的信赖与支持，扩大了中国在国际上、世界上的影响。

事实表明，新中国建立之初，在世界划分为两大阵营的特定历史条件下和国际背景下，在新中国面临着以美国为代表的西方资本主义国家干涉、封锁、颠覆的严峻形势下，毛泽东提出的"一边倒"国际战略，完全符合当时新中国的安全和建设需要。依据这一国际战略，我国成功地建立和巩固了同以苏联为代表的社会主义国家的关系，为新中国的安全和社会主义建设赢得了一个相对有利的国际环境。

|三| 扎根中华大地的社会主义大道

从中国社会历史发展的进程看，中国新民主主义革命、社会主义建设和中国特色社会主义道路的开辟、形成和发展，离不开中华民族五千多年深厚的历史文化底蕴，离不开自鸦片战争以来中华民族对完成国家独立与民族解放、国家富强与人民富裕两大历史任务的不懈探索，更离不开中国共产党成立以来中国革命的伟大实践，离不开新中国建立以来尤其是改革开放40多年来中国特色社会主义现代化建设的伟大实践。

五千多年文明古国的现代化之道

在中国建设社会主义现代化，不同于世界上其他任何国家。中国具有悠久的历史、深厚的文化底蕴和从未中断的中华文明。在这样一个国家要实现现代化，既具有无可比拟的优势，也有不可回避的问题和沉重的历史包袱。所以，近代有思想的中国人把西方列强的入侵称为"中国遇到了数千年未有之强敌，中国处在三千年未有之大变局"。

西方帝国主义列强的入侵，不仅使中国的领土主权和国家独立遭受了严重威胁，独立的封闭体系被打破，并被强行拉入到一个由西方主宰的世界体系之中，中华文明也遭遇到了前所未有的强势竞争对手，文明的根基遭到动摇，整个文明形式、社会经济政治制度面临着三千年未遇到的冲击和挑战。

在这个"大变局"中，中国的传统农业文明撞上了西方近现代工业文明，中华民族古老的君主专制撞上了资本主义新兴的民主政治，双方一经较量便分出高下。这是中华民族实现现代化要面对的基本国情和世界背景。

但是，有着五千多年深厚历史文化传统的中华民族要实现现代化，完全可以走出一条自己的路，而不必步西方资本主义的后尘。西欧、北美包括亚洲的日本最早跨入现代化的门槛，尽管发展模式不尽相同，但都有着资本主义对外扩张、侵略殖民、强取豪夺的共同本质。当沉睡中的中华民族被西方列强的炮声惊醒时，已经失去了工业革命和科技革命的历史机遇，中华民族已经不再可能通过发展资本主义来实现现代化。

新民主主义革命和社会主义建设为中国实现国家独立、民族解放和国家富强、人民富裕开辟了一条崭新的道路，中国特色社会主义则为中国开辟了一条符合中国国情的实现社会主义现代化的科学发展、和谐发展、和平发展的新道路。

所谓中国道路，实际上也就是新民主主义革命道路和中国特色社会主义道路的总称，它从理论和实践的结合上深刻回答了在中国这样一个具有五千多年历史的文明古国和社会主义大国实现什么样的现代化、怎样实现现代化这个根本问题。

近代以来中华民族正义事业之道

自1840年鸦片战争以来，中华民族面临的两大历史任务，国家独立和民族解放是实现国家富强和人民富裕的历史前提，只有实现国家独立和民族解放，才能为国家富强和人民富裕扫清障碍，奠定基础。

从1840年鸦片战争爆发到1949年新中国建立，经过100余年的英勇奋斗，经过无数仁人志士的艰辛探索，经过无数艰难曲折和流血牺牲，终于使中国人民认识到一个真理：只有以马克思主义为指导思想、以中国共产党领导为核心力量、以社会主义引领中华民族的前进方向，坚持把马克思主义基本原理与中国革命实际相结合，走符合中国特点和发展规律的革命道路，才能成功走上完成近代以来我国第一大历史任务的康庄大道。

中国共产党领导的新民主主义革命，实质上是通过扫除帝国主义、封建主义和官僚资本主义在近代中国的统治，为实现中华民族的现代化搬掉拦路石。

在这个过程中，中国共产党科学分析了我国基本国情，把马克思列宁主义基本原理与中国革命斗争的实际相结合，明确了中国革命的性质、对象、任务、动力，提出了通过新民主主义革命走向社会主义的"两步走"战略，制定了无产阶级领导的，人民大众的，反对帝国主义、封建主义和官僚资本主义的新民主主义革命总路线，开辟了"农村包围城市、武装夺取政权"的革命道路，最终指导中国革命取得了伟大胜利。

中国新民主主义革命道路积累、形成的宝贵历史经验，为中国特色社会主义道路的开辟奠定了深厚的历史基础和实践基础，这是一种一脉相承、历史推进的关系。中国特色社会主义道路，实际上是中国共产党在中国革命道路的基础上，带领中国人民在完成国家独立和民族解放的历史任务后，为接着完成国家富强、人民富裕的历史任务而开辟出来的正确道路。

新中国建设近 30 年的经验总结之道

新中国建立后，中国社会主义革命与建设近 30 年的发展经历了曲折历程，既有辉煌成就，也有重大挫折，还有严重的失误。但是，这些实践都为中国特色社会主义道路的开辟积累了宝贵的历史经验，奠定了根本的政治制度基础和经济社会发展基础。

在中国共产党领导下，仅仅用三年多一点的时间就迅速实现了中国大陆的基本统一、国民经济的根本好转，开始了以第一个"五年计划"为标志的大规模工业化建设，随后又探索出具有中国特点的社会主义改造道路，确立起了社会主义基本经济制度和基本政治制度，中国进入到社会主义初级阶段。在此基础上，中国共产党提出了探索适合中国国情的社会主义道路的新任务，并着手开始建设社会主义现代化，着力推进实现中华民族的国家富强、人民富裕的伟大事业。

"辉煌的成就"与"惨痛的教训"为中国特色社会主义道路的开辟积累了正反两方面的宝贵经验。"大跃进"和"人民公社化运动"严重超越了我国社会发展的历史阶段，严重违背了社会主义现代化建设的发展规律，留下了沉痛教训，使中国共产党深刻认识到，靠满腔热情、头脑发热，是建设不好社会主义现代化的，不仅欲速不达，还可能带来严重破坏。我国处于并将长期处于社会主义初级阶段，只有从这一最大的国情、最大的实际出发，新中国的社会主义现代化建设才能避免或少走弯路。

"以阶级斗争为纲"的错误指导思想造成了阶级斗争扩大化的严重失误，特别是"文化大革命"十年"内乱"错误，使中国共产党深刻认识到，必须实现由"革命"到"建设"的重大转变，坚持"以经济建设为中心"，大力推进经济建设、民主政治建设和精神文明建设，才能实现中国特色的社会主义现代化。

中国共产党是一个善于总结经验的政党，也是一个善于吸取教训的政党，中国特色社会主义道路的开辟正是以这些宝贵经验和惨痛教训为起点为基础的。中国特色社会主义道路实际上是中国共产党在总结新中国近30年社会主义革命与建设曲折发展历程的基础上，为实现国家富强、人民富裕而开辟的中国特色社会主义现代化建设之路。

改革开放 40 多年的理论和实践创新之道

实践已经证明，改革开放是决定当代中国命运的关键一招，是当代中国最鲜明的特色，是国家富强、人民富裕的兴国富民之道。这是中国共产党深入总结新中国建立以来探索社会主义革命与建设道路正反两方面经验教训而得出的正确结论，也是在"文化大革命"结束后的"拨乱反正"过程中探索出的唯一正确途径。

改革开放是我国社会主义制度的自我完善和自我发展，只有通过社会主义经济体制改革、政治体制改革、文化体制改革、社会体制改革，才能逐渐形成中国特色社会主义经济建设、政治建设、文化建设、社会建设和生态文明建设"五位一体"的总体布局，不断拓展和丰富中国特色社会主义道路，从而使这条康庄大道越走越宽广。

建设社会主义现代化强国和实现中华民族伟大复兴的中国梦，是中国共产党长期不懈的奋斗目标。把中国建设成为富强民主文明和谐美丽的社会主义现代化国家，是完成国家富强、人民富裕这一历史任务的根本体现，也是中国特色社会主义的根本指向。

中国共产党领导的社会主义革命与建设和改革开放，实质上就是通过大力解放和发展社会生产力，把中国由不合格、不发达的社会主义国家建设成为合格的、发达的社会主义国家，全面实现社会主义现代化，实现中华民族伟大复兴。在这个过程中，中国共产党把马克思主义基本原理与中国社会主义革命与建设、改革开放的具体实际相结合，系统回答了在中国这样一个拥有十几亿人口的发展中大国建设什么样的社会主义、怎样建设社会主义，建设什么样的党、怎样建设党，实现什么样的发展、怎样发展等一系列重大理论和实践问题，开辟了中国特色社会主义道路，创造了举世瞩目的伟大成就。中国特色社会主义道路、理论、制度和文化，实际上就是在中国改革开放和社会主义现代化建设的进程中，为实现国家富强、人民富裕的伟大理论创新和实践创新。

人类社会的发展不以人的意志为转移。近现代以来，中国新民主主义革命道路、社会主义革命与建设道路的形成、变化和发展，是与近现代以来中国经济、政治、社会发展的历史背景和客观状况相联系的，有其自身运动、发展与变化的轨迹和规律，不是哪一个人、哪一个群体主观意志决定的结果，而是中国近现代历史选择的结果，历史发展的结果。

总之，中国特色社会主义道路集中体现了中国共产党解放思想、实事求是、与时俱进的宝贵品格和不懈追求，是从中国基本国情和具体实际出发，实现中国特色社会主义现代化和实现中华民族伟大复兴的唯一正确道路。

| 四 | 顺应世界发展潮流的产物

从人类社会和世界历史发展的进程看，中国特色社会主义道路的开辟、形成和发展也离不开人类社会发展的共同文明成果，离不开社会主义思想自产生到发展的世界潮流，离不开世界社会主义运动的历史发展，离不开社会主义建设的一般规律。

正是在中国历史与世界历史、中华文明与人类文明、社会主义的统一性与多样性的辩证运动中，在顺应世界发展潮流、适应历史发展趋势的进程中，中国共产党成功地开辟了中国革命道路和中国特色社会主义道路。所以，中国革命道路和中国特色社会主义道路也是中华民族顺应世界发展潮流的产物。

社会主义在中国的实践

在人类社会的历史进程中，社会主义从产生到发展、到影响全世界，成为世界发展的潮流，可以分为从空想到科学、从理想到现实等阶段。

社会主义作为资本主义的对立物，已有 500 多年的历史。在马克思主义产生以前，社会主义作为人类社会的一种美好理想，以空想的形式存在着。其代表人物，莫尔于 1516 年写了《乌托邦》一书，欧文于 1844 年写了《新道德世界》一书。他们抨击资本主义社会的贪婪，对未来理想社会做出了详细描绘。他们看到了资本主义制度灭亡的必然，但无法找到通向理想社会的道路。这是社会主义的空想阶段。

1848 年，以马克思、恩格斯的《共产党宣言》诞生为标志，社会主义由空想变成了科学。欧洲风起云涌的工人运动，使无产阶级革命越来越成为可能。马克思认为，巴黎公社是对他的共产主义理论的一个有力证明。

1917 年，人类历史上第一个社会主义国家在俄国诞生。苏联无产阶级政权和社会主义制度的建立，使社会主义由理想变成了现实。第二次世界大战以后，社会主义由一国实践变成了多国实践，并形成了世界社会主义阵营，从而结束了资本主义一统天下的世界格局，社会主义成为人类社会发展的世界潮流。

中国新民主主义革命道路的形成和成功实践，是符合人类社会发展的规律、顺应社会主义发展的世界潮流而产生的；

中国社会主义革命与建设的曲折发展，是符合社会主义发展的客观规律和共产党执政的规律必然产生的；

中国特色社会主义道路的形成和发展，是中国共产党适应国际环境变化的客观要求和世界发展潮流变化的时代要求的结果。

近现代中国历史发展的时代特征以及中国社会的基本国情，决定了中国新民主主义革命道路、社会主义革命与建设道路和中国特色社会主义建设道路的特殊性。以毛泽东为代表的第一代中国共产党人，摆脱了俄国"十月革命"模式的束缚，摸索出一条"农村包围城市"的中国式革命道路，带领全党全国人民赢得了民族解放和国家独立，建立了新中国，创建了社会主义制度，用实践证明了中国式革命道路的成功与伟大。

在社会主义发展道路问题上，以毛泽东为核心的第一代中共中央领导集体不把书本当教条，不照搬外国模式，探索"走自己的路"，无论是成功的历史经验还是惨痛的历史教训，都为中国特色社会主义道路的开辟积累了弥足珍贵的历史财富。

当和平与发展成为时代主题，科学技术迅猛发展，知识经济成为一种新的经济形态，新一轮全球化空前加速，国际竞争从军事对抗转移到以经济、科技实力为基础的综合国力的较量。中国共产党积极顺应世界发展潮流，主动应对时代挑战，重新调整发展战略，成功开辟了中国特色社会主义道路。

中国特色社会主义道路，一方面虽然是在中国的具体历史条件下产生的，但它顺应了世界发展潮流和时代要求，反映了人类社会发展的普遍规律，注重吸收世界优秀文明成果，因而它所起的历史作用与重大影响并不仅仅局限于中华大地，而且对世界产生了广泛和深远的影响。邓小平曾说，我们的改革不仅在中国，而且在国际范围内也是一种试验，我们相信会成功。如果成功了，可以对世界上的社会主义事业和不发达国家的发展提供经验。邓小平还深刻指出，到21世纪中叶，当中国的人均国民生产总值达到中等发达国家的水平，国民经济总量居于世界前列的时候，"这不但是给占世界总人口四分之三的第三世界走出了一条路，更重要的是向人类表明，社会主义是必由之路，社会主义优于资本主义。……只有到了下世纪中叶，达到了中等发达国家的水平，才能说真的搞了社会主义，才能理直气壮地说社会主义优于资本主义。"[1]

另一方面，中国特色社会主义道路又符合中国的基本国情，具有鲜明的中国特色、中国风格和中国气派。一般地说，科学社会主义基本原理和社会主义基本原则的统一性，并不必然要求社会主义道路的唯一性。相反，由于各国具体情况的不同，必然形成社会主义道路的多样性，所谓"条条大路通罗马"。

由于新中国从半殖民地半封建社会走来，处于并将长期处于社会主义初级阶段，人口多、耕地少、发展不平衡，这样的基本国情决定了新中国所要建设的社会主义不同于苏联、东欧的社会主义，也不同于越南、古巴等国的社会主义，表现出很大的差异性和特殊性。例如联产承包、乡镇企业、经济特区、一国两制，以及新型工业化、城镇化、建设创新型国家、建设环境友好型社会、建设和谐社会与和谐世界、建设社会主义新农村等，都凝聚了中华民族的思想情感和政治智慧，带有鲜明的当代中国特色。

总之，中国特色社会主义道路是马克思主义基本原理同中国具体实际和实践发展相结合的产物，是既扎根于中国大地又顺应世界社会主义潮流发展的产物，是与时俱进的科学社会主义。它科学把握了中国社会主义初级阶段的基本国情，全面贯彻了中国共产党在我国社会主义初级阶段的基本路线，适应了中国社会的发展阶段，是实现中国特色社会主义现代化和中华民族伟大复兴的必由之路，是创造人民幸福美好生活的必由之路。中国共产党的十七大报告说：

---

[1]《邓小平文选》第三卷，人民出版社1993年版，第225页。

"中国特色社会主义道路之所以完全正确、之所以能够引领中国发展进步，关键在于我们既坚持了科学社会主义的基本原则，又根据我国实际和时代特征赋予其鲜明的中国特色。在当代中国，坚持中国特色社会主义道路，就是真正坚持社会主义。"①

　　中国特色社会主义道路，与中国特色社会主义伟大旗帜、中国特色社会主义理论体系、中国特色社会主义制度和文化紧密相联，不可分割。中国共产党十七大报告指出，中国特色社会主义伟大旗帜，是当代中国发展进步的旗帜，是全党全国各族人民团结奋斗的旗帜。高举中国特色社会主义伟大旗帜，最根本的就是要坚持这条道路和这个理论体系。党的十八大报告进一步指出：

　　"中国特色社会主义，既坚持了科学社会主义基本原则，又根据时代条件赋予其鲜明的中国特色，以全新的视野深化了对共产党执政规律、社会主义建设规律、人类社会发展规律的认识，从理论和实践结合上系统回答了在中国这样人口多底子薄的东方大国建设什么样的社会主义、怎样建设社会主义这个根本问题，使我们国家快速发展起来，使我国人民生活水平快速提高起来。实践充分证明，中国特色社会主义是当代中国发展进步的根本方向，只有中国特色社会主义才能发展中国。"②

　　"中国特色社会主义道路是实现途径，中国特色社会主义理论体系是行动指南，中国特色社会主义制度是根本保障，三者统一于中国特色社会主义伟大实践，这是党领导人民在建设社会主义长期实践中形成的最鲜明特色。"③

①《十七大以来重要文献选编》上，中央文献出版社2009年版，第9页。
②《十八大以来重要文献选编》上，中央文献出版社2014年版，第10页。
③《十八大以来重要文献选编》上，中央文献出版社2014年版，第10页。

"旗帜"与"道路""理论体系"和"制度"是有机统一的。高举中国特色社会主义伟大旗帜，既要在中国特色社会主义理论体系指导下坚持中国特色社会主义道路和制度的伟大实践，又要在伟大实践中不断丰富和发展中国特色社会主义理论体系和制度，使它们紧密结合，互为促进。

中国道路具有性质的统一性

从1840年鸦片战争爆发以来的历史发展看，中国近现代历史所表现出的根本性变化，或者说发生了本质性社会变迁的事件，主要有三次：

一是1840年鸦片战争的爆发，西方帝国主义列强开始侵略中国，中国从封建社会逐步沦为半殖民地半封建社会，标志着中国传统社会向近代社会的转变；

二是1911年辛亥革命的爆发，孙中山领导的资产阶级民主革命推翻了晚清王朝统治，标志着中国两千多年的封建君主专制制度的终结；

三是1949年新中国建立，以毛泽东为代表的中国共产党领导中国新民主主义革命取得胜利，结束了中国半殖民地半封建社会的局面，标志着社会主义根本制度在中国的确立，从此走上了社会主义的发展道路。

改革开放以来，有不少人认为，以1978年中国共产党的十一届三中全会为标志，开启了中国改革开放新的历史进程和社会变迁，认为这是与鸦片战争、辛亥革命和新中国建立性质一样的，使中国社会发生了本质变化的一次历史性事件。

事实上，这是一种非常容易模糊人们思想认识的观点，需要做必要的澄清和阐明。

诚然，如果没有1978年中国共产党的十一届三中全会实行改革开放，新中国建立以来的社会主义建设道路就可能难以为继，这一点已经为"文化大革命"的沉痛教训和一些前社会主义国家的历史所证明，是毫无疑问的。

然而，同样毫无疑问的是，党的十一届三中全会开启的中国改革开放，仍然是在中国社会主义建设的轨道上进行的，它既没有改变中国社会主义社会的根本制度和中国共产党的领导，也没有改变马克思主义的指导地位、中国共产党为人民服务的根本宗旨和共产主义的奋斗目标。党的十一届三中全会以来的改革开放，在中国共产党和国家的基本经济政治制度、基本理论、政治体制、经济体制、意识形态、社会结构和国际战略等方面，与新中国建立以来的基本经济政治制度、基本理论、政治体制、经济体制、意识形态、社会结构和国际战略等在本质上是根本一致的，具有历史一贯性、连续性和发展性、进步性。

正是这种历史一贯性、连续性和发展性、进步性，使新中国建立以来的我国社会主义革命与建设的历史发展（可以简称为"毛泽东时代"）与改革开放后新时期的历史发展内在地联系在一起，成为一个统一的、完整的历史整体。如果我们把"毛泽东时代"与改革开放新时期的历史发展看作是两个性质不同的历史阶段，看不到它们之间的这种根本的、内在的联系，抹杀它们的本质相同之处，那么就不可能完整地理解为什么说新中国建立以来中国一直走的是社会主义道路而不是别的什么道路，就不可能真正弄懂中国特色社会主义道路与中国新民主主义革命道路、与社会主义革命与建设的曲折道路到底是一种什么关系，就不可能认识到它们之间的内在联系和有机统一。

如果没有 1949 年新中国的建立，没有社会主义基本经济政治制度的确立和马克思主义指导地位的确立，就不可能有社会主义革命与建设的曲折发展，也就不可能有改革开放必须"坚持四项基本原则"的方向性要求，中国社会主义建设进入新的历史时期也就难以起步，即使起步也会误入歧途，更不可能有中国特色社会主义道路的开辟、形成和发展。

党的十七大报告说，中国改革开放的事业是建立在以毛泽东为核心的党的第一代领导集体创立毛泽东思想，带领全党全国人民建立新中国、取得社会主义革命和建设伟大成就，以及探索社会主义建设规律取得宝贵经验的基础上进行的。

习近平说，中国共产党领导人民进行社会主义建设，有改革开放前和改革开放后两个历史时期，这是两个相互联系又有重大区别的时期，但在本质上都是中国共产党领导人民进行社会主义建设的实践探索。他还说，对改革开放前的历史时期要正确评价，不能用改革开放后的历史时期否定改革开放前的历史时期，也不能用改革开放前的历史时期否定改革开放后的历史时期。

因此，党的十一届三中全会以来的改革开放仍然是在中国社会主义建设内部的一次大调整、大变革、大飞跃，而不是一次本质性变迁和本质变化。

我们可以说，没有社会主义就没有新中国，没有改革开放就没有中国社会主义的发展进步，就没有中国特色社会主义的今天，就没有当代中国的一切发展和进步。但是，不能把"毛泽东时代"与改革开放新时期看作是两个性质不同的历史阶段。否则，就不可能把新中国建立以来社会主义建设曲折发展的历史与改革开放以来中国特色社会主义兴旺发达的历史完整地、辩证地、有机地统一起来理解，甚至可能把改革开放前后两个阶段的历史割裂开来、对立起来，相互否定，用改革开放新时期否定"毛泽东时代"，或者用"毛泽东时代"否定改革开放新时期。这不仅在理论上、逻辑上站不住脚，而且在实践上、现实上极易造成人们思想上、认识上的困惑混乱，造成人们对新中国建立以来的历史在认识上的困惑和混乱。

对历史的认识与对现实的认识从来就是紧密交织在一起的。对新中国建立以来的历史 —— "毛泽东时代"与改革开放新时期的相互关系如何认识，既是一个历史认知问题，也是一个现实认知问题。如何认识这样两个历史发展阶段的相互关系，必然影响现实中人们对中国这样两个历史发展阶段社会性质的认识，必然影响到人们对中国特色社会主义道路形成与发展的认识。在现实中，如果把"毛泽东时代"和改革开放新时期割裂开来、对立起来和相互否定的理解，就极易造成许多错误、片面的思想认识。

只有把改革开放新时期看作是与"毛泽东时代"在本质上具有统一性、连续性和进步性的发展关系、递进关系，才能深刻认识新中国建立以来我国社会主义轨道的一致性、两个阶段的辩证统一性、历史发展的连续性和进步性。要想深刻认识"中国道路"的完整性，就要高度重视和加强对中国历史、中国近代史尤其是对中国共产党的历史、新中国社会主义革命与建设史和改革开放史的统一性、完整性、发展性和进步性的研究，深入揭示它们之间的内在联系与递进发展关系，而不能简单地割断革命、建设、改革三者之间的内在联系；不能用改革开放的历史否定社会主义革命与建设的历史、否定中国革命的历史。

救国兴国强国的成功之道

中国特色社会主义虽然形成于以邓小平为核心的中国共产党第二代中央领导集体开辟的改革开放新时期，然而对中国特色社会主义的艰辛探索，却可以追溯到以毛泽东为核心的党的第一代中央领导集体开始的社会主义革命与建设时期，甚至可以追溯到新中国建立之前的新民主主义革命时期。

只有把中国特色社会主义的产生、形成和发展放到近现代以来世界现代化发展潮流的历史背景和历史进程中，放到近代以来中华民族对实现现代化和伟大复兴之路的不懈探求的历史背景和历史进程中，尤其是放到中国共产党自成立以来对中国革命道路、社会主义革命与建设道路和中国特色社会主义道路的艰辛开拓的历史背景和历史进程中，才能够更加准确更加深刻地加以认识。

中国特色社会主义道路是中国社会历史发展的选择、中国人民的选择、时代潮流的选择。

中国特色社会主义道路是历史性、人民性和时代性的完整结合。

中国特色社会主义道路是中华民族史、党的历史、新中国建设史和改革开放史的有机统一。

中国特色社会主义道路是近代以来中国历史发展与世界发展潮流相结合唯一正确的道路抉择，是中国共产党建党 100 年来、新中国建立 70 多年来和改革开放 40 多年来，坚持马克思主义基本原理与中国具体实际相结合的唯一正确的道路抉择。

因此，正确理解"中国特色社会主义道路"，事实上还存在一个"狭义"与"广义"的问题。区分"狭义"与"广义"上的中国特色社会主义，有利于更科学、更全面地把握"中国特色社会主义道路"的历史性、整体性和统一性、进步性。

狭义上的"中国特色社会主义"，即指党的十一届三中全会以来进入改革开放新时期开辟的中国特色社会主义道路。

广义的"中国特色社会主义"，就是把中国共产党正确找到新民主主义革命道路、艰辛探索社会主义革命与建设道路、成功开辟中国特色社会主义道路统称为"中国特色社会主义"。

这种"广义"上的"中国特色社会主义"，能够充分地展现近代以来中国共产党领导中国人民完成两大历史任务的历史选择和历史发展，也能够充分地展现中国走"中国特色社会主义道路"的历史必然和历史规律。

这种"广义"上的"中国特色社会主义"，能够充分地展现"中国特色社会主义"来源于中华民族"救亡图存"和实现中华民族现代化与伟大复兴问题"必须分两步走"的活水源头，也能够充分地展现"中国特色社会主义"的发展趋势和未来前景。

这种"广义"上的"中国特色社会主义"，能够充分地展现中国共产党领导中国革命、建设和改革的历史连续性，也能够充分地展现"中国特色社会主义"的一脉相承和发展轨迹。胡锦涛在庆祝中国共产党成立 90 周年大会上说："经过 90 年的奋斗、创造、积累，党和人民必须倍加珍惜、长期坚持、不断发展的成就是：开辟了中国特色社会主义道路，形成了中国特色社会主义理论体系，确立了中国特色社会主义制度。"① 习近平在纪念毛泽东诞辰一百二十周年座谈会上进一步指出：

> "我们党领导的革命、建设、改革伟大实践，是一个接续奋斗的历史过程，是一项救国、兴国、强国，进而实现中华民族伟大复兴的完整事业。"②

中国共产党领导全国各族人民进行中国革命、建设、改革的历史进程，是一个历史发展的连续过程，而不是一个断裂、分离而互不相关的过程。从中国共产党成立后对中国新民主主义革命道路的成功实践，到以毛泽东为核心的第一代党中央领导集体对中国社会主义革命与建设道路的艰辛探索，为中国特色社会主义道路的形成和发展奠定了深厚的制度基础、历史基础、理论基础和实践基础，提供了宝贵的历史经验与深刻教训。

新民主主义革命道路的成功实践、对社会主义革命与建设的曲折探索，与中国特色社会主义道路的形成和发展是一个不可分割的历史整体、实践整体和发展整体。

只有从这样的历史整体、实践整体和发展整体的认识中，才能更加深刻地理解中国特色社会主义产生、形成和发展的历史根基、历史脉络与历史源流，才能完整地理解为什么说中国共产党自成立以来 100 年的历史是一个连续而曲折的历史发展过程。

只有从这样的历史整体、实践整体和发展整体的认识中，才能正确地理解为什么说中国特色社会主义是中国共产党对社会主义现代化道路

---

①《十七大以来重要文献选编》下，中央文献出版社 2013 年版，第 435 页。
②《十八大以来重要文献选编》上，中央文献出版社 2014 年版，第 694 页。

和中华民族伟大复兴道路前赴后继、一脉相承、不懈探寻而得出的历史结论。

只有从这样的历史整体、实践整体和发展整体的认识中，才能全面地理解为什么说从新民主主义革命到社会主义革命与建设，再到党的十一届三中全会以来的改革开放，是历史发展的必然。

应该说，中国共产党对中国新民主主义革命道路的成功实践和对中国社会主义革命与建设的艰辛探索，是中国特色社会主义开辟、形成、发展的奠基工程。如果离开中国新民主主义革命道路的成功实践和对中国社会主义革命与建设的艰辛探索这个根基和源流，讲"中国特色社会主义"的产生、形成和发展就是无本之木、无源之水、无母之体，就是"试管婴儿"。邓小平曾说：

"没有毛主席就没有新中国，这丝毫不是什么夸张。毛泽东思想培育了我们整整一代人。我们在座的同志，可以说都是毛泽东思想教导出来的。没有毛泽东思想，就没有今天的中国共产党，这也丝毫不是什么夸张。"①

"从许多方面来说，现在我们还是把毛泽东同志已经提出、但是没有做的事情做起来，把他反对错了的改正过来，把他没有做好的事情做好。今后相当长的时期，还是做这件事。当然，我们也有发展，而且还要继续发展。"②

这深刻地说明了在中国特色社会主义道路的开辟、形成和发展过程中，毛泽东对中国新民主主义革命的成功实践，尤其是对社会主义革命与建设的艰辛探索，是中国特色社会主义道路的起点。

---

① 《邓小平文选》第二卷，人民出版社 1994 年版，第 148–149 页。
② 《邓小平文选》第二卷，人民出版社 1994 年版，第 300 页。

中国道路越走越宽广

中国特色社会主义道路是中国共产党始终坚持社会主义、共产主义的崇高理想和奋斗目标，经过 100 年来的不懈奋斗，最终形成的重大理论成果和实践成果，是集中全党和全国人民智慧的结晶。

中国共产党领导的 28 年的新民主主义革命、近 30 年的社会主义革命与建设和 40 多年来的改革开放伟大实践，只是其中的不同阶段，它们是联系在一起的历史链条，是一个发展递进的历史过程。

(一)"中国特色社会主义道路"的奠基功在毛泽东

中国具有古老而灿烂的中华文明，历史上一直是一个人口众多、地域辽阔、物产丰富、经济发达的大国强国。但自欧洲科技革命、工业革命兴起，中国逐渐落后。1840 年鸦片战争爆发以来，中国更是不断遭受西方帝国主义列强的侵略，沦入半殖民地半封建社会的悲惨境地。

面对民族的衰落、国家的危亡，无数爱国仁人志士提出了各种解救的方案。洋务派、维新派、君主立宪派、旧民主主义革命派等提出的方案尽管各不相同，但都主张向西方资本主义国家寻求"救亡图存"的道路，最终都归于失败。

以毛泽东为代表的中国共产党人主张向俄国学习、走俄国人的路，把马克思列宁主义作为解救中华民族的思想武器，用社会主义作为振兴中华民族的伟大旗帜，成功地开辟了中国新民主主义革命道路。

经过 28 年的艰苦奋斗，终于赶走了帝国主义，推翻了国民党独裁统治，扫清了挡在中华民族发展道路上的一个又一个政治障碍，建立了人民当家做主的中华人民共和国，为实现中华民族的伟大复兴奠定了坚实的政治基础，从而使中华民族走向现代化和伟大复兴成为可能，使中国特色社会主义道路的开辟成为可能。

(二)"中国特色社会主义道路"的探索始于毛泽东

作为新中国的主要缔造者，毛泽东也是中国特色社会主义道路探索的先驱者。新中国的建立、社会主义基本制度的确立、独立自主地探索中国社会主义建设道路，这三件大事都是以毛泽东为核心的第一代中央领导集体为中国找到社会主义道路立下的不朽历史功勋，它将永远铭记在中华人民共和国的史册上，成为一座历史丰碑。

毛泽东领导全党以苏联经验为借鉴，提出了"应该把马列主义的基本原理同中国革命和建设的具体实际结合起来，探索在我们国家里建设社会主义的道路"的思想。在实践中，"苏联模式"的弊端逐渐暴露出来，毛泽东曾明确提出搞社会主义不一定完全照搬苏联那套公式，不能教条主义地学习苏联经验。在这一正确思想指导下，中国共产党对中国社会主义建设道路进行了独立自主式的初步探索，形成了正确的指导方针，成功开辟了一条符合当时实际情况、具有中国特色的社会主义改造和工业化道路，并在政治、经济、文化等各方面提出了许多富有创见和远见的重要思想。

在经济建设方面，提出了中国社会主义建设的基本方针和战略思想，并对改革经济管理体制进行了初步探索，甚至还提出"可以消灭资本主义又搞资本主义"。

在政治建设方面，提出了正确认识与处理人民内部矛盾的思想。

在思想文化建设方面，提出"百花齐放，百家争鸣""古为今用，洋为中用"的方针。

在发展战略方面，提出了大约用50年到75年的时间建设一个具有现代化工业、农业、国防和科学文化的社会主义强国的宏伟目标，等等。

同时，由于对马克思主义关于社会主义、共产主义社会构想的某些教条式的理解和对当时局势的认识偏差，毛泽东也提出了一些错误观点，使中国社会主义建设遭遇了严重挫折。但是，他对中国社会主义建设规律所做的艰辛探索和所取得的宝贵经验，是中国特色社会主义道路的开辟、形成和拓展的重要基础。

（三）"中国特色社会主义道路"的开辟成于邓小平

作为中国改革开放和现代化建设的总设计师，邓小平顺应时代潮流，把中国社会主义现代化建设的历史方位定位于社会主义初级阶段，以一系列新思想新观点新论断丰富和发展了社会主义理论，实现了马克思主义在中国的第二次历史性飞跃，开创了中国特色社会主义事业的新局面。

"文化大革命"结束后，邓小平不仅否定了"两个凡是""以阶级斗争为纲"的错误理论和实践，科学评价了毛泽东和毛泽东思想，而且扭转了党和国家发展的工作中心，提出了建设有中国特色社会主义的重大命题，制定了中国共产党在社会主义初级阶段的基本路线和基本纲领，开启了中国改革开放和社会主义现代化建设的新征程，取得了举世瞩目的伟大成就。

以他的名字命名的邓小平理论，在总结中国社会主义胜利和挫折的历史经验并借鉴其他社会主义国家兴衰成败历史经验的基础上，首次系统地回答了"什么是社会主义，怎样建设社会主义"这一当代中国最大的历史性课题，在中国社会主义的发展道路、发展阶段、根本任务、发展动力、外部条件、政治保证、战略步骤、党的领导和依靠力量，以及祖国统一等一系列理论和实践问题上，开辟了马克思主义的新境界。

（四）"中国特色社会主义道路"越走越宽广

众所周知，改革开放以来，在中国特色社会主义的伟大实践中，邓小平理论鲜明地回答和解决了"什么是社会主义，怎样建设社会主义"的时代课题；"三个代表"重要思想鲜明地回答和解决了"建设一个什么样的党，怎样建设党"的时代课题；科学发展观鲜明地回答和解决了"实现什么样的发展，怎样发展"的时代课题。

中国共产党立足于中国国内外形势的发展变化，不断推进实践基础上的理论创新，在中国特色社会主义建设的新的历史起点上，先后提出了"三个代表"重要思想、贯彻落实科学发展观、构建社会主义和谐社会、加强党的执政能力建设和先进性建设、建设社会主义新农村、建设创新型国家、建设环境友好型社会、建设社会主义核心价值体系，以及坚持走和平发展道路、建设和谐世界等一系列重大战略思想，进一步丰富和发展了中国特色社会主义道路的内容，有力地推动了中国特色社会主义事业的顺利发展。

党的十八大以来，中国的经济社会发展已处于决胜全面建成小康社会的"最后一公里"，中国的经济总量已经成为世界第二大经济体，中华民族比历史上任何时期都更接近伟大复兴的目标，比历史上任何时期都更有信心、有能力实现这个目标。以习近平同志为核心的中国共产党中央进行的一系列关系全局的重大变革，在新中国建立特别是改革开放以来取得的重大成就基础上，中国经济社会的发展所取得的历史性成就更是全方位的、开创性的，所发生的历史性变革更是深层次的、根本性的，标志着中国又站到了一个新的历史起点上，标志着中国将迎来全面建成小康社会和基本实现、全面实现社会主义现代化的光明前景，中华民族将步入从"富起来"到"强起来"的发展时期。中国特色社会主义进入了新时代。

党的十八大以来，中国共产党立足于中国特色社会主义新时代所具有的新的历史特点的伟大斗争，提出了实现中华民族伟大复兴中国梦的新的战略构想，坚持中国特色社会主义道路、理论、制度和文化自信，全面建成小康社会、全面推进深化改革、全面推进"依法治国"、全面从严治党，开创了新时代建设中国特色社会主义的历史新阶段，其核心内容就是中国正在从一个崛起中的社会主义大国向一个社会主义现代化强国迈进。

中国特色社会主义不断取得的重大成就，意味着近代以来久经磨难的中华民族实现了从站起来、富起来到强起来的历史性飞跃，意味着社会主义在中国焕发出强大生机活力并不断开辟发展的新境界，意味着中国特色社会主义拓展了发展中国家走向现代化的途径，为解决人类问题贡献了中国智慧、提供了中国方案。

一切为了人民

第四章

道路决定出路

道路问题，关乎党的命脉和国家前途，关乎民族命运和人民幸福，是党和国家兴衰成败第一位的问题。

在中国这样一个经济基础十分落后的国家，要探索出实现现代化和民族复兴的道路，是一项极为艰巨的历史任务。

近代以来，中国最终为什么选择走社会主义道路而不是走别的道路？

中国走社会主义道路又为什么要分为新民主主义革命和社会主义建设"两步走"？

中国走社会主义道路历经了哪些艰辛曲折？最终又为什么能够取得成功？

道路决定出路。道路就是党的生命。

|一|　中国道路的序幕和奠基礼

中国共产党领导中国人民经过中国革命、社会主义建设的探索和改革开放，终于走出了一条中国特色社会主义道路。为行文方便起见，我们把"中国特色社会主义道路"简称为"中国道路"。

在革命战争年代，中国共产党从中国的具体实际出发，不搞对马克思列宁主义的生搬硬套，反对教条主义和本本主义，把马克思列宁主义基本原理与中国具体实际相结合，不搞俄国式的"城市中心论"，而是创造性地走出了一条中国式的"农村包围城市"和人民战争的新民主主义革命道路，最后夺取了全国政权，建立了新中国，为社会主义革命与建设作了奠基性的重要准备。可以说，中国新民主主义革命道路的成功实践，是对半殖民地半封建社会的中国走向社会主义革命与建设的创造性跨越，是中国社会主义革命与建设和改革开放的序幕和奠基礼。

山穷水尽诸路皆走不通的一个变计

1840 年鸦片战争以后，世界资本主义、帝国主义势力侵入中国，中国的社会性质由封建社会逐步演变为半殖民地半封建社会。

从鸦片战争到"五四运动"，为了反对帝国主义和封建主义的统治，中国人民进行了英勇不屈的斗争，但相继都失败了。历史证明，由于中国的农民阶级和民族资产阶级的历史局限性和阶级局限性，都不能领导中国的民主革命取得胜利。走封建主义的老路、走改良主义的道路、走资产阶级革命的道路、走"全盘西化"的道路，在近代中国都试过了，都走不通。

在中国共产党成立前夕，毛泽东在1919年创办《湘江评论》时大声疾呼社会变革，主张采用的方法仍然是温和的，到1920年12月底，他则得出了新的结论，他已经在理论上和在某种程度的行动上成了一个马克思主义者。他在给蔡和森、萧子升的信中说：

> "我看俄国式的革命，是无可如何的山穷水尽诸路皆走不通了的一个变计，并不是有更好的方法弃而不采，单要采这个恐怖的方法。……历史上凡是专制主义者，或帝国主义者，或军国主义者，非等到人家来推倒，决没有自己肯收场的。……我对于绝对的自由主义，无政府的主义，以及德谟克拉西主义，依我现在的看法，都只认为于理论上说得好听，事实上是做不到的。"①

"无可如何的山穷水尽诸路皆走不通了的一个变计"，形象地道出了中国共产党成立前夕选择社会主义道路的艰辛与不易。

1921年1月1日、2日，毛泽东在新民学会长沙会员大会上发言，则更为明确地主张采用"苏俄式"的革命方法。他说：

> "至于方法，启民（指陈启民，新民学会会员）主用俄式，我极

---

①《毛泽东书信选集》，中央文献出版社2003年版，第4—6页

赞成。因俄式系诸路皆走不通了新发明的一条路，只此方法较之别的改造方法所含可能的性质为多。"

"世界解决社会问题的方法大概有下列几种：1.社会政策（即指社会改良主义）；2.社会民主主义；3.激烈方法的共产主义（列宁的主义）；4.温和方法的共产主义（罗素的主义）；5.无政府主义。

我们可以拿来参考，以决定自己的方法。社会政策，是补苴罅漏的政策，不成办法。社会民主主义，借议会为改造工具，但事实上议会的立法总是保护有产阶级的。无政府主义否认权力，这种主义恐怕永世都做不到。温和方法的共产主义，如罗素所主张极端的自由，放任资本家，亦是永世做不到的。激烈方法的共产主义，即所谓劳农主义，用阶级专政的方法，是可以预计效果的，故最宜采用。"①

正当中华民族的"救亡图存"面临"山重水复疑无路"的时候，苏联"十月革命"的爆发使中国的先进分子看到了"柳暗花明又一村"的曙光，又看到了民族解放的新希望！李大钊说："十月革命"所开始的新纪元，"是世界革命的新纪元，是人类觉醒的新纪元。我们在这黑暗的中国，死寂的北京，也仿佛分得那曙光的一线，好比在沉沉深夜中得一个小小的明星，照见新人生的路。"②

不过，当时中国的先进分子在对资产阶级民主主义采取某种怀疑态度以后，并没有立即选择马克思主义指引的社会主义道路。毛泽东在《论人民民主专政》一文中说："在十月革命以前，中国人不但不知道列宁、斯大林，也不知道马克思、恩格斯。"

人们也曾认为，中国的资本主义很不发达，并不具备进行社会主义革命的条件，正如陈独秀所说："社会主义，理想甚高，学派亦甚复杂。唯

---

① 《毛泽东文集》第一卷，人民出版社1993年版，第1—2页。
② 《李大钊文集》上卷，人民出版社1984年版，第608页。

是说之兴，中国似可缓于欧洲，因产业未兴，兼并未盛行也。"①

但是，中国历史最终又为什么选择了马克思主义、选择了走"俄国式"的革命道路、选择了中国共产党呢？在当时的中国，并不是没有其他主义、其他方式、其他道路，而是世界上出现的各种主义、各种方式、各种道路，在当时中国的实践中都失败了，都走不通了，走俄国人"十月革命"的道路，正如毛泽东所说，是"无可奈何的山穷水尽诸路皆走不通了的一个变计"。

即使新兴的中国共产党最终选择了走"俄国式"的社会主义革命道路，事实上也是在经过了一个艰辛探索的过程之后，才成为"苏联模式"社会主义革命道路的忠实拥护者和学习者。

刚开始不少人也都对"俄国式"的革命道路是否适合中国的具体情况持怀疑的态度。即使社会主义思想在中国已经开始广泛传播，大多数人也都经历了一个复杂选择的过程，从倾向无政府主义到徘徊于多种"主义"之间的选择，直到中国共产党正式成立，在中国共产党和共产国际建立联系之后，在苏联顾问和共产国际的直接影响下，才最终选择了"苏俄式"的社会主义革命道路。

在认定和选择马克思主义后，中国的先进分子才最终选择了"走俄国人的路"和"激进的革命方法"，在共产国际的帮助下，成立了自己的政党——中国共产党，开始了自己的行动，迈出了自己的步伐。

然而，选择并不等于实践，实践也不等于成功。当中国共产党人拿着马克思主义这个思想武器和"走俄国人的路"去"实践行动"、去改造中国社会的时候，却发现如何运用它，与此前选择它一样艰难。

中国共产党面对的是一个半殖民地半封建社会的落后农业大国，农民占人口的绝大多数，分散的小农经济、小生产广泛存在，又遭受着帝国主义、封建主义和官僚资本主义的重重压迫。中国社会的历史条件、阶级

① 陈独秀：《答诸葆衡》（社会主义），《新青年》第 2 卷第 2 号（1917 年 1 月 1 日）。

状况和发展水平，不仅与马克思、恩格斯所分析的西方发达资本主义国家进行无产阶级革命的条件有着巨大差别，即使与列宁领导的苏俄"十月革命"所面对经济、文化比较落后的俄国，也有巨大不同。

最初，年轻的中国共产党基本上是直接照搬马克思主义学说和苏俄"十月革命"的经验，把主要力量放在城市，发动城市暴动、工人罢工和武装斗争。结果发现，在中国这样一个半殖民地半封建社会的国家进行社会主义革命同样是异常艰难的，必须找到适合中国基本国情的革命道路，才可能避免失败，走向成功。中国共产党最终才找到了一条把马克思主义基本原理与中国具体实际相结合、符合中国国情的革命道路。在敌强我弱的条件下，中国共产党将中国革命的重心转移到敌人力量相对薄弱的农村，积蓄力量，实行以土地革命、武装斗争和根据地建设为内容的工农武装割据的道路，以农村包围城市，最后夺取中心城市和全国革命的胜利。

这是一条新民主主义的革命道路，是以毛泽东为代表的中国共产党人将马克思列宁主义与中国革命实践相结合的产物。毛泽东说：

> "十月革命帮助了全世界的也帮助了中国的先进分子，用无产阶级的宇宙观作为观察国家命运的工具，重新考虑自己的问题。走俄国人的路——这就是结论。一九一九年，中国发生了'五四运动'。一九二一年，中国共产党成立。孙中山在绝望里，遇到了'十月革命'和中国共产党。孙中山欢迎'十月革命'，欢迎俄国人对中国人的帮助，欢迎中国共产党同他合作。孙中山死了，蒋介石起来。在二十二年的长时间内，蒋介石把中国拖到了绝境。在这个时期中，以苏联为主力军的反法西斯的第二次世界大战，打倒了三个帝国主义大国，两个帝国主义大国在战争中被削弱了，世界上只剩下一个帝国主义大国即美国没有受损失。而美国的国内危机是很深重的。它要奴役全世界，它用武器帮助蒋介石杀戮了几百万中国人。中国

人民在中国共产党领导之下，在驱逐日本帝国主义之后，进行了三年的人民解放战争，取得了基本的胜利。"[①]

中国共产党把马列主义基本原理同中国革命的具体实践相结合，为中国人民选择了通过新民主主义革命走向社会主义的道路。这一历史性的选择，是中国人民历尽千辛万苦、付出了巨大牺牲才找到的，是中国社会矛盾发展的必然结果。这条道路，终于迎来了中国人民的解放、中华民族的独立和国家的富强、人民的幸福，开启了中华民族从站起来、富起来到强起来的伟大征程。

毛泽东的伟大发现

中国共产党选定"走俄国人的路"，但并没有完全照搬照抄"俄国式"的社会主义革命道路，而是经过艰难曲折、艰辛探索、不断实践，终于找到了一条符合中国国情的新民主主义革命道路。

最初的中国共产党人基本上是照搬马克思主义学说和俄国革命的经验，把主要力量放在了城市，发动城市工人罢工。但是，1923年的"二七"惨案，使工人运动陷入了低潮。年轻的中国共产党转而与国民党合作，建立工人阶级和民主力量的联合战线，掀起了国民大革命的风暴。然而，蒋介石、汪精卫集团背叛革命，大批共产党人被杀害，如火如荼的大革命失败了。

成长中的中国共产党终于认识到了"枪杆子"的重要，开始走上了"武装夺取政权"的革命尝试。但是，因为当时党的一些主要领导人推行以"城市中心论"为特征的"左"倾冒险主义，各路起义军在攻打大城市的过程中接连失败。

[①]《毛泽东选集》第四卷，人民出版社1991年版，第1471页。

在四周都是白色恐怖政权的包围下，这条道路怎样才能走得通呢？第一个发现必须根据马克思主义基本原理创造出指导中国革命实践的新理论、新路子的是毛泽东。在攻打长沙"秋收起义"的失败后，毛泽东把工农部队带上了井冈山，开始在农村创建革命根据地。毛泽东认为，中国革命必须以长期的武装斗争为主要形式，因为中国是半殖民地半封建社会的国家，具有和资本主义各国不同的情况。在内部没有民主制度而受封建制度的压迫，在外部没有民族独立而受帝国主义的压迫，帝国主义及其在中国的反动势力凭借武装力量，对人民实行独裁恐怖统治。中国无产阶级及其政党无议会可以利用，没有组织工人举行罢工的合法权利。因此，中国革命的主要形式是武装斗争，主要的组织形式是组建人民军队，中国共产党的主要任务是联合尽可能多的同盟军，发动武装斗争，反对武装的反革命，为争取民族解放而斗争。

毛泽东认为，中国革命不仅要以"武装斗争"为主要形式，而且要进行长期的武装斗争。因为面对的敌人是异常强大的，不仅有强大的帝国主义、强大的封建势力，而且在一定时期内还有勾结帝国主义和封建势力以与人民为敌的资产阶级的反动派，所以革命力量就非在长期内不能聚积和锻炼成为一支足以最后战胜敌人的力量。只有经过长期的、艰苦卓绝的武装斗争，才能使自己由弱变强，使敌人由强变弱，最后战胜敌人，建立新中国。

毛泽东认为，中国的武装斗争是无产阶级领导的、以农民为主体的革命战争。农民是无产阶级最可靠的同盟军和中国革命的主力军。毛泽东还强调，战争和武装斗争必须和其他各种形式的斗争相配合。否则，中国革命就不能取得彻底的胜利。

为了回答和解决严酷环境中中国革命面临的一个又一个紧迫问题，毛泽东先后写下了《中国社会各阶级的分析》《井冈山的斗争》《中国的红色政权为什么能够存在》《星星之火，可以燎原》《中国革命战争的战略问题》等一系列著作。中国共产党人逐步摸索出工农武装割据、农村包围城市、最后夺取全国政权这样一条具有中国特色的新民主主义革命道路。

这是毛泽东的一个伟大创造。不论是马克思主义的创始人还是列宁领导的俄国"十月革命"，不论是国际共产主义的理论还是国际共产主义的实践，这都是史无前例的。马克思主义、列宁主义和共产国际的一切文献，在讲到无产阶级政党领导革命、夺取政权时，都是同工人运动联系在一起的。从当时已有的实践看，国际上第一个无产阶级政权巴黎公社是以巴黎为中心、通过城市起义取得的，俄国"十月革命"的胜利也首先是从城市工人和士兵的武装起义开始的。

走"农村包围城市"的中国式革命道路，是中国近代社会的具体实际决定的。

首先，以军事发展暴动是中国革命的特征。鸦片战争后中国沦为一个半殖民地半封建社会的国家，内无政治民主，外无民族独立，无议会利用可言，无组织工人罢工的合法权利。在中国革命的过程中，主要的斗争形式是战争、暴动，是以武装的革命反对武装的反革命，主要的组织形式是军队。毛泽东说，以农业为主要经济的中国革命，以军事发展暴动是一种特征。

其次，解决农民土地问题是中国革命的中心内容。在中国，农民占全国人口的80%以上，农民是民主革命的主力军。中国的民主革命实际上是农民革命，军队实际上是穿起军装的农民。因此，无产阶级要夺取革命的胜利，就必须派遣自己的先锋队深入农村，发动农民和武装农民，领导农民开展土地革命，建立农村革命根据地，这是夺取全国革命胜利的关键。

再次，以"农村包围城市"是中国革命胜利的战略。由于中国革命的不平衡性、曲折性和长期性，强大的敌人总是长期占据着中心城市，而广大农村则是他们统治的薄弱环节。因此，无产阶级为了避免在力量不足的情况下与敌人决战，就必须把工作重点放在农村，建立农村革命根据地，把农村建成军事上、政治上、经济上、文化上的革命阵地，以"农村包围城市"夺取全国革命的胜利。

毛泽东虽然在中国共产党成立之前就深刻认识到"民众大联合"的力量，在中国共产党成立后也深刻看到中国农民和"农民运动"对中国革命的极端重要性，但是提出走"农村包围城市"的革命道路还是在经过惨重失败后才真正走向实践的，是在经历重重挫折之后才开辟的，是在冲破各种"左"的和右的错误中才确立的，是在毛泽东对中国国情和中国社会的深入了解和深切体验中才形成的。

当时共产国际的领导人认为，中国革命就要像苏联"十月革命"那样，在城市里组织工人暴动，武装夺取政权，中国共产党跑到山沟沟里去搞武装割据，是站不住脚的，是注定要失败的。受共产国际的这种影响，当时党内也有不少人甚至主要领导人都认为，搞工农武装割据，走"农村包围城市"的道路是行不通的。在各种因素影响下，中国共产党多次犯了"左"倾教条主义错误，在与国民党军队的正面对抗中遭到严重失败，丢失了几乎所有的根据地，被迫进行二万五千里长征。在失败的惨痛教训中，中国共产党才深刻认识到"农村包围城市"革命道路的正确性。

中国共产党走"农村包围城市"的革命道路，是以毛泽东为代表的中国共产党人坚持一切从实际出发的原则，实事求是，把马克思列宁主义基本原理与中国的具体实际相结合，创造性地发展马克思主义的革命理论、创造性地运用苏联"十月革命"模式的结果，是中国革命唯一正确的道路。

"农村包围城市"道路的产生、发展和完善，是世界社会主义运动史上的伟大创造，是毛泽东对世界社会主义革命和中国共产党领导中国革命的巨大贡献。

新民主主义"新"在哪里？

在延安时期，毛泽东系统地总结了中国革命的经验，写出了《〈共产党人〉发刊词》《新民主主义论》《论联合政府》等著作，对中国革命的性质、目的、步骤、领导阶级、依靠力量等重大问题进行了分析，创立了新民主主义革命理论。

新民主主义革命理论使毛泽东开辟的"农村包围城市"、武装夺取政权的革命道路更加清晰、成熟、可行。正是依靠这一正确理论，以毛泽东为代表的中国共产党人依靠党的领导、武装斗争、统一战线这"三大法宝"，最终夺取了新民主主义革命的胜利，建立了新中国，实现了近代以来几代中国人梦寐以求的国家独立和民族解放，走上了进行社会主义革命与建设的道路，开始为实现近代以来我国的第二大历史任务——实现国家富强、人民富裕而奋斗。

中国半殖民地半封建社会的性质，决定了资产阶级领导的旧民主主义革命道路在中国行不通，中华民族必须要有一个新的"救亡图存"的新式革命，有一场新的、来自于人民群众的民主革命。这就是由无产阶级领导的新民主主义革命。

新民主主义革命所谓的"新"，是相对于资产阶级领导的、旨在推翻封建专制主义压迫、确立资产阶级统治的旧民主主义革命而言的。中国的新民主主义革命，是从 1919 年的"五四运动"开始的，在此之前是鸦片战争以来资产阶级领导的旧民主主义革命。新民主主义革命意味着有了：

新的指导思想——马克思主义；

新的革命政党——中国共产党；

新的领导阶级——无产阶级；

新的革命理想——社会主义。

新民主主义革命的直接目标，就是改变买办的、封建的生产关系以及腐朽的政治上层建筑，根本目标是解放和发展中国社会极其落后的生产力。

新民主主义革命的对象是推翻帝国主义、封建主义、官僚资本主义"三座大山"。

新民主主义革命的力量包括工人、农民、小资产阶级和民族资产阶级。

新民主主义革命的领导力量是由无产阶级及其政党——中国共产党。

新民主主义革命的性质与社会主义革命的性质是不同的，仍然属于资产阶级民主主义革命的范畴，但与社会主义革命又是互相联系、紧密衔接的，中间不容横插一个资产阶级专政。

新中国的建立，标志着中国新民主主义革命的基本胜利；1956 年社会主义三大改造的基本完成，标志着中国新民主主义革命阶段的结束和社会主义初级阶段的开始。

新民主主义革命道路，是以毛泽东为代表的中国共产党人对马克思主义的灵活运用和创新发展，是把马克思列宁主义基本原理与我国的具体实际相结合的最生动体现，是为中华民族实现国家独立、民族解放和国家富强、人民富裕而开辟的一条到达理想彼岸的中国式的独特道路。

毛泽东曾多次说，中国革命必须要有马克思列宁主义的指导，但同时又必须坚决反对本本主义，反对教条主义，反对照抄照搬。他认为，不论是对马克思列宁主义，对国际指示和苏联经验，对上级领导机关的指示，都不能够一味地"盲目执行"，中国革命必须从中国的实情出发，"中国革命斗争的胜利要靠中国同志了解中国情况"。

中国共产党通过长期的革命斗争实践，特别是在艰难曲折中的砥砺奋进，证明了一个颠扑不破的真理，这就是进行中国革命一方面必须坚持马克思主义指导思想不动摇，另一方面又必须把马克思主义中国化，把马克思列宁主义基本原理和中国具体实际相结合。

在"延安整风"运动中，毛泽东提出了"实事求是"的思想方法。实事求是，就是不迷信任何教条，一切从实际出发，理论联系实际，也就是要把马克思主义基本原理与中国具体实践结合起来。这一思想方法提出后，在中国共产党内取得共识，成为中国共产党人摆脱教条、解放思想的根本思想方法。

正是沿着这样的思想路线和思想方法，中国共产党领导中国革命最终夺取了全国政权，开始领导建设一个社会主义的新国家。毛泽东曾豪迈地说：

> "中国人民将会看见，中国的命运一经操在人民自己的手里，中国就将如太阳升起在东方那样，以自己的辉煌的光焰普照大地，迅速地荡涤反动政府留下来的污泥浊水，治好战争的创伤，建设起一个崭新的强盛的名副其实的人民共和国。"[①]

实事求是，把马克思主义基本原理与中国具体实际相结合，是毛泽东思想的灵魂，也是中国共产党自成立以来最深切的体会、心得和心路历程。

中国道路的奠基礼

毛泽东说，革命党是群众的向导，在革命中未有革命党领错了路而革命不失败的。

反帝反封建是中国近代史的主题。中华民族为挽救民族危亡，曾掀起过太平天国运动、维新运动、义和团运动、辛亥革命、"五四运动"等大规模的反帝反封建斗争，特别是"五四运动"，更是一场彻底的反帝反封建运动，它把斗争的矛头直接指向近代中国的两大敌人：帝国主义和封建主义。

[①]《毛泽东选集》第四卷，人民出版社 1991 年版，第 1467 页。

然而，只有中国共产党才为中华民族和中国人民领对了路。

早在中国共产党第二次全国代表大会制定的党的最低纲领中，就已经提出了要推翻帝国主义和封建主义这"两座大山"，"打倒军阀，建设国内和平；推翻国际帝国主义的压迫，达到中华民族的完全独立；统一中国；使它成为真正的民主共和国"。

1925年12月，毛泽东在《中国社会各阶级的分析》一文中指出："一切勾结帝国主义的军阀、官僚、买办阶级、大地主阶级以及附属于他们的一部分反动知识界，是我们的敌人。"[1] 这里已经明确提出了中国革命的任务是打倒帝国主义、封建主义和官僚资本主义。毛泽东把帝国主义、封建主义、官僚资本主义形象地比喻为压在中国人民头上的"三座大山"。

1948年4月，毛泽东在晋绥干部会议上发表讲话时说，新民主主义的革命不是任何别的革命，这个革命所要推翻的敌人只是和必须是帝国主义、封建主义和官僚资本主义。他指出："无产阶级领导的，人民大众的，反对帝国主义、封建主义和官僚资本主义的革命，这就是中国的新民主主义的革命，这就是中国共产党在当前历史阶段的总路线和总政策。"[2]

新民主主义革命打倒了帝国主义

鸦片战争后，帝国主义的不断入侵，改变了中国社会自身发展的轨道，社会性质也发生了根本变化，封建的中国在逐步成为半封建的中国的同时，独立的中国也逐步沦为半殖民地的中国。

帝国主义通过发动野蛮的侵略战争，强迫腐朽的晚清王朝签订不平等条约，从经济、政治、文化等各方面控制和操纵中国，从

---

[1]《毛泽东选集》第一卷，人民出版社1991年版，第9页。
[2]《毛泽东选集》第一卷，人民出版社1991年版，第1316-1317页。

中国获得巨大利益。在经济上索取战争赔款，控制和占领中国的海关，垄断中国的金融、航运、进出口贸易等特权，牢牢控制中国的经济命脉；在政治上无视和践踏中国的主权，割占中国领土、强行租借土地，划分势力范围，驻扎军队，攫取中国的海关主权、司法主权和外交主权等诸多权益；在文化上通过在中国传教、办医院、办学校、办报纸和吸引留学生等，麻醉中国人民的精神，培养为帝国主义的侵略政策服务的买办文人。帝国主义列强通过政治的、经济的和文化的各种手段，使中国成为半殖民地，绝不是为了给中华民族带来文明和发展，把封建的中国变成资本主义的中国，而是使中国成为其附庸。它们采取战争、暴力、侵略、殖民等野蛮手段，杀人放火，抢劫财物，奸淫妇女，无恶不作，给中国人民带来巨大物质损失和精神伤害，对中华民族和中国人民犯下了滔天罪行。

近代中国社会的半殖民地半封建性质决定了中国社会的主要矛盾是中华民族同帝国主义、人民大众同封建主义的矛盾，而中华民族同帝国主义的矛盾又是各种矛盾中的主要矛盾。这种社会性质和主要矛盾决定了近代中国革命的根本任务是推翻帝国主义、封建主义和官僚资本主义的统治，从根本上推翻反动腐朽的政治上层建筑，变革阻碍社会生产力发展的生产关系，为建设一个富强民主的国家、改善人民生活、确立人民当家做主的政治地位扫清障碍，创造必要前提。而帝国主义的民族压迫是对中华民族的最大压迫，是近代中华民族和中国人民的最凶恶的敌人，是压在中国人民头上的第一座大山。

因此，一部中国近代史，基本上是帝国主义侵略中国和中国人民反对帝国主义侵略的历史，是封建主义、官僚资本主义勾结帝国主义镇压人民起义和人民群众反帝反封建的历史。可以说，在近代中国的历史进程中，由中国的革命政党推动的包括旧民主主义革命和新民主主义革命，组成了近代中国社会发展进步的主旋律。这个革命主要就是反对帝国主义侵略、谋求民族独立，反对封建主义专制、谋求国家的民主进程。然而，无论是社会进步人士进行的社会改良还是新的社会阶级、政党发动的屡次革命，都没有能够打倒帝国主义在近代中国的统治，只有在中国共产党的领导下，把帝国主义看作是中国革命的主要对象之一，把反对帝国主义的斗争始终贯穿整个新民主主义革命的过程，终于把帝国主义赶出了中国，赢来了真正由中国人民掌握自己命运的新中国的诞生。

新民主主义革命摧毁了封建剥削制度

1840年鸦片战争前，中国是一个独立的封建国家，以地主占有土地制度为主要特征的封建剥削制度是中国传统社会长期占主要地位的生产关系的总和，在中国历史上对农业生产力的提高、商品经济的发展和维系君主专制统治，都发挥了积极作用。但是，随着世界科技革命、工业革命的出现，这种经济制度无法与先进社会生产力的发展相适应，因而必然成为新民主主义革命的对象之一。

随着封建社会内部商品经济的发展，资本主义生产关系也已经萌芽。鸦片战争后，帝国主义列强的外部侵略虽然在一定程度上加速了我国封建社会自然经济的解体，客观上为我国资本主义的发展创造了一定条件，但是并没有也不可能使我国发展成为资本主义国家，而是在我国资本主义萌芽的基础上，把封建的中国逐步变成了半封建的中国。帝国主义列强的外部侵略没有从根本上动摇我国封建制度的根基——地主阶级对农民的剥削制度，而是依旧保持着并进一步同新生的买办资本和高利贷资本结合在一起。封建剥削制度成为中国半封建社会旧军阀实行专制统治的政治基础。

同时，新生的中国民族资本主义的发展又受到外国资本、本国官僚资本和封建势力的多重压迫、极力阻止和排挤，因而始终存在着先天不足，不仅没有成为中国经济发展的主要形式，而且也不可能在整个社会经济中占据主导地位，商业资本和金融资本占据民族资本的很大部分，经营的主要是轻工业，缺乏重工业基础，工业比重不高，不能构成完整的工业体系，在技术和设备等方面不得不依赖于外国资本和本国官僚资本。因此，旧中国既不再是一个完全的封建社会，又不是完全的资本主义社会，而是一个半殖民地半封建化社会。

从根本上说，推翻封建主义的统治就是在经济上消灭以地主占有土地制度为主要特征的封建剥削制度，从政治上推翻帝国主义在中国的代理人和地主买办势力的集中代表——封建军阀的专制统治，解放被束缚了的社会生产力，为中国的经济现代化和政治民主化开辟道路。为了消灭这种落后的封建剥削制度，解放社会生产力，在新民主主义革命的不同时期，中国共产党反对封建主义有着不同内容和表现形式。

在土地革命时期，主要是废除封建地主阶级的土地所有制。中国共产党于1927年召开了"八七"会议，确立了土地革命的方针，通过发动和领导农民起义，组织工农革命军队，建立工农革命政权，同时依靠贫农、雇农，联合中农，限制富农，建立农会，以逐渐变半殖民地半封建社会的土地所有制为农民土地所有制。

抗日战争时期，由于主要矛盾发生变化，对日民族矛盾上升为主要矛盾，中国共产党暂缓了农民与地主的对抗，将没收地主阶级的土地政策改变为对地主的"减租减息"政策，建立抗日民族统一战线，一致对外抗日。抗日战争结束后，中国共产党于1947年制定了《中国土地法大纲》，通过以剥夺为主、赎买为辅的方法，全面开展平分土地、废除封建土地制度的运动，将土地革命推向了高潮。

解放战争胜利后，中国共产党又实行了废除封建性和半封建性剥削的土地制度，实行"耕者有其田"的土地制度，并最终推翻了国民党反动政权，取得了反封建主义的决定性胜利。作为新民主主义革命重要组成部分的土地革命，最终摧毁了封建主义的根基，使农民基本实现了"耕者有其田"的目标。土地革命扫除了封建剥削关系，使中国社会人数最多、原来无地或少地的贫雇农分得了土地，废除了地租和高利贷，取消了所欠土豪劣绅的债务，农村生产力得到解放。同时，农民还获得了大量的政治权利，成为新中国最为庞大的力量，大大巩固了工农联盟，成为无产阶级领导政权的重要基石。

新民主主义革命消灭了官僚资本主义

由于中国资产阶级的特殊性，新民主主义革命不是一般地反对中国资产阶级。因为中国的资产阶级阵营分为民族资产阶级和官僚资产阶级，民族资产阶级不是革命的对象，而是团结、分化的对象；官僚资产阶级是帝国主义统治中国的主要支柱，才是革命的主要对象；中国的小资产阶级是劳动者而不属于资产阶级的范畴。反对和推翻官僚资本主义的统治，并不是因为它是资本主义，而是因为它凭借地主买办资产阶级专政的国家政权力量而发展起来的国家垄断资本主义，是一种反动和落后的生产关系，是帝国主义国家在中国的"走狗"，阻碍中国社会生产力的发展。

在发展早期，官僚资本主义利用官僚权力的保障，在一定程度上可以推动国家经济的发展。但是，在发展到一定程度之后，由于国家权力和私人资本的结合，官僚利用其政治特权而非正当市场竞争的方式，对其他企业进行兼并，形成垄断、控制原料和市场，其本质上是通过掠夺其他社会财富谋取自身暴利，同时极大地阻碍了其他资本的发展，严重恶化社会经济。1927年蒋介石发动反革命政变，建立了地主买办资产阶级政权，标志着以蒋介石、宋子文、孔祥熙、陈立夫兄弟为首的国民党官僚资本——"四大家族"，即国家垄断资本主义的崛起。

官僚资本主义对内勾结封建地主阶级，对外联合帝国主义列强，通过滥发纸币、募借内外债、商业投机等方式，残酷掠夺广大人民。

统计数据显示，在抗日战争时期，"四大家族"利用政治特权和战时经济统制手段大发横财，进而控制了国家经济的命脉。国民党统治期间，蒋宋孔陈"四大家族"利用行政权力扩大官僚资本、吞并民间资本，垄断原料、控制市场和残酷剥削工人，谋取暴利。到1949年，官僚资本大约占有全国工矿和交通运输业固定资产的80%，垄断全国钢铁产量的90%，煤产量的33%，发电量的67%，并拥有全国最大的银行和十几个垄断性贸易公司。

官僚资本主义的这种政治统治，代表大地主和买办资产阶级的利益，除了具有垄断资本主义的一般特征外，又具有买办封建的特征，是一种畸形的、极其落后的生产关系和政治上层建筑，严重损害了民族资产阶级、无产阶级和其他广大劳动人民的利益，严重束缚了社会生产力的发展，必然成为新民主主义革命的主要对象。

毛泽东在深入总结革命的经验后认识到，要想消灭官僚资产阶级，必须推翻国民党的统治，没收官僚资本。在与以国民党为代表的官僚资产阶级的斗争中，必须采用武装斗争的革命方式，并从半封建半殖民地的中国社会实际出发，走"农村包围城市，武装夺取政权"的新民主主义革命道路。在两次国共内战之后，中国共产党取得了最终胜利，国民党政权败退台湾，官僚资本企业在我国大陆失去了靠山。1949年，中国共产党先后发布《关于没收官僚资本企业的指示》《中央关于对旧职员的处理原则的指示》等文件，全面开展了没收官僚资本的行动。

在没收官僚资本的过程中，对大官僚考虑其政治态度，区别对待他们的资本。在具体操作中，中国共产党采取逐步渐进的方式，以保证生产为前提，对官僚资本主义的组织和机构予以一定保留，同时对人事制度上做适当改革，调动了职员生产的积极性。到1949年底，全国官僚资本企业基本上由人民政府接管。

由于官僚资本是一种高度集中的社会化大生产，集中了一定的现代化设备和科技力量。中国新民主主义革命胜利后，中央人民政府在全部没收官僚资本的基础上，制定了一系列有关接收官僚资本的方针和政策，被没收的官僚资本企业被改造成社会主义国有企业，使国有经济在涉及国计民生的领域居于主体地位。同时，以工人为核心的无产阶级在领导新民主主义革命、推翻官僚资本主义的政治和经济统治后，获得了极大解放，在国家政权中居于领导地位。

一条红船造就了一个政党，一个政党改变了中华民族的命运。从1840 年鸦片战争西方帝国主义把晚清王朝打"趴下去"算起，经过 109年的抗争，只有中国共产党带领中国人民彻底推翻压在中国人民头上的"三座大山"，迎来了中华民族"站起来"的辉煌时刻。没有这一"站起来"的隆重奠基，也就不会有后来"富起来""强起来"的大厦耸立。

| 二 | "这当然不应当是长久之计"

在新中国建立和取得"朝鲜战争"胜利后，中国共产党领导中国人民全面开始了社会主义革命和建设的伟大探索，通过总结第一个"五年计划"执行过程中的经验教训和进一步分析借鉴苏联社会主义建设的经验，毛泽东认为，对我们来说，最重要的教益就是要独立思考，要把马克思列宁主义基本原理与中国社会主义革命与建设的具体实际"进行第二次结合"，要"以苏为鉴"，"努力找出在中国这块大地上建设社会主义的具体道路"。从此，为了找到一条中国式的社会主义建设道路，以毛泽东为核心的中国共产党第一代中央领导集体做出了艰辛探索，既积累了宝贵经验，取得了很多重要理论成果，也发生了严重失误，提供了惨痛教训，为中国特色社会主义道路的开辟提供了经验教训。

苏联模式影响与学会自己走路

在新中国建立初期，毛泽东曾说："因为我们没有经验，在经济建设方面，我们只得照抄苏联。""这在当时是完全必要的，同时又是一个缺点，缺乏创造性，缺乏独立自主的能力。这当然不应当是长久之计。"[1]

(一) 苏联社会主义模式的影响

所谓"苏联社会主义模式"，在一般意义上是指在斯大林领导下形成的传统社会主义建设模式，形成于 20 世纪 30 年代苏联进行大规模社会主义建设时期，以严格的集中制和行政命令制为特点的社会主义实践模式。

在历史上，斯大林的"苏联社会主义模式"曾发挥过巨大作用，显示出巨大优越性。它保证了苏联在 20 世纪 30 年代高速实现社会主义工业化和农业集体化，使苏联在不到 20 年的时间内走完了欧美资本主义国家 50 至 100 年的路程，奠定了苏联雄厚的物质基础。

这一实践模式所取得的巨大历史成就，极大地鼓舞了全世界无产阶级和被压迫民族，尤其是在第二次世界大战苏联社会主义取得反法西斯战争的伟大胜利，以苏联社会主义模式为主体的现实社会主义运动，在世界范围内如火如荼地扩展开来，到 20 世纪 50 至 60 年代，这一运动发展到高潮，先后建立了 14 个社会主义国家，占世界总人口的 1/3，幅员占世界陆地面积的 1/4，经济实力占全球的 2/5，共产党政治组织发展到 120 多个国家，党员发展到 8000 多万。"社会主义"在世界范围内成为一个非常热门的话题，甚至一些资本主义国家也宣告要建设社会主义，如

---

[1] 《毛泽东著作选读》下册，人民出版社 1986 年版，第 831 页。

英国工党宣布要建立"大不列颠式的社会主义"，法国戴高乐宣布要建立"法国色彩的社会主义"，东欧的社会主义国家绝大多数按照苏联模式建设社会主义。

苏联作为原先欧洲落后的国家，在当时苏联社会主义模式下，发展成为欧洲第一号强国、仅次于美国的世界第二号强国，肯定有它相当的合理性，这就更加增强了"苏联社会主义模式"的吸引力。1949年新中国刚刚建立，毛泽东就亲自赴苏访问，对斯大林说，我们搞建设是没有经验的，我们要当你们的学生，学习你们搞建设的经验。直到斯大林逝世，毛泽东在悼念斯大林的文章中仍然写道，苏联共产党"是世界上最先进的、最有经验的和最有理论修养的党；这个党在过去和现在是我们的模范，在将来也还是我们的模范"。所以，当中国社会主义改造完成以后，由于自身没有建设社会主义的历史经验，按照苏联模式建设社会主义，就是自然而然、也是情理当中的事情。

从1953到1957年，新中国开始了"第一个五年计划"和实行过渡时期的总路线。这一时期，新中国以苏联的经济政治体制为建设蓝图进行了一系列调整：

一是在所有制结构上，从国营经济领导下的多种经济成分并存，逐步向国营和集体两种社会主义公有制过渡。

二是在中央与地方的关系上，迅速实现了从地方分散管理体制向中央高度集中的管理体制转变。

三是在国家与劳动者个人的关系上，从多种渠道就业、多种计酬形式，逐步向国家统一管理城镇劳动力和统一规定工资制度过渡。

四是在国民经济的调节机制上，从国家计划控制与指导下广泛存在的市场调节，逐步向单一的指令性计划管理过渡。

这一系列调整，使新中国从新民主主义的经济政治体制在短时间内快速地过渡到高度集中统一的计划经济体制。当时，这种高度集中的计划经济体制对实现全国财政经济的统一，对资本主义工商业进行社会主义改造，对开展有计划的大规模经济建设和完成社会主义革命与建设的其他繁重任务，起到了非常重要的作用。

但是，就在现实社会主义运动席卷全球，社会主义的全球性胜利似乎已经指日可待、不可逆转的时候，以苏联为代表的社会主义模式却在实践中逐步陷入困境，主要表现为经济发展速度越来越慢、政治经济体制日益失去活力、官僚主义和腐败现象日趋严重、人民的不满日渐增多，社会主义国家之间也出现了矛盾。

例如，在政治建设上突出表现为权力过于集中，官僚主义、特权现象越来越严重；民主与法制不健全、个人独断和专制、人治代替法治；党和国家机构庞大臃肿、管理体制和干部制度不合理、缺乏有效的监督制约机制；片面强调计划管理，排斥市场机制；……等等。苏联社会主义模式的这些弊端在建立之初还不十分严重，但随着苏联共产党在政治上的日渐保守、思想上的长期教条、体制上的日益僵化，越到后来就越发严重了。同时，在与其他社会主义国家的关系上，苏联社会主义模式的弊端也越来越暴露出来，开始与一些国家的不同国情发生剧烈冲突，造成社会主义国家内在矛盾的泛化和尖锐化，并引发了一连串严重的社会动乱。如 1956 年的"波匈事件"、1968 年捷克斯洛伐克的"布拉格之春"、1970 年波兰的"十二月事件"、中国的"文化大革命"和波兰的"六月事件"等。

苏联社会主义模式在实践中产生的这些问题，在一定意义上讲是必然的。苏联社会主义模式在历史上虽然取得了巨大成就，显示出一定优越性，但却不是一个成熟、完善和科学的政治经济体制，其存在的严重弊端最后发展成为否定苏联社会主义模式的决定性因素。

苏联社会主义模式在实践中产生的这些问题，也促使越来越多的社会主义国家及其领导人进行深刻的理论反思和经验总结，探索新的建设理论和实践模式，从而引发了社会主义国家改革运动的兴起。社会主义国家的改革运动从 20 世纪 50 年代初被视为"离经叛道"的南斯拉夫"自治社会主义"开始，其间几经波折，到 20 世纪 80 年代才被多数社会主义国家所肯定，成为推动社会主义国家经济社会发展的新动力。

（二）学会自己走路

新民主主义革命胜利、新中国建立后，中国共产党领导我国人民集中力量恢复国民经济，继续完成民主革命的任务。解放初期，没收官僚资本、建立社会主义性质的国有经济，并在完成土地改革的农村开展一定程度的互助合作运动，同时保护和发展民族资本主义工商业，到 1952 年底新中国的国民经济得以很大程度的恢复。

但这时，民族资产阶级唯利是图、不择手段地剥削工人、追求暴利的特性也开始暴露，私营企业偷税漏税、偷工减料、盗骗国家财产、盗窃经济情报和行贿等违法犯罪行为大量增加。毛泽东根据早期苏联的社会主义实践和理解，以及新中国当时的实际情况，认为中国具备跨越资本主义"卡夫丁峡谷"的充分及必要条件，可以避免走资本主义的弯路。

毛泽东借鉴"土地革命"的经验，认为生产关系与生产力的矛盾影响了生产力的发展，而解决的方法是通过变革生产关系，使之成为社会主义生产关系来发展社会生产力。为了解决工人阶级和资产阶级的矛盾，中国共产党提出了"一化三改"的路线，所谓"一化"即社会主义工业化，所谓"三改"即社会主义对个体农业、手工业和资本主义工商业的改造。"一化三改"路线的实施，使资产阶级被彻底消除，生产资料转变为社会主义公有，确立了社会主义基本经济制度。

1956 年新中国的社会主义改造提前完成，正当准备谋划中国社会主义建设进一步发展的时候，苏联共产党召开了二十大。在这次会议上，赫鲁晓夫做了一个关于个人崇拜及其后果的秘密报告，揭露了斯大林在领导苏联社会主义建设中的严重错误和个人崇拜所造成的严重后果，对斯大林和"苏联社会主义模式"全盘否定，在苏联国内和国际上引起极大震动。随后波兰爆发了"波兹南事件"，匈牙利布达佩斯发生了罢工游行，中国也出现了一些不安定因素，发生了群众暴动、罢工、罢课等事件。据当时统计，全国城市有 10000 多工人罢工，10000 多学生罢课，农村有许多农民闹退社。

苏共二十大后，中苏两党在对待马克思列宁主义、国际共产主义运动以及世界阶级斗争形势若干重大问题上的认识也逐渐出现了原则上的分歧。同时，随着中国社会主义改造的基本完成和经济建设的进一步发展，高度集中统一的政治经济体制的弊端也逐步显露出来。这些情况的出现深深地触发了以毛泽东为核心的中国共产党第一代中央领导集体开始对照搬照抄"苏联社会主义"模式的反思，着手探索适合中国国情的社会主义建设道路。毛泽东明确提出"应该学会自己走路"，应该根据中国的特点采取适合中国情况的方法来进行社会主义建设。

1956 年 4 月，在大量调查研究的基础上，毛泽东作了《论十大关系》的重要讲话。针对当时高度集中的计划经济体制造成的一切权限掌握在国家手中，以中央"条条"管理为主从而抑制了地方与企业的积极性、主动性和创造性的矛盾，毛泽东指出："把什么东西都统统集中在中央或省市，不给工厂一点权利，一点机动的余地，一点利益，恐怕不妥"，"各个生产单位都要有一个与统一性相联系的独立性，才会发展得更加活泼"。[1] 围绕把国内外一切积极因素都充分调动起来为社会主义事业服务的基本方针，毛泽东深刻论述了正确处理经济建设和社会发展中的一系列重大关系，提出了正确处理重工业和轻工业、农业的关系，沿海工业和内地工业的关系，经济建设和国防建设的关系，以及国家、集体和个人的关系的基本原则，提出了改革过于集中的计划体制的初步构想，要求中央向地方分权、扩大企业自主权。

《论十大关系》提出的一系列关于社会主义建设的重要观点，对中国社会主义建设具有长远的指导意义。正如后来邓小平在给毛泽东的信中所说："这篇东西太重要了，对当前和以后，都有很大的针对性和理

---

[1]《建国以来毛泽东文稿》第六册，中央文献出版社 1992 年版，第 88 页。

论指导意义。"

鉴于中国社会主要矛盾的变化，1956年9月召开的中国共产党第八次全国代表大会提出要集中力量发展社会生产力，实现国家工业化。刘少奇在大会的政治报告中说："应当保证企业在国家的统一领导和统一计划下，在计划管理、财务管理、干部管理、职工调配、福利设施等方面，有适当的自治权利。"陈云的发言提出了"三个主体，三个补充"的主张，即"在工商业经营方面，国家经营和集体经营是工商业的主体，个体经营是国家经营和集体经营的补充；在生产计划方面，计划生产是工农业生产的主体，按照市场变化而在国家计划许可范围内的自由生产是计划生产的补充；在社会主义统一市场里，国家市场是它的主体，国家领导的自由市场是国家市场的补充"。

毛泽东在读苏联《政治经济学教科书》的笔记中说，高度集中的指令性计划经济，是违背"人民群众创造历史"的原理的。

1957年2月，毛泽东又作了《关于正确处理人民内部矛盾的问题》的讲话，提出了中国社会主义制度还刚刚建立、还没有完全建成、还不完全巩固的论断，提出了社会主义社会基本矛盾和两类矛盾的学说，强调了要严格区分和正确处理两类不同性质的社会矛盾，特别是要正确处理人民内部矛盾，提出了从全体人民出发、"统筹兼顾，适当安排"的方针，提出了发展工业必须同发展农业同时并举的工业化方针。同年8月，毛泽东又提出了要造成一个又有集中又有民主、又有纪律又有自由、又有统一意志又有个人心情舒畅、生动活泼的那样一种政治局面，以利于较快地建设中国的现代工业和现代农业的思想。

此外，毛泽东还提出了许多关于中国社会主义建设的重要观点，涉及经济、政治、文化、国防、外交、党的建设等各个方面。

1958年，毛泽东提出了要把对中国共产党和国家的工作重点转到技术革命和社会主义建设上来，这与改革开放后中国共产党提出的党和国家中心工作的转移是完全一致的，可以说是非常难能可贵的，只是后来因为受"以阶级斗争为纲""阶级斗争扩大化"的影响而没有坚持，从而使社会主义建设遭受重大失误；在领导纠正"大跃进"和人民公社化运动中的错误时提出了不能剥夺农民，不能超越阶段；提出了社会主义可以区分为"不发达的社会主义"和"比较发达的社会主义"两个阶段；提出了社会主义条件下要反对平均主义，重视商品生产、商品交换和价值规律的作用；在社会主义经济占优势的条件下"可以消灭了资本主义，又搞资本主义"等思想。

毛泽东还从哲学高度提出了建设社会主义有它自身的规律，必须不断在实践中积累经验，逐步克服盲目性，认识客观规律，才能实现认识上的飞跃的观点；提出了社会主义建设具有艰难性、复杂性和长期性，没有100多年的时间是不行的，要准备着由于盲目性而遭受到许多的失败和挫折的观点；提出了不搞科学技术，生产力就无法提高的观点；在中国的具体国情下，应当以农轻重为序安排国民经济计划的观点；提出了社会主义建设要按经济办法管理经济的观点。同时，从世界范围内两种社会制度的根本对立与斗争的角度，还提出了要防止和反对帝国主义的"和平演变"，保证马克思主义执政党的先进性和永不变质的思想的观点，等等。

所有这些，都是对中国社会主义建设道路的有益探索。

社会主义基本制度的确立

新中国建立之初，以毛泽东为核心的中国共产党第一代中央领导集体领导中国各族人民对社会主义发展道路进行了初步探索，其最伟大的贡献就是建立了社会主义基本经济政治制度，为当代中国的一切发展进步奠定了制度基础；分析了各个时期的主要矛盾，制定了中国共产党的基本路线；建立起了独立的、比较完整的工业体系和国民经济体系；提出了要建设一个伟大的社会主义现代化强国的奋斗目标和分"两步走"的发展战略；提出了要进行经济体制改革和实行对外开放等，为改革开放以后走上中国特色社会主义发展道路提供了思想基础、制度基础和实践基础。

（一）中国社会主义政治制度的确立

旧中国是一个半封建半殖民地社会的国家。1949 年新中国建立，建立了无产阶级领导的、以工农联盟为基础的人民民主专政的共和国。人民民主专政的政权，在阶级构成上具有最广泛的群众基础，实现了共产党领导与多党合作的统一、民主与专政的统一，并以人民代表大会的政权组织形式和民主集中制的政权组织原则，实现了最广大人民的民主。新中国确立的社会主义基本政治制度，既在本质上区别于资本主义政治模式，又有别于苏联社会主义政治模式，具有鲜明的中国特色。

1949 年 9 月，中国人民政治协商会议宣告中华人民共和国建立，会议通过的《中国人民政治协商会议共同纲领》，成为 1954 年宪法颁布以前具有临时宪法性质的人民大宪章，规定了人民民主专政的国家政权性质和人民代表大会的根本政治制度。1954 年 9 月 15 日，全国人民代表大会第一次会议通过的《中华人民共和国宪法》，充分肯定了人民代表大会制度，确立了中国共产党领导的多党合作制度和政治协商制度、民族区域自治制度，标志着中国社会主义基本政治制度在全国范围内自下而上系统地建立起来。

新中国建立后，中国共产党领导中国人民实现了除台湾、香港、澳门之外的国家统一，取得了民族独立、主权和领土完整，取得了朝鲜战争、中印边境自卫反击战、珍宝岛战役、对越自卫还击战等一系列自卫战争的胜利，提高了中华人民共和国的国际威望，消除了外国侵略的威胁；实行了各民族一律平等的民族政策，实现了中华民族的空前大团结；尤其是在经济极端困难的情况下，研制并成功地爆炸了原子弹和氢弹，发射并回收了人造卫星，打破了超级大国的核垄断和核讹诈，使中华民族不失时机地进入"国际核俱乐部"；在国际局势极端复杂的情况下，打破了中美关系的僵局，恢复了在联合国的合法席位，使新中国取得了举足轻重的国际地位。

以人民代表大会制度、中国共产党领导的多党合作和政治协商制度、民族区域自治制度为重要内容的社会主义基本政治制度的确立和巩固，使后来的改革开放得以在政权稳固、社会安定、国际环境相对有利的条件下实行。没有社会主义基本政治制度确立的前提，中国特色社会主义道路就会成为无源之水、无本之木，改革开放也就不可能启动，更不可能顺利地进行。

在改革开放新时期，我国尽管对一些具体的政治制度有过不少改革，包括多次进行行政体制和机构改革，并对人民代表大会制度、中国共产党领导的多党合作和政治协商制度、民族区域自治制度不断进行充实和完善，但新中国建立后确立起来的基本政治制度，经过实践的反复检验，证明是完全适合中国国情的，因而至今仍在坚持。

（二）中国社会主义经济制度的确立

从半殖民地半封建社会，经过新民主主义社会，进入到社会主义初级阶段，是近代以来中国社会发展的特殊历史。新中国建立后，中国共产党根据从新民主主义社会向社会主义社会过渡的实际情况，提出了中国共产党在过渡时期的总路线。

从新中国建立到社会主义改造基本完成是一个过渡时期。中国共产党在这个过渡时期提出的总路线和总任务，是要在一个相当长的时期内，逐步实现国家的社会主义工业化，并逐步实现国家对农业、手工业和资本主义工商业的社会主义改造，即"一化三改"。这一总路线被简称为"一体两翼"，即工业化建设是"主体"，对农业和手工业、对资本主义工商业的社会主义改造为"两翼"。

到 1956 年底，以社会主义改造基本完成为标志，以生产资料全民所有和集体所有为基础的社会主义基本经济制度在新中国得到确立，从而奠定了社会主义的经济基础，新中国从此步入社会主义社会初级阶段。这既是中国历史上最深刻、最伟大的社会变革，也是中国社会后来一切发展进步的经济基础。

我国社会主义革命和建设时期的巨大成就

社会主义基本经济政治制度的全面确立，极大地促进了新中国社会生产力的发展。经过29年的奋斗，新中国在"一穷二白"的基础上，改变了旧中国工业集中于沿海地区的不合理布局，建立了独立的比较完整的工业体系和国民经济体系，发展了农药、化肥等支农工业和县办、社办工业，进行了大规模农田和水利基本建设，改善了农业生产条件，提高了农业生产能力[①]。

1949年—1957年是我国农村经济顺利发展的繁荣时期，农业总产值、粮食总产量和农民人均纯收入平均每年分别递增8.9%、7.0%和6.6%。农业合作化推动了农业生产的迅速发展，1952年与1949年相比，农业总产值增长53.4%；粮食和棉花分别增长44.8%和1.9倍，平均每年增加1691万吨和28.7万吨。1957年与1952年相比，农业总产值增长28.7%，平均每年增长5.2%；粮食平均每年增加623万吨，以3.5%的速度递增，棉花每年平均增长4.8%；其他经济作物也有很大增长，猪、羊年末存栏数分别增长62.5%和59.6%，大牲畜存栏头数增长近一成；水产品产量增长87%。在生产发展的基础上，1957年农民人均收入比1952年增长28%。

旧中国人口的80%是文盲，儿童入学率仅为20%。据统计，在1912年—1948年的36年里，国内高等学校毕业生只有18.5万人，其中工科毕业生只有3万人。新中国建立时，全国科技人员不到5万人，高级科研人员不足1000人；地质队伍仅800名职工，技术人员只有200人。经过29年的努力，到1979年，我国的高校毕业生累计达295万人，中专毕业生累计达520万人。到1966年，我国的科研

---

① 参见邹东涛：《发展和改革蓝皮书：中国道路与中国模式（1949-2009）》"第三章 中国特色社会主义道路的艰辛探索"，社会科学文献出版社2009年版。

机构已达 1600 个，其中科技人员 434.5 万人。地质队伍在 1957 年已增至 28 万人，其中技术人员达 4 万人；到 20 世纪 80 年代初，地质队伍更增至 110 万人，其中技术人员达 15 万，是新中国成立之初的 700 多倍。这些物质和技术条件，都为改革开放后的经济、科技大发展，准备了必要的人才条件和技术条件。

新中国建立时，我国几乎没有什么工业，"什么也不能造"，钢产量仅有 15.8 万吨，仅为当时印度的八分之一。经过中国人民近 30 年的自力更生、艰苦奋斗，到 1978 年中国新增固定资产达到 6440 亿元，比 1949 年旧中国留下的固定资产 112.4 亿元，增加了 57.3 倍。其中，钢、煤、石油、水泥、发电量、机床的产量，分别是旧中国最高年产量的 34.4 倍、10 倍、325 倍、29 倍、42.8 倍、33.9 倍；汽车、拖拉机、飞机制造以及电子、石油化工等新兴工业部门，也都从无到有地发展了起来。

从 1965 年起，我国实现了石油全部自给，彻底甩掉了贫油国的帽子。以"两弹一星"为标志的高新科技和国防工业取得重大进展。农业基本建设和技术改造开始大规模地展开并逐渐取得成效。农田基本建设初具规模，效果明显，加上农业技术改造的积极开展，为农业生产持续增长打下了基础。

综合地看，从 1953 年—1978 年，我国的工农业总产值年均增长率达到了 8.2%。其中，工业总产值年均增长率达到了 11.4%，农业总产值年均增长率达到了 2.7%。这个增长速度不仅高于当时所有发展中国家，也高于同期的许多发达国家。

所有这些，都为改革开放新时期迎来制造业和高科技产业的迅猛发展、粮食总产量的大幅度提高、乡镇企业的"异军突起"、人民生活由温饱不足到总体小康，以及经济总量跃居世界前列等等人间奇迹，提供了雄厚的物质基础。

改革开放前29年实行的计划经济体制，在改革开放新时期虽然已经转变为社会主义市场经济体制，社会主义计划经济已经转变为社会主义市场经济，但是那个时期通过没收官僚买办资产阶级的资产、改造资本主义工商业和连续五个五年计划的社会主义建设而积累起来的全民所有制和集体所有制的巨大财富，在改革开放的新时期发挥了重要作用，那个时期建立起来的经济计划体系也为社会主义计划经济向社会主义市场经济的平稳过渡提供了必要的工作机构和干部队伍，为社会主义市场经济条件下的宏观调控提供了必要经验。在改革开放新时期，根据我国社会生产力水平的发展提高，我国的社会主义基本经济制度虽然也有所调整，但仍然是以公有制和按劳分配为主体，国有经济仍然控制着国民经济的主要领域和关键部门，在经济中起着主导作用。

（三）对中国式社会主义发展道路的探索

新生的社会主义中国，无论在基本制度上还是在基本建设上，一开始都照搬了苏联的经验和做法。社会主义改造基本完成后，新中国进入全面建设社会主义时期，如何建设社会主义，如何巩固和发展社会主义，成为中国共产党和新中国面临的历史性课题。根据"一五"计划实施的经验、教训和苏共二十大暴露出的苏联社会主义模式的缺点和问题，以毛泽东为核心的中国共产党中央领导集体决定"以苏为戒"，走一条中国式的社会主义发展道路，并明确提出了马克思列宁主义基本原理与中国具体实际"要进行第二次结合，找出在中国怎样建设社会主义的道路"。

一是提出社会主义社会两个阶段的思想。完成社会主义基本改造之后，对所处的社会主义历史阶段的判断，是关系社会主义建设目标和发展思路的重大问题。1956年，毛泽东首次提出了中国"已经进入"社会主义社会但"尚未完成"的思想。1957年，毛泽东进一步提出了中国的社会主义制度还刚刚建立，还没有完全建成、还不完全巩固的思想，并首次区分了"建立社会主义制度"与"建成社会主义社会"两个不同的发展阶段。他指出，之所以说中国还没有建成社会主义社会，是因为中国社会主义制度的"物质基础还很不充分"。他认为，只有经过社会生产力的比较充分的发展，社会主义的经济制度和政治制度才算获得了自己的比较充分的物质基础，我们的国家（上层建筑）才算充分巩固，社会主义社会才算从根本上建成了。

1959年底至1960年初，毛泽东在读苏联《政治经济学教科书》时，进一步指出："社会主义这个阶段，又可能分为两个阶段，第一个阶段是不发达的社会主义，第二个阶段是比较发达的社会主义。后一阶段可能比前一阶段需要更长的时间。经过后一阶段，到了物质产品、精神财富都极为丰富和人们的共产主义觉悟极大提高的时候，就可以进入共产主义了。"[1]后来他还多次讲到，在中国这样的国家完成社会主义建设是一项艰巨的任务，建成社会主义特别是建成强大的社会主义需要100年或者更长的时间。这些重要论断，构成了毛泽东关于社会主义社会分两阶段发展的重要思想，为改革开放后我国社会主义初级阶段理论的形成提供了重要理论依据。

二是工作重点的转移。基于对中国社会主义社会发展阶段的正确认识，毛泽东多次指出，社会主义改造高潮的到来和胜利，新中国开始了由阶级斗争到向自然斗争、由革命到建设、由过去的革命到技术革命和文化革命的转变，因而"我们的根本任务已经由解放生产力变为在新的生产关系下面保护和发展生产力"[2]。

1956年9月，中国共产党的八大正确分析了当时中国社会的主要矛盾，认为人民对于建立先进的工业国的要求同落后的农业国的现实之间的矛盾，人民对于经济文化迅速发展的需要同当前经济文化不能满足人民需要的状况之间的矛盾，是当时中国社会的主要矛盾，这一矛盾的实质是先进的社会主义制度同落后的社会生产力之间的矛盾。这一主要矛盾，决定了当时中国共产党和中国人民的主要任务，是要集中力量发展

---

[1]《毛泽东文集》第八卷，人民出版社1999年版，第116页。
[2]《毛泽东著作选读》下册，人民出版社1986年版，第771页。

社会生产力，实现国家工业化，逐步满足人民日益增长的物质和文化需要。因此，中国共产党和新中国的工作重点应该转移到集中力量解决这个矛盾上来。

党的八大还系统地提出了要将中国改变成为一个先进的工业化国家的战略目标，并制定了经济建设、国家政权建设、民主法制建设和执政党建设等的正确方针。在苏共召开二十大后，面对国内外的严峻复杂形势，毛泽东在1957年2月27日召开的扩大的最高国务会议上发表了《关于正确处理人民内部矛盾的问题》的讲话，提出必须正确区分和处理社会主义社会两类不同性质的社会矛盾，把正确处理人民内部矛盾作为国家政治生活的主题。

（四）社会主义精神文明得到极大发展

新中国为什么能在一穷二白的基础上得以巩固和发展？为什么压不倒、打不垮？因为中华民族五千多年来灿烂的文明史鼓舞着中国人民，近代以来的屈辱史激发着中国人民，"五四运动"以来民族民主革命胜利的历史和光荣传统教育着中国人民。爱国精神、民族精神、革命精神成为中华民族自信自强自立的精神源泉，成为中国人民战胜一切困难和敌人的精神力量。

新中国建立后，面临着严峻的国际国内形势。对国内来说，新中国是在饱经战争创伤、经济文化特别是社会生产力极为落后的基础上开展社会主义革命与建设的。用毛泽东当时的话说，就是"现在我们能造什么？能造桌子椅子，能造茶碗茶壶，能种粮食，还能磨成面粉，还能造纸，但是，一辆汽车、一架飞机、一辆坦克、一辆拖拉机都不能造"。[①]对国际来讲，新中国是在帝国主义的经济封锁、军事打压中开展社会主义革命与建设的，在军事上新中国一建立就受到"朝鲜战争"的威胁，20世纪六七十年代又遭到两个超级大国的东西夹击，在经济上有五十年

---

① 《毛泽东文集》第六卷，人民出版社1999年版，第329页。

代的封锁禁运、六十年代的苏联逼债，在政治上文化上有西方敌对势力对中国实行的"西化""分化"，一天也没有停止过。面对极其困难的条件和各方面的重压，社会主义新中国不屈不挠，奋发图强，对外来的打压或战胜，或顶住，或冲破，或化解。

中国共产党在全党全社会大力进行以集体主义、爱国主义、社会主义为主要内容的思想道德建设，坚持用共产主义理想和艰苦奋斗精神使人们超越对物质利益的追求，为实现中华民族的"四个现现代化"无私奉献，形成了爱祖国、爱人民、爱劳动、爱科学、爱社会主义、爱国主义、为人民服务、大公无私、无私奉献、服从大局、艰苦奋斗、廉洁奉公、共产主义情操、英雄主义等价值取向和道德规范，形成了大庆精神、"两弹一星"精神、红旗渠精神、焦裕禄精神、雷锋精神等，在全社会培育了有利于中华民族伟大复兴的民族精神和社会风尚。

在中国长期的封建社会里，普通老百姓无权参与社会事务，缺乏组织性和纪律性，对社会变革也往往表现淡漠，被人讥为"一盘散沙"、麻木不仁。但中国共产党在革命战争和抗日战争时期的根据地里，通过自己以身作则的示范作用和发动群众、组织群众、教育群众，完全改变了旧中国的这种精神面貌，焕发了热爱国家、艰苦奋斗的民族精神，形成了关心集体、团结互助、遵守纪律、争当先进的社会风气。

在取得全国胜利后，中国共产党将这种在根据地培育的精神和风尚传播到全国各地，又通过恢复国民经济、朝鲜战争、"一五"时期的建设以及学大庆、学大寨、学雷锋、学王进喜、学焦裕禄等先进典型和模范人物的活动，使之进一步融入自力更生、奋发图强和人人为我、我为人人等新风尚，使无私奉献、助人为乐、廉洁奉公、爱岗敬业、勇于创新、敢为人先的风气成为主流社会风气。

在新中国建设的各个历史时期和各个领域各条战线，广大共产党员总是以自己的实际行动为人民群众做出表率。所有这一切，促使了新生的中华人民共和国始终保持了一种昂然向上的精神风貌和精神状态。

从实现工业化到实现四个现代化

落后就要挨打，穷国没有外交，这是鸦片战争以来中华民族的惨痛体验和深刻教训。世界近代史的发展表明，建设和发展现代化工业是一个国家走向独立、富强的前提和基础，也是中华民族走向民族独立、人民解放和国家富强、人民富裕的经济前提和物质基础。

近代以来，当中国被西方资本主义列强的坚船利炮打开国门，还没有民族工业的时候，"救亡图存"的中国人就深刻认识到实现"工业化"的重要性，曾提出"师夷长技以制夷"，于是买外国的大炮军舰，建兵工厂、船政局，后来又提出"先富后强""寓强于富"，于是又办铁厂、开矿山、修铁路、建纺织企业，不仅政府中的洋务派搞了官办企业，而且一些官僚、地主、商人也直接投资搞起了商办企业，因此产生了中国近代工业及其代表阶级——资产阶级，出现了代表这个阶级的政治主张，即不仅要学习西方的"船坚炮利"，而且要学习西方的经济政治制度。

实现"工业化"本来是中国民族资产阶级和资本主义应该完成的历史任务，但是历史证明，靠办实业、靠君主立宪、靠建立资产阶级共和国并不能解决中华民族的生存、发展和富强问题，也就是说靠资本主义的办法、走资本主义道路在中国无法实现"工业化"。这一历史任务就历史地落在了中国工人阶级及其政党——中国共产党的肩上，也就是说中国工人阶级及其政党作为资产阶级、资本主义的对立面，还要完成本来应当由资产阶级和资本主义来完成的中国"工业化"的历史任务。

"工业化"是一个世界性概念。所谓工业化，一般是指以农业为主的社会经济体系转变为以工业为主的社会经济体系，或者是机械化大工业在国民经济中的发展取得优势地位。"工业化"的过程是一个从自然经济社会向市场经济社会、向现代化社会发展不可或缺的过程。"工业化"也是一个历史性概念。随着人类经济与社会的不断发展，"工业化"的内涵不断发生变化。自英国工业革命以来，工业发展已经历三次科技革命，那时正在进行第四次科技革命，每次革命都使那个时代的工业化标准得到提高。因此，实现"工业化"，就成为新中国建立后社会主义革命与建设的首要课题。

在新民主主义革命时期，由于中国的特殊国情和革命的客观形势，中国共产党只能在几乎没有现代工业的、最落后的广大偏僻农村地区活动，就开始认识到要在半殖民地半封建社会的基础上把中国建设成为独立、富强的现代化国家，首先必须建设和发展现代化的工业。因此，从新民主主义革命时期开始，中国共产党就高度重视新兴工业的建设，就把实现"社会主义工业化"作为基本的追求目标。1945 年 4 月，毛泽东在《论联合政府》一文中，从中国的社会经济文化异常落后的基本国情出发，提出了中国工人阶级的任务不但是为着建立新民主主义的国家而斗争，而且也是为着使中国由农业国变为工业国、为着中国的工业化和农业近代化而斗争。

1948 年 12 月 30 日，毛泽东在为新华社撰写的题为《将革命进行到底》的新年献词中，又深入地论述了革命胜利和由农业国变为工业国、由新民主主义社会变为社会主义社会的关系。他说：在全国范围内建立人民民主专政的共和国，"由此造成统一的民主的和平局面，造成由农业国变为工业国的先决条件，造成由人剥削人的社会向着社会主义社会发展的可能性"[①]。在党的七届二中全会上，毛泽东进一步明确提出了"在革命胜利以后，迅速地恢复和发展生产，对付国外的帝国主义，使中国稳步地由农业国转变为工业国，把中国建设成一个伟大的社会主义国家"[②] 的目标。

这些重要论述，把由农业国转变为工业国看作是实现由新民主主义过渡到社会主义的基本目标和生产力发展标准，深入阐明了新民主主义革命转变为社会主义的发展方向和前进道路。也就是说，新中国实现从新民主主义革命向社会主义革命与建设的转变，是与实现工业化、发展社会生产力紧紧联系在一起的。

---

① 《毛泽东选集》第四卷，人民出版社 1991 年版，第 1375 页。
② 《毛泽东选集》第四卷，人民出版社 1991 年版，第 1437 页。

中国无产阶级及其政党的奋斗目标，无疑是社会主义和共产主义。但是，在这个奋斗目标中，由于中国资产阶级和资本主义的"历史欠债"，中国共产党的奋斗目标同时还应该包含实现"工业化"的奋斗目标。这一目标与实现社会主义、共产主义的奋斗目标互为前提，相辅相成。因为没有"工业化"的实现，在中国就不可能实现社会主义、共产主义，而不走社会主义道路，在中国就不可能实现"工业化"。

因此，在执政之前中国共产党就提出，要先搞一段时间的新民主主义革命和新民主主义工业化建设，然后再搞社会主义革命与建设。所谓新民主主义的工业化建设，就是《中国人民政治协商会议共同纲领》中所说的："中华人民共和国必须取消帝国主义国家在中国的一切特权，没收官僚资本归人民的国家所有，有步骤地将封建半封建的土地所有制改变为农民的土地所有制，保护国家的公共财产和合作社的财产，保护工人、农民、小资产阶级和民族资产阶级的经济利益及其私有财产，发展新民主主义的人民经济，稳步地变农业国为工业国。"

建立人民民主专政的国家，由农业国转变为工业国，实现农业现代化，由贫穷落后走向独立富强，是中国共产党对建设社会主义新中国的初步认识。

新中国建立后，建设一个什么样的社会主义国家，成为中国共产党考虑一切问题的出发点和落脚点。面对旧中国的贫穷落后和一穷二白，很长一段时期，中国共产党的工作重点和治国方略主要放在社会主义工业化和经济建设方面，把走向繁荣富强作为国家建设的最主要的现实目标，因此首先把建设我国的社会主义工业化提上了议事日程。在实现社会主义工业化的基础上，又逐步形成了实现社会主义"四个现代化"的现实目标的宏伟设想。

1954年9月，在第一届全国人大第一次会议的开幕词中，毛泽东向全国人民宣告："准备在几个五年计划之内，将我们现在这样一个经济上文化上落后的国家，建设成为一个工业化的具有高度现代文化程度的伟大的国家。"① 根据毛泽东的设想，周恩来代表中共中央在这次会议上第一次明确提出了实现"四个现代化"的宏伟奋斗目标。"我国的经济原来是很落后的。如果我们不建设起强大的现代化的工业、现代化的农业、现代化的交通运输业和现代化的国防，我们就不能摆脱落后和贫困，我们的革命就不能达到目的。"②

这是中国共产党首次提出建设"现代化的工业、现代化的农业、现代化的交通运输业和现代化的国防"，即实现"四个现代化"、建设社会主义现代化国家的宏伟目标的雏形和最初提法。1964 年 12 月，在第三届全国人大第一次会议上，根据毛泽东的提议，周恩来在所作的《政府工作报告》中，代表中央人民政府正式提出了建设"四个现代化"的社会主义强国的宏伟战略目标。他说：

> "今后发展国民经济的主要任务，总的说来，就是要在不太长的历史时期内，把我国建设成为一个具有现代农业、现代工业、现代国防和现代科学技术的社会主义强国，赶上和超过世界先进水平。"③

实现"四个现代化"的宏伟战略目标，既符合中国人民的根本利益又顺应了当代世界经济发展的必然趋势，是一个正确的战略思想，深深地烙印在新中国成立后 30 年的艰难创业史上。这一宏伟战略目标成为一面动员、凝聚、鼓舞全国各族人民团结奋斗的精神旗帜，极大地激发了全中国各族人民建设社会主义新中国的热情，极大地坚定了全中国各族人民坚持走社会主义道路的信念。

当然，由于受历史条件的限制和主观认识的局限，中国共产党第一

---

① 《建国以来毛泽东文稿》第四册，中央文献出版社 1990 年版，第 554 页。
② 《周恩来选集》下卷，人民出版社 1997 年版，第 132 页。
③ 《周恩来选集》下卷，人民出版社 1997 年版，第 439 页。

代中央领导集体关于中国社会主义现代化蓝图的描绘仍然是初步的，还处于不断探索、不断完善之中。"四个现代化"这一战略目标主要集中在经济领域，主要落脚点是在物质文明层面、技术层面和硬实力的发展上面，而几乎没有涉及政治、文化、社会领域，没有深入到人的价值、精神和信念层面，没有深入系统地提出社会主义核心价值观的战略构想。

更令人遗憾的是，由于在社会主义实践中没有把实现"四个现代化"的战略目标坚持不懈地贯彻下去，随着国际国内形势的深刻变化，尤其是"文化大革命"的发生，对实现"四个现代化"的实践造成了巨大冲击和阻碍。

为改革开放提供正反两方面的经验教训

中国共产党在领导中国人民进行社会主义革命与建设的过程中，既有正面的历史经验也有反面的历史教训。但是，无论历史经验还是历史教训，都是中国共产党的宝贵财富，对后来的改革开放起了非常重要的借鉴作用。说到正面经验对改革开放有重大意义比较好理解，说反面教训也有重要意义是什么原因呢？对此，邓小平在评论"文化大革命"的教训时讲得很清楚。他说：

> "过去的成功是我们的财富，过去的错误也是我们的财富。我们根本否定'文化大革命'，但应该说'文化大革命'也有一'功'，它提供了反面教训。没有'文化大革命'的教训，就不可能制定十一届三中全会以来的思想、政治、组织路线和一系列政策。三中全会确定将工作重点由以阶级斗争为纲转到以发展生产力、建设四个现代化为中心，受到了全党和全国人民的拥护。为什么呢？就是因为有'文化大革命'作比较，'文化大革命'变成了我们的财富。"①

---

① 《邓小平文选》第三卷，人民出版社1993年版，第272页。

可见，中国之所以能实行改革开放的政策，之所以能在改革开放中走出一条中国特色社会主义道路，与改革开放前正反两方面的经验与教训都是分不开的。

（一）"左"倾错误是根本错误

由于预想不到的解放战争的快速胜利，从而在思想上、政治上、经济政策上对建立新中国准备不足或者说不充分，加之建设新中国的急迫心情，毛泽东开始自然而然地按照战争年代积累的革命经验来设计我国社会主义建设蓝图。这个蓝图，没有摆脱苏联模式的影响，公有制、平均分配、限制资产阶级法权、密切联系群众、反对官僚主义……就成为这个蓝图的基本内容。

尽管党的八大及其前后对中国社会主义基本改造完成之后的主要矛盾和主要任务做出了比较正确的认识，但是由于受"左"的思想影响，1958年5月，在党的八大二次会议上，中央接受了毛泽东的意见，修改了党的八大作出的关于国内主要矛盾的正确论断，提出了当前中国社会的主要矛盾仍然是无产阶级与资产阶级、社会主义道路与资本主义道路的矛盾，通过了"鼓足干劲、力争上游、多快好省地建设社会主义"的总路线，并继而发动了"大跃进"和"人民公社化"运动。

"大跃进"运动破坏了各种必要的规章制度，造成国家人力、物力、财力的巨大浪费，使整个国民经济比例严重失调；"人民公社化"运动在实质上是大刮以"一平二调三纯"为特征的"共产风"，严重破坏了我国社会农业生产力。"大跃进"和"人民公社化"运动是中国共产党在探索中国式社会主义发展道路过程中出现的一次严重失误。

1962年9月，在"左"的思想影响下，党的八届十中全会做出了在社会主义阶段还存在着阶级矛盾和阶级斗争、存在着社会主义与资本主义两条道路的斗争、存在着资本主义复辟的危险性的错误判断，提出了"以阶级斗争为纲"的指导思想和坚持"无产阶级专政下的继续革命"的错误路线，进而在1969年召开的中国共产党的九大上，正式确定为中国共产党"在整个社会主义历史阶段的基本路线",犯了严重的全局性错误。

(二)"反修防修"是重要因素

在新民主主义革命时期,中国共产党通过革命的方式代表最广大人民群众的根本利益。那么,在新中国社会主义革命与建设时期,中国共产党面对的一个最基本问题是又该如何代表人民群众的根本利益?

新中国建立后,毛泽东渴望在新中国建立起一整套全新的经济制度、政治制度和社会制度,力求找到一条符合中国特点的社会主义建设之路。然而,历史的发展并不以人的意志为转移。历经朝鲜战争、西方国家对新中国实行封锁、苏联出现修正主义、中苏关系破裂,以及新中国建设过程中面临的思想、经济、政治、社会的复杂变化与意见分歧,毛泽东后来更加看重了修正主义的危险。

毛泽东对这个问题的认识,大体经历了两个阶段。在中苏关系破裂之前,主要强调密切联系群众,正确处理两类矛盾 —— 人民内部矛盾和敌我矛盾,反对官僚主义;在中苏关系破裂后,则主要强调反对特权阶层和反对修正主义。

毛泽东之所以发动"文化大革命",一个非常重要的原因就是"反修防修",反官僚主义,整党内走资本主义的当权派,反对各级领导干部搞特殊化,遏制官僚特权阶层的发展,实行平均主义的分配原则。

(三)追求平均主义是直接原因

毛泽东认为,社会主义是一种"大同社会",他主张的平均主义不仅反对资产阶级法权,反对分配上的差别,而且还力图消除各种社会差异及其产生的根源,以实现人与人之间的真正平等。毛泽东将官僚特权现象和分配上存在的差距都看成是资产阶级法权,并加以反对,具有一定的合理性。但是,在分配上的差别是不可避免的,固然要防止两极分化,但期望能绝对地实现平均分配是不现实的。

所以,就这一理想而言,农村的土地改革仅仅是第一步,是实现农村人口在占有土地资源上的平等。农业合作化是第二步,其目的是杜绝在农村产生新的剥削关系，实现农村人口在所有生产资料（土地、农具、资金等）上占有的平等。人民公社化是第三步，其目的是消灭各农业社区因自然条件不同而带来的差别，实现在更大范围内在自然资源占有上的平等权利。

例如，在"文化大革命"中批判等价交换和按劳分配等资产阶级法权思想，其目的就是要消灭因每个人的天赋和所受文化教育等因素影响而导致的个人收入上的差别，实现人与人的真正平等。然而，由于脱离了当时中国社会生产力发展的实际水平，在分配上追求绝对平均主义，并不能实现所谓的社会公正和人民生活的幸福，反而导致了中国社会生产力的严重倒退。可以说，追求平均主义是毛泽东在社会主义建设上陷入误区的一个重要原因，也是"文化大革命"在"立"的方面的巨大悲剧之源。

（四）社会主义建设的曲折发展

当然，即使毛泽东在提出"以阶级斗争为纲"的指导思想和坚持"无产阶级专政下的继续革命"的错误路线过程中，也并非始终轻视经济建设，忽视改进中国的经济体制。伴随着"大跃进"和"人民公社化"运动，我国也相应地改变了经济体制，一方面在经济建设和生产关系变革上急躁冒进，广大农村迅速实行"人民公社化"，城镇集体和个体性质的商店、手工业生产迅速转变为国营，另一方面不讲分寸地扩大地方权力，把一些本应由中央掌握的、关系到国民经济命脉的大型骨干企业下放给地方，国家的计划、财力、物力和基本建设、劳动管理权力也层层下放。这样，中国的经济体制不仅部门自成体系，而且地方自成体系，使得国民经济失去了必要的宏观控制。

1961年初，中国共产党的八届九中全会通过总结"大跃进"以来的经验教训，决定从1961年起对国民经济实行"调整、巩固、充实、提高"的八字方针，使国民经济转入调整的轨道。之后配合经济调整，中国共产党一方面纠正在生产关系变更等方面急躁冒进的错误，在农村稳定"三级所有，队为基础"的体制，在城镇一部分合并或上升为国营的商业和手工业又退回到集体或个体，另一方面又重新强调中央集中管理，收回了下放给地方的企业，强调"全国一盘棋"。同时，也开始注意利用经济杠杆、市场调节和经济手段的某些作用。

在"文化大革命"中，"左"的错误鼓吹"穷过渡"，大割所谓"资本主义尾巴"，取消城乡个体经济、社员家庭副业和集市贸易，否定市场调节和价格规律的作用，排斥经济手段和物质利益原则，废除奖金制度，大搞平均主义，在工业企业管理等方面又进一步扩大地方管理经济的权限，再次进行企业下放，但在《关于无产阶级文化大革命的决定》（十六条）中，毛泽东也明确规定，要"抓革命，促生产"。1974年11月，毛泽东还发出了"把国民经济搞上去"的指示。正因为如此，在"十年动乱"期间，中国的工农业生产仍有所发展。

邓小平曾实事求是地评价新中国建立后头30年的历史成就："我们尽管犯过一些错误，但我们还是在三十年间取得了旧中国几百年、几千年所没有取得过的进步。"[1]

> **美国学者莫里斯·迈斯纳评价"毛泽东时代"**
>
> 美国学者莫里斯·迈斯纳通过对大量数据的研究，发出了这样的感叹：毛泽东时期的现代化，是人类现代化历史上最辉煌的一页。他说：
>
> "尽管曾经存在着所有这些失败和挫折，但是毛泽东时代是中国现代工业革命时期这一结论是不可否认的。曾经长期被轻蔑为'东亚病夫'的中国，20世纪50年代初期以小于比利时工业规模的工业开始，在毛泽东时代结束时，却以世界上六个最大工业国之一的姿态出现了。中国的国民收入在1952年—1978年的25年间增加了4倍，即从1952年的600亿元增加到1978年的3000亿元，而工业在

---

[1]《邓小平文选》第二卷，人民出版社1994年版，第167页。

增加的国民收入中所占的比例最大。人均国民收入指数（以不变价格计算）从 1949 年的 100（1952 年的 160）增加到 1957 年的 217 和 1978 年的 440。在毛泽东时代的最后 20 年间（这是毛泽东的后继者们评价不高的一个时期），而且连大跃进的经济灾难也估计在内，中国的国民收入在 1957 年至 1975 年期间翻了一番多——人均增加 63%。"

（五）改革开放前 29 年的伟大历史意义

新中国的建立、社会主义基本制度的确立和社会主义基本改造的完成，使一个占当时世界人口四分之一的东方大国和文明古国比较顺利地实现了极为复杂、困难和深刻的社会变革，为中国社会主义事业的发展奠定了制度前提和实践基础。同时，在从新中国建立到改革开放前的 29 年间，毛泽东提出的关于国民经济恢复、关于社会主义所有制改造和社会主义和平过渡、关于社会主义经济政治文化制度的建立等思想，进一步丰富和发展了毛泽东思想，为社会主义建设道路的探索做出了重要贡献。

党的十一届三中全会后进行的改革开放和社会主义现代化建设，是新中国建立以后社会主义事业的接续奋斗和发展完善。今天，只有正确认识改革开放前 29 年对于改革开放的巨大意义，才能正确认识中国特色社会主义道路与改革开放前社会主义建设事业之间这种继承、发展、完善的关系，才能更全面地认识改革开放前 29 年在当代中国历史上的历史地位。正因为如此，党的十一届六中全会通过的《关于建国以来党的若干历史问题的决议》在评价改革开放前 29 年特别是"文化大革命"前在经济技术方面的贡献时说："我们现在赖以进行现代化建设的物质技术基础，很大一部分是在这期间建设起来的；全国经济文化建设等方面的骨干力量和他们的工作经验，大部分也是在此期间培养和积累起来的。"

总之，因为有了改革开放前 29 年打下的基础、成功的经验和失误的教训，又有了改革开放之后的正确决策和一系列路线方针政策，改革开放新时期才会使亿万人民的积极性、主动性和创造性得到极大调动，使中华民族大踏步地赶上时代前进的潮流，迎来了中华民族伟大复兴的光明前景。《关于建国以来党的若干历史问题的决议》这样指出："中国共产党在中华人民共和国成立以后的历史，总的说来，是我们党在马克思列宁主义、毛泽东思想指导下，领导全国各族人民进行社会主义革命和社会主义建设并取得巨大成就的历史。社会主义制度的建立，是我国历史上最深刻最伟大的社会变革，是我国今后一切进步和发展的基础。""三十二年来我们取得的成就还是主要的，忽视或否认我们的成就，忽视或否认取得这些成就的成功经验，同样是严重的错误。"

与改革开放之后相比，改革开放前 29 年新中国的社会主义建设成就和人民生活变化远没有那么显著，但这并不表明改革开放前 29 年新中国的社会主义建设成绩不重要。改革开放前 29 年的成就，客观上为实行改革开放做了各方面的准备。

| 三 | "中国道路"的经典表达

中国特色社会主义是科学社会主义基本原理的理论逻辑和中国共产党领导中国人民进行革命、建设和改革开放的实践逻辑的辩证统一，是根植于中华民族五千多年文明的历史逻辑和近代以来中华民族"救亡图存"、实现民族复兴的现实逻辑的辩证统一，是根植于中华大地、反映中国人民意愿、紧贴中国实际、顺应时代发展进步潮流，富有鲜明时代特征的社会主义，凝结着中国共产党和中国人民的伟大创造。

自己走出来的路是最可靠的路

关于"什么是社会主义，如何建设社会主义"这一问题，可以理解为这是理论和实践的关系问题，即对社会主义在理论上是如何理解的，在实践上又是什么样的。因此，对"中国道路"的探索和认识，首先与"什么是社会主义，如何建设社会主义"这一问题密切相关，对"中国道路"的准确理解，就是对社会主义的科学理解问题。

1984年6月30日，邓小平在《建设有中国特色社会主义》的谈话中说："什么叫社会主义，什么叫马克思主义，我们过去对这个问题的认识不是完全清醒的。"[①]

1989年，在一次与戈尔巴乔夫的谈话中，邓小平又说："多年来，存在一个对马克思主义、社会主义的理解问题，从一九五七年第一次莫斯科会谈，到六十年代前半期，中苏两党展开了激烈的争论。我算是那场争论的当事人之一，扮演了不是无足轻重的角色。经过二十多年的实践，回过头来看，双方都讲了许多空话。"[②]

事实上，早在中国社会主义革命与建设时期，毛泽东就谈到对社会主义的认识问题。1960年，美国记者埃德加·斯诺曾请毛泽东谈谈社会主义建设的经验。毛泽东后来说："至于社会主义建设，过去没有干过，还没有经验。你会说，不是已经干了十一年了吗？是干了十一年了，可是还缺乏知识，还缺乏经验，就算开始有了一点，也还不多。斯诺要我讲讲中国建设的长期计划。我说：'不懂得。'他说：'你讲话太谨慎。'我说：'不是什么谨慎不谨慎，我就是不晓得呀，就是没有经验呀。'"

1975年2月20日至23日，邓小平在接待萨莫拉·马谢尔率领的莫桑比克友好代表团时，应对方要求，在介绍中国革命与建设情况时说：

---

① 《邓小平文选》第三卷，人民出版社1993年版，第63页。
② 《邓小平文选》第三卷，人民出版社1993年版，第291页。

"路要靠自己走出来，自己走出来的路是最可靠的路。"

注意从中国实际出发，善于把马克思主义基本原理运用于中国革命、建设和改革开放的具体实践，并作出新的科学概括，"走自己的路"，是中国共产党的突出特点，也是突出优势。

我们现在回过头去看社会主义500多年的发展历史，经过了空想社会主义、科学社会主义、苏联社会主义实践、中国社会主义建设、中国特色社会主义建设、新时代中国特色社会主义建设六个阶段，新中国建立后对社会主义的探索与实践和改革开放以来的中国特色社会主义，是其中的两个重要阶段，尤其是中国特色社会主义开辟了世界社会主义的新境界，某种程度上昭示着世界社会主义发展的未来，正是"路要靠自己走出来，自己走出来的路是最可靠的路"这一论断的形象写照。

"中国道路"的历史整体性

改革开放以来，关于对"中国特色社会主义道路"的理解，中国共产党曾有过三次经典、完整的表述。

第一次是1982年9月1日邓小平在中国共产党的十二大开幕词中提出"建设有中国特色的社会主义"这一表述。邓小平说：

> "我们的现代化建设，必须从中国的实际出发。无论是革命还是建设，都要注意学习和借鉴外国经验。但是，照抄照搬别国经验、别国模式，从来不能得到成功。这方面我们有过不少教训。把马克思主义的普遍真理同我国的具体实际结合起来，走自己的道路，建设有中国特色的社会主义，这就是我们总结长期历史经验得出的基本结论。"[1]

---

[1]《邓小平文选》第三卷，人民出版社1993年版，第2—3页。

这段话阐述了一个非常重要的道理，提出了一个非常重大的命题，这就是"建设有中国特色的社会主义"。这个非常重要的道理和非常重大的命题，虽然是在党的十二大开幕词中首次提出的，但这并不意味着"中国特色社会主义道路"就是从党的十二大开始的，或者如有的同志所说"中国特色社会主义道路"是从党的十一届三中全会开始的。

党的十二大提出"建设有中国特色的社会主义"，包含十分丰富的内涵，它不仅深刻地总结了中国共产党自十一届三中全会以来有中国特色的社会主义建设的历史经验，而且深刻总结了新中国建立以来中国社会主义曲折发展的历史经验，以及中国共产党成立以来进行新民主主义革命的历史经验。

党的十二大提出的"建设有中国特色的社会主义"这一表述，至少包括这样几层含义：

(一)"把马克思主义的普遍真理同中国的具体实际结合起来"

"建设有中国特色的社会主义"这一重要道理和重大命题，首先涉及与马克思主义普遍真理的内在联系，这与中国共产党把马克思主义作为中国革命与建设事业的指导思想紧密联系。

其次，涉及把马克思主义普遍真理与中国的具体实际相结合。无论是把马克思主义作为中国共产党的指导思想，还是把马克思主义与中国的具体实际相结合，都不是自党的十一届三中全会开始的，更不是从党的十二大开始的。

党的十一届三中全会只是在"文化大革命"内乱结束后重新恢复了中国共产党的正确思想路线。把马克思主义普遍真理同中国的具体实际相结合，是中国共产党进行中国革命、建设和改革始终如一的行动准则，只不过在中国革命和建设的过程中有偏差、有失误，但这并不能也不宜否定中国共产党始终坚持把马克思主义基本原理同中国的具体实际相结合的一贯性。否则，容易割断、支离、甚至肢解中国共产党自成立以来为实现中华民族的国家独立、民族解放和国家富强、人民幸福的不懈追求与不懈奋斗的完整历史。

（二）"走自己的路"

这是对中国共产党自成立以来进行中国革命、建设和改革开放的根本特点的历史总结，也是把马克思主义基本原理与中国的具体实际相结合必然得出的历史结论。

中华民族"救亡图存"的各种试验表明，从"走西方人的路"到"走俄国人的路"，再到"走自己的路"，这是自1840年以来中华民族"救亡图存"、实现现代化和伟大复兴唯一正确的道路选择和历史轨迹。

在中国共产党100年来的奋斗历程中，"走自己的路"不仅贯穿着改革开放以来40多年历史的全过程，同样也贯穿着新中国建立以来70多年历史的全过程，贯穿着中国共产党成立以来100年的全过程。

因此，"走自己的路"不仅是贯穿中国社会主义改革开放新时期的根本特点，也是贯穿中国新民主主义革命时期和社会主义革命与建设时期的根本特点。

"走自己的路"，体现了中国共产党自成立以来坚持把马克思主义基本原理与中国具体实际相结合的历史一贯性，体现了中国共产党不懈探索中国革命、建设和改革开放之路的历史连续性，体现了中国共产党在探索中国特色社会主义道路上承前启后、一脉相承、继往开来的历史整体性。

（三）"建设有中国特色的社会主义"

"建设有中国特色的社会主义"，说明中国要建设的"社会主义"既不是马克思主义原始意义上的社会主义，也不是其他国家的社会主义，更不是资本主义，而是与中国还处于并将长期处于初级阶段基本国情相适应的社会主义，是"不发达的社会主义""不合格的社会主义"。

"建设有中国特色的社会主义"这一提法，"社会主义"清晰地表明了，坚持社会主义制度和前进方向是"建设有中国特色的社会主义"的根本点和出发点；"有中国特色"则是"建设有中国特色的社会主义"的着力点和落脚点。如果把"建设有中国特色的社会主义"比喻成一艘远洋巨轮，那么，"社会主义"就是这艘巨轮的方向盘、指南针和航标灯。

"建设"一词与"革命"一词相对应，它蕴含了中国共产党领导新民主主义革命和社会主义革命与建设"两步走"之间的相互关系。"革命"和"建设"是中国共产党领导中国人民实现中国现代化和中华民族伟大复兴的两大步骤，两者并不是相互分离、毫不相干的两段历史。"革命"是"建设"的前提和基础，"建设"是"革命"的目的和归宿。因此，理解中国新民主主义革命和中国社会主义革命与建设的关系，不能隔断、分离"革命"与"建设"之间的这种深层历史联系和内在逻辑联系，以"革命史"否定"建设史"，或者以"建设史"否定"革命史"，从而把中国共产党的历史看成是两段互不相干甚至相互对立的历史，这是极端错误的。要从"革命"到"建设"的历史发展和内在联系中深入认识中国共产党自成立以来的历史完整性和整体性。

（四）"这就是我们总结长期历史经验得出的基本结论"

所谓"历史经验"，是对过去历史实践中的思想和认识再一次上升到认识层面的理论总结，是"认识—实践—认识"的结果，是已经到历史实践中去、又从历史实践中来，经过历史实践检验而得出的正确思想和认识。

历史经验可以有许多条，然而"基本结论"或基本认识是其他结论和认识的基础和根本，舍此便不可能有其他的结论和认识。

"总结长期历史经验"，显然不仅仅是指自党的十一届三中全会至党的十二大的短暂的几年历史，其意应该包括新中国建立以来的历史甚至包括中国共产党自成立以来的历史。"建设社会主义"是中国共产党之所以"革命"的目标，"把马克思主义的普遍真理同中国的具体实际结合起来，走自己的路"，不仅是中国社会主义革命与建设的历史经验，同样也是中国共产党进行新民主主义革命的历史经验。只有从中国革命、建设和改革开放有机统一的层面，深刻认识"这就是我们总结长期历史经验得出的基本结论"，才能深入理解中国共产党进行中国革命、建设和改革开放的历史统一性，深入理解中国共产党在中国搞新民主主义革命的"革命史"与搞社会主义革命与建设的"建设史"的历史统一性，深入理解中国共产党100年来奋斗的历史完整性和整体性。

"中国道路"的三要素

第二次是中国共产党的十七大对"中国特色社会主义道路"做出的完整表述。党的十七大报告指出：

> "在中国共产党领导下，立足基本国情，以经济建设为中心，坚持四项基本原则，坚持改革开放，解放和发展社会生产力，巩固和完善社会主义制度，建设社会主义市场经济、社会主义民主政治、社会主义先进文化、社会主义和谐社会，建设富强民主文明和谐的社会主义现代化国家。"[①]

这一表述，全面、深刻地揭示了中国特色社会主义的领导力量、历史方位、基本路线、历史任务、总体布局和奋斗目标，是对中国特色社会主义道路的科学总结，符合中国特色社会主义现代化建设的客观规律，体现了人民的共同意志和根本愿望。

具体分析这一表述，可以看到，它包含一条基本路线、一个总体布局、一个发展目标。深刻认识中国特色社会主义道路的丰富内涵和关键要素，最根本的，就是要把握好这样"三个一"。

（一）"一条基本路线"

所谓"一条基本路线"，就是"以经济建设为中心、坚持四项基本原则、坚持改革开放"的基本路线。中国共产党的基本路线，是在深刻

---

① 《十七大以来重要文献选编》上，中央文献出版社2009年版，第9页。

认识中国社会主义初级阶段基本国情、准确把握中国社会主义建设根本任务的基础上制定的，集中体现了中国各族人民的根本利益和共同意志，反映了中国特色社会主义现代化建设的本质要求和发展规律，是中国共产党和中国社会发展的生命线，是实现科学发展的政治保证。

中国共产党反复强调："基本路线要管一百年，动摇不得。"

"以经济建设为中心"是兴国之要，是中国兴旺发达和长治久安的根本要求，是解决中国主要矛盾的根本方法。中国共产党提出，全党和国家的各项工作都要服从和服务于这个中心，而不能离开这个中心，更不能干扰这个中心。

"四项基本原则"是立国之本，是中国特色社会主义生存发展的政治基石，这个基石绝不能动摇。如果动摇了，或者坚持得不好，就会在政治上迷失方向，发展中国特色社会主义就无从谈起。

"改革开放"是强国之路，是建设有中国特色的社会主义的一项基本国策和强大动力。只有社会主义才能救中国，只有改革开放才能发展中国，发展社会主义，发展马克思主义。

"解放思想、实事求是"是发展中国特色社会主义的一大法宝。无论人类文明发展的历史还是中国共产党发展壮大的历史，无不是一部不断解放思想并且永无止境的历史。

坚持基本路线一百年不动摇，就是坚持走中国特色社会主义道路不动摇。

（二）"一个总体布局"

所谓"一个总体布局"，即中国特色社会主义经济建设、政治建设、文化建设、社会建设四位一体的总体布局。党的十二届六中全会提出了中国社会主义现代化建设的总体布局，党的十五大、十六大进一步明确了中国社会主义经济建设、政治建设、文化建设全面发展的目标和政策，深化了对社会主义现代化建设总体布局的认识。

党的十六大以后，中国共产党又提出了构建社会主义和谐社会的重大任务，使社会主义事业总体布局由经济建设、政治建设、文化建设"三位一体"发展为包括社会建设在内的"四位一体"。党的十七大报告从中国特色社会主义事业的长远发展出发，对"四位一体"的总体布局进行了系统阐述，对经济建设、政治建设、文化建设、社会建设的战略任务做出了全面部署。

把握"四位一体"的总体布局，就是要在经济建设上发展和完善社会主义市场经济体制，坚持和完善公有制为主体、多种所有制经济共同发展的基本经济制度，坚持按劳分配为主体、多种分配方式并存的分配制度。

在政治建设上坚持中国特色社会主义政治发展道路，坚持中国共产党的领导、人民当家做主、依法治国有机统一，坚持和完善人民代表大会制度、中国共产党领导的多党合作和政治协商制度、民族区域自治制度以及基层群众自治制度。

在文化建设上坚持中国特色社会主义文化发展道路，坚持社会主义先进文化前进方向，建设社会主义核心价值体系，一手抓公益性文化事业，一手抓经营性文化产业，使人民基本文化权益得到更好保障、社会文化生活更加丰富多彩、人民精神面貌更加昂扬向上，努力建设社会主义文化强国。

在社会建设上加快建设中国特色社会主义社会管理体系，加强和创新社会管理，坚持以保障和改善民生为重点，促进社会公平正义，努力使全体人民学有所教、劳有所得、病有所医、老有所养、住有所居，建设社会主义和谐社会。

党的十八大把"生态文明建设"又纳入中国特色社会主义事业，全面推进经济建设、政治建设、文化建设、社会建设、生态文明建设，实现以人为本、全面协调可持续的科学发展，形成了"五位一体"的总体布局，使生态文明建设的战略地位更加明确。党的十八大指出，建设中国特色社会主义的总依据是社会主义初级阶段，总布局是"五位一体"，总任务是实现社会主义现代化和中华民族伟大复兴。

党的十九大站在历史和全局的战略高度，对推进新时代"五位一体"总体布局作了全面部署，从经济、政治、文化、社会、生态文明五个方面制定了新时代统筹推进"五位一体"总体布局的战略目标。

(三)"一个发展目标"

所谓"一个发展目标"，即建设富强民主文明和谐的社会主义现代化国家。

早在 20 世纪 50 年代，毛泽东就提出要调动一切积极因素，把中国建设成为强大的社会主义国家。改革开放初期，邓小平从我国基本国情出发，设计了分"三步走"基本实现中国社会主义现代化的战略目标。

党的十五大根据改革开放以来我国经济社会发展的实际，对第三步战略目标提出了"新三步走"的发展目标，即通过到 2010 年、建党 100 周年和新中国建立 100 周年的三个发展阶段，基本实现现代化，建设富强民主文明的社会主义国家。

党的十七大提出了实现全面建设小康社会的奋斗目标，同时把促进社会和谐作为中国特色社会主义现代化建设的重要内容，明确提出要建设富强民主文明和谐的社会主义现代化国家。在纪念党的十一届三中全会召开 30 周年大会上，我们党进一步提出了到建党 100 周年时要全面建成惠及十几亿人口的更高水平的小康社会，到新中国建立 100 周年时要基本实现现代化，建成富强民主文明和谐的社会主义现代化国家。

党的十九大为我国下一步的发展提出了新的目标：到 21 世纪中叶，把我国建成富强民主文明和谐美丽的社会主义现代化强国。社会主义现代化奋斗目标从"富强民主文明和谐"进一步拓展为"富强民主文明和谐美丽"，增加了"美丽"的建设目标，使我国社会主义现代化的建设目标与"五位一体"的总体布局有了更好的对接，中国人民追求的美好生活更趋完美。新目标的提出，彰显了实现社会主义现代化奋斗目标的新内涵，明确了新时代中国特色社会主义的历史方位。

一条基本路线、一个总体布局、一个发展目标，这"三个一"相互联系、相辅相成，构成了一个有机统一的整体。其中，基本路线是总纲，是坚持和拓展中国特色社会主义道路的根本遵循；总体布局是支柱，是坚持和拓展中国特色社会主义道路的实践形式；发展目标是蓝图，是坚持和拓展中国特色社会主义道路的目标追求。

这样"三个一"，系统概括了新中国建立以来特别是改革开放以来中国共产党领导中国人民开辟中国特色社会主义道路的重要成果，集中体现了中国特色社会主义发展的根本要求和基本遵循。

"中国道路"的完整含义

第三次是中国共产党的十八大对"中国特色社会主义道路"做出的新表述。

党的十八大特别强调道路问题的重要性，指出："道路关乎党的命脉，关乎国家前途、民族命运、人民幸福。在中国这样一个经济文化十分落后的国家探索民族复兴道路，是极为艰巨的任务。"[1] 党的十八大报告对"中国特色社会主义道路"做了全面、深入的阐述，给了一个完整的定义：

> "就是在中国共产党领导下，立足基本国情，以经济建设为中心，坚持四项基本原则，坚持改革开放，解放和发展社会生产力，建设社会主义市场经济、社会主义民主政治、社会主义先进文化、社会主义和谐社会、社会主义生态文明，促进人的全面发展，逐步实现全体人民共同富裕，建设富强民主文明和谐的社会主义现代化国家。"[2]

---

[1]《十八大以来重要文献选编》上，中央文献出版社2014年版，第8页。
[2]《十八大以来重要文献选编》上，中央文献出版社2014年版，第9—10页。

这个定义，至少包括领导核心、基本国情、基本路线、根本任务、总体布局、奋斗目标等这样6个方面的内涵：

中国特色社会主义的领导核心是中国共产党的领导。

中国特色社会主义的基本国情是"三个没有变"。党的十八大报告说："我国仍处于并将长期处于社会主义初级阶段的基本国情没有变，人民日益增长的物质文化需要同落后的社会生产之间的矛盾这一社会主要矛盾没有变，我国是世界最大发展中国家的国际地位没有变。"[1] 在我国社会主要矛盾已经发生变化的基础上，党的十九大仍然认为，"我国社会主要矛盾的变化，没有改变我们对我国社会主义所处历史阶段的判断，我国仍处于并将长期处于社会主义初级阶段的基本国情没有变，我国是世界最大发展中国家的国际地位没有变。"[2]

中国特色的基本路线是"一个中心，两个基本点"，以经济建设为中心，坚持四项基本原则，坚持改革开放。

中国特色社会主义的根本任务是解放和发展社会生产力。

中国特色社会主义的总体布局是从"四位一体"到"五位一体"，建设社会主义市场经济、民主政治、先进文化、和谐社会、生态文明。

中国特色社会主义的奋斗目标是促进人的全面发展，逐步实现全体人民共同富裕，建设富强民主文明和谐的社会主义现代化国家。党的十九大又增加了"美丽"二字。

中国共产党的十八大为什么要十分强调道路问题的重要性？我们知道，近代以来，中华民族许多仁人志士苦苦追寻中华民族摆脱落后挨打、走上民族复兴的道路，在中国共产党成立之前都失败了。直到中国共产党成立之后，以毛泽东为代表的中国共产党人才成功开辟了中国革命的道路，新中国建立以来尤其是改革开放以来，终于探索出了中国社会主

---

[1]《十八大以来重要文献选编》上，中央文献出版社2014年版，第12–13页。
[2]《十九大以来重要文献选编》上，中央文献出版社2019年版，第9页。

义建设和改革开放发展的成功之路。党的十八大报告通过回顾这条道路的艰辛探索、开辟和发展，说明了这条道路实在是来之不易：

> "九十多年来，我们党紧紧依靠人民，把马克思主义基本原理同中国实际和时代特征结合起来，独立自主走自己的路，历经千辛万苦，付出各种代价，取得革命建设改革伟大胜利，开创和发展了中国特色社会主义，从根本上改变了中国人民和中华民族的前途命运。"[1]

这条道路历经千辛万苦，充满曲折，付出各种代价，充满教训。但是，直到今天还仍然充满了争论。进入新世纪新阶段以来，我国改革开放进入深水区、攻坚期，发展进入矛盾凸显期，面临的机遇和挑战都前所未有，在中国道路问题上还存在许多错误认识、模糊思想和观点分歧，影响、干扰甚至破坏到对这一道路的坚持，走其他路的声音和干扰一直不断，"走什么路"的问题一直成为社会上争论不休的问题，成为中国共产党必须回答的根本问题。所以，党的十八大特别强调道路问题的重要性，强调既不走封闭僵化的老路，也不走改旗易帜的邪路。

| 四 | "中国特色"的深刻内涵

在国际国内，都曾有人对"中国特色社会主义"发出质疑。

美国前总统克林顿的顾问曾说，中国特色社会主义实质上是中国特色资本主义。

俄罗斯前总统叶利钦的顾问也说，中国搞资本主义比俄罗斯聪明，

---

[1]《十八大以来重要文献选编》上，中央文献出版社2014年版，第8页。

说是搞"特色"社会主义，而不说搞资本主义。

中国国内也有人认为，中国特色社会主义是褪色的社会主义，实际上是搞新民主主义，也就是把已打倒的资产阶级和资本主义又请回来。

显然，"中国特色社会主义"不是说在中国的名义上搞"社会主义"，而实际上搞资本主义。否则，西方资本主义国家也不可能把中国放在"社会主义"阵营而一直实行所谓的"西化""分化"战略，实行"和平演变"、实行经济制裁、实行战略围堵和贸易遏制。

显然，不把"中国特色社会主义"的深刻含义搞清楚，容易模糊人们的思想认识。

那么，到底什么是"中国特色社会主义"呢？或者说中国特色社会主义到底"特"在哪里呢？这是准确理解"中国道路"不可忽视的重要理论和实践问题。

"中国特色"的社会主义性质

自 1848 年 2 月《共产党宣言》的发表，宣告了人类社会从资本主义向社会主义发展的新纪元，社会主义开始从空想变为科学。

自 1917 年 11 月俄国"十月革命"的胜利，宣告了社会主义开始从理论、理想变为实践、现实。

时至今日之世界，总体上还是一个"一球两制"的世界。当今世界还处于从资本主义向社会主义过渡的大历史时期，尽管苏联解体了、苏共垮台了，东欧社会主义发生剧变了，社会主义的发展遭遇过历史低谷，但再不能用资本主义"一统天下"的短视眼光与狭窄心胸来审视人类社会的发展了。

目前，处于强势的资本主义制度随着美国强势地位走向衰退，处于弱势的社会主义制度随着中国在国际地位的提升，而更受关注。虽然在相当长的历史时期内展露不出社会主义明显突出的优越性，但是正如

"东欧剧变"后举办的一次国际性学术会议上有学者指出的那样：隧道的尽头是社会主义。

如果说没有社会主义的世界是不完整的世界，那么，更可以说，没有中国特色社会主义的世界是不完整的世界。

甚至可以说，如果没有中国特色社会主义，当今的世界社会主义则不成其为世界社会主义。中国是人类的中国、是世界的中国，是全球的有机组成部分，是在全世界日显其重要作用和责任的重要组成部分。中国的社会主义，风景这边独好。

"中国特色"在于中国实践

中国特色社会主义的伟大实践，突出地表现为开辟了一条实现社会主义现代化的中国道路。

在世界历史进程中，西欧、北美，包括亚洲的日本，最早跨入现代化的门槛，尽管发展模式不尽相同，但都有着资本主义的共同本质。

当正在沉睡中的中国被西方列强的炮声惊醒时，已经失去了工业革命的历史机遇，失去了通过资本主义道路来实现现代化的历史机遇，在起跑线上已经远远地落后于发达国家。实现国家独立、民族解放，进而国家富强、人民富裕，赶上西方发达国家，必须另辟蹊径。

经过不屈不挠的艰辛探索，中国的先进分子在俄国"十月革命"的影响下，"走俄国人的路"，接受了马克思主义，成立了中国共产党，将中国引向社会主义的发展道路，领导中国人民取得了新民主主义革命的伟大胜利，开始了社会主义现代化建设的伟大实践，初步建立了社会主义制度赖以存在和发展的政治基础和物质基础。

新中国学习苏联社会主义建设的经验，在同资本主义进行历史性竞争的过程中，"苏联模式"的弊端逐渐暴露出来，最终演变为社会主义发展道路上的体制障碍，致使社会主义建设遭到巨大挫折。中国共产党通过深入总结历史经验，顺应历史潮流，实行改革开放，成功地开辟了中国特色社会主义道路，赋予了社会主义以"中国特色"。

以 1978 年 12 月中国共产党的十一届三中全会为标志，中国进入改革开放和社会主义现代化建设新时期。在新民主主义革命胜利奠基和中国社会主义革命与建设进行伟大而曲折探索的基础上，中国特色社会主义道路得以开辟、形成和发展。在这条道路上，中国实现了连续 40 多年的经济高速增长，人民生活水平普遍改善，综合国力显著增强，国际地位快速攀升，从而引发了国际社会对"中国道路""中国模式""中国经验"等的普遍关注和热烈讨论。

这一事实说明，中国特色社会主义道路闯出了人类社会通向现代化的一条新路。这条新路，既避免了资本主义通过侵略、掠夺和殖民给人类造成的痛苦经历，又克服了"苏联模式"高度集权、高度统一的体制弊端，符合中国基本国情和具体实际，顺应了世界和平与发展的时代潮流。

这一事实说明，通向现代化的道路不只有资本主义一条，社会主义建设的模式也不只有"苏联模式"，还可以开创出更多样、更宽广的康庄大道。

从"中国特色社会主义"的句法结构中可以看到，"中国特色"是"社会主义"的形容词、限定词、修饰词；"社会主义"既指社会主义的思想理论体系，又指社会主义的实践运动，还指社会主义的制度形态和社会形态。

"中国特色社会主义"，不仅表明中国的社会主义与马克思主义的社会主义、与其他国家的社会主义的本质联系，而且表明中国的社会主义相对于马克思主义的社会主义、与其他国家的社会主义来说，也有自己的特殊性。

"中国特色"的独立自主气派

世界历史已经证明并将继续证明，世界不可能没有中国，中国也不可能脱离世界；世界将以不同的方式走进中国，中国也必将以不同的方式融入世界。

"中国特色社会主义"，是全球化时代逐渐形成的全球格局、世界格局、国际格局的有机的重要组成部分。中国选择"独立自主"，走自己的路，是近代以来中国历史发展得出的基本结论和宝贵经验，也是中国融入世界、与他国交往的一种最理想、最有民族尊严的方式。

自 1648 年《威斯特伐利亚合约》签订以来的世界历史反复证明，一个国家如果没有真正的独立，就没有真正的自主；如果没有真正的自主，也就没有真正的独立。

很难想象，如果没有真正的"独立自主"，不走自己的路，没有新民主主义革命胜利争得中华民族真正的独立和主权，争得在这个世界上平等待我之民族的权利地位；如果没有新中国在独立自主的基础上，积极探索中国社会主义建设之路；如果没有改革开放新时期坚持高举和平、发展、合作的旗帜，坚持独立自主的和平外交政策，坚持走和平发展的道路，坚持互利共赢的对外开放战略、争取和平的国际环境来发展自己，又通过自身的发展来促进世界和平，中国会走出今天的"中国特色社会主义道路"。

中国特色社会主义不用更不允许别人干涉，不要别人"说三道四"，中国的问题应当由中国人自己来处理和解决。

"中国特色"的共时并存特征

马克思主义认为，在一般的意义上，社会历史发展可分历时态和共时态两种情形。

所谓历时态的情形，如资本主义产生于封建主义社会，社会主义产生于资本主义社会，它们在互动的过程中此消彼长。作为历时态出现的资本主义，是人类社会历史发展链条上不可缺少的环节。

所谓共时态的情形，如封建主义社会与资本主义并存，社会主义与资本主义社会并存，甚至封建主义、资本主义社会和社会主义并存。这种共时态的并存，是一种"异质态""多质态"社会的并存，一般它们不能相安无事，它们之间能否相安无事及其程度如何，则要取决于各种质态的成长度、发展度、文明度。

当今世界，是多样、多元、多质态社会共时并存的世界。因此，与西方资本主义并存并将长期并存，是"中国特色社会主义"的显著特征。正因为如此，构建和平共处、和谐世界，构建"人类命运共同体"，才成为必要与可能。

中国共产党成立100年来的历史，以铁的事实充分证明，只有社会主义才能救中国，只有中国特色社会主义才能发展中国。

"中国特色社会主义"鲜明地回答了当代中国走什么路、举什么旗的根本问题，鲜明地指出了坚持和发展中国特色社会主义对于推进我国社会主义现代化的极端重要性，鲜明地表达了中国共产党团结带领中国人民坚持中国特色社会主义的坚定信念。

党的十七大报告说："中国特色社会主义道路之所以完全正确、之所以能够引领中国发展进步，关键在于我们既坚持了科学社会主义的基本原则，又根据我国实际和时代特征赋予其鲜明的中国特色。"党的十八大报告进一步指出：

> "建设中国特色社会主义，总依据是社会主义初级阶段，总布局是五位一体，总任务是实现社会主义现代化和中华民族伟大复兴。中国特色社会主义，既坚持了科学社会主义基本原则，又根据时代条件赋予其鲜明的中国特色，以全新的视野深化了对共产党执政规律、社会主义建设规律、人类社会发展规律的认识，从理论和实践结合上系统回答了在中国这样人口多底子薄的东方大国建设什么样的社会主义、怎样建设社会主义这个根本问题，使我们国家快速发展起来，使我国人民生活水平快速提高起来。实践充分证

明，中国特色社会主义是当代中国发展进步的根本方向，只有中国特色社会主义才能发展中国。"①

党的十九大报告指出："经过长期努力，中国特色社会主义进入了新时代，这是我国发展新的历史方位。"并做了进一步的深入阐述：

"中国特色社会主义进入了新时代，意味着近代以来久经磨难的中华民族迎来了从站起来、富起来到强起来的伟大飞跃，迎来了实现中华民族伟大复兴的光明前景；意味着科学社会主义在二十一世纪的中国焕发出强大生机活力，在世界上高高举起了中国特色社会主义伟大旗帜；意味着中国特色社会主义道路、理论、制度、文化不断发展，拓展了发展中国家走向现代化的途径，给世界上那些既希望加快发展又希望保持自身独立性的国家和民族提供了全新选择，为解决人类问题贡献了中国智慧和中国方案。"②

党的十八大以来中国特色社会主义进入新时代，是承前启后、继往开来、在新的历史条件下继续夺取中国特色社会主义伟大胜利的时代，是决胜全面建成小康社会、进而全面建设社会主义现代化强国的时代，是全国各族人民团结奋斗、不断创造美好生活、逐步实现全体人民共同富裕的时代，是全体中华儿女勠力同心、奋力实现中华民族伟大复兴中国梦的时代，是我国日益走近世界舞台中央、不断为人类做出更大贡献的时代。

---

① 《十八大以来重要文献选编》上，中央文献出版社 2014 年版，第 10 页。
② 《十九大以来重要文献选编》上，中央文献出版社 2019 年版，第 7—8 页。

一切为了人民

YI QIE

WEILE RENMIN

第五章

举旗定向新时代

中国有句俗话：群雁高飞头雁领，船载万斤靠舵人。

办好中国的事情，关键在党。中国共产党是中国人民的"主心骨"、顶梁柱，是中国特色社会主义事业的领导核心。

中国共产党成立以来始终秉承"为中国人民谋幸福，为中华民族谋复兴"的初心与使命，在革命、建设和改革开放各个时期带领中国人民万众一心，接续奋斗，取得一个又一个伟大胜利。

中国特色社会主义进入新时代。新征程要有领路人，新航程需要掌舵者。党的十八大以来，以习近平同志为核心的党中央为新时代举旗定向，掌舵引航"中华号"这艘巨轮，团结带领中国人民开启奋进新时代的新航程。

|一| 接过历史的接力棒

2012年11月15日，习近平在当选为中共第十八届中央委员会总书记后与采访的中外记者见面时说："我们的责任，就是要团结带领全党全国各族人民，接过历史的接力棒，继续为实现中华民族伟大复兴而努力奋斗，使中华民族更加坚强有力地自立于世界民族之林，为人类做出新的更大的贡献。"[①]

2017年10月18日，党的十九大报告明确指出："经过长期努力，中国特色社会主义进入了新时代，这是我国发展新的历史方位。"[②]

"接过历史的接力棒""中国特色社会主义进入了新时代"，道出了党的十八大以来以习近平同志为核心的党中央对当代中国历史发展的深刻认知、对使命的深切感知和对责任的担当谙知。

---

① 《习近平谈治国理政》第一卷，外文出版社2018年版，第3—4页。
② 《十九大以来重要文献选编》上，中央文献出版社2019年版，第7页。

党的百年史是一部接续奋斗史

在近代以来中国 180 多年的历史发展进程中，只有中国共产党顺应和创造性地运用了中国近现代历史的发展大势和时代潮流，带领中国人民走向了新民主主义革命、社会主义革命与建设和中国特色社会主义的成功道路，团结带领中国人民前仆后继、顽强奋斗，把贫穷落后的旧中国变成了日益繁荣富强的新中国，中华民族伟大复兴展现出前所未有的光明前景。

中国共产党领导中国人民进行中国革命、建设、改革的历史进程，是一个历史发展的连续过程，中国共产党成立以来的百年史是一部接续奋斗的苦难辉煌史，而不是一个断裂、分离、没有内在联系的历史。

中国特色社会主义道路的成功开辟，是中国共产党始终坚持社会主义、共产主义崇高理想和奋斗目标，经过 100 年来不懈奋斗、接续奋斗，最终形成的重大成果，是全党全国人民的伟大创造。28 年新民主主义革命、近 30 年社会主义建设和 40 多年改革开放，只是实践的不同阶段，是互为联系的历史链条，构成一个递进的历史进程。

（一）中国社会主义革命和建设时期：中华民族站起来

"毛泽东时代"对中国新民主主义革命道路的成功实践和对中国社会主义革命与建设道路的探索，形成了毛泽东思想，形成了以毛泽东为核心的党中央。"毛泽东时代"最大的历史功绩，就是解决了有五千多年历史的文明古国自近代以来积贫积弱"挨打"问题，其典型特征就是让中华民族和中国人民"站起来"了。"毛泽东时代"尽管从社会主义经济政治基本制度上为中华民族"站起来""富起来"到"强起来"建立了根本的制度基础，但从国家经济社会发展的历史阶段上说，总体上还处于由落后挨打到"站起来"的历史发展时期。

从新中国建立到改革开放前，尽管我国的经济发展出现过严重失误和曲折，但总体上说，发展的速度还是比较快的。据统计资料显示，

1949 年我国的社会总产值为 557 亿美元，1976 年达到了 5433 亿美元，增长了近 10 倍。从工业总产值看，从 1949 年至 1977 年的 28 年间，我国的工业增长率平均达到 14.55%，重工业年均增长率为 19.44%，1976 年我国的工业总产值为 3262 亿元，是 1949 年的 23.3 倍，占当年社会总产值的 60%，其中重工业占 56.3%、轻工业占 43.7%。国家基础设施建设投资的 60% 以上投在了内地，布局得到极大改善，从而兴起了一大批新的工业基地，形成了工业门类日益健全、独立完整的工业体系。人口从 5 亿快速增长到 10 亿等。

总而言之，毛泽东把一个黑暗的旧中国变成了一个光明的新中国；一个四分五裂、内乱不已、匪患不绝、民不聊生的旧中国，变成了一个基本统一、人民安居乐业、各民族平等和睦相处的新中国。所有这些，都为改革开放后的腾飞发展打下了坚实地基。否则，不可能有后来这么快的稳定发展。所以，邓小平说："如果没有毛主席，至少我们中国人民还要在黑暗中摸索更长的时间。"

（二）改革开放新时期：中华民族富起来

从邓小平开辟改革开放新征程到党的十八大，可以统称为"邓小平时代"及"后邓小平时代"。"邓小平时代"及"后邓小平时代"，形成了以邓小平为核心的党中央、以江泽民为核心的党中央和以胡锦涛为总书记的党中央，形成了包括邓小平理论、"三个代表"重要思想和科学发展观在内的中国特色社会主义理论体系。"邓小平时代"及"后邓小平时代"的最大历史功绩，是解决了中国这个人口最多的世界大国吃不饱、穿不暖的"挨饿"问题，中国人民从此走上了富裕的道路，综合国力一年一年攀升。"邓小平时代"及"后邓小平时代"的主题是"改革开放、和平发展"，典型特征是中华民族开始"富起来"。

据国家统计数据显示，截止到 2012 年底，我国的国内生产总值（GDP）总量为 51.93 万亿元，约合 8.22 万亿美元，是 1978 年改革开放之初的 142 倍，占世界经济的比重达到 11.47%；人均 GDP 为 6100 美元，城镇居民的人均收入增加了 71 倍，农民人均收入增加了 59 倍，进出口增长了 187 倍，展现了中华民族基本"富起来"和初步"强起来"的新形象。

改革开放 40 多年来我国在中国特色社会主义道路上所取得的辉煌成就，让全世界都大吃一惊。我国的经济总量陆续赶超加拿大、意大利、法国、英国、德国，2010 年超过日本，成为世界第二大经济体，之后稳居这个位置，把日本越抛越远，距美国的差距越来越近。

（三）中国特色社会主义新时代：中华民族强起来

从党的十八大以来可以称为"习近平时代"。"习近平时代"形成了以习近平同志为核心的党中央，形成了"习近平新时代中国特色社会主义思想"。"习近平时代"的最大历史功绩是开启了中国特色社会主义新时代，开启了中华民族从"站起来""富起来"到"强起来"的新征程。"习近平时代"的时代主题可以称为"超越、复兴"，典型特征是中华民族开始"强起来"。

改革开放以来中国经济社会发展所取得的巨大成就，是"习近平时代"提出"中国特色社会主义进入新时代"的实践基础和重要依据。党的十八大以来，我国的经济社会发展和综合国力又迈上了一个大台阶，国家治理体系现代化水平不断提升，驾驭经济的能力不断增强，国家制度体系更加完备成熟，引领国际治理体系的影响日趋扩大，中华民族比近代以来历史上任何时期都更接近伟大复兴的目标，比近代以来历史上任何时期都更有信心和能力实现这个目标。

据国家统计数据显示，在 2012 年—2017 年习近平主政的第一个五年间，我国的经济发展由高增长期平稳进入中高速增长期，年均增长率为 7.2%，仍居世界主要经济体前列，大大高于世界平均水平的 2.5%，以及新兴经济体的平均水平 4.0%。2016 年我国的 GDP 达 74.4 万亿元，提前 4 年实现党的十六大提出的国内生产总值到 2020 年比 2000 年翻两番的目标；人均 GDP 为 8123 美元，首次突破 8000 美元，提前 34 年实现邓小平提出的人均 GDP 到 21 世纪中叶（即 2050 年左右）达到 8000 美元的目标；首次高于中高等收入国家人均 GDP 达 7939 美元，和全世界人均 GDP 为 10151 美元的差距进一步缩窄，接近于 2007 年前后的世界平均水平。2017 年，我国的国内生产总值（GDP）达 82.7 万亿元，首次突破 80 万亿元大关，是 1978 年的 227 倍；在 2012 年—2017 年的五年间，6000 多万贫困人口稳定脱贫，贫困发生率从 10.2% 下降到 4% 以下，有力助推了人类减贫事业发展。

矫正经济发展的"唯 GDP 主义"

中国改革开放 40 多年来，中国共产党从时代发展和中国国情出发，将党和国家的中心工作转移到社会主义现代化建设上来，坚持"一个中心，两个基本点"，使中国的经济社会发展取得了巨大成就，中国共产党的领导、国家政权建设和各项基本制度也日益完善，从而增强了社会主义道路自信、理论自信、制度自信和文化自信。

同时，由于在长期的经济发展过程中，经济发展方式没有及时做出相应调整和变革，各类经济、社会矛盾未能得到及时有效解决，以及由经济转轨、社会转型、利益多元、文化多样带来的复杂性、矛盾性，形成了简单的政绩观，传统发展方式带来了一系列新问题。诸如低成本出口战略以金融危机爆发为标志难以为继、低端产业主导的经济结构难以为继、资源环境的传统使用方式难以为继、生态环境破坏成为非常严重的问题、收入分配不公引发的社会问题使社会稳定大局难以为继等等。

面对目前或者未来经济增长可能会面临的困难，在总结改革开放以来我国社会主义现代化建设经验和教训的基础上，党的十六大提出了科学发展观，强调要坚持以人为本，全面、协调和可持续的发展观。科学发展观，是促进经济社会协调发展和人的全面发展的发展观，着力转变过度倚重经济增长的发展观、政绩观。就是说，一方面要保持经济的适度增长，一方面又要转变增长的传统观念，注重发展的目的，特别是不能以牺牲生态环境为代价来维持经济增长。

党的十八大以来，以习近平同志为核心的党中央对前30多年来我国经济社会的发展进行了新的系统思考和新的调整。一方面既充分看到了改革开放以来我国所取得的巨大成就，另一方面也充分看到了30多年来我国经济社会发展留下了诸多问题，比如过分侧重经济，造成了"GDP主义"，经济与社会发展之间严重失衡、社会分配不公、贫富差距过大；高速经济发展带来的巨大红利掩盖了很多政治方面的问题，党员干部的理想信念淡化、党的领导弱化，少数党政干部腐败，形成既得利益集团，等等。

很多年来，GDP主义已经成为我国经济社会发展唯一的信条，一切为了GDP，GDP就是一切。党的十八大以来，习近平着力打破经济发展上的这种"唯GDP主义"，扭转经济发展的航向，调整经济发展方式。习近平从时代要求和战略高度出发，深刻回答了为什么要全面深化改革、怎样全面深化改革等一系列重大理论和现实问题。

（一）确立"稳中求进"的总基调

习近平更加注重在"稳"与"进"的辩证关系中推动经济社会的可持续快速发展。他提出，要按照"稳中求进"的工作总基调，扎实推动经济的可持续健康发展。从经济发展的逻辑来看，"稳"始终是"进"的前提，而"进"则是"稳"的方向。确立"稳中求进"的发展思想，客观上是遵循经济发展规律，目的上是从人民群众的根本利益出发，以民生为重，打破以GDP论英雄的经济社会发展中的"唯GDP主义"。他认为，高GDP增长不是衡量成绩的唯一标准，要更加重视GDP的增长质量，并着力寻找GDP新的增长点。

所谓"稳中求进"，就是既要抓住发展机遇和战略机遇期，又要看到国际国内各种不利因素的长期性、复杂性、曲折性，不回避矛盾，不掩盖问题，从坏处准备，争取最好的发展结果。"稳中求进"的经济发展思想，适应了新时代中国经济改革和发展任务繁重的新要求。习近平提出这种"稳中求进"的经济发展思想，体现了致力于民生导向的经济发展思想。习近平始终以人民对美好生活的向往作为治国理政的奋斗目标，始终强调中国共产党的历史责任就是要团结带领全党全国各族人民，继续解放思想，坚持改革开放，不断解放和发展社会生产力，努力解决群众的生活生产困难，坚定不移走共同富裕的道路。

"稳中求进"的经济发展思想，要求在实践中避免将"发展是硬道理"扭曲为"唯GDP""唯经济效率论"和"唯市场化"；防止以"效率优先"为名损害社会公平正义、损害改善民生、损害生态环境；防止一些地区提出不切实际的发展目标和要求，遏制出现"形象工程"和"政绩工程"的现象，而要以人民群众的获得感、幸福感为归宿。这种以改善民生为目标的经济发展，即民生导向的经济发展，是广大人民群众的利益和实惠所在，深刻地体现了中国共产党人的初心和使命。

（二）重构中国经济社会发展"新常态"

针对破解经济社会发展中的难题，习近平陆续提出了"经济新常态""供给侧改革""亚投行""一带一路"等重大发展战略，强调要通过转方式、调结构、稳增长的政策，创新宏观调控思路和方式，建设创新型国家，通过创新驱动产业升级。

习近平强调要用发展促进增长、用社会全面发展摒弃GDP增长，经济发展方式要从粗放型、数量型模式转变为依靠结构优化、生产率提高、开拓创新型的集约型、质量型模式，用价值机制取代价格机制作为市场的核心机制，把改革开放的目标定位于可持续发展的社会主义市场经济。

习近平提出的经济"新常态"，是与GDP导向的旧经济形态与发展方式、发展模式不同的新经济形态和发展方式、发展模式，是经济学范式新转换、经济发展方式新变革、经济发展模式新转轨、经济增长方式新转变的综合体现。重构中国经济社会发展的"新常态"，彰显习近平对现实问题和未来挑战的清醒认识，彰显了习近平对现实机遇的从容把握和对未来发展的信心把握，彰显了习近平对自身使命的担当精神，彰显了习近平治国理政的政治智慧。

（三）让良好生态环境成为人民生活质量的增长点

习近平认为，良好生态环境是最公平的公共产品，是最普惠的民生福祉。经济发展、GDP 数字的加大，不是发展追求的全部，还要注重社会进步、文明兴盛的指标，特别是人文指标、资源指标、环境指标，国家的决策不仅要为今天的发展努力，更要对明天的发展负责，为今后发展提供良好基础和可以永续利用的资源和环境。

早在 2005 年，时任浙江省委书记的习近平就曾说："生态环境优势转化为生态农业、生态工业、生态旅游等生态经济的优势，那么绿水青山也就变成了金山银山。"①

2013 年 5 月 24 日，习近平在主持中共第十八届中央政治局第六次集体学习时说：

"建设生态文明，关系人民福祉，关乎民族未来。"

"生态环境保护是功在当代、利在千秋的事业。要清醒认识保护生态环境、治理环境污染的紧迫性和艰巨性，清醒认识加强生态文明建设的重要性和必要性，以对人民群众、对子孙后代高度负责的态度和责任，……为人民创造良好生产生活环境。"②

2015 年 1 月 20 日，习近平在云南考察工作时又指出，经济要发展，但不能以破坏生态环境为代价。生态环境保护是一个长期任务，要久久为功。一定要把洱海保护好，让"苍山不墨千秋画，洱海无弦万古琴"的自然美景永驻人间。他说："新农村建设一定要走符合农村实际的路

①《之江新语》，浙江人民出版社 2007 年版，第 153 页。
②《习近平谈治国理政》第一卷，外文出版社 2018 年版，第 208 页。

子，遵循乡村自身发展规律，充分体现农村特点，注意乡土味道，保留乡村风貌，留得住青山绿水，记得住乡愁。"[①]他还鲜明地提出了协调发展和绿色发展的理念，他说："协调发展、绿色发展既是理念又是举措，务必政策到位、落实到位。……要科学布局生产空间、生活空间、生态空间，扎实推进生态环境保护，让良好生态环境成为人民生活质量的增长点，成为展现我国良好形象的发力点。"[②]

2015年8月21日，中共中央在中南海召开党外人士座谈会，就中共中央关于制定国民经济和社会发展第十三个五年规划的建议听取各民主党派中央、全国工商联领导人和无党派人士的意见和建议，习近平系统地阐述了"五大发展理念"的重要指导意义。他说："'十三五'时期，我国发展面临许多新情况新问题，最主要的就是经济发展进入新常态。在新常态下，我国发展的环境、条件、任务、要求等都发生了新的变化。适应新常态、把握新常态、引领新常态，保持经济社会持续健康发展，必须坚持正确的发展理念。建议稿分析了全面建成小康社会决胜阶段的形势和任务，提出并阐述了创新、协调、绿色、开放、共享的发展理念，强调落实这些发展理念是关系我国发展全局的一场深刻变革。发展理念是发展行动的先导，是发展思路、发展方向、发展着力点的集中体现。要直接奔着当下的问题去，体现出鲜明的问题导向，以发展理念转变引领发展方式转变，以发展方式转变推动发展质量和效益提升，为'十三五'时期我国经济社会发展指好道、领好航。"

习近平还提出，中国经济社会发展必须牢固树立并贯彻创新、协调、绿色、开放、共享的"五大发展理念"，这对于破解发展难题、增强发展动力、厚植发展优势，具有重大现实意义和深远历史意义。他说，坚持

---

① 《习近平关于社会主义生态文明建设论述摘编》，中央文献出版社2017年版，第61页。
② 《习近平关于社会主义生态文明建设论述摘编》，中央文献出版社2017年版，第27页。

"五大理念"搞发展，将是关系中国发展全局的一场深刻变革。

避免政治上出现"颠覆性错误"

中国共产党的领导是中国特色社会主义最本质的特征和最大优势。坚持中国共产党的核心领导地位和执政地位，不断改进和完善中国共产党的领导方式和执政方式，提升中国共产党领导和执政的科学化水平，是实现中国社会主义国家治理体系和治理能力现代化的关键。

党的十八大以来，习近平尖锐地提出，党的执政地位和领导地位并不是自然而然就能长期保持下去的，中国共产党肩负的历史使命和世情、国情、党情的深刻变化，要求中国共产党必须不断提升领导水平、执政能力和国家治理能力。习近平着力提高中国共产党的核心领导地位和执政地位，重塑中国共产党执政的"新形象"，让人民群众心悦诚服，拥护、赞成和支持中国共产党的领导和执政。他在全党大力倡导"空谈误国，实干兴邦"的工作作风，推行"关于改进工作作风、密切联系群众的八项规定"，要求各级党政机关和领导干部坚持以人为本、执政为民，带头改进工作作风，带头深化基层调查研讨，带头密切联系群众，带头解决实际问题，出发点就在于提高人民群众对中国共产党的认同度、支持度和信任度。习近平带头从中央政治局抓起，从中共中央做起，以上率下，下大决心改进中国共产党的作风，以良好党风带动政风民风。

中国共产党的执政性质，决定了它同腐败是水火不相容的。随着改革开放的深入推进和社会主义市场经济的深入发展，一方面我国的经济社会发展取得了巨大成就，另一方面，中国共产党执政的官场生态也出现了严重问题，比如贪污腐败、买官卖官、权钱交易、权色交易、集体贿选、拉帮结伙、妄议中央、政治野心，有的人叫嚷"活着要进中南海，死了要入八宝山"等等，对社会风气起了非常恶劣的影响。因此，有人说，在中国共产党"赶考"的路上，"如果习近平不反腐，再过10

年就反不动了，那时候既得利益集团会变得很强大"。可以说，"如何对待腐败问题"，直接关系到人心向背，关系到中国共产党领导核心地位和执政地位的巩固与否，是一道绕不过的坎。

面对我国社会转型期中国共产党执政出现的严重腐败现象这一直接影响中国共产党核心领导地位和执政地位的巨大危机，习近平尖锐地指出，腐败亡党亡国，人心向背决定执政党的生死存亡，强调民心是最大的政治，正义是最大的力量，以一种壮士断腕、刮骨疗毒的勇气，推进中共的自我革新、自我革命，反复强调反腐败零容忍的态度不变，猛药去疴的决心不减，刮骨疗毒的勇气不泄，严厉惩处的尺度不松，"老虎""苍蝇"一起打。

2012年11月，习近平在就任中共中央总书记之初就以高度的政治敏感，把党风廉政建设和反腐败斗争摆到更加重要的位置。他说："反对腐败、建设廉洁政治，保持党的肌体健康，始终是我们党一贯坚持的鲜明政治立场。党风廉政建设，是广大干部群众始终关注的重大政治问题。'物必先腐，而后虫生。'近年来，一些国家因长期积累的矛盾导致民怨载道、社会动荡、政权垮台，其中贪污腐败就是一个很重要的原因。大量事实告诉我们，腐败问题越演越烈，最终必然会亡党亡国！我们要警醒啊！"[①]

一个政党，一个政权，其前途和命运最终取决于人心向背。习近平多次说，人民群众反对什么、痛恨什么，我们就要坚决防范和打击什么。人民群众最痛恨腐败现象，我们就必须坚定不移反对腐败，针对"反腐要亡党"等言论给予明确回击。他说，不反腐败确实要亡党，真反腐败不仅不会亡党，而且能增强党自我净化、自我完善、自我革命、自我提高能力，保持党同人民群众的血肉联系，使我们党更加坚强、更有力量。对腐败分子，决不能放过去，放过他们就是对人民的犯罪、对党不负责任！他说：

[①]《十八大以来重要文献选编》上，中央文献出版社2014年版，第81页。

"人民把权力交给我们，我们就必须以身许党许国、报党报国，该做的事就要做，该得罪的人就得得罪。不得罪腐败分子，就必然会辜负党、得罪人民。是怕得罪成百上千的腐败分子，还是怕得罪十三亿人民？不得罪成百上千的腐败分子，就要得罪十三亿人民。这是一笔再明白不过的政治账、人心向背的账！中央要求各级干部不做'太平官'，中央领导层首先不能做'太平官'。对腐败分子，我们决不能放过去，放过他们就是对人民的犯罪、对党不负责任！我们这么强力反腐，对腐败采取零容忍的态度，目的是什么呢？是为了赢得党心民心。"①

　　习近平强力反腐，深刻体现了马克思主义的政治立场，坚守了中国共产党人的初心和使命，维护了"人民就是江山"的政治信条，不反腐共产党就会被人民疏远甚至抛弃，江山就会完了。在一定意义上说，党的十八大以来，习近平开展的强力反腐，从政治上矫正了中国的政治方向，避免了出现"颠覆性错误"。

党的十八大至党的十九大 5 年期间的反腐成绩单

　　有一组数据可以充分说明党的十八大以来习近平强力反腐的力度。据新华社 2017 年 10 月 19 日报道，从党的十八大到党的十九大的 5 年，中共中央纪律检查委员会共立案审查省军级以上党员干部及其他中管干部 440 人。其中，包括中共十八届中央委员、候补委员 43 人，中央纪委委员 9 人，还包括像周永康、薄熙来、郭伯雄、徐才厚、孙政才、令计划、苏荣等这样的"大老虎"，实现了 31 个省区市"打虎"全覆盖，打虎无禁区；厅局级干部 8900 余人，县处级干部 6.3 万人；处分基层党员干部 27.8 万人；追回外逃人员 3453 名，"百名红通人员"48 人落网。

---

① 《习近平关于全面从严治党论述摘编》，中央文献出版社 2016 年版，第 185—186 页。

对党的十八大以来 5 年的强力反腐成就，现任中华人民共和国国家副主席的王岐山曾有一个十分中肯的评价。他说：

> "十八大以来的 5 年，是党和国家发展进程中极不平凡、波澜壮阔的 5 年。以习近平同志为核心的党中央不忘初心、砥砺奋进，有效应对国际国内诸多风险和挑战，解决了许多长期想解决而没有解决的难题，办成了许多过去想办而没有办成的大事，取得全方位、开创性成就，开启了中国特色社会主义新时代。党和国家事业发生历史性变革，归其根本在于以习近平同志为核心的党中央坚强领导。习近平同志对坚持党的领导旗帜鲜明、立场坚定，不仅在说、更是在做，无论哪个领域和哪方面工作，无一不从加强党的领导抓起，以强烈的使命担当，树立起党中央集中统一领导的权威，从根本上扭转党的领导弱化、党的建设缺失、从严治党不力的状况，真正体现出中国特色社会主义最本质的特征，校正了党和国家前进的航向。"①

为了把中国共产党建设成为一个"干部清正、政府清廉、政治清明"的执政党，习近平还创造性地提出了"绿色政治生态理念"这一概念。所谓"绿色政治生态理念"，是指政治生态清明，从政环境优良。他说，自然生态要山清水秀，政治生态也要山清水秀。政治生态污浊，从政环境就恶劣；政治生态清明，从政环境就优良。政治生态和自然生态一样，稍不注意，就很容易受到污染，一旦出现问题，再想恢复就要付出很大代价。严惩腐败分子是保持政治生态山清水秀的必然要求，党内如果有腐败分子藏身之地，政治生态必然会受到污染。营造绿色政治生态，要

---

① 《旗帜鲜明坚持党的领导 兑现对人民的庄严承诺》，《人民日报》2017 年 10 月 20 日。

抓好领导干部这个"关键少数"，要教育引导各级领导干部立正身、讲原则、守纪律、拒腐蚀，形成一级带一级、一级抓一级的示范效应，积极营造风清气正的从政环境。

改进工作作风，就是要净化政治生态，营造廉洁从政的良好环境。2013年1月22日，他在第十八届中央纪律检查委员会第二次全体会议上说："工作作风上的问题绝对不是小事，如果不坚决纠正不良风气，任其发展下去，就会像一座无形的墙把我们党和人民群众隔开，我们党就会失去根基、失去血脉、失去力量。"[①]

党的十八大以来，以习近平同志为核心的党中央坚持全面从严治党、依规治党，深入推进党风廉政建设和反腐败斗争，巩固反腐败斗争成果，健全改进作风长效机制，着力构建不敢腐、不能腐、不想腐的体制机制，着力解决一些干部不作为、乱作为等问题，积极营造风清气正的政治生态，形成敢于担当、奋发有为的精神状态，努力实现干部清正、政府清廉、政治清明，为经济社会发展提供坚强政治保证。党的十九大报告坚定地指出："只有以反腐败永远在路上的坚韧和执着，深化标本兼治，保证干部清正、政府清廉、政治清明，才能跳出历史周期率，确保党和国家长治久安。……强化不敢腐的震慑，扎牢不能腐的笼子，增强不想腐的自觉，通过不懈努力换来海晏河清、朗朗乾坤。"[②]

所有这些，让人深刻感受到中国共产党将反腐败斗争进行到底、坚决避免政治上出现"颠覆性错误"的坚强意志和坚定决心。

既不走老路也不走邪路

中国共产党领导中国人民所走的中国革命、建设和改革开放的社会

① 《习近平谈治国理政》第一卷，外文出版社2018年版，第387页。
② 《十九大以来重要文献选编》上，中央文献出版社2019年版，第47页。

主义道路，使我国取得了新民主主义的伟大胜利和社会主义建设的巨大成就，中国特色社会主义道路使我国社会主义现代化建设举世瞩目。但是，在这条道路的行进过程中，不仅充满了艰辛、曲折和教训，而且一直充满了争论、非议甚至否定。在"中国道路"问题上，总有那么一股势力企图改变我国改革开放的社会主义方向。尤其是进入新世纪新阶段以来，我国改革开放进入深水区、攻坚期，发展进入矛盾凸显期、胶着态，面临的机遇和挑战都前所未有，有些人怀疑、质疑甚至否定这条道路，干扰、破坏对这一道路的坚持，走其他道路的声音一直不断。"走什么路"的问题一直成为社会上争论不休的问题，成为中国共产党必须回答的根本问题。

在改革开放40多年后，中国特色社会主义这艘大船到底要驶向哪里，改革开放继续往前走，到底要举什么旗、走什么路，这是一个事关中华民族生死存亡、兴衰成败的大课题。

由于改革开放以来我国经济的高速发展所造成的矛盾"叠加"，中国特色社会主义在前进道路上必然面临一些突出问题和攻坚克难，容易形成因畏难而产生的动摇、怀疑乃至悲观的社会情绪和社会心态，甚至出现一些模糊思想和错误认识。同时，以美国为首的西方资本主义发达国家依据其经济、科技、军事和政治、文化软实力上的优势，软硬兼施，企图以"和平演变"的方式对我国进行"西化""分化"，改变我国改革开放的发展航向。诸如"质疑改革开放"论、"改革开放前后矛盾"论、"中国改革停滞"论、"中国改革只有经济体制改革，没有政治体制改革"论等论调，诸如新自由主义、普世价值论、民主社会主义、历史虚无主义、西方宪政论、新闻自由论等社会思潮，一时甚嚣尘上，企图干扰党的十八大的举旗定向。

因此，到党的十八大召开前夕，社会上各种噪音、杂音层出不穷，莫衷一是，极大地干扰了中国改革开放的道路选择，成为一个非常敏感的时期。对改革开放和中国特色社会主义道路的认识，一个突出的现象就是不能理直气壮地宣扬它的伟大成就，不能把它归功于中国共产党的坚强领导，不能科学地总结被实践证明是行之有效的做法经验，不能上升为理论上的科学体系、政治上的"合法性"和合理性。在西方的经济规则、政治标准和话语体系中，我国的改革开放和社会主义市场经济体制好像就不是市场经济，而是"国家操纵"的非市场经济国家；中国特色社会主义政治民主好像就不是民主政治，而是专制政治的"一党执政"；中国特色社会主义文化好像就不是文化的发展繁荣，而只是意识形态的操纵等。这些偏见，支配着海外舆论，在国内也有不容忽视的回响和呼应。

在事关道路选择的关键时刻，党的十八大报告鲜明地提出：

> "在改革开放三十多年一以贯之的接力探索中，我们坚定不移高举中国特色社会主义伟大旗帜，既不走封闭僵化的老路、也不走改旗易帜的邪路。中国特色社会主义道路，中国特色社会主义理论体系，中国特色社会主义制度，是党和人民九十多年奋斗、创造、积累的根本成就，必须倍加珍惜、始终坚持、不断发展。"[1]

2016年7月1日，在庆祝中国共产党成立95周年大会的讲话中，习近平再一次明确指出："改革必须坚持正确方向，既不走封闭僵化的老路、也不走改旗易帜的邪路。"[2]

所谓"不走封闭僵化的老路"，就是不走改革开放前的传统社会主义路子，包括苏联模式的社会主义老路。这是汲取了新中国建立后改革开放前、我国搞封闭式、僵化式社会主义既有成功也有失误，甚至发生过严重曲折的经验教训，是汲取了20世纪八十年代末九十年代初东欧剧

---

[1]《十八大以来重要文献选编》上，中央文献出版社2014年版，第9页。
[2]《习近平谈治国理政》第二卷，外文出版社2017年版，第39页。

变、苏联解体的深刻教训。苏联模式的社会主义建设也曾取得过辉煌成就，在消灭失业、发展社会福利、实现免费教育等方面，当时世界上都曾为之振奋。但是，从总体上看，苏联模式的社会主义并没有建立起一个公正、和谐、人民有获得感的社会，尤其是没有把"人民对美好生活的向往"作为奋斗目标。新中国自身社会主义建设探索的失误教训和苏联解体、东欧剧变的前车之鉴，警示中国共产党绝不能领导中华民族和中国人民走传统社会主义的"老路"。

所谓"不走改旗易帜的邪路"，就是不会放弃社会主义旗帜和改变社会主义的前进方向，改弦易辙走西方资本主义的发展道路，或者改走一些西方社会民主党执政的发达国家所主张的民主社会主义道路。这表明中国共产党始终坚持走中国特色社会主义道路的政治立场，坚持中国共产党的领导、人民当家做主、依法治国三者的统一，绝不照搬西方政治模式，鲜明地回应了一部分人希望中国推行西方式政治体制改革和西方"和平演变""颜色革命"的图谋。

两个"不走"，其实都是要坚定一条正确道路，这就是中国特色社会主义道路。因为历史和实践证明，其他道路都不适合中国的具体国情，中国只能走中国特色社会主义道路，这是经过长期探索、被实践证明了的正确道路。党的十八大报告深刻指出："回首近代以来中国波澜壮阔的历史，展望中华民族充满希望的未来，我们得出一个坚定的结论：全面建成小康社会，加快推进社会主义现代化，实现中华民族伟大复兴，必须坚定不移走中国特色社会主义道路。"[1]

历史和实践一再证明，道路选择对了，就能给国家、民族和人民带来实实在在的利益，道路一旦走偏了，那就什么事都办不成。2014年4月1日，习近平在布鲁日欧洲学院发表演讲时说，独特的文化传统，独特的历史命运，独特的国情，注定了中国必然走适合自己特点的发展道

---

[1]《十八大以来重要文献选编》上，中央文献出版社2014年版，第8页。

路。我们走出了这样一条道路，并且取得了成功。

中国必须坚持走中国特色社会主义道路，这既是由近代以来中国非常深刻的历史原因、复杂的社会背景所决定的，是由中国历史、中国人民和中国实践的必然选择所决定的，也是由以习近平同志为核心的党中央坚定的马克思主义政治立场、坚定的共产主义理想信念和"以人民为中心"的价值追求所决定的。习近平说：

> "我们要坚信，中国特色社会主义道路是实现社会主义现代化的必由之路，是创造人民美好生活的必由之路。我们要坚信，中国特色社会主义理论体系是指导党和人民沿着中国特色社会主义道路实现中华民族伟大复兴的正确理论，是立于时代前沿、与时俱进的科学理论。我们要坚信，中国特色社会主义制度是当代中国发展进步的根本制度保障，是具有鲜明中国特色、明显制度优势、强大自我完善能力的先进制度。"①

以习近平同志为核心的党中央坚持改革开放的正确方向，始终坚持和完善中国共产党的领导，坚持和完善中国特色社会主义制度，始终走在中国特色社会主义的大道上。中国共产党的领导是中国特色社会主义最本质的特征和最大优势，中国要建设的是中国特色社会主义而不是其他什么主义，偏离了这一条方向就完全偏了。在改革开放的方向问题上，中国共产党保持清醒头脑，排除各种干扰，不动摇、不懈怠、不折腾，始终坚定中国特色社会主义道路自信、理论自信、制度自信和文化自信。

---

① 《习近平谈治国理政》第二卷，外文出版社2017年版，第36页。

|二| 中国特色社会主义进入新时代

中国特色社会主义进入了新时代，"新时代"三个字其中的一个"新"字，内涵丰富，令人遐想，既象征着党的十八大以来与以前有着深层次、根本性的历史性变革，又意味着以习近平同志为核心党中央将给中国人民和中华民族带来对未来的美好想象，充满对未来的美好憧憬。党的十九大提出的"新时代"三个字，不仅让中华民族和中国人民充满想象力，也让全世界充满想象力。

历史性成就与历史性变革

党的十九大报告从经济建设取得重大成就、全面深化改革取得重大突破、民主法治建设迈出重大步伐、思想文化建设取得重大进展、人民生活不断改善、生态文明建设成效显著、强军兴军开创新局面、港澳台工作取得新进展、全方位外交布局深入展开、全面从严治党成效卓著等10个方面，阐发了党的十八大以来五年所取得的历史性成就是全方位、开创性的，五年来的历史性变革是深层次、根本性的。

担任中共中央总书记以来，习近平科学把握当今世界和当代中国的发展大势，顺应时代要求和人民愿望，以巨大的政治勇气和强烈的责任担当，提出了一系列治国理政的新理念新思想新战略，出台了一系列重大方针政策，推出了一系列全面深化改革的重大举措，推进了一系列重大工作，解决了许多长期想解决而没有解决的难题，办成了许多过去想办而没有办成的大事，推动党和国家事业发生历史性变革。这些历史性变革，对党和国家事业发展具有重大而深远的影响。

为什么说党的十八大以来的五年就标志着中国特色社会主义进入了新时代？这就意味着近代以来久经磨难的中华民族迎来了从"站起

来""富起来"到"强起来"的伟大飞跃，迎来了实现中华民族伟大复兴的光明前景呢？这是由党的十八大以来中国的经济社会发展站到了一个新的历史起点上所决定的。

党的十八大以来我国的经济发展成就

我国国家统计局公布的数据显示，截至 2019 年底，我国的经济总量达到 99.0865 万亿元，按照年平均汇率折算，达 14.4 万亿美元。根据 IMF（国际货币基金组织）预测，中国占世界经济总量的比重从 2012 年的 11.4% 提高到 16.58%[1]；与美国的距离进一步缩小，达到美国的 67.2%；对世界经济增长的贡献率达 30% 左右[2]；人均国内生产总值达 10276 美元，达到世界平均水平的 90%[3]，接近于 20 世纪 70 年代末美国、德国、法国、日本的水平，接近于 20 世纪 80 年代初英国的水平，接近于 20 世纪 90 年代初韩国的水平。

党的十八大以来，我国的经济社会发展水平又迈上了一个大台阶，比历史上任何时期都更接近于中华民族伟大复兴的目标，推动了党和国家事业发生了历史性变革。特别是确立了"五位一体""四个全面""五大发展理念"等许多大政方针，确立了国家的战略转型和发展模式转型，包括国家治理现代化。这些历史性成就是全方位的、开创性的，这些历史性变革是深层次的、根本性的，标志着我国的发展在"站起来""富起来"的基础上，将迎来全面建成小康社会、进入基本实现现代化和全面建成社会主义现代化强国的光明前景，中华民族将步入从"富起来"到

---

① 参见《2019 年我国 GDP 近百万亿元，增长 6.1%——人均 1 万美元，了不起》，《人民日报》2020 年 1 月 18 日。

② 参见《国际货币基金组织将中国经济增长预期上调至 6%》，《环球时报》2020 年 1 月 21 日。

③《2019 年我国 GDP 近百万亿元，增长 6.1%——人均 1 万美元，了不起》，《人民日报》，2020 年 1 月 18 日。

"强起来"的发展时期。

我国是世界上历史最悠久的文明国家之一、最大的社会主义国家、最大的发展中国家，开创中国特色社会主义道路所取得的巨大成就，坚持中国特色社会主义"四个自信"，其意义不仅突出地体现在国内，而且也必然延伸到国际，深刻地影响世界。

在苏联解体、东欧剧变后，我国站在了世界社会主义运动的最前沿，在很大程度上代表着世界社会主义运动的命运和前途。此外，我国所代表的还是曾经被西方列强已经征服或想征服的发展中国家，我国步入基本实现现代化和全面建成社会主义现代化强国的新征程，将意味着曾经被西方列强宰割的发展中国家也完全可以找到自己的发展道路，决定自己的命运，打破"西方中心论""西方优势论"的神话。这是中国特色社会主义对世界社会主义发展的巨大贡献，具有"划时代"的世界意义。

中国特色社会主义事业的勃勃生机，是近百年来世界历史上最震撼的事件，它改变的不仅仅是中华民族和中国人民的面貌，而且是世界格局。随着中国改革开放的深入发展和国际地位的日益提升，我国正前所未有地走近世界舞台的中央，前所未有地成为世界关注的中心。更具有标志性意义的是，在全球化的背景下，中国特色社会主义进入新时代，中华民族将为人类社会发展做出新的更大贡献。当今世界正处于大发展大变革大调整时期，全球面临经济失衡、生态危机、两极分化、国际秩序失序、国际格局调整、全球治理转型等问题。党的十八大以来，以习近平同志为核心的党中央着眼全球、展现大国的担当精神和世界情怀，倡导构建人类命运共同体，促进全球治理体系变革，为世界安全、全球治理阐发中国立场、阐述中国方案，贡献中国智慧，中国的国际影响力、感召力、塑造力进一步提高，为世界和平与发展做出了新的重大贡献。

中国特色社会主义进入新时代，将意味着中华民族的伟大复兴是21世纪全球发展的重要引领力量，中华民族将同世界各国人民一道共同创造人类社会的美好未来。

中国发展新的历史方位

改革开放以来，我国在中国特色社会主义道路上奋斗 40 多年，创造了举世瞩目的"中国奇迹"。尤其是党的十八大以来，面对世界经济复苏乏力、局部冲突和动荡频发、全球性问题加剧的外部环境，面对我国经济发展进入新常态等一系列深刻变化，中国共产党带领中国人民坚持"稳中求进"的工作总基调，迎难而上，开拓进取，取得了改革开放和社会主义现代化建设极不平凡的历史性成就。生产力决定生产关系，经济基础决定上层建筑。我国的发展不仅必然带来国内经济政治文化社会的深刻调整和变化，也必然带来国际关系、国际政治和世界格局的深刻调整和变化。

"中国特色社会主义进入了新时代，这是我国发展新的历史方位。"这是党的十九大对当代中国发展新的历史方位做出的重要论断。党的十九大报告指出：

> "改革开放之初，我们党发出了走自己的路、建设中国特色社会主义的伟大号召。从那时以来，我们党团结带领全国各族人民不懈奋斗，推动我国经济实力、科技实力、国防实力、综合国力进入世界前列，推动我国国际地位实现前所未有的提升，党的面貌、国家的面貌、人民的面貌、军队的面貌、中华民族的面貌发生了前所未有的变化，中华民族正以崭新姿态屹立于世界的东方。"[1]

在党的十九大之前，立足于"社会主义初级阶段"的总依据，习近平曾针对当代中国发展的历史方位明确提出了"三个前所未有"的重要论断：我们前所未有地靠近世界舞台中心，前所未有地接近实现

---

[1]《十九大以来重要文献选编》上，中央文献出版社 2019 年版，第 7 页。

中华民族伟大复兴的目标，前所未有地具有实现这个目标的能力和信心。在空间与时间、历史与现实、中国与世界的坐标上，标示出了当代中国的发展大势与中华民族伟大复兴在世界大势中的历史方位。

（一）中国前所未有地靠近世界舞台中心

自1978年中国共产党实行"对外开放"的基本国策以来，我国的对外开放走过了40多个年头。今天的中国已经成为世界第一大贸易国，成为全球发展的最大"利益相关者"，国际地位得到显著提高，越来越成为一个影响世界形势、国际格局和发展变化的举足轻重的发展中大国。尽管几十年来国际社会在评论中国特色社会主义发展道路时有不同声音、不同立场和不同态度，然而世界越来越关注中国，中国已成为世界媒体报道中出现频率最高的国家之一，直接体现出中国在世界上与日俱增的国际影响力。我国前所未有地靠近世界舞台中心，已成为国际社会不争的事实。

（二）中国前所未有地接近实现中华民族伟大复兴的目标

中华民族从具有五千多年文明的历史中走来，曾长期处于世界文明的中心。然而，近代以来，西方列强用军事侵略、政治控制、经济掠夺和文化渗透将中国拖入近代历史和世界格局之中，沦为半殖民地半封建社会，沦落为世界的边缘。今天的中国从170多年的苦难史中走来，从中国共产党近100年的奋斗史中走来，从70多年建设尤其是改革开放40多年的发展中走来，创造了"世界奇迹"，用几十年时间走过了西方资本主义发达国家几百年的发展历程。改革开放40多年来，我国经济占世界经济比重不断上升，我国的发展变化正在广泛而深刻地影响世界，与世界的关联度空前增强，正从世界舞台不太中心甚至一度边缘化的位置向中心位置靠近。我国已经是一个有一定政治地位的大国，对世界经济的复苏起着巨大推动作用，国际话语权随着经济实力的攀升而提升，前所未有地接近实现中华民族伟大复兴的目标。

（三）中国前所未有地具有实现这个目标的能力和信心

近年来，世界经济处于深度调整期，欧、美、日等世界主要经济体对世界经济增长的带动作用明显减弱；印度等国虽然增速较快，但由于经济规模不大，还不能成为带动世界经济增长的主力，而巴西、俄罗斯等国尚未走出衰退阴影。与此同时，我国对外开放步伐加快，与世界经济的融合度日益提高，经济发展进入新常态，虽然经济增速有所放缓，但仍然保持了中高速增长，位居世界主要经济体最前列。显然，我国是世界上发展速度最快、变化最活跃、对世界产生广泛而深刻影响的发展中国家。当前，我国正值新一轮对外开放的重要时期，与世界各国的经济交往在未来将更为密切，我国经济对世界经济发展的贡献只会越来越大。相信未来会有更多的国家感受到"中国机遇"，受益于"中国机遇"，并与中国进行更多的良性互动，搭乘"中国列车"，为世界经济创造一个更好的未来。更为关键的是，当代中国拥有中国共产党坚强有力的领导和执政，坚持中国共产党的领导是中国特色社会主义最本质的特征和最大优势，中国前所未有地具有实现中华民族伟大复兴中国梦目标的能力和信心。

中国特色社会主义制度有利于集中力量办大事。作为发展中国家，我国何以在远远落后于西方资本主义发达国家处于显著劣势的情况下实现跨越发展，用几十年时间就走完了它们几百年走过的工业化历程？其中，一个十分关键的原因就是制度优势，就是能够集中力量办大事。邓小平曾说："社会主义同资本主义比较，它的优越性就在于能做到全国一盘棋，集中力量，保证重点。"①

习近平以历史唯物主义的锐利目光，深刻洞察世界发展大势，全面审视中国与世界的关系，准确把握中国新的世界方位。他说：

---

① 《邓小平文选》第三卷，人民出版社1993年版，第16-17页。

"我国已经进入了实现中华民族伟大复兴的关键阶段。中国与世界的关系在发生深刻变化，我国同国际社会的互联互动也已变得空前紧密，我国对世界的依靠、对国际事务的参与在不断加深，世界对我国的依靠、对我国的影响也在不断加深。我们观察和规划改革发展，必须统筹考虑和综合运用国际国内两个市场、国际国内两种资源、国际国内两类规则。"①

在"三个前所未有"重要论断的基础上，党的十九大报告进一步用"五个时代"来具体说明了"新时代"的丰富内涵：

"新时代"是承前启后、继往开来、在新的历史条件下继续夺取中国特色社会主义伟大胜利的时代；

"新时代"是决胜全面建成小康社会、进而全面建设社会主义现代化强国的时代；

"新时代"是全国各族人民团结奋斗、不断创造美好生活、逐步实现全体人民共同富裕的时代；

"新时代"是全体中华儿女勠力同心、奋力实现中华民族伟大复兴中国梦的时代；

"新时代"是中国日益走近世界舞台中央、不断为人类做出更大贡献的时代。

这"五个时代"的内涵非常丰富，它回答了这样五个重大问题：

中国要走什么样的道路？

中国要建设成为什么样的国家？

中国要实现什么样的发展？

中国要达到什么样的目标？

中国要做出什么样的贡献？

①《习近平谈治国理政》第二卷，外文出版社2017年版，第442-443页。

党的十九大立足中国、放眼世界，把握时代脉搏，把握中国发展大势和世界发展大势，从中华民族前进发展的纵坐标和世界力量对比变化的横坐标，认清当代中国所处的新的世界方位，既不超越历史发展阶段盲目冒进，也不消极等待被动应付，坚持从世情、国情、党情出发，坚持从自身发展需要和战略目标出发，积极抢抓战略机遇，妥善应对挑战，善于化危为机，为从新的历史起点和时代条件出发谋划发展提供了科学前提和现实基础。

"中国特色社会主义进入了新时代"这一重要论断，体现了中国共产党立足长远观大势、谋大事的战略思维、世界视野和雄心壮志，彰显了以习近平同志为核心的党中央审时度势和战略谋划的非凡能力，从历史和现实、理论和实践、国内和国际的角度为全面认识和把握中华民族伟大复兴事业提供了现实依据、时代背景和内在动力。

"新时代"所包含的"五个时代"丰富内涵，其中的关键词是中国特色社会主义、现代化强国、共同富裕、民族复兴、世界舞台。这五个关键词的实质，就是国家富强、民族振兴、共同富裕，人民幸福、世界和平，既造福中国人民，也造福世界人民。

新时代的伟大旗帜

中国共产党举行的十九大，一项重大政治成果和理论成果，就是旗帜鲜明竖起了"习近平新时代中国特色社会主义思想"这面旗帜。

习近平新时代中国特色社会主义思想，从理论和实践的结合上，系统回答了新时代坚持和发展什么样的中国特色社会主义、怎样坚持和发展中国特色社会主义，包括新时代坚持和发展中国特色社会主义的总目标、总任务、总体布局、战略布局和发展方向、发展方式、发展动力、战略步骤、外部条件、政治保证等基本问题，并且根据新的实践对经济、政治、法治、科技、文化、教育、民生、民族、宗教、社会、生态文明、国家安全、国防和军队、"一国两制"和祖国统一、统一战线、外交、党的建设等各方面做出了理论分析和政策指导，以利于更好坚持和发展中国特色社会主义。

党的十九大报告明确要求，"全党要深刻领会新时代中国特色社会主义思想的精神实质和丰富内涵，在各项工作中全面准确贯彻落实"，并用"八个明确"具体说明了"习近平新时代中国特色社会主义思想"的主要内容：

明确坚持和发展中国特色社会主义，总任务是实现社会主义现代化和中华民族伟大复兴，在全面建成小康社会的基础上，分两步走在21世纪中叶建成富强民主文明和谐美丽的社会主义现代化强国；

明确新时代我国社会主要矛盾是人民日益增长的美好生活需要和不平衡不充分的发展之间的矛盾，必须坚持以人民为中心的发展思想，不断促进人的全面发展、全体人民共同富裕；

明确中国特色社会主义事业总体布局是"五位一体"、战略布局是"四个全面"，强调坚定道路自信、理论自信、制度自信、文化自信；

明确全面深化改革总目标是完善和发展中国特色社会主义制度、推进国家治理体系和治理能力现代化；

明确全面推进依法治国总目标是建设中国特色社会主义法治体系、建设社会主义法治国家；

明确党在新时代的强军目标是建设一支听党指挥、能打胜仗、作风优良的人民军队，把人民军队建设成为世界一流军队；

明确中国特色大国外交要推动构建新型国际关系，推动构建人类命运共同体；

明确中国特色社会主义最本质的特征是中国共产党领导，中国特色社会主义制度的最大优势是中国共产党领导，党是最高政治领导力量，提出新时代党的建设总要求，突出政治建设在党的建设中的重要地位。

党的十九大报告还提出了构成新时代坚持和发展中国特色社会主义

的十四条基本方略，要求全党必须全面贯彻中共的基本理论、基本路线、基本方略，更好引领新时代中国特色社会主义事业的发展。十四条基本方略是：

（一）坚持党对一切工作的领导；

（二）坚持以人民为中心；

（三）坚持全面深化改革；

（四）坚持新发展理念；

（五）坚持人民当家作主；

（六）坚持全面依法治国；

（七）坚持社会主义核心价值体系；

（八）坚持在发展中保障和改善民生；

（九）坚持人与自然和谐共生；

（十）坚持总体国家安全观；

（十一）坚持党对人民军队的绝对领导；

（十二）坚持"一国两制"和推进祖国统一；

（十三）坚持推动构建人类命运共同体；

（十四）坚持全面从严治党。

再一次非常明确地提出"坚持以人民为中心""坚持人民当家作主"。指导思想是一个政党的精神旗帜。"习近平新时代中国特色社会主义思想"作为中国共产党十八大以来的重大理论创新成果，是对马克思列宁主义、毛泽东思想、邓小平理论、"三个代表"重要思想、科学发展观的继承和发展，是马克思主义中国化最新成果，是中国共产党和中国人民实践经验和集体智慧的结晶，是中国特色社会主义理论体系的重要组成部分，是中国共产党和中国人民为实现中华民族伟大复兴而奋斗的行动指南，必须长期坚持并不断发展。

在"习近平新时代中国特色社会主义思想"形成过程中，习近平作为中共中央的领导核心，以一个政治家、理论家的深刻洞察力、敏锐判断力和理论思维提出了一系列具有开创性意义的新理念、新思想、新战略。习近平是这一思想的主要创立者，为这一思想的形成和提出做出了决定性的原创贡献。

改革开放以来，在中国特色社会主义的伟大实践中，中国共产党相继形成了邓小平理论，回答和解决了"什么是社会主义，怎样建设社会主义"的时代课题；形成了"三个代表"重要思想，回答和解决了"建设一个什么样的党，怎样建设党"的时代课题；形成了科学发展观，回答和解决了"实现什么样的发展，怎样发展"的时代课题。中国特色社会主义进入新时代，决定了"习近平时代"所要回答和解决的时代课题是"坚持和发展什么样的中国特色社会主义、怎样坚持和发展中国特色社会主义"。这一时代课题，体现了在全面建成小康社会决胜阶段、中国特色社会主义发展关键时期，深入推进"四个伟大"——进行伟大斗争、建设伟大工程、推进伟大事业、实现伟大梦想，中国共产党带领中国人民应对重大挑战、抵御重大风险、克服重大阻力、解决重大矛盾的阶段性特征和与时俱进的理论创新品格。

习近平新时代中国特色社会主义思想的核心要义，就是坚持和发展中国特色社会主义。坚持和发展中国特色社会主义，就需要坚持改革、创新、进步，需要坚持全面深化改革、推动社会变革、建设创新型国家、推进中国的自我革新和自我革命、不断推进中国特色社会主义事业向前发展，需要始终具有勇于实践、善于创新，把握规律、推动前进的正确导向和伟大行动。

党的十九大确立"习近平新时代中国特色社会主义思想"，表明中国共产党始终坚持中国特色社会主义这一改革开放全部理论和实践的主题，坚持"方向一定要准，行驶一定要稳，尤其是不能犯颠覆性错误"的鲜明指向；表明以习近平同志为核心的党中央引领中国人民不断开创中国特色社会主义伟大事业的新局面，不忘初心、继续前行的鲜明特征；表明以习近平同志为核心的党中央始终以自我革命的政治勇气，着力解决我们党自身存在的突出问题，不断增强党的自我净化、自我完善、自我革新、自我提高能力的鲜明特色，体现了"改革再难也要向前推进，敢于担当，敢于啃硬骨头，敢于涉险滩"的实践品格。

推进国家治理体系和治理能力现代化

党的十八大和十八届四中全会指出，我国全面深化改革的总目标是完善和发展中国特色社会主义制度，推进国家治理体系和治理能力现代化。所谓完善和发展中国特色社会主义制度，推进国家治理体系和治理能力现代化，就是要适应中国特色社会主义进入新时代的发展要求，既改革不适应坚持和发展中国特色社会主义实践要求的旧的制度机制，又构建推进中国特色社会主义伟大事业的新的制度机制，使我国的社会主义经济建设、政治建设、文化建设、社会建设、生态文明建设和党的建设新的伟大工程等各方面的制度和体制机制更加科学、更加完善、更加规范，推动党和国家各项工作规范化、制度化和程序化，不断提高中国共产党的领导水平和科学执政、民主执政、依法执政的能力。

在国家治理体系和治理能力的建设史上，中国共产党的第十九届四中全会是一次具有开创性、里程碑意义的会议，它全面回答了在我国国家制度和国家治理上应该"坚持和巩固什么、完善和发展什么"这个重大政治问题。习近平指出，从党和国家事业发展的全局和长远出发，党的十九届四中全会专题研究坚持和完善中国特色社会主义制度、推进国家治理体系和治理能力现代化问题，是实现"两个一百年"奋斗目标的重大任务，是把新时代改革开放推向前进的根本要求，是应对风险挑战、赢得主动的有力保证。

中国共产党的第十九届四中全会通过的《中共中央关于坚持和完善中国特色社会主义制度、推进国家治理体系和治理能力现代化若干重大问题的决定》，全面总结了中国特色社会主义制度建设的历史性成就，集中概括了中国特色社会主义制度和国家治理体系的显著优势，深刻阐述了支撑中国特色社会主义制度的根本制度、基本制度、重要制度，明确了坚持和完善中国特色社会主义制度、推进国家治理体系和治理能力现代化的总体要求、总体目标和重点任务，可以说是从根本问题上全面谋划，从政治上、全局上、战略上综合考量，从总结历史、立足当前、着眼长远做出重大决策，体现了推进国家治理体系和治理能力现代化的重大理论和实践创新。

（一）制度现代化是国家治理体系和治理能力现代化的重要内涵

评价一个国家的现代化水平和综合国力，不仅仅包括"硬实力"，如经济实力、科技实力、军事实力等要素，而且包括"软实力"，如制度（政治）软实力、文化软实力和国际影响力等要素，制度软实力是现代国家现代化的重要内容。在世界现代化的进程中，可以看到西方国家之所以能够在近现代迅速崛起，其中一个重要原因就是建立起了与社会生产力发展水平相适应和资本主义生产关系需要的资本主义制度。

一个国家治理体系的基础和前提是制度体系。从我国社会主义现代化建设的历史看，早在二十世纪六十年代初就提出了"工业现代化、农业现代化、国防现代化、科学技术现代化"的"四化"，到党的十八大我国又提出了"新型工业化、信息化、城镇化、农业现代化"的"新四化"。相对而言，这些现代化的内涵主要集中体现在"硬实力"要素方面。党的十八大以来，我们党进一步提出了提升我国文化软实力、增强国际影响力等"软实力"要素的现代化内涵。在此基础上，党的十八届三中全会首次提出了"推进国家治理体系和治理能力现代化"，被外界视为新时代"现代化"内涵的进一步丰富，有人把它称为"第五个现代化"。此后我们党将"必须坚持和完善中国特色社会主义制度，不断推进国家治理体系和治理能力现代化"写入了党的十九大报告，并把它明确作为"分两个阶段"基本实现现代化和全面建成社会主义现代化强国的重要内容。

"国家治理体系和治理能力现代化"这个概念，包含了我国70多年来对社会主义制度建设的探索。这次党的十九届四中全会专门研究在坚持中国特色社会主义制度的基础上，改革不适应实践发展要求的体制机制、法律法规，不断构建新的体制机制、法律法规，以推动中国特色社会主义制度更加完善和更加成熟定型，致力于国家治理体系和治理能力的现代化，实质上就是开启全面建设社会主义制度现代化的新征程。当然，我国的制度现代化是坚持社会主义方向、立场、原则的制度现代化，而不是"西方化"与资本主义化的制度现代化。

（二）把党的领导制度建设放在国家治理现代化的首位

党的十九届四中全会将我国国家制度和国家治理体系的显著优势总结为十三条，这是我们坚定中国特色社会主义道路自信、理论自信、制度自信、文化自信的基本依据，也是我们理解中国共产党为什么能、马克思主义为什么行、中国特色社会主义为什么好的权威答案。更为重要的是，这次全会鲜明地提出了我国国家治理现代化十三项需要坚持和完善的制度体系，明确提出了坚持和完善中国特色社会主义制度、推进国家治理体系和治理能力现代化的总体目标，既有理论上的新概括又有实践上的新要求，可以说既是坚持和完善中国特色社会主义制度、推进国家治理体系和治理能力现代化的政治宣言，又是统筹伟大斗争、伟大工程、伟大事业、伟大梦想，坚定不移将新时代改革开放推向前进的行动纲领。

通观党的第十九届四中全会总结的"十三个显著优势"和提出的"十三个坚持和完善"，可以看到都把"党的领导制度"放在了第一条，并对坚持和完善党的领导制度体系做出了系统规划，提出要建立不忘初心、牢记使命的制度，完善坚定维护党中央权威和集中统一领导的各项制度，健全党的全面领导制度，健全为人民执政、靠人民执政各项制度，健全提高党的执政能力和领导水平制度，完善全面从严治党制度等六个方面的制度，体现了党的制度建设的首位性和全面性。中国共产党的领导是中国特色社会主义制度最本质的特征和最大优势，办好中国的事，关键在党。

理解我国社会主义制度的一个关键就是中国共产党的领导制度。这次全会再次强调了"党政军民学、东西南北中，党是领导一切的"，要求把党的领导落实到国家治理的各领域、各方面、各环节。这就意味着中国共产党扮演着"火车头"的角色。火车跑得快，全靠车头带。只要"火车头"能持续产生前进的动力，中国特色社会主义的发展就能获得高效能。

（三）把社会主义市场经济体制上升为基本经济制度

社会主义与市场经济相结合曾经是经济学上的一个"世界性难题"。改革开放以来，我们党充分发挥坚持党的领导、坚持社会主义制度进行经济建设、发展社会主义经济的政治优势，同时又发挥市场经济通过价值杠杆和竞争机制有效配置资源的经济优势，成功地破解了"社会主义"与"市场经济"相结合的这一世界性难题。但是，多年来我们仍然一直把公有制为主体、多种所有制经济共同发展作为基本经济制度。这次十九届四中全会的另一个创新，就是把社会主义市场经济体制都上升为基本经济制度，党的十九届四中全会明确把"公有制为主体、多种所有制经济共同发展，按劳分配为主体、多种分配方式并存"和"社会主义市场经济体制等"作为"社会主义基本经济制度"。这一重大创新标志着我国社会主义经济制度更加成熟、更加定型，这三项制度相互联系，只有相互支撑才能相互促进。

习近平指出："在社会主义条件下发展市场经济，是我们党的一个伟大创举。我国经济发展获得巨大成功的一个关键因素，就是我们既发挥了市场经济的长处，又发挥了社会主义制度的优越性。我们是在中国共产党领导和社会主义制度的大前提下发展市场经济，什么时候都不能忘了'社会主义'这个定语。之所以说是社会主义市场经济，就是要坚持我们的制度优越性，有效防范资本主义市场经济的弊端。我们要坚持辩证法、两点论，继续在社会主义基本制度与市场经济的结合上下功夫，把两方面优势都发挥好，既要'有效的市场'，也要'有为的政府'，努力在实践中破解这道经济学上的世界性难题。"①

（四）突出国家治理效能在国家治理现代化中的重要性

一个制度好不好，关键看"实效"。一项制度符合国家治理实际，能解决国家治理中出现的现实矛盾，促进社会生产力的解放和发展，那么这项制度就是"有效"的。党的第十九届四中全会为这个"有效"总结了十三个"显著优势"，而在"显著优势"的背后，则是"实践导向"的国家治理思路，是典型的中国式的"务实主义"和"实用主义"。党的十九届四中全会指出要"着力固根基、扬优势、补短板、强弱项，构建系统完备、科学规范、运行有效的制度体系，加强系统治理、依法治理、综合治理、源头治理，把我国制度优势更好转化为国家治理效能"。

我们知道，西方的制度设计是出于一种对权力的天然警惕，设计初衷是防范权力的腐败，但结果也很可能出现"扯皮"现象，现在西方一些国家的制度每每陷入"否决型体制"不能动弹，改革迟迟难以推动，制度过于讲究制衡而导致僵化，好像一条咬住了自己尾巴的蛇，把自己困住了。那么，怎么才能检验国家治理的效能或"有效"呢？党的十九届四中全会指出要"为实现'两个一百年'奋斗目标、实现中华民族伟大复兴的中国梦提供有力保证"。到二〇三五年各方面制度更加完善，基本实现国家治理体系和治理能力现代化；到新中国成立一百年时，全面实现国家治理体系和治理能力现代化，使中国特色社会主义制度更加巩固、优越性充分展现。

邓小平同志曾提出：

"我们进行社会主义现代化建设，是要在经济上赶上发达的资本

---

① 《习近平关于社会主义经济建设论述摘编》，中央文献出版社 2017 年版，第 64 页。

主义国家，在政治上创造比资本主义国家的民主更高更切实的民主，并且造就比这些国家更多更优秀的人才。达到上述三个要求，时间有的可以短些，有的要长些，但是作为一个社会主义大国，我们能够也必须达到。所以，党和国家的各项制度究竟好不好，完善不完善，必须用是否有利于实现这三条来检验。"[1]

具体地说，这三条检验标准是指：

一是要在经济上赶上发达的资本主义国家。他说："我们一定要、也一定能拿今后的大量事实来证明，社会主义制度优于资本主义制度。这要表现在许多方面，但首先要表现在经济发展的速度和效果方面。没有这一条，再吹牛也没有用。"[2]

二是要在政治上创造比资本主义国家的民主更高更切实的民主。

三是要造就比这些国家更多更优秀的人才。邓小平同志特别强调，我们说资本主义不好，但它在发现人才、使用人才方面是非常大胆的。它有个特点，不论资排辈，凡是合格的人就使用。他认为，从这方面来看我们选拔干部的制度是落后的，论资排辈是一种习惯势力，是一种落后的习惯势力。在人才的问题上必须打破常规去发现、选拔和培养杰出的人才。

（五）推进国家治理主体关系的科学化

为了实现把制度优势转化为治理效能，党的第十九届四中全会与第十九届三中全会紧密联系、相辅相成。可以说，党和国家的机构改革是推进国家治理现代化的"前半篇"文章，党和国家的制度改革则是推进国家治理现代化的"后半篇"文章。概括地说，我国国家治理的组织体系体现为"4+X体系"。

---

[1]《邓小平文选》第二卷，人民出版社1994年版，第322－323页。
[2]《邓小平文选》第二卷，人民出版社1994年版，第251页。

所谓"4"，一是指总揽全局、协调各方的党的领导体系"，即中国共产党是我国国家治理的核心领导力量，要不断增强党的领导力；二是指"职责明确、依法行政的政府治理体系"，即政府是现代公共事务治理的重要主体，履行经济调节、市场监管、社会管理、公共服务、环境保护等职能，要不断提升政府执行力；三是指"中国特色、世界一流的武装力量体系"，即武装力量是国家强制力的根本保障，要增强人民军队战斗力；四是指"联系广泛、服务群众的群团工作体系"，即要通过体制机制改革，激发群团组织和社会组织活力，更好发挥群团组织作为党和政府联系人民群众的桥梁和纽带作用。

所谓"X"，是指在中国共产党统一领导下，人大、政府、政协、监察机关、审判机关、检察机关、人民团体、企事业单位、社会组织等各类组织共同构成有机衔接、相互协调的协同治理体系。这次全会通过的《决定》强调，为了实现治理主体关系的科学化，在始终突出党的领导制度的首要地位的前提下，既坚持和加强党的核心领导、坚强领导和全面领导，又大力支持人大、政府、政协、审判检察机关、企事业单位、群体组织等各类组织依法履行职能、协调行动、充分发挥作用、形成国家治理合力。党的第十九届四中全会对坚持和完善党的领导制度体系、人民当家作主制度体系中的中国特色社会主义行政体制、党对人民军队的绝对领导制度做出了重要部署，必将有力地推进国家治理主体关系的科学化。

(六) 确立国家治理现代化的基本方式

国家治理到底有没有通用的治理方式？古今中外，世界上的许多国家都在探索，这次全会明确提出，推进国家治理现代化要加强系统治理、依法治理、综合治理、源头治理，构成了我国国家治理的基本治理方式。这"四个治理"较早出现在十八届三中全会全面深化改革的决定中，当时仅为改进社会治理方式的一部分内容。

所谓系统治理，是指加强党委领导，发挥政府主导作用，鼓励和支持社会各方面参与。

所谓依法治理，是指加强法治保障，运用法治思维和法治方式化解社会矛盾。

所谓综合治理，是指强化道德约束，规范社会行为，调节利益关系，协调社会关系，解决社会问题。

所谓源头治理，是指标本兼治、重在治本，以网格化管理、社会化服务为方向，健全基层综合服务管理平台，及时反映和协调人民群众各方面各层次利益诉求。

党的十九届四中全会确立的"系统治理、依法治理、综合治理、源头治理"四种方式，意味着源起于社会治理领域的治理方式上升为整个国家治理要遵循的基本原则和基本方式，意味着将推进国家治理方式的现代化。

改革开放永不停步

党的十八大以来，面对国内外形势的深刻变化和中国特色社会主义事业发展提出的重大时代课题，以习近平同志为核心的党中央坚持以马克思列宁主义、毛泽东思想、邓小平理论、"三个代表"重要思想、科学发展观为指导，坚持解放思想、实事求是、与时俱进、求真务实，坚持辩证唯物主义和历史唯物主义，紧密结合新的时代条件和实践要求，进一步把马克思主义基本原理与中国实际相结合，紧紧围绕"坚持和发展什么样的中国特色社会主义、怎样坚持和发展中国特色社会主义"这个重大时代课题，进行了艰辛的理论探索，以全新的视野深化了对共产党执政规律、社会主义建设规律、人类社会发展规律的认识，取得了理论创新的重大成果。

从党的十八大以来可以称为"习近平时代"。"习近平时代"形成了"习近平新时代中国特色社会主义思想"，形成了以习近平同志为核心的党中央。"习近平时代"的最大历史功绩是开启了中国特色社会主义新时代，开启了中华民族从"站起来""富起来"到"强起来"的新征程。"习近平时代"的时代主题，可以称为"超越、复兴"，典型特征是中华民族开始"强起来"。

改革开放永不停步，是"中国特色社会主义进入新时代"的鲜明号角，是历史接力棒最显著的特征。改革不停顿、开放不止步，是中国共产党在"中国特色社会主义新时代"的郑重承诺。

1978年12月，党的十一届三中全会重新确立了解放思想、实事求是的思想路线，确定把党和国家的工作重点转移到社会主义现代化建设上来，做出了实行改革开放的重大决策。40多年，对于世界历史和中华民族五千多年的文明历史而言，如白驹过隙，只是沧海一粟。回首来路，有过晴空、有过迷雾、有过风雷；有人肯定、有人质疑、有人迷茫。但是，改革开放短短的40年，使中国发生了沧桑巨变。

早在2012年11月15日，刚刚当选中共中央总书记的习近平在同中外记者见面时，就开宗明义、斩钉截铁地说："我们的责任，就是要团结带领全党全国各族人民，继续解放思想，坚持改革开放，不断解放和发展社会生产力，努力解决群众的生产生活困难，坚定不移走共同富裕的道路。"①

广东是改革开放的排头兵、先行地、实验区。担任中共中央总书记后，习近平也是首先在这里向全国、向世界发出改革开放再出发的动员令、吹响改革开放不停步的总号角。2012年12月，在党的十八大后习近平第一次出京调研，就来到广东。他说，之所以到广东来，就是要到在我国改革开放中得风气之先的地方，现场回顾我国改革开放的历史进程，宣示将改革开放继续推向前进的坚定决心。

2017年10月18日，习近平在党的十九大政治报告中再次坚定地说：

---

① 《习近平谈治国理政》第一卷，外文出版社2018年版，第4页。

"只有改革开放才能发展中国、发展社会主义、发展马克思主义。"习近平在党的十九届一中全会上再次当选为中共中央总书记，在与中外记者见面时，他说："我们将总结经验、乘势而上，继续推进国家治理体系和治理能力现代化，坚定不移深化各方面改革，坚定不移扩大开放，使改革和开放相互促进、相得益彰。"[①]话语坚决坚定、信号清晰明确。

2018年，中国实行改革开放基本国策40年了。如何从理论上回答了一系列关于中国改革开放的重大认识问题，把改革开放和现代化建设推向新的发展阶段？面对新时代新局势，中国如何继续前行？这是中国共产党必须回答的问题。

2018年10月，在隆重纪念改革开放40周年前夕，习近平再次来到广东、深圳考察调研。他说："再一次来到深圳，再次来到广东，我们就是要在这里向世界宣示：中国改革开放永不停步！下一个40年的中国，定当有让世界刮目相看的新成就！"习近平再次发出了把改革开放不断推向深入的进军号令。

2018年11月5日，首届中国国际进口博览会在上海举行。习近平亲自出席并讲话。他说："中国开放的大门不会关闭，只会越开越大！中国推动更高水平开放的脚步不会停滞！中国推动建设开放型世界经济的脚步不会停滞！中国推动构建人类命运共同体的脚步不会停滞！"这是习近平坚定改革开放不变的铮铮誓言，是习近平矢志改革开放不移的最好注释。

党的十八大以来，以习近平同志为核心的党中央在建设中国特色社会主义道路上，披荆斩棘，栉风沐雨，逢山开路，遇水架桥，不惧艰难险阻，改革开放的步伐从未停歇，开创了中国特色社会主义进入新时代的新局面。

---

① 《习近平关于"不忘初心、牢记使命"论述摘编》，中央文献出版社2019年版，第236页。

2013 年 11 月，党的十八届三中全会审议通过了《中共中央关于全面深化改革若干重大问题的决定》。这一决定为中国新一轮全面深化改革指明了方向、规划了目标、厘清了路径、规定了时间表，成为中国共产党在新的历史起点上全面深化改革的科学指南和行动纲领。

2014 年 10 月，党的十八届四中全会做出了全面推进依法治国的决定。

2015 年 10 月，党的十八届五中全会提出了"十三五"规划建议。

2018 年 2 月，党的十九届三中全会审议通过了《中共中央关于深化党和国家机构改革的决定》和《深化党和国家机构改革方案》。

2019 年 3 月，中共中央印发了《深化党和国家机构改革方案》。

2019 年 10 月，党的十九届四中全会审议通过了《中共中央关于坚持和完善中国特色社会主义制度、推进国家治理体系和治理能力现代化若干重大问题的决定》……

改革开放是"我们党的历史上一次伟大觉醒"；

改革开放是"当代中国发展进步的活力之源"；

改革开放是"实现中华民族伟大复兴的关键一招"；

改革开放"只有进行时没有完成时"。

同时，习近平也强调，改革开放步子一定要稳，方向一定要准，行驶一定要稳，尤其是不能犯颠覆性错误：

> "中国改革经过 30 多年，已进入深水区，可以说，容易的、皆大欢喜的改革已经完成了，好吃的肉都吃掉了，剩下的都是难啃的硬骨头。这就要求我们胆子要大、步子要稳。胆子要大，就是改革再难也要向前推进，敢于担当，敢于啃硬骨头，敢于涉险滩。步子要稳，就是方向一定要准，行驶一定要稳，尤其是不能犯颠覆性错误。"①

---

① 《习近平谈治国理政》第一卷，外文出版社 2018 年版，第 101 页。

2018 年 1 月 5 日，习近平在新进中央委员会委员、候补委员和省部级主要领导干部学习贯彻习近平新时代中国特色社会主义思想和党的十九大精神研讨班开班式上指出："'备豫不虞，为国常道'。当前，我国正处于一个大有可为的历史机遇期，发展形势总的是好的，但前进道路不可能一帆风顺，越是取得成绩的时候，越是要有如履薄冰的谨慎，越是要有居安思危的忧患，绝不能犯战略性、颠覆性错误。"

改革开放 40 多年来，中国这头沉睡的雄狮已经觉醒，开启了中国社会"新的伟大革命"。坚定改革开放不动摇不停步，中国开放的大门永远不会关上，只会越开越大。新时代的改革，顶层设计、决策部署、强力推进，内除沉疴、不畏险阻、壮士断腕，风起云涌，新局常开。这是中国共产党坚持和发展新时代中国特色社会主义明确而坚定的承诺，必将给新时代的中华民族带来无限光明的前景。

┃三┃ 新时代的精神指引

马克思主义认为，共产党作为无产阶级和最广大人民群众的先锋队组织，不仅要带领人民创造富裕的物质生活，极大地推动社会生产力的发展，同时也要带领人民创造富裕的精神世界，极大地给予人民精神鼓舞，焕发人民的精神力量，领导人民的精神向上向善发展，极大地提高人民的思想道德觉悟。这意味着共产党作为人民群众根本利益的代言人，它的思想理论必须是一定时期的主导思想，占据着道义的制高点，引领人民不断迈向新的更高精神境界，不断推动社会前进和进步。

中国共产党百年奋斗一路走来，成功的奥妙与高超政治艺术的完美体现，就是为人民提供了团结一心、众志成城的精神指引，人民有信仰，国家有力量，民族有希望。在新时代的接续奋斗进程中，中国共产党始终坚持做中华民族和中国人民的"主心骨",结合新时代要求为全面建成小康社会和全面建设社会主义现代化强国提供精神指引。

为生民立命

北宋哲学家张载有几句名言:"为天地立心,为生民立命,为往圣继绝学,为万世开太平。"这四句话,是从民众的精神价值、生活意义、学统传承、政治理想等四个层面提出的"立功、立德、立言"之道。这四句话可理解为:为社会确立精神价值,为民众确立生命意义,为先贤继承绝学传统,为万世开拓太平基业。

所谓"为生民立命",简言之,就是要"为人民立命",让天下百姓都有精神归处,都有安身立命之所。

人类之所以区别于动物,最宝贵的就是精神追求,最重要的是精神追求,最有力量的也是精神追求,诸如理想、信念、信仰、道德、爱情、爱心、友谊的力量,等等。精神追求是一个人的灵魂寓所和精神寄托,是一个民族、一个国家的精神纽带和精神支撑,是一个社会追求进步的精神动力。精神追求能改变一个人、一个民族、一个国家的前途命运,引领一个社会发展进步的前进方向。

信仰,是一个人任何时候都不能没有的宝贵精神力量。一个人有了信仰,就会有无穷的力量,才会有无限的希望;一个个党员有了信仰,一个政党就会有"杀头不要紧,只要主义真"的血性血魂;人民有了信仰,一个国家、一个民族就会有无穷的力量,就会有无限的希望。

历史证明,一个国家和民族,贫弱落后固然可怕,但更可怕的是人民的精神贫穷和精神空虚。人民如果失去了理想信仰,内心没有神圣追求和价值依托,就会像一盘散沙,神无所寄,行无所依。中国共产党成立之前的近代中国就是如此。

毛泽东说:自从有了中国共产党,"中国革命的面目就焕然一新了。"① 邓小平也说：

"我们回想一下，正是根据毛泽东同志的建党学说，才建立了这样一个好的党。从延安整风以后，无论前方后方的人，真是生气勃勃，生动活泼，心情舒畅，团结一致。毛泽东同志建立的这个党，既能够充分发扬民主，充分发挥下面遵守纪律的自觉性，又能够在这样的基础上建立高度的集中。毛主席、党中央的命令、号召，谁不听哪！谁不是自觉地听哪！没有这样的党的风气，我们能够战胜比我们强得多的敌人吗？我们能够在建国以后，取得一个又一个的胜利吗？"②

马克思主义认为，共产党人以实现共产主义为最高理想，在不同的历史阶段又有代表那个阶段最广大人民利益的奋斗纲领。因此，中国共产党的纲领是最高纲领和各个历史阶段的基本纲领的有机统一。在不同的历史阶段，中国人民的共同理想表现为不同的奋斗目标和历史任务。

在新民主主义革命时期，以毛泽东为代表的中国共产党人创立了新民主主义革命理论，明确提出了中国革命必须分新民主主义革命和社会主义革命"两步走"的战略，提出了由最低纲领和最高纲领两部分有机构成的纲领，要求每个共产党员在心中都要装着为现在的新民主主义革命而奋斗和为将来的社会主义、共产主义而奋斗这两个明确的目标，同时又把对于共产主义思想体系和社会制度的宣传同对于新民主主义纲领的实践区分开来，既不能失掉将来的大目标，又不能超越现阶段的目标和政策。

新中国成立后，中国共产党在领导中国人民建设社会主义的过程中，经过艰辛探索和科学总结正反两方面经验，终于找到了建设中国特色社

①《毛泽东选集》第四卷，人民出版社 1991 年版，第 1357 页。
②《邓小平文选》第二卷，人民出版社 1994 年版，第 45 页。

会主义的正确道路，走出了一条自己的道路。这条道路，就是既坚持科学社会主义基本原则，又根据中国实际赋予其鲜明的中国特色，赋予实现中华民族伟大复兴以新的强大生机。以邓小平为核心的党中央明确提出了社会主义本身是共产主义的初级阶段，社会主义初级阶段又是实现共产主义理想的必经阶段，当代中国处在社会主义的初级阶段，就是不发达的阶段。一切都要从这个实际出发，根据这个实际来制定规划。

改革开放 40 多年来，社会主义制度又在除弊创新中自我革新、自我完善和发展，经济发展取得了举世瞩目的伟大成就，更加坚定了中国人民实现中国特色社会主义共同理想的信念和实现共产主义远大理想的信心。

一个社会、一个国家的共同理想，是灯塔、是风帆，引领着社会进步。中国特色社会主义共同理想，是当代中国社会发展进步的旗帜，更是动员、激励全体中国人民团结奋斗的旗帜。它反映了中国最广大人民的根本利益、共同愿望和普遍追求，既实在具体又鼓舞人心，它把国家的发展、民族的振兴与个人的幸福紧密地联系在一起，把各个阶层、各个群体的共同愿望有机地结合在一起，具有强大的感召力、亲和力和凝聚力。不论哪个社会阶层、哪个利益群体，都能认同和接受这个共同理想，并愿意为之共同奋斗。习近平认为，中华民族之所以有着绵延五千多年的文明历史，贯穿其中的、更重要的，就是有着共同坚守的理想信念。他说：

> "中华民族具有五千多年连绵不断的文明历史，创造了博大精深的中华文化，为人类文明进步作出了不可磨灭的贡献。经过几千年的沧桑岁月，把我国 56 个民族、13 亿多人紧紧凝聚在一起的，是我们共同经历的非凡奋斗，是我们共同创造的美好家园，是我们共同培育的民族精神，而贯穿其中的、更重要的是我们共同坚守的理想信念。"[1]

---

[1]《习近平谈治国理政》第一卷，外文出版社 2018 年版，第 39 页。

党的十八大以来，以习近平同志为核心的党中央认为，必须立足中国共产党在现阶段的奋斗目标，才能朝着最终实现共产主义这个伟大目标前进。他说："中国特色社会主义是党的最高纲领和基本纲领的统一。中国特色社会主义的基本纲领，概言之，就是建立富强民主文明和谐的社会主义现代化国家。这既是从我国正处于并将长期处于社会主义初级阶段的基本国情出发的，也没有脱离党的最高理想。"①

在新时代，中国特色社会主义共同理想体现为实现全面建成小康社会、建成富强民主文明和谐美丽的社会主义现代化强国的奋斗目标，体现为实现中华民族伟大复兴的中国梦。这既深深体现了今天中国人的理想，也深深反映了中华民族先人们不懈追求进步的光荣传统。这是中国特色社会主义共同理想在新时代团结凝聚全体中国人民共同奋斗的理想信念，是以习近平同志为核心的党中央汇聚实现"两个一百年"奋斗目标的磅礴力量、构筑新时代全体中国人民理想信念的重大理论，也是顺应新时代全体中国人民理想信念建设需要的伟大贡献。

2015年2月28日，习近平在会见第四届全国文明城市、文明村镇、文明单位和未成年人思想道德建设工作先进代表时说：

> "人民有信仰，民族有希望，国家有力量。实现中华民族伟大复兴的中国梦，物质财富要极大丰富，精神财富也要极大丰富。我们要继续锲而不舍、一以贯之抓好社会主义精神文明建设，为全国各族人民不断前进提供坚强的思想保证、强大的精神力量、丰润的道德滋养。"②

党的十九大报告再一次指出："加强思想道德建设。人民有信仰，国

---

① 《十八大以来重要文献选编》上，中央文献出版社2014年版，第116页。
② 《习近平谈治国理政》第二卷，外文出版社2017年版，第323页。

家有力量，民族有希望。"这形象地说明了人民、国家、民族与"信仰"的密切关系：人民有没有信仰，是关系到国家有没有力量、民族有没有希望的大事。

新时代的精神引领

我国作为一个人口众多、幅员辽阔、异质化程度较高的多元文化、多民族国家，实现价值共识和塑造社会同一性，是一项十分繁重而艰巨的任务。

改革开放 40 多年来，我国的经济社会发展已经站在了一个新的历史起点上。同时，就中国人民的精神生活而言，面临着多样化的社会思潮、多样化的价值观念、多样化的利益诉求，需要精神旗帜、思想引领、文化导向。习近平说：

> "我国是一个有着 13 亿多人口、56 个民族的大国，确立反映全国各族人民共同认同的价值观'最大公约数'，使全体人民同心同德、团结奋进，关乎国家前途命运，关乎人民幸福安康。"[1]

实现价值共识和塑造社会同一性，其实质是建构一种具有国家和社会"内部同一性"的价值理性和文化观念，即"将人民对分散的小部落、小村落或地方小'诸侯'的信仰和忠诚转移到更大的中央政治系统之上，从而营造一种共同的国民忠诚与信仰的文化"[2]。这是一个国家和社会具有凝聚力、向心力的文化和心理基础。

进入新世纪以来，我们党越来越意识到构建一个社会、一个国家的

---

① 《习近平谈治国理政》第一卷，外文出版社 2018 年版，第 168 页。
② 王绍光：《有效的政府与民主》，《战略与管理》2002 年第 6 期。

核心价值体系、核心价值观的重大意义。

2006 年 10 月，党的十六届六中全会通过的《中共中央关于构建社会主义和谐社会若干重大问题的决定》第一次明确提出了"建设社会主义核心价值体系"这个重大命题和战略任务。

2007 年 6 月 25 日，时任中共中央总书记胡锦涛在中共中央党校发表重要讲话，提出要大力建设社会主义核心价值体系，巩固全党全国人民团结奋斗的共同思想基础。社会主义核心价值体系包括四个方面的基本内容，即马克思主义指导思想、中国特色社会主义共同理想、以爱国主义为核心的民族精神和以改革创新为核心的时代精神、社会主义荣辱观。

2011 年 10 月 18 日，党的十七届六中全会审议通过的《中共中央关于深化文化体制改革推动社会主义文化大发展大繁荣若干重大问题的决定》提出："社会主义核心价值体系是兴国之魂，是社会主义先进文化的精髓，决定着中国特色社会主义发展方向。必须强化教育引导，增进社会共识，创新方式方法，健全制度保障，把社会主义核心价值体系融入国民教育、精神文明建设和党的建设全过程，贯穿改革开放和社会主义现代化建设各领域，体现到精神文化产品创作生产传播各方面，坚持用社会主义核心价值体系引领社会思潮，在全党全社会形成统一指导思想、共同理想信念、强大精神力量、基本道德规范。"①

2012 年 11 月 8 日，党的十八大首次提出了要"积极培育和践行社会主义核心价值观"。党的十八大报告指出：

"社会主义核心价值体系是兴国之魂，决定着中国特色社会主义发展方向。要深入开展社会主义核心价值体系学习教育，用社会主义核心价值体系引领社会思潮、凝聚社会共识。推进马克思主义中国化时代化大众化，坚持不懈用中国特色社会主义理论体系武装全

---

① 《十七大以来重要文献选编》下，中央文献出版社 2013 年版，第 564 页。

党、教育人民……广泛开展理想信念教育，把广大人民团结凝聚在中国特色社会主义伟大旗帜之下。大力弘扬民族精神和时代精神，深入开展爱国主义、集体主义、社会主义教育，丰富人民精神世界，增强人民精神力量。倡导富强、民主、文明、和谐，倡导自由、平等、公正、法治，倡导爱国、敬业、诚信、友善，积极培育和践行社会主义核心价值观。"①

40 多年来，我们党提出改革开放，解决了人们的"富口袋"问题。进入新世纪以来，我们党提出建设社会主义核心价值体系，提出积极培育和践行社会主义核心价值观，主要是为了解决人们的"富脑袋"问题，回答人的生活价值和生存意义，可谓意义深远。

2014 年 5 月 4 日，习近平在北京大学师生座谈会上说："如果一个民族、一个国家没有共同的核心价值观，莫衷一是，行无依归，那这个民族、这个国家就无法前进。"②

2014 年 10 月 15 日，习近平在文艺工作座谈会上的讲话中更加尖锐地指出：

"改革开放以来，我国经济发展很快，人民生活水平提高也很快。同时，我国社会正处在思想大活跃、观念大碰撞、文化大交融的时代，出现了不少问题。其中比较突出的一个问题就是一些人价值观缺失，观念没有善恶，行为没有底线，什么违反党纪国法的事情都敢干，什么缺德的勾当都敢做，没有国家观念、集体观念、家庭观念，不讲对错，不问是非，不知美丑，不辨香臭，浑浑噩噩，穷奢极欲。现在社会上出现的种种问题病根都在这里。这方面的问

① 《十八大以来重要文献选编》上，中央文献出版社 2014 年版，第 24—25 页。
② 《习近平谈治国理政》第一卷，外文出版社 2018 年版，第 168 页。

题如果得不到有效解决，改革开放和社会主义现代化建设就难以顺利推进。"①

2017年10月18日，党的十九大报告把"坚持社会主义核心价值体系"作为新时代坚持和发展中国特色社会主义的十四个基本方略之一，要求必须坚持马克思主义，牢固树立共产主义远大理想和中国特色社会主义共同理想，培育和践行社会主义核心价值观，不断增强意识形态领域主导权和话语权，推动中华优秀传统文化创造性转化、创新性发展，继承革命文化，发展社会主义先进文化，不忘本来、吸收外来、面向未来，更好构筑中国精神、中国价值、中国力量，为人民提供精神指引。

核心价值观是一个民族、一个国家、一个社会最根本的、比较恒定的价值观。随着时代的变迁和发展，一个民族、国家的主流价值观、具体价值观乃至某些基本价值观都可能会有所发展和变化，社会的价值体系也会发生相应的发展变化，但是核心价值观却大体恒定，规定着价值主体所进行的价值评价、价值选择、价值创造等活动，成为价值主体从事一切社会活动的内在尺度。当一个民族、国家的核心价值观确立以后，它将通过各种形式逐步实现社会化、大众化、日常化，进入人们的思想和灵魂深处，成为人们共同遵循和普遍维护的根本价值准则。

社会主义核心价值观整合和凝结了中国不同社会阶层、群体、个体的价值目标和价值取向，形成了全社会的"最大公约数"，为中国经济社会的发展进步确立了共同奋斗的价值目标、共同追求的价值取向和共同遵循的价值准则，为价值主体提供了规范行为的基本框架，设定了约束行为的道德底线，可以有效地帮助人们避免由于各种急剧变动所带来的恐慌和焦虑，有效控制和把握自己的思想和行为，使人们的思想和行为

①《习近平同志重要讲话文章选编》，中央文献出版社、党建读物出版社2016年版，第198-199页。

知其所趋、知其所向。

同时，社会主义核心价值观的确立，也有利于人们在价值追求和价值实践的过程中不断地纠正与社会主义核心价值观不相符合的价值偏差和价值失误，朝着倡导的价值目标前进，有利于引领人们逐步摆脱物欲肉欲层面的蝇营狗苟，把自己的价值追求融入民族、国家的价值目标之中，进而在实现民族、国家价值目标的同时实现自己的人生价值，获得对自己行为合理性的自信心、使命感、荣誉感和神圣感。

社会主义核心价值观是当代中国精神的集中体现，凝结着全体中国人民共同的价值追求，是凝聚中国力量的思想道德基础。中国特色社会主义进入新时代，党的十九大报告对培育和践行社会主义核心价值观提出了新的要求：

> "要以培养担当民族复兴大任的时代新人为着眼点，强化教育引导、实践养成、制度保障，发挥社会主义核心价值观对国民教育、精神文明创建、精神文化产品创作生产传播的引领作用，把社会主义核心价值观融入社会发展各方面，转化为人们的情感认同和行为习惯。"[1]

2017年10月24日，党的十九大通过的《中国共产党章程》（修正案）明确提出要"培育和践行社会主义核心价值观"。中国共产党章程集中体现了中国共产党的性质和宗旨，是中国共产党的根本大法，是中共全体党员干部必须遵循的总章程和基本行为规范。

2018年3月11日，全国人大十三届一次会议通过的《中华人民共和国宪法》（修正案）第二十四条第二款明确规定"国家倡导社会主义核心价值观"。中华人民共和国宪法是中国国家的根本大法，这是把社会主

---

[1]《十九大以来重要文献选编》上，中央文献出版社2019年版，第30页。

义核心价值观融入法治建设的最高体现，必将为在中国全社会积极践行和弘扬社会主义核心价值观，更好构筑中国精神、中国价值、中国力量，进而为全体中国人民提供精神指引形成强有力的法治保障。

2019年10月，中共中央、国务院印发实施的《新时代公民道德建设实施纲要》明确把"培育和践行社会主义核心价值观"作为新时代公民道德建设重点任务。

党的十八大以来，我们党在全社会大力弘扬和践行社会主义核心价值观，使之像空气一样无处不在、无时不有，成为全体中国人民的共同价值追求，成为中国人的独特精神支柱，成为老百姓日常的行为准则。

新时代中国的爱国主义主题

中华民族是一个伟大的民族，有五千多年的文明发展史。但是，鸦片战争以后蒙受了百年的外族入侵和内部战争，中国人民遭遇了极大的灾难、屈辱和痛苦。每一个中国人想起那一段历史，都会心痛。历史上的辉煌和近代的屈辱形成巨大反差，使民族复兴成为中华儿女的共同心愿。党的十八大以来，以习近平同志为核心的党中央提出并深刻阐述了实现中华民族伟大复兴的中国梦，反映了中华民族的"共同利益""共同理想""共同追求""共同愿景"和"共同期盼"，是站在新时代的制高点上树立起来的凝聚全体中国人民的一面精神旗帜。

实现中华民族伟大复兴中国梦，是鸦片战争以来中国人民最伟大的梦想，是一百多年来不变的主题，是中华民族的最高利益和根本利益，是一代一代中华儿女为之执着奋斗的目标，是当代中国爱国主义的鲜明主题。中国梦有着深厚的历史积淀、丰富的思想内容和浓烈的情感色彩，准确表达了近代以来中华民族的共同追求，鲜明揭示了当今中国的爱国主义主题和历史任务。

2012年11月29日，习近平在参观《复兴之路》展览时首次明确提出"中国梦",并将其解释为中华民族的伟大复兴之梦。在 2013 年 3 月 17 日第十二届全国人大一次会议的闭幕讲话中,习近平把实现伟大"中国梦"与弘扬"中国精神"紧密地联系起来,提出了弘扬"中国精神"的新命题。他说:

> "实现中国梦必须弘扬中国精神。这就是以爱国主义为核心的民族精神,以改革创新为核心的时代精神。这种精神是凝心聚力的兴国之魂、强国之魂。爱国主义始终是把中华民族坚强团结在一起的精神力量,改革创新始终是鞭策我们在改革开放中与时俱进的精神力量。全国各族人民一定要弘扬伟大的民族精神和时代精神,不断增强团结一心的精神纽带、自强不息的精神动力,永远朝气蓬勃迈向未来。"[1]

"中国梦"的提出,体现了"中国道路"的精髓和要义。以社会主义核心价值观为集中体现的"中国精神",是凝心聚力的兴国之魂、强国之魄。实现中国梦,必须用社会主义核心价值观和"中国精神"来凝聚中国力量。2013 年 12 月 30 日,第十八届中央政治局在就提高国家文化软实力进行第十二次集体学习时,习近平又说,中国梦意味着中国人民和中华民族的价值体认和价值追求,意味着全面建成小康社会、实现中华民族伟大复兴,意味着每一个人都能在为中国梦的奋斗中实现自己的梦想,意味着中华民族团结奋斗的最大公约数。

"中国梦"三个字,生动形象地表达了全体中国人民的共同理想追求,昭示着国家富强、民族振兴、人民幸福的美好前景,为坚持和发展中国特色社会主义注入了新的内涵和时代精神。实现中华民族伟大复兴中国梦,已经成为凝聚党心民心、激励中华儿女团结奋斗的强大精神力量。

---

[1]《习近平谈治国理政》第一卷,外文出版社 2018 年版,第 40 页。

"中国梦"这个概念，有着深厚的历史积淀、丰富的思想内容和浓烈的情感色彩，准确地表达了近代以来中华民族的共同追求，鲜明地揭示了当今中国的时代主题，在中国共产党今天进行的具有新的历史特点的伟大斗争中，能够达成最大共识，凝聚最大力量。中国14亿多人口的一切奋斗，归根到底都是为了实现这一伟大目标。习近平坚定地向中国人民表示：

> "中国曾经是世界上的经济强国，后来在世界工业革命如火如荼、人类社会发生深刻变革的时期，中国丧失了与世界同进步的历史机遇，落到了被动挨打的境地。尤其是鸦片战争之后，中华民族更是陷入积贫积弱、任人宰割的悲惨状况。这段历史悲剧决不能重演！建设富强民主文明和谐的社会主义现代化国家，是我们的目标，也是我们的责任，是我们对中华民族的责任，对前人的责任，对后人的责任。我们要保持战略定力和坚定信念，坚定不移走自己的路，朝着自己的目标前进。"[1]

（一）实现"中国梦"必须坚定走中国道路

道路决定命运。目标确定以后，走什么道路具有决定性意义。中国特色社会主义是实现中国梦的必由之路。

中国特色社会主义的伟大实践，不仅使中国快速发展起来，使中国人民生活水平快速提高起来，使中华民族大踏步赶上时代前进潮流、迎来伟大复兴的光明前景，而且使中国人民和中华民族为世界和平与发展做出了重大贡献。只有高举中国特色社会主义伟大旗帜，才能团结带领中国各族人民实现"两个一百年"奋斗目标，赢得中国人民和中华民族更加幸福美好的未来。

---

[1]《习近平谈治国理政》第一卷，外文出版社2018年版，第169—170页。

中国人民要有道路自信、理论自信、制度自信和文化自信。新时代最关键的是坚定不移走这条道路、与时俱进拓展这条道路，推动这条道路越走越宽广。

（二）实现"中国梦"必须大力弘扬中国精神

中国精神就是以爱国主义为核心的民族精神，以改革创新为核心的时代精神。中国精神是凝心聚力的兴国之魂、强国之魂，为实现中国梦提供强大的精神动力。实现中华民族伟大复兴中国梦，就要用中国精神振奋全民族的"精气神"，不断增强团结一心的精神纽带、自强不息的精神动力，永远朝气蓬勃地迈向未来。

爱国主义始终是把中华民族坚强团结在一起的精神力量。在中华民族几千年绵延发展的历史长河中，爱国主义始终是激昂的主旋律。改革创新始终是鞭策中国人民在改革开放中与时俱进的精神力量，是中华民族最深沉的民族禀赋。实现中国梦这一全体中国人民的共同梦想，要有敢为人先的锐气，逢山开路、遇河架桥的意志，探索真知、求真务实的态度，为了创新创造而百折不挠、勇往直前。

这就要求大力加强思想道德建设，自觉践行社会主义核心价值观。弘扬真善美，贬斥假恶丑，礼赞高尚的思想道德情操，激发崇德向善的正能量，为实现中华民族伟大复兴的中国梦凝聚起强大的精神力量和有力的道德支撑。

（三）实现"中国梦"必须广泛凝聚中国力量

人民是历史的创造者，是真正的英雄。中国力量，就是中国各族人民大团结的力量。每个人的力量是有限的，但只要万众一心、众志成城，就没有克服不了的困难。

要实现党的十八大和十九大确定的奋斗目标和中国梦，必须紧紧依靠人民，充分调动最广大人民的积极性、主动性、创造性。中国梦是民族的梦，也是每个中国人的梦。只有每个人都为美好梦想而奋斗，才能汇聚起实现中国梦的磅礴力量。只要全体中国人民紧密团结，万众一心，实现梦想的力量就无比强大，每个人为实现自己梦想的努力就拥有广阔的空间。习近平说："历史告诉我们，每个人的前途命运都与国家和民族的前途命运紧密相连。国家好，民族好，大家才会好。"①

生活在伟大时代的中国人民，共同享有人生出彩的机会，共同享有梦想成真的机会，共同享有同祖国和时代一起成长与进步的机会。习近平把实现"中国梦"与中国人民紧紧地联系在一起，充分彰显了中国共产党爱人民这一博大的人民情怀。他说："中国梦归根到底是人民的梦"，深厚根基在人民，根本归宿也在人民。要坚持"以人民为中心"的发展思想，坚持人民至上的价值追求，把实现中国梦同"人民对美好生活的向往"结合起来，让人人都能够筑梦、追梦、圆梦。

2018年3月20日，习近平在第十三届全国人大一次会议闭幕会上的讲话中用"四个伟大"点赞中国人民，他说：中国人民是具有"伟大创造精神""伟大奋斗精神""伟大团结精神"和"伟大梦想精神"的人民，并深情地指出：

"有这样伟大的人民，有这样伟大的民族，有这样的伟大民族精神，是我们的骄傲，是我们坚定中国特色社会主义道路自信、理论自信、制度自信、文化自信的底气，也是我们风雨无阻、高歌行进的根本力量！"②

有梦想，有机会，有奋斗，一切美好的东西都能够创造出来。要最大限度地调动一切积极因素，最大限度地团结一切可以团结的力量。

---

① 《习近平谈治国理政》第一卷，外文出版社2018年版，第36页。
② 《十九大以来重要文献选编》上，中央文献出版社2019年版，第389页。

中国梦归根结底是人民幸福梦

在中国这个有着 14 亿多人口的文明古国、东方大国，以习近平同志为核心的党中央把"中国梦"作为治国理政的宏伟目标和中国人民的精神旗帜，当然有他的道理。2015 年 9 月 22 日，习近平在接受《华尔街日报》采访时说：

> "中国梦最根本的是实现中国人民的美好生活。"
>
> "关于这个问题，需要从历史和现实两个向度来认识。1840 年鸦片战争之后，中华民族经历了长达一个世纪的社会动荡、外族侵略、战争磨难，但中国人民始终自强不息、顽强斗争，从未放弃对美好梦想的向往和追求。看待当今中国，一定要深刻认识中国近代以后所遭受的民族苦难，一定要深刻认识这种长期的民族苦难给中国人民精神世界带来的深刻影响。"

所以，实现中华民族伟大复兴中国梦，是近代以来中华民族最伟大的梦想。

中国梦是中华民族的梦，也是每个中国人的梦。中国梦不是镜中花、水中月，不是空洞的口号，中国梦的深厚源泉在于中国人民，中国梦的根本归宿也在于中国人民。

习近平把"两个百年"奋斗目标与中国梦紧密联系在一起。他说，中国已经确定了未来的发展目标，这就是到中国共产党成立 100 周年时全面建成小康社会，到新中国建立 100 周年时建成富强民主文明和谐美丽的社会主义现代化强国。

中国梦视野宽广，内涵丰富，意蕴深远。习近平说："实现中华民族伟大复兴的中国梦，就是要实现国家富强、民族振兴、人民幸福，既深深体现了今天中国人的理想，也深深反映了我们先人们不懈追求进步的光荣传统。"①

（一）国家富强

国家富强，是每一个中华儿女的首要期盼。每个人的前途命运，都与国家和民族的前途命运紧密相连。国家好，民族好，大家才会好。近代以来中国人遭受帝国主义欺凌的惨痛经历，贫穷落后、被动挨打的屈辱历史，激发出中国人对国家富强和民族自尊的强烈渴望。

中华人民共和国建立尤其是经过改革开放以来的发展，中国已经成为世界经济大国，有220多种工业品产量位居世界第一，但是中国经济仍然"大而不强"。回顾历史，中国清代经济总量曾经很大，却被经济总量小得多的一些西方国家打败。这一惨痛教训告诫人们，大并不等于强，关键在于要有先进的生产方式和科学技术。中国只有从经济大国变为现代化强国，人均收入达到中等发达国家水平，才谈得上"国家富强"。

强国与强军是紧密联系在一起的。2012年12月，习近平在广州战区考察工作时说，实现中华民族伟大复兴，是中华民族近代以来最伟大的梦想。可以说，这个梦想是强国梦，对军队来说也是强军梦。要实现中华民族伟大复兴，必须坚持富国和强军相统一，努力建设巩固国防和强大军队。

国家富与强，不可偏颇，必须兼顾。近代中国的灾难，是从西方列强在军事上比中国强大进而欺负中国开始的。如果说改革开放之初中国珍惜和平发展的国际环境，韬光养晦，谋求发展自己，甚至在国防建设投入上做出牺牲的话，那么当国家经济发展到一定程度，建设强大的现代化国防，以应对越来越复杂的国际局势，进而有效保卫陆海空疆域，就是顺势而为、正当其时。

（二）民族振兴

民族振兴，是近代以来中华民族的历史主题。中华民族有着五千多

---

① 《习近平谈治国理政》第一卷，外文出版社2018年版，第39页。

年的文明历史，创造了辉煌灿烂的中华文明。在长达数千年的时间里，中华文明长期处在世界前列，为人类文明发展做出了重大贡献。秦代雄风，汉唐文明，宋元文化，乃至康乾盛世，在人类社会发展史上曾经长期处于领先地位。中华文明是世界上唯一几千年延续不断、传承至今的文明。但是，到了近代，由于清王朝的腐朽没落和西方列强的入侵，中国一步步沦为半殖民地半封建社会，中华民族历经磨难，到了最危险的时候。陷于绝境而猛醒的中华民族，为民族大义所激奋，日益紧密地凝聚在民族复兴的伟大旗帜下，1949年，才实现了民族独立、人民解放。

中华民族的伟大复兴梦，凝聚了几代中国人的夙愿，体现了中华民族和中国人民的整体利益，是每一个中华儿女的共同愿望。新中国建立特别是改革开放以来，中华民族走上了持续快速发展之路，中华文明也日益走向复兴，对世界的影响越来越大，但同先前中华民族、中华文明在世界上的地位和影响相比，还有很大差距。为了实现中华民族复兴大业，再铸中华文明新的辉煌，还需要付出巨大努力。实现中国梦，意味着中国的经济实力和综合国力、国际地位和国际影响力大大提升，意味着中华民族以更加昂扬向上、文明开放的姿态屹立于世界民族之林。

中华民族的伟大复兴梦，也是和谐世界之梦。一个爱好和平、自强不息的中华民族，一个和平发展与崛起、共谋发展的美丽新中国，不仅不会带给世界威胁，而且必将有利于和谐世界的建设，为人类文明进步做出新的贡献。外国专家评论说，中国复兴将成为世界变革的主要因素。

（三）人民幸福

中国梦是国家富强梦、民族振兴梦、人民幸福梦，但归根结底是人民的梦，是人民的幸福梦，是人民的美好生活梦。人民幸福，是中国梦的最终归宿。作为无产阶级政党，中国共产党始终不忘人民，始终装有人民，十分重视人民生活的幸福问题。习近平把实现中华民族伟大复兴中国梦最终落实在人民幸福上。他说：

"我们的人民热爱生活，期盼有更好的教育、更稳定的工作、更满意的收入、更可靠的社会保障、更高水平的医疗卫生服务、更舒适的居住条件、更优美的环境，期盼孩子们能成长得更好、工作得更好、生活得更好。"[①]

习近平把"人民对美好生活的向往"作为奋斗目标。"人民对美好生活的向往"是多方面的，也是不断发展变化的。因此，要不断解放和发展社会生产力，全面推进经济、政治、文化、社会和生态文明建设，使人民生活越来越美好、越来越幸福。

中国梦的最大特点，就是把国家、民族和个人作为一个命运共同体，把国家利益、民族利益和每个人的具体利益紧紧联系在一起，体现了中华民族固有的"家国情怀"。国家的追求、民族的向往、人民的期盼，三者融为一体，体现了中华民族和中国人民的整体利益。实现中华民族伟大复兴不是哪一个人、哪一部分人的梦想，而是全体中国人民共同的追求；中国梦的实现不是成就哪一个人、哪一部分人，而是表达了每一个中华儿女的共同愿望，将造福全体人民。因此，它具有广泛的包容性，成为回荡在14亿多人口心中的高昂旋律。

实现中国梦，意味着中国人民过上更加幸福富裕安康的生活。人民是中国梦的主体，是中国梦的创造者和享有者。实现中国梦必须紧紧依靠人民，不断为人民造福。中国人民素来有着深沉厚重的精神追求，是伟大的人民，即使近代以来饱尝屈辱和磨难也没有自弃沉沦，而是始终怀揣梦想，向往光明的未来。

实现中国梦，离不开中国人民过上幸福生活，最终必须落实到"满足人民对美好生活的向往"上。习近平说，要坚持把增进人民福祉、促进人的全面发展、朝着共同富裕方向稳步前进作为经济发展的出发点和

[①]《习近平谈治国理政》第一卷，外文出版社2018年版，第4页。

落脚点，部署经济工作、制定经济政策、推动经济发展都要牢牢坚持这个根本立场。实现中国梦就是要实现人民幸福。把"人民幸福"作为实现中国梦的根本立场和落脚点，把中国梦最终归结为人民幸福梦，体现了中国共产党人应有的"初心"和全心全意为人民服务的根本宗旨。

人民幸福的内涵和指数是与时俱进、不断发展的。随着社会生产的快速发展和人的思想观念日渐更新，人民对幸福的需要在结构、层次、内容、形式等方面都会发生变化，而且这种变化还将在更快的速度和更深的层次上继续进行，必须深刻把握新时代中国发展面临的新变化新课题新矛盾，把握人民群众对美好幸福生活需要的发展变化和阶段性特征，不断提升全社会的幸福指数，将坚持人民主体地位、坚持维护社会公平正义、坚持走共同富裕道路、坚持促进社会和谐纳入夺取新时代中国特色社会主义新胜利的基本要求，将保障和改善民生作为社会建设的重点，用制度保护生态环境，打好全面建成小康社会的最后攻坚战，开启全面建设社会主义现代化国家的新征程。

党的十八大以来，以习近平同志为核心的党中央提出要突出全面深化改革的系统性、整体性、协同性，使改革成果更多更公平惠及全体人民。要坚持经济发展以保障和改善民生为出发点和落脚点，全面解决好人民群众关心的教育、就业、收入、社保、医疗卫生、食品安全等问题，让改革发展成果更多、更公平、更实在地惠及广大人民群众。这些思想、战略、制度和政策，对中国梦的阶段性特征做出了更为清晰的描绘，为中国梦增添了更加美丽的人民幸福的光环。

党的十九大报告将中国社会的主要矛盾概括为"人民日益增长的美好生活需要和不平衡不充分的发展之间的矛盾"，并就"人的全面发展"进行了深刻论述，对"必须始终把人民利益摆在至高无上的地位"的原则、"脱真贫真脱贫"的要求、"让全体人民住有所居"的承诺、"打赢蓝天保卫战"的目标等，与人民的获得感、幸福感和安全感密切联系在一起，并指出要坚持以人民为中心，抓住人民最关心最直接最现实的利益问题，一件事情接着一件事情办，一年接着一年干，展现了新时代中国共产党人带领中国人民过上幸福生活、美好生活的愿景、信心、决心和实干精神。

2019 年 11 月，中共中央、国务院印发实施的《新时代爱国主义教育实施纲要》明确坚持把实现中华民族伟大复兴的中国梦作为鲜明主题，指出伟大事业需要伟大精神，伟大精神铸就伟大梦想。要把国家富强、民族振兴、人民幸福作为不懈追求，着力扎紧全国各族人民团结奋斗的精神纽带，厚植家国情怀，培育精神家园，引导人们坚持中国道路、弘扬中国精神、凝聚中国力量，为实现中华民族伟大复兴的中国梦提供强大精神动力。

|四| 大道之行也天下为公

《礼记·礼运》曰："大道之行也，天下为公。"

《孙子兵法》曰："道者，令民与上同意也，故可以与之死，可以与之生，而不畏危。"

唐代张弧在《素履子·履道》中说："鱼失水则亡，人失道则丧。"

社会主义是世界的也是中国的，社会主义是中国的也是世界的。社会主义之所以在中国能够大行其"道"，是因为顺应了世界社会主义的发展潮流，符合中华民族发展之"道"，令民与其同。

人民的向往就是我们的奋斗目标

马克思主义遵循人类社会发展的一般规律而设想的社会主义、共产主义理想社会，是人类社会和世界人民对美好社会生活的向往，与中国人民对美好生活的向往相通，代表了人心向背，代表了人类社会正义的发展方向，代表了正义的力量。

马克思主义预见的人人富足而自由平等的共产主义社会，与我国儒家典籍中所描述的人间无私互助、人人各得其所的"大同社会"不无共同之处。《礼记·礼运》曰：

> "大道之行也，天下为公，选贤与能，讲信修睦。故人不独亲其亲，不独子其子，使老有所终，壮有所用，幼有所长，矜、寡、孤、独、废疾者皆有所养，男有分，女有归。货恶其弃于地也，不必藏于己；力恶其不出于身也，不必为己。是故谋闭而不兴，盗窃乱贼而不作，故外户而不闭。是谓大同。"

2012 年 11 月 15 日，习近平在党的十八届一中全会上当选为党的总书记。在媒体见面会上，习近平详细阐述了人民对民生问题的愿望和要求，把"人民对美好生活的向往"作为奋斗目标，把团结带领全党全国各族人民坚持改革开放，不断解放和发展社会生产力，努力解决群众的生产生活困难，坚定不移走共同富裕的道路，作为新一届领导集体的重要责任。习近平说：

> "我们的人民热爱生活，期盼有更好的教育、更稳定的工作、更满意的收入、更可靠的社会保障、更高水平的医疗卫生服务、更舒适的居住条件、更优美的环境，期盼孩子们能成长得更好、工作得更好、生活得更好。人民对美好生活的向往，就是我们的奋斗目标。……我们的责任，就是要团结带领全党全国各族人民，继续解放思想，坚持改革开放，不断解放和发展社会生产力，努力解决群众的生产生活困难，坚定不移走共同富裕的道路。"
>
> "我们一定要始终与人民心心相印、与人民同甘共苦、与人民团

结奋斗，夙夜在公，勤勉工作，努力向历史、向人民交出一份合格的答卷。"①

在100年来艰苦卓绝的奋斗进程中，中国共产党之所以能够完成近代以来各种政治力量都不可能完成的艰巨历史任务，就在于"不忘初心、牢记使命"，始终把马克思主义作为自己的行动指南，并坚持在实践中不断丰富和发展马克思主义。这使中国共产党得以摆脱以往一切政治力量追求自身特殊利益的局限，以辩证唯物主义、历史唯物主义世界观和方法论，以无私无畏的博大胸怀，领导和推动中国革命、社会主义建设和改革开放一步一步向前发展，走向胜利，不断坚持真理、修正错误，无论是处于顺境还是逆境，都从未动摇对马克思主义的信仰，从不忘记自己从哪里来，到哪里去。

习近平把中国共产党人"不忘初心"的这种政治品质始终放在至高无上的位置，反复强调对马克思主义的信仰、对社会主义和共产主义的信念是共产党人的政治灵魂，理想信念是共产党人精神上的"钙"。中国共产党人只有保证思想不变质、信念不动摇，激发灵魂深处的伟力，用行动践行理想信念，才能具备强大的真理力量与道义力量，实现国家富强、民族振兴、人民幸福的目标。

全心全意为人民服务是中国共产党的根本宗旨，是中国共产党一切理论和行动的根本指针。党的各级领导干部都是人民的公仆，必须把群众的安危冷暖放在心上，以高度负责的态度，真心诚意地为人民群众办实事、做好事、解难事。要切实做好和人民群众切身利益息息相关的每一项工作，使中国共产党赢得广大人民群众的信任、拥护和支持。习近平告诫全党，在新的历史条件下，在具有许多新的历史特点的伟大斗争面前，唯有不忘初心，才能时刻准备应对重大挑战、抵御重大风险、克

---

① 《习近平谈治国理政》第一卷，外文出版社2018年版，第4—5页。

服重大阻力、解决重大矛盾，坚持和发展中国特色社会主义，坚持和巩固中国共产党的领导地位和执政地位，使中国共产党、中华民族、中国人民永远立于不败之地。

中华民族积蓄的能量要爆发

中国共产党始终坚守"为中国人民谋幸福，为中华民族谋复兴"的"初心"，以实现"中国人民的幸福梦"为己任，致力于人民对美好生活的向往就是自己的奋斗目标，始终坚守"与人民心心相印、与人民同甘共苦、与人民团结奋斗"的赤子初心，彰显了博大的人民情怀、深切的爱国情怀和深远的民族情怀。

中国共产党深深地知道，人民群众是推动中国革命、中国社会主义革命与建设、中国特色社会主义事业发展的主力军，是全面建成小康社会、全面建成社会主义现代化强国的实现力量。离开人民群众，什么事也干不成。

2013年6月，习近平在谈到中国共产党与人民群众的血肉联系时说："我们党来自人民、植根人民、服务人民，党的根基在人民、血脉在人民、力量在人民。失去了人民拥护和支持，党的事业和工作就无从谈起。"在任何时候任何情况下，中国共产党与人民同呼吸共命运的立场不能变，全心全意为人民服务的宗旨不能忘，群众是真正英雄的历史唯物主义观点不能丢。他说：

"我们党是在同人民群众的密切联系中成长、发展、壮大起来的。人民是党的力量之源和胜利之本。没有人民的支持，党就不可能生存和发展，就一事无成。因此，密切联系群众是我们党的最大优势。我们任何时候都不能削弱和丢掉这个优势，否则党的一切工作就会成为无源之水、无本之木，就会招致挫折和失败。"①

　　信仰人民，是马克思主义的人民观，是中国共产党人的初心和宗旨，也是中国共产党的人民情怀最深沉、最持久、最博大的动力源泉。人民群众是中国共产党的力量源泉。伟大的国家来自伟大的人民，伟大的人民创造伟大的事业。

　　近代以来，尤其是中国共产党成立以来，中国人民不屈不挠、团结一心，挽狂澜于既倒、扶大厦之将倾，写下了保家卫国、抵御外辱的壮丽史诗，取得了新民主主义革命的胜利，建立了中华人民共和国。改革开放以来，中国人民勤劳努力、不懈奋斗，在短短 40 多年的时间里，走过了西方国家几百年发展的历程。

　　党的十八大以来，中国人民怀揣梦想，迎难而上，开拓进取，取得了改革开放和社会主义现代化建设的历史性成就和历史性变革，标志着中国发展站到了一个新的历史起点上。中华民族迎来了从站起来、富起来到强起来的伟大飞跃。

　　这是中国人民奋斗出来的！习近平认为，中华民族积蓄的能量要爆发。在习近平看来，创造精神、奋斗精神、团结精神、梦想精神是中华民族精神的核心要义，是中国人民不竭的力量源泉。始终发扬这些伟大民族精神，是新时代中华民族走向未来、实现梦想最坚实的底气、最强大的动力和最根本的保证。

　　展望未来，习近平非常自信地认为，中华人民共和国成立特别是改革开放以来，中国已经积蓄了物质和精神的丰厚能量，正要为实现中华民族的伟大复兴而爆发。习近平深情地赞美中国人民的伟大力量，中华民族的伟大精神。党的十九大报告说：

---

① 习近平：《始终坚持和充分发挥党的独特优势》，《求是》2012 年第 15 期。

"站立在九百六十多万平方公里的广袤土地上，吸吮着五千多年中华民族漫长奋斗积累的文化养分，拥有十三亿多中国人民聚合的磅礴之力，我们走中国特色社会主义道路，具有无比广阔的时代舞台，具有无比深厚的历史底蕴，具有无比强大的前进定力。"①

早在2016年7月19日，习近平到宁夏回族自治区考察时就曾说："展望未来，实现第一个百年奋斗目标胜利在望。中华民族的事业不能停顿、要接续前行。中华民族积蓄的能量太久了，要爆发出来去实现伟大的中国梦。这是我们这一代人的历史使命，我们每一个人都在自己的岗位上为实现这个目标而奋斗。"他还说，社会主义是干出来的！我们这个民族积蓄的能量太久了，要爆发一下，爆发了干什么呢？就是实现我们中华民族伟大复兴中国梦。

展开历史长卷，可以看到，中华民族曾经开创过数千年的辉煌时代，曾经出现过文景之治、贞观之治、开元盛世、康乾盛世这些辉煌的鼎盛岁月，中国的发展长期走在世界前列。近代以来的盛极而衰，中华民族也曾经历最黑暗、最屈辱、最苦难的时段，复兴强国梦一次次被击碎。

中国共产党的出现，才真正开启了中华民族伟大复兴的序幕。

毛泽东曾激情澎湃地写道："四海翻腾云水怒，五洲震荡风雷激。"

中国人民已经奋斗得太久、等待得太久了。中国特色社会主义的伟大实践和辉煌成就，有力证明了社会主义的蓬勃生机和时代魅力。中国人民积蓄的能量在中华大地涌动，即将为实现中华民族的伟大复兴而爆发。中华民族伟大复兴的中国梦一定要实现，也一定能够实现。当今中国，最鲜明的时代主题就是实现"两个一百年"奋斗目标、实现中华民族伟大复兴中国梦。

党的十八大后不久，习近平到京外考察，专程探访河北省阜平县龙

①《十九大以来重要文献选编》上，中央文献出版社2019年版，第49页。

泉关镇骆驼湾村、顾家台村。在这里，他提出看真贫、扶真贫、真扶贫，吹响了实现第一个百年奋斗目标、决胜全面建成小康社会的总攻号角。

党的十九大描绘了决胜全面建成小康社会、开启全面建设社会主义现代化国家新征程、实现中华民族伟大复兴的宏伟蓝图。以习近平同志为核心的党中央带领14亿多中国人民向着"两个一百年"奋斗目标、向着中华民族伟大复兴中国梦开始了新的长征。2018年2月14日，习近平在春节团拜会上发表重要讲话：

> "改革开放40年来，我们以敢闯敢干的勇气和自我革新的担当，闯出了一条新路、好路，实现了从'赶上时代'到'引领时代'的伟大跨越。今天，我们要不忘初心、牢记使命，继续以逢山开路、遇水架桥的开拓精神，开新局于伟大的社会革命，强体魄于伟大的自我革命，在我们广袤的国土上继续书写13亿多中国人民伟大奋斗的历史新篇章！"

中国特色社会主义进入新时代，中华民族开启"强起来"的新征程。中国这个古老而又现代的东方大国，正在迎来决胜全面建成小康社会、全面建成社会主义现代化强国的关键时期，中国特色社会主义道路、理论、制度、文化正在焕发出强大生机活力，奇迹正在中华大地上不断涌现。

中国是只和平可亲文明的狮子

在"经济全球化"的背景下和"世界历史"的进程中，国家政治与国际政治紧密相连，国家政治必然延伸到国际政治。一个执政党治国理政，不仅表现在一个国家的内部治理，也必然延伸到国际政治和国际关系之中，延伸到对世界格局的影响力、作用力和软实力。

改革开放以来，尤其是随着我国成为世界第二大经济体，与外部世界的关系发生了深刻变化，我国的和平发展战略越来越深刻影响世界，同时也越来越需要国际社会的理解支持，国际社会对我国在全球治理中发挥更大作用的期待也越来越高。

世界潮流浩浩荡荡，历史车轮滚滚向前。历史越来越是一部世界史。

现代世界，是一个越来越开放的世界，没有哪一个国家能够在孤立的状态下实现现代化。当今中国与世界更是一个"我中有你、你中有我"的命运共同体，不仅在物质、技术、资金等物质领域的流动完全超出了国界，而且在思想文化、价值观念、生活方式等精神领域甚至在人才培养领域的流动也形成了全球性交往，卷入到"全球化"的"世界历史"进程之中。中华民族再也不可能是一艘"孤船"在汪洋大海中漂行，而是在百舸争流、万象竞发的全球化进程中前行。这个事实，一方面使得中国不可能孤身独立于世界之外，另一方面只有积极主动地顺应世界潮流，勇立时代潮头，才能有效有益地融入"世界历史"之中，融入全球化进程之中。

根据中国近现代历史的沉痛教训，邓小平曾指出：开放则兴，封闭则衰。一个民族或国家不是在投入这股大潮中走向繁荣，便是在隔绝于这个大潮之外走向衰落。我国实行全面对外开放，并不是要让别国的污泥浊水涌进国门，而是要在世界历史的大潮面前自觉地主动地投入到大潮中去，学习别人的长处和优点，弥补自己的短处和缺点，借鉴别人发展自己。他说："社会主义要赢得与资本主义相比较的优势，就必须大胆吸收和借鉴人类社会创造的一切文明成果，吸收和借鉴当今世界各国包括资本主义发达国家的一切反映现代社会化生产规律的先进经营方式、管理方法。"[1]

习近平提出的"中国梦"，是与世界紧密联系的梦，是和平、发展、

---

[1]《邓小平文选》第三卷，人民出版社1993年版，第373页。

合作、共赢的梦。他说，我们追求的是中国人民的福祉，也是各国人民共同的福祉，要争取世界各国对中国梦的理解和支持。实现中华民族伟大复兴中国梦，中国将始终坚持合作共赢，推动建立以合作共赢为核心的新型国际关系，坚持互利共赢的开放战略，把合作共赢理念体现到政治、经济、安全、文化等对外合作的方方面面；始终坚持正确义利观，做到义利兼顾，讲信义、重情义、扬正义、树道义；坚持不干涉别国内政原则，坚持尊重各国人民自主选择的发展道路和社会制度，坚持通过对话协商以和平方式解决国家间的分歧和争端，反对动辄诉诸武力或以武力相威胁①。

习近平还谈了中国梦与美国梦、中国与美国的大国关系。他说，中国梦与包括美国梦在内的世界各国人民的美好梦想相通；宽广的太平洋有足够的空间容纳中美两个大国，两国的领导人要以战略家的政治勇气和智慧，实现"跨越太平洋的握手"，中国与美国共铸大国关系②。

协和万邦、讲信修睦、天下太平、共享大同，是中华民族绵延数千年的理想。历经苦难，中国人民珍惜和平，希望同世界各国一道共谋和平、共护和平、共享和平。习近平把"中国梦"与世界和平发展紧密联系在一起。中国梦需要和平，只有和平才能实现梦想，中国梦是追求和平的梦。他说：

> "中国人民深知，中国发展得益于国际社会，愿意以自己的发展为国际发展作出贡献。中国对外开放，不是要一家唱独角戏，而是要欢迎各方共同参与；不是要谋求势力范围，而是要支持各国共同发展；不是要营造自己的后花园，而是要建设各国共享的百花园。"③

---

①《习近平谈治国理政》第二卷，外文出版社 2017 年版，第 443-444 页。
②《习近平同奥巴马总统举行中美元首会晤》，《人民日报》2013 年 6 月 9 日。
③《十八大以来重要文献选编》下，中央文献出版社 2018 年版，第 354 页。

历史将证明，实现中国梦给世界带来的是机遇而不是威胁，是和平而不是动荡，是进步而不是倒退。

习近平说，"中国梦"不仅是属于中国的，也是属于世界的。"穷则独善其身，达则兼善天下"，是中华民族的崇高品德和博大胸怀。中国一心一意办好自己的事情，既是对自己负责也是为世界做贡献。处于伟大复兴进程中的中国，在追求本国利益时兼顾他国合理关切，在谋求本国发展中促进各国共同发展；处于伟大复兴进程中的中国，坚持把本国人民利益同各国人民共同利益结合起来，以更加积极的姿态参与国际事务，共同应对全球性挑战，共同破解人类发展难题。

实现中国梦，不仅造福中国人民，而且造福各国人民。中国好，世界会更好；世界好，中国同样会更好。随着综合国力的不断提升，中国已经并将继续尽己所能，为世界和平与发展做出自己的贡献。党的十九大报告明确指出：

> "中国共产党是为中国人民谋幸福的政党，也是为人类进步事业而奋斗的政党。中国共产党始终把为人类作出新的更大的贡献作为自己的使命。"
>
> "中国将高举和平、发展、合作、共赢的旗帜，恪守维护世界和平、促进共同发展的外交政策宗旨，坚定不移在和平共处五项原则基础上发展同各国的友好合作，推动建设相互尊重、公平正义、合作共赢的新型国际关系。"①

我国的发展不仅关乎 14 亿多中国人民的福祉，也将深刻影响世界，造福世界人民。中国有句古话讲："听其言而观其行。"我国不仅是这么说的，而且是这么做的，正在以实际行动为世界各国提供发展机遇，做

---

① 《十九大以来重要文献选编》上，中央文献出版社 2019 年版，第 40—41 页。

全球发展的贡献者，将自身发展经验和机遇同世界各国分享，欢迎各国搭乘中国发展的"快车""便车""顺风车"，实现共同发展。

党的十八大以来，以习近平同志为核心的党中央高举和平、发展、合作、共赢的旗帜，统筹国内国际两个大局，明确中国特色大国外交要推动构建新型国际关系，推动构建人类命运共同体，对新时代外交工作指明了方向、做出了部署，彰显了对人类前途命运的思考、对世界和平与发展事业的担当。2014年3月29日，在中法建交五十周年纪念大会上，习近平这样比喻：

> "拿破仑说过，中国是一头沉睡的狮子，当这头睡狮醒来时，世界都会为之发抖。中国这头狮子已经醒了，但这是一只和平的、可亲的、文明的狮子。"①

习近平提出的"积极构建人类命运共同体"，旨在追求本国利益的同时兼顾他国合理关切，在谋求木国发展中促进各国共同发展。他说，人类只有一个地球，各国共处一个世界，要倡导人类命运共同体意识。习近平以深邃的历史眼光、宽广的世界胸怀和高超的战略思维，以造福世界人民的"人类命运共同体"理念，树立中国在世界的新角色、新定位和新形象，为中国融入世界历史进程提供了卓越的政治智慧支撑。

习近平提出的"一带一路"建设，旨在借用古代丝绸之路的历史符号，高举和平发展的旗帜，积极发展与沿线国家的经济合作伙伴关系，共同打造政治互信、经济融合、文化包容的利益共同体、命运共同体和责任共同体。"一带一路"是"丝绸之路经济带"和"21世纪海上丝绸之路"的简称，是习近平提出的国际合作倡议。

---

① 习近平：《在中法建交五十周年纪念大会上的讲话》（2014年3月27日，巴黎），《人民日报》2014年3月29日。

习近平倡议设立的"亚投行"（全称"亚洲基础设施投资银行"），旨在促进亚洲区域建设的互联互通化和经济一体化进程，加强中国及其他亚洲国家和地区的合作，是首个由中国倡议设立的多边金融机构，重点是支持基础设施建设，可谓是造福成员地人民生活的嘉行善举。截至2019年7月13日，"亚投行"成员总数达到100个。

人类命运共同体造福世界人民

"经济全球化"和世界历史的不断融合与推进，为国家政治与国际政治的相互联系互动开辟了越来越广阔的道路和前景。近年来，尽管全球化的历史进程似乎出现了曲折，甚至出现了某些"逆全球化"现象，但"全球化"的历史大势和"世界历史"发展的本质是不可能逆转的。

当今世界随着"全球化"进程中遇到的很多问题成为国际社会的共同问题，变化成为常态、风险与之相伴、危机也时时发生，世界层面的经济—政治"失序"，包括各个国家和地区不同程度的社会失范、制度失灵、安全失控，应对全球性挑战成为国际社会的难题和焦点。在未来"全球化"的进程中，国际机制如何在国际关系和世界格局中发挥越来越重要的作用，具有真正的行动能力？世界各国如何就"全球化"时代国际关系的行为规则进行制订和改革升级？这些问题将成为未来"全球化"的重大课题。

党的十八大以来，基于对世界战略格局大变动、人类发展方式大转型、当代中国社会大变革、各种思想文化大激荡等的深刻认识，基于对当代世界正在发生的深刻变动、当今中国正在发生的深刻变革、当代中国所面临的国内外形势所肩负的使命任务正在发生重大变化的深刻认识，习近平把中国实现"两个一百年"奋斗目标和中华民族伟大复兴中国梦与树立中国特色社会主义大国新形象相互衔接，提出了以国际秩序和全球治理体系为纲的总体应对思路和具体解决途径。他说："中国将积极参与全球治理体系建设，努力为完善全球治理贡献中国智慧，同世界各国人民一道，推动国际秩序和全球治理体系朝着更加公正合理方向发展。"①

党的十八大以来，中国始终不渝走和平发展道路，积极扩大同各国的利益交汇点，推动构建以合作共赢为核心的新型国际关系，加强同世界各国的友好往来，同各国人民一道，推动形成人类命运共同体和利益共同体，不断把人类和平与发展的崇高事业推向前进。以习近平同志为核心的党中央主动作为，积极倡导构建新型大国关系，发展友好睦邻的周边关系，加强同发展中国家的南南合作，务实推进"一带一路"建设，积极应对气候变化和防疫抗灾，提供日益增多的国际物质和精神公共产品，因而使中国日益成为举世公认的"世界和平的建设者、全球发展的贡献者、国际秩序的维护者"。

新时代，中国共产党积极倡导构建"人类命运共同体"，并不是仅仅树立我国是"世界和平"的坚决倡导者和传播者形象，而且树立我国也是"世界和平"的坚决捍卫者和维护者形象。我国一直坚持中华人民共和国建立以来倡导的和平共处五项原则、坚持走和平发展道路，倡导构建以互利合作、共享共赢为基础的国际关系，同时也"决不放弃正当权益"。习近平坚定地说：

> "中国倡导人类命运共同体意识，反对冷战思维和零和博弈。中国坚持国家不分大小、强弱、贫富一律平等，尊重各国人民自主选择发展道路的权利，维护国际公平正义，反对把自己的意志强加于人，反对干涉别国内政，反对以强凌弱。中国不觊觎他国权益，不嫉妒他国发展，但决不放弃我们的正当权益。中国人民不信邪也不怕邪，不惹事也不怕事，任何外国不要指望我们会拿自己的核心利益做交易，不要指望我们会吞下损害我国主权、安全、发展利益的苦果。"②

---

① 《十八大以来重要文献选编》下，中央文献出版社2018年版，第353页。
② 《十八大以来重要文献选编》下，中央文献出版社2018年版，第354页。

在以习近平同志为核心的党中央的引领下，我国日益主动和更加有效地向世界讲好"中国故事"，更加展现出中国特色、中国风格和中国气派。中国高举和平、发展、合作、共赢旗帜，努力为全球治理贡献中国主张、中国智慧、中国方案，体现出应有的大国担当，在新型全球观、共同价值观、全球治理观、新型合作观、新型安全观、新型发展观、区域合作观等方面，越来越体现出中国的全球治理观。2018年新年前夕，习近平在新年贺词中说：

> "我同有关各方深入交换意见，大家都赞成共同推动构建人类命运共同体，以造福世界各国人民。"
>
> "天下一家。中国作为一个负责任大国，也有话要说。中国坚定维护联合国权威和地位，积极履行应尽的国际义务和责任，信守应对全球气候变化的承诺，积极推动共建'一带一路'，始终做世界和平的建设者、全球发展的贡献者、国际秩序的维护者。中国人民愿同各国人民一道，共同开辟人类更加繁荣、更加安宁的美好未来。"[1]

2020年9月3日，习近平在纪念中国人民抗日战争暨世界反法西斯战争胜利75周年座谈会上的讲话中，更加坚定地指出：任何人任何势力企图破坏中国人民的和平生活和发展权利、破坏中国人民同其他国家人民的交流合作、破坏人类和平与发展的崇高事业，中国人民都绝不答应！

印度尼赫鲁大学中国和东南亚研究中心教授、汉学家狄伯杰认为，习近平提到中国将积极履行应尽的国际义务和责任，并提及共同推动构建人类命运共同体，表明中国致力于维护世界和平与稳定，促进区域和全球经

---

① 《习近平主席新年贺词（2014—2018）》，人民出版社2018年版，第3、4页。

济增长。他相信中国愿分享发展成果，造福世界人民。

新时代中国共产党提出的构建"人类命运共同体"和全球治理观，开创性地回答了在和平与发展的时代背景下全球治理的重大理论和现实问题，是对人类社会发展规律的正确认识和对人类社会发展方向的科学预判，体现了马克思主义关于人类社会的美好设想和中国共产党人的胆识智慧与世界担当，体现了人间正义的力量与使命呼唤。

第六章

从建党百年迈向建国百年

一个时代有一个时代的主题，一个时代有一个时代的大势，一代人有一代人的使命，一代人有一代人的责任。

中国共产党从弱小走到强大、从边缘走到中心，从革命走到执政、从建设走到改革，都是把握了时代大势，顺应了历史潮流，一代人肩负了一代人的时代担当，一代人完成了一代人的历史使命。

生于忧患，死于安乐。勇于应对各种风险、考验和挑战，是中国共产党执政兴国的优良传统和宝贵经验，更是中国共产党人一以贯之的自觉意识。

从建党百年迈向建国百年，中国共产党必须深刻把握时代大势，顺应时代潮流，抓住历史机遇，统筹两个大局，善于应对挑战和考验，全面谋划和推进新时代中国特色社会主义事业，接续创造从建党百年迈向建国百年新的历史辉煌。

|一| 百年未有之大变局

人类社会发展到今天，一个国家与外部的关系和联系，即与世界的关系和联系问题越来越成为现代政治的重大课题之一。在"经济全球化"的背景下和"世界历史"的进程中，国家政治与国际政治紧密相连，国家政治必然延伸到国际政治。一个国家执政党的治国理政，不仅表现在国家内部及其治理上，而且也必然延伸到国际政治当中，延伸到对世界格局的影响力、作用力和软实力。

中国特色社会主义进入新时代，习近平多次提到，当今世界正处于"百年未有之大变局"，当代中国正面临"百年未有之大变局"。

"百年未有之大变局"中的"百年"，虽然是一个大致的时代概念或历史概念，不一定指具体的"一百年"，不像"两个百年奋斗目标"那样，具体指中国共产党成立 100 年即从 1921 年至 2021 年和新中国建国 100 年即从 1949 年至 2049 年，可能比 100 年长，也可能比 100 年短。但是，可以肯定的是，它是一个时间比较长、变革比较大、影响比较深的一个时期或一个时代。

"大变局"既是大挑战又是大机遇

所谓"大变局",从内容方面讲,应该是人类社会在经济、政治、文化、社会、生态和科学技术等领域发生了重大变化和实质性变迁,有可能推动人类社会迈入更高级文明形态的历史机遇。比如,世界历史上,奴隶社会向封建社会的变革、农业社会迈向工业社会的变迁、工业社会迈入信息社会的跃升、信息社会可能向智能社会的发展,都可以看作是人类社会所经历的"大变局"。

所谓"大变局",从范围方面讲,不仅仅是一个国家性的,而应该是地域性甚至是国际性、世界性的历史境遇。它同时也是相比较而言的,相对于其他国家、其他民族而言的。一个国家、一个民族如果在这样的历史境遇中实现了实质性的跃迁,将促进国家和民族的大发展,这个国家和民族的各个方面、各个领域将实现突破性发展,诸如经济、政治、文化、社会、生态、科学、核心技术、军事等都将出现突破性发展,从而使这个国家和民族的现代化水平实现整体性的层级跃升。

所谓"大变局",从国际力量对比方面讲,应该还包括国际主要行为体之间的力量对比发生的重大变化,以及由此引发的国际秩序的大调整乃至国际格局的大洗牌。例如,第一次世界大战和第二次世界大战之后,出现了资本主义和社会主义两大阵营的新的世界格局和国际秩序体系。

所谓"大变局",从时间方面讲,应该是从一个时代性的整体性发展大势和整体性变革要求而言的,一般应包括几十年甚至上百年时间,一般涉及一个国家、一个民族、一个社会整体性的时代变革和时代跃迁,意味着一个国家、一个民族、一个社会从一个较低层级较为集中地向一个较高层级发展变迁的时代机遇,同时产生广泛而深刻的社会影响,而不是指某项事业或个别领域的大发展。

"大变局"要求"大变革"。就是说,在一种要求全面大发展的历史背景下,往往是社会发展的最重要、最难得的历史时期,只有抓住这样的历史机遇，把握历史大势，顺应时代潮流，实现时代"大变革"，才能实现国家、民族和社会的整体性跃升。

所谓"大变局"，既意味着大挑战又意味着大机遇，既意味着大风险又意味着大跨越，既意味着大难题又意味着大变革。

中华民族曾经的两次"大变局"

从中华民族五千多年历史发展的进程看，曾经历的"大变局"主要有两次。

（一）中华民族的第一次历史"大变局"

第一次"大变局"，是从春秋战国历经秦始皇统一中国、到汉武帝全面建立"大一统"的封建王朝。

这一次"大变局"，历经时间之久（从公元前770年—公元前87年，近700年）、变革之大、影响之深，对中华民族甚至世界而言，都是奠基性的，标志性大事件是公元前221年前后秦始皇统一六国。

这一次"大变局"，中华民族从大分裂、大整合到"大一统"，在经济上瓦解了井田制，实现了地主土地所有制；在政治上废除了分封制，实现了中央集权的君主专制；在文化上实现了从"百家争鸣"到"独尊儒术"的思想统一；在社会形态上完成了从奴隶社会向封建社会的转变。

这一次"大变局"，其历史结局是中华民族形成了"大一统"的政治体、经济体、文化体和社会体，从此中国古代封建社会延续了2000多年来。

就世界历史背景而言，中华民族的这一次"大变革"与世界范围内的第一次历史"大变局"，即与公元前800年至公元前200年之间的所谓人类文明的"轴心时代"相呼应，世界上出现了轴心之古希腊、轴心之古印度、轴心之中国。

世界性的这一次历史"大变局"的标志性大事件，是公元前1世纪罗马帝国的建立。在世界性的这次"大变局"过程中，罗马帝国成为一个环地中海的多民族、多宗教、多语言、多文化统一的大帝国，疆域幅员辽阔，经济上空前繁荣，政治上高度稳定，宗教文化发达。从公元前 27 年罗马帝国建立到 1453 年东罗马帝国灭亡，也延续了近 1500 年，与之后西欧社会近千年"黑暗的中世纪"形成鲜明对比。

（二）中华民族的第二次历史"大变局"

中华民族的第二次"大变局"，是发端于 1840 年鸦片战争，结束于 1949 年新中国成立。

这一次"大变局"历经 100 余年，从洋务运动、太平天国运动、戊戌变法到以辛亥革命和中国共产党领导的中国新民主主义革命为象征的 20 世纪上半叶中国人民风起云涌的革命浪潮，结束了 2000 多年的封建帝制，成立了中国共产党，建立了基本统一的新中国。

就世界历史背景而言，中华民族的第二次历史"大变局"与世界范围内的第二次历史"大变局"，在时间上相呼应的是随着西方工业革命、科学革命、市场经济的发展以及世界资本主义体系的建立，西方资本主义国家经济政治社会快速发展，科学技术突飞猛进，文化影响不断扩大，在各个领域都实现了对亚非拉国家的超越，形成了延续至今东西方国家的差异性"东西格局"。

由于落后的封建专制制度，中华民族在世界工业革命如火如荼、人类社会发生深刻变革的这一时期，丧失了与世界同进步的历史机遇，落到了被动挨打的境地。尤其是鸦片战争之后，中华民族更是陷入积贫积弱、任人宰割的悲惨状态，还曾一度沦为半殖民地半封建社会。故言，1840 年鸦片战争后中华民族面临"三千年未有之大变局"。

直到新中国成立，才使中华民族完成了国家独立、民族解放的历史任务，开启了实现国家富强、民族振兴的伟大征程，中华民族才迎来了浴火重生的光明前景。

世界之"百年未有之大变局"

从世界历史看，从第一次世界大战结束至今已 100 余年，《凡尔赛条约》的签订虽然确立了大国瓜分小国的国际格局，算是一个比较大的历史性事件，但是从第一次世界大战到第二次世界大战期间的 20 多年间，除了建立了世界上第一个社会主义国家苏联，世界并没有发生什么历史性、世界性的"大变局"。

在一定意义上，甚至可以说《凡尔赛条约》的签订不仅没有使国际情况变得更好而是变得更糟，世界经济的复苏不仅很不稳定，而且还出现了全球性的世界经济危机。社会主义国家苏联被西方资本主义国家孤立，加入不进西方的经济防线和体系，几乎与外部相隔离。因此，从第一次世界大战到第二次世界大战之间的 20 多年间，世界"大变局"的迹象并不明显。

从第二次世界大战结束即 1945 年至今已 70 多年时间，第二次世界大战之后形成的"雅尔塔体系"，形成了以美国和苏联为两极、在全球范围内进行争夺霸权的"美苏争霸"的国际体系和国际格局。直至 1989 年的"东欧剧变"、1991 年的"苏联解体"，标志着"美苏争霸"两极格局瓦解，社会主义阵营不复存在，象征着"雅尔塔体系"最终瓦解。其间，"欧共体"和日本经济崛起，要求在经济政治上独立自主、不愿唯美国马首是瞻，资本主义阵营也出现分裂，世界由两极格局演变为多极化趋势。同时，科学技术革命迅猛发展，市场化、全球化、信息化、多极化成为世界性发展趋势，可谓"大变局"特征彰显。

新一轮科技革命的到来，是"百年未有之大变局"的重要推动力。近年来，互联网、宇航工程、人工智能、基因工程等新技术的迅速发展，不仅颠覆了人类社会现有的组织、生产和生活形态，而且前所未有地重塑着人类的精神世界。但是，科学技术并不总是作为工具为人类带来知识扩展、力量增长和精神愉悦，"阿尔法狗"的诞生和人类对自身基因组的修饰，意味着正在发生的新一轮科学技术革命的高潮对人类认识论已经开始构成根本性挑战，迫使人类重新思考何以"人之为人"，在技术霸权下如何维护人类的尊严？深而论之，对于人工智能、基因工程、生命科技以及更大范围的加速发展的新技术革命，人类是否能够形成一种新的社会反思和制约机制？

更为重要的是，随着我国改革开放和近年来新兴发展中国家的强势崛起，世界格局正在发生前所未有的变化，全球性力量的天平正在从西方向东方转移，以美国为代表的西方资本主义一枝独秀的现象向多极化的世界格局发展；经济全球化、社会信息化迅猛发展，呈现"你中有我、我中有你"的局面；世界文化多元化相互激荡，全球范围内各种思想文化交流交融交锋和文明交流互鉴更加频繁，传统国际格局和综合实力发生了新的深刻变化。

尤其值得关注的是，进入新世纪以来，虽然"和平与发展"仍然是时代主题，但是影响"和平与发展"的因素却发生了巨大变化，特别是"9·11"事件、伊拉克战争之后，局部战争和冲突此起彼伏，恐怖主义等非传统安全威胁明显上升，"逆全球化"思潮泛起，地域性联盟出现分化趋向，全球化、信息化、智能化向深度发展，美国挑起对华贸易战等，影响国际局势和世界格局的各种不确定因素进一步增多，现行国际秩序和世界格局正处在"大变局"的前夜。

在现行国际秩序和世界格局面临的"大变局"面前，现行的国际规则面临着非常严峻的挑战，正在被强烈要求进行调整、变革乃至改写。现行的国际规则体系，是在第二次世界大战之后逐步形成的，从联合国到各类国际组织的成立，以及制定的形形色色的国际协议、制度、议事决策规则等，在第二次世界大战后一段时期内总体上维持了世界的和平与发展。但是，现行国际秩序和世界格局存在的诸多不公正、不合理、不平衡的弊端也逐渐暴露出来，与广大发展中国家所希望的、所认可的以及以国际关系准则为基础的国际秩序和世界格局相距甚远，现行的全球治理体系面临一系列新挑战、新危机和新突破。国际自由贸易规则如何重新制定？国际组织如何发挥实质性作用？如何评判不同政治制度的优势劣势？等等问题，可以说，都是世界"百年未有之大变局"的突出表现。

我国仍处于大有可为的战略机遇期

党的十九大指出："当前，国内外形势正在发生深刻复杂变化，我国发展仍处于重要战略机遇期，前景十分光明，挑战也十分严峻。"[1]这是一个具有重要战略意义的基本判断，为我国坚定全面实现社会主义现代化的信心、把握发展主动性提供了战略定力。新时代中国特色社会主义事业的发展要赢得主动、赢得优势、赢得未来，必须科学地判断形势，准确地确定历史方位，敏锐地发现机遇并紧紧抓住和用好机遇。

所谓"战略机遇期"，是指有利于一个国家发展战略实施的历史阶段及其国际国内背景、环境和时代条件，往往是国际国内背景、环境和时代条件相互作用、综合作用的结果。它有这样一些特点：

一是在时间上比一般的机遇期相对较长，能给战略实施提供更多机遇和更长回旋时间；二是在空间上比一般的机遇期相对较广，能给战略实施提供更多的有利条件和回旋余地；三是在影响上比一般的机遇期相对面大，对战略实施和实现战略目标的影响带有根本性、全局性和整体性。

如果能把握、用好、维护我国所处的重要战略机遇期，积极作为，按规划有步骤地实现既定目标，我国的社会主义事业将会跃上一个新台阶，我们就可以更有把握地说，中国特色社会主义现代化事业迈上了更加光明的康庄大道，中华民族比近代以来历史上任何时期都更接近

---

[1]《十九大以来重要文献选编》（上），中央文献出版社2019年版，第1页。

实现民族复兴的伟大目标，比近代以来历史上任何时期都更有信心和能力实现这个伟大目标。反之，如果丧失了这一重要战略机遇期，中国特色社会主义事业将可能遭受重大挫折，全面实现社会主义现代化强国的发展战略目标和实现中华民族伟大复兴中国梦很可能就会功亏一篑。

（一）从国内发展看新时代我国改革发展稳定的大局态势良好

未来一段时期，我国经济将继续保持中高速增长。虽然我国的经济发展进入攻坚期，经济运行稳中有变，经济下行压力有所加大，长期积累的风险隐患逐渐暴露，面临不少困难和挑战，当前世界经济发展和我国经济发展都面临诸多不确定因素，我国经济发展也不可能重回过去那种高速增长，但是仍将继续保持中高速增长。中国特色社会主义进入新时代，我国供给侧结构性改革深入推进，经济结构在持续优化，经济增长的质量在稳步上升，国际竞争力在逐步增强，数字经济蓬勃发展，高铁、公路、桥梁、港口、机场等基础设施建设快速推进，我国巨大的市场对经济发展的拉动效应正在不断显现，我国经济发展健康稳定的基本面没有改变，支撑高质量发展的生产要素条件没有改变，长期稳中向好的总体发展势头没有改变。同时，全面深化改革为进一步解放我国社会生产力提供了新动力。

（二）新一轮科技革命和产业革命为我国发展带来新机遇

科学技术是第一生产力，当今世界正处于"百年未有之大变局"中，其中最大变局之一就是新科技革命和产业革命正在酝酿之中。当今世界正处于信息技术、生物工程技术、智能技术向纵深发展的时期，人工智能、3D打印、5G通信等新技术不断涌现，也在催生着新的工业革命。习近平同志指出："与以往历次工业革命相比，第四次工业革命是以指数级而非线性速度展开。"世界经济论坛创始人、德国经济学家施瓦布在《第四次工业革命》一书中写道，第四次工业革命将产生极其广泛而深远的影响，包括会加剧不平等，特别是有可能扩大资本回报和劳动力回报的差距。全球最富有的1%人口拥有的财富量超过其余99%人口财富的总和，收入分配不平等、发展空间不平衡令人担忧。但正是发展失衡的现实，使得全世界各国才有了实现更加均衡发展的共识。新一轮科技革命和产业革命，为我国全面实现社会主义现代化带来前所未有的新机遇。

（三）从国际环境看我国也处于重要战略机遇期

我国正处在大有可为的战略机遇期，这是在对国际环境的综合考量之后做出的重大判断。随着我国经济实力、科技实力、国防实力、综合国力进入世界前列，我国正日益走近世界舞台的中央，我国的国际地位和国际话语权得到前所未有的提升，我国将不断加强与世界各国的经济合作，实现与世界各国的互利共赢。在构建"人类命运共同体"理念的引领下，我国更加致力于中国特色的大国外交，与世界各国建立各种形式的友好伙伴关系，积极倡导并推动"一带一路"建设，大力推动经济全球化朝着更加开放、包容、普惠、平衡、共赢的方向发展。我国主动塑造国际环境的重要举措，不仅有利于世界和平与发展，也有利于维护和延长我国发展的重要战略机遇期。从国际环境看，"和平与发展"的当今时代主题没有改变，国际政治相互制衡的局面正在形成，构建"人类命运共同体"的大趋势不可逆转，这些国际因素都为我国有可能争取到一个较长时期的重要战略机遇期创造了良好的国际环境和国际条件。

防范"灰犀牛"和"黑天鹅"

所谓机遇，稍纵即逝，关键是要能善于把握、善于用好、善于维护，同时机遇也往往与危机并存、与挑战共生，要想把握、用好、维护战略机遇，就要准备迎接和战胜挑战，应对和克服危机。处于"百年未有之大变局"中，既是大挑战又是大机遇，一方面为我国仍处于重要的战略机遇期提供了前提，另一方面也提醒我们不能惧怕危机和挑战，而要在迎接挑战和应对危机中创造机遇、抓住机遇、用好机遇。机遇不是现实，机遇期也不是安全期，更不是保险期，必须充分认识我国发展存在的困难和风险，充分估计可能出现的问题和挑战，才能更好地把握好、用好、维护好重要战略机遇期。从建党百年迈向建国百年，我国不仅要善于抓住我国仍处于战略机遇期的难得机遇，而且要善于化危为机，善于防范和处理发展进程中发生的"灰犀牛"和"黑天鹅"事件。

例如 2020 年新年伊始，正当全国人民喜迎新春，决胜全面建成小康社会、决战脱贫攻坚奏响冲锋号的时候，我国即遭遇了一场突如其来的新冠肺炎疫情，出现了意想不到的"灰犀牛"和"黑天鹅"。新冠肺炎疫情笼罩武汉、肆虐湖北、蔓延全国各地，中华民族又一次面临突发重大公共卫生安全事件的严重威胁，面临实现奋斗目标前进道路上的严峻挑战。习近平同志说："这次新冠肺炎疫情，是新中国成立以来在我国发生的传播速度最快、感染范围最广、防控难度最大的一次重大突发公共卫生事件。对我们来说，这是一次危机，也是一次大考。"[①] 以习近平同志为核心的党中央迅即带领全党和全国人民打响了疫情防控总体战，铺开了一幅共战"疫魔"、共克时艰的神州抗疫图，谱写了战胜重大风险考验的壮丽篇章，铸就了伟大的抗疫精神、显示了中国特色社会主义制度的显著优势和国家治理体系的强大生命力。

改革开放 40 多年来的实践证明，我国经济社会之所以发生巨大而深刻变化却又保持了社会稳定，一个重要前提就是我们党注重正确处理好改革发展稳定的关系，"稳定压倒一切"，"中国不能乱"。改革是我国经济社会发展的强大动力，发展是解决一切经济社会问题的关键，稳定是改革发展的前提。因此，要维护全面建设社会主义现代化的良好大局，必须正确处理好改革发展稳定三者之间的关系，这是中华民族几千年来经济社会发展的历史总结和基本经验，是新中国建立以来尤其是改革开放 40 多年来我国经济社会发展的宝贵经验。

---

① 习近平：《在统筹推进新冠肺炎疫情防控和经济社会发展工作部署会议上的讲话》（2020 年 2 月 23 日），人民日报 2020 年 2 月 24 日。

邓小平曾说："中国一定要坚持改革开放，这是解决中国问题的希望。但是要改革，就一定要有稳定的政治环境。"他强调保持政治环境和社会秩序的稳定，是为了更好地改革开放，进行现代化建设，稳定才能搞建设。他说："中国的问题，压倒一切的是需要稳定。没有稳定的环境，什么都搞不成，已经取得的成果也会失掉。"[①]江泽民同志也说："改革、发展、稳定，好比是我国现代化建设棋盘上的三着紧密关联的战略性棋子，每一着棋都下好了，相互促进，就会全局皆活；如果有一着下不好，其他两着也会陷入困境，就可能全局受挫。所以把握好改革、发展、稳定的关系，是现代化建设的一项重要领导艺术。"[②]"稳定压倒一切""中国不能乱"始终是我国建设现代化强国进程中应该正确处理的重大课题。

一个国家和社会的现代化发展，必须是在良好的国内国际大局和形势下推进的。邓小平曾讲到"压倒一切"针对的三个问题，一是"稳定压倒一切"，二是"发展压倒一切"，三是"改革压倒一切"，而"稳定压倒一切"是发展、改革的前提。

2019 年 1 月 21 日，习近平同志在省部级主要领导干部坚持底线思维、着力防范化解重大风险专题研讨班上指出，深刻认识和准确把握外部环境的深刻变化和我国改革发展稳定面临的新情况新问题新挑战，坚持底线思维，增强忧患意识，提高防控能力，着力防范化解重大风险，保持经济持续健康发展和社会大局稳定，是决胜全面建成小康社会、夺取新时代中国特色社会主义伟大胜利、实现中华民族伟大复兴中国梦的坚强保障。他特别提到要防范"灰犀牛"和"黑天鹅"两种风险事件的发生，寓意深刻。

例如，近年来爆发的中美贸易纠纷、2019 年底暴发突如其来的新冠肺炎疫情事件，都属于这类事件。注重防范和化解"灰犀牛"和"黑天

[①]《邓小平文选》第三卷，人民出版社 1993 年版，第 284 页。

[②]《江泽民论有中国特色社会主义》（专题摘编），中央文献出版社 2002 年版，第 211 页。

鹅"事件，事关改革发展稳定大局，事关党和国家事业发展全局，是保持我国经济持续健康发展和社会大局稳定、全面建设社会主义现代化顺利进行的重要举措。

2020年9月8日，习近平在全国抗击新冠肺炎疫情表彰大会上指出，在这场同严重疫情的殊死较量中，中国人民和中华民族以敢于斗争、敢于胜利的大无畏气概，铸就了生命至上、举国同心、舍生忘死、尊重科学、命运与共的伟大抗疫精神，抗击新冠肺炎疫情斗争取得重大战略成果，充分展现了中国共产党领导和我国社会主义制度的显著优势，充分展现了中国人民和中华民族的伟大力量，充分展现了中华文明的深厚底蕴，充分展现了中国负责任大国的自觉担当，极大地增强了全党全国各族人民的自信心和自豪感、凝聚力和向心力，必将激励中华民族在新时代的新征程上披荆斩棘、奋勇前进。

纵观中华民族数千年发展史，治乱交替循环无常，外患威胁几乎不断，但凡一个朝代有所进步和发展，总体上都处于政治清明、国家安定、社会稳定的历史条件之下，处于大治之世，国力强盛，国内大局安定，边疆关系相对友好，百姓安居乐业。鸦片战争爆发后，中华民族逐渐沦为半殖民地半封建社会，由于长期政治积弊和外部刺激，内部起义和外部入侵不断，即便现代化建设在有限范围内展开也难有起色。20世纪初更是军阀混战、帝国主义横加干涉，社会动荡不安，中华民族的现代化梦想长期无法释放出应有的动能。新中国的成立为我国的社会主义现代化建设提供了良好政治环境和社会局面，但由于"左"倾思想的影响，国家实行"以阶级斗争为纲"的政治路线，导致了一段时期内我国社会主义现代化建设的严重滞后，出现了"文化大革命"十年内乱的局面。

进入改革开放新时期，由于思想上仍然存在不少或"左"或右的障碍，也曾引发了政治上的不稳定不安定局面，也曾严重影响到我国改革开放和社会主义现代化建设的进程。运用历史思维和底线思维，汲取历史教训，强化风险意识，观大势、思大局，科学预见形势发展走势和隐藏其中的风险挑战，做到未雨绸缪，是全面建设社会主义现代化顺利进行的重要前提。

统筹国内国际两个大局，要求我国在全面建设社会主义现代化强国的进程中提高防控能力，着力防范化解重大风险。

就国内而言，当前我国经济形势总体是好的，但经济社会发展面临的国际环境和国内条件都在发生深刻而复杂的变化，推进供给侧结构性改革过程中不可避免会遇到一些困难和挑战，经济运行稳中有变、变中有忧，我国既要保持战略定力，推动我国经济社会发展沿着正确方向前进，又要增强忧患意识，未雨绸缪，精准研判，妥善应对经济领域可能出现的重大风险。

就国际而言，随着世界历史的发展，全球化越来越深入，当今世界国与国、民族与民族的关系越来越成为你中有我、我中有你的"人类命运共同体"，在这一密切的联系中往往容易出现牵一发而动全身的现象，每一个国家、民族、地区、个体都无法在全球性问题面前独善其身。世界大变局加速深刻演变，全球动荡源和风险点增多，我国外部环境复杂严峻。

我国发展要统筹国内国际两个大局、发展安全两件大事，既要聚焦重点又要统揽全局，有效防范各类风险的连锁联动。

增强忧患意识，做到居安思危，是我们党治党治国始终坚持的一个重大原则和优良传统。我们党始终以强烈的忧患意识领导中国革命、建设和改革事业，在应对各种风险挑战中不断前行。在全面建设社会主义现代化的前进道路上，必须始终保持高度警惕，既要预防"黑天鹅"事件，也要防范"灰犀牛"事件。"所谓'灰犀牛'，比喻大概率高风险事件，该类事件一般指问题很大、早有预兆，但是没有得到足够重视，从而导致严重后果的问题或事件。所谓'黑天鹅'，比喻小概率高风险事件，主要指没有预料到的突发事件或问题。"① 我们要运用底线思维，增

---

① 刘瑞：《防范"灰犀牛""黑天鹅"风险事件》，《人民论坛》2019 年第 6 期。

强忧患意识，做到防微杜渐、防患未然。尤其是随着全面建设社会主义现代化的不断深入和全面深化，我国与世界、不同国家、不同领域之间的发展越来越密切。不仅经济全球化导致的周期性经济危机容易波及我国，许多国家的债务危机、金融危机都会影响到我国的生产分工、进出口和经济发展形势等；一些国家的能源危机、政治动乱也会影响到国际贸易和部分大宗商品价格，造成经济的短期波动和结构性危机等，从而也会影响到我国经济社会发展的国际国内形势。

当今世界正在新一轮的大发展大变革大调整时期，正处于"百年未有之大变局"中，人类社会面临的不稳定不确定因素依然很多，全球性的突发灾难也会打击到世界经济的平稳发展，"蝴蝶效应"使得每一个国家都有可能被波及；"逆全球化"思潮的反弹、一些右翼势力的抬头造成了全球范围内出现贸易保护主义和极端民族主义；一些极端右翼政治势力通过选举上台，也可能造成经济全球化平稳发展的阻碍，例如特朗普推行的"美国优先"和贸易战、英国脱欧等极大地影响了国际原有秩序与稳定发展。这些"黑天鹅"与"灰犀牛"事件，都会影响到我国的社会主义现代化建设，需要及时应对，做出防范之策，既要有防范风险的先手，也要有应对和化解风险挑战的高招；既要打好防范和抵御风险的有准备之战，也要打好化险为夷、转危为机的战略主动战，才能确保如期全面实现社会主义现代化。

敢于迎接和战胜挑战，就会创造机遇；惧怕和逃避挑战，就会失去机遇；应对和克服危机必将迎来机遇，失去机遇必将面临危机。因此，我们要充分把握、用好、维护新时代我国发展所处于的重要战略机遇期，坚定不移抓机遇、用机遇、护机遇，保持战略定力、坚定必胜信念，坚持辩证思维和底线思维，增强忧患意识，做好万全准备和应对之策，牢牢把握战略主动。

|二| 变成"强国"各方面都要强

在当今世界正处于"百年未有之大变局"、当代中国正面临"百年未有之大变局"的历史背景下，新时代的中国开启了全面建设社会主义现代化强国家的新征程。

2017年2月23日至24日，在北京市考察城市规划建设和北京冬奥会筹办工作时，习近平从少年强说到中国强，从体育强说到中国强，最后说到中国以后要变成一个强国，各方面都要强。

习近平提出的"中国以后要变成一个强国，各方面都要强"，为从建党100年到建国100年新时代建成社会主义现代化强国指明了方向。

中华民族的"强国情结"

"强国情结"是中华民族近代以来特有的一种民族情结。

它缘起于近代中国的落后和苦难。在我国历史上，先后出现过文景之治、贞观之治、康乾盛世等，彰显了经济文化发展的繁荣景象和历史上的强盛。只是到了近代，由于各种原因，中华民族落伍了。1840年鸦片战争后，西方列强用坚船利炮打开了中国的大门，从那时起，中国人民为实现国家富强、实现现代化探索各种方案，实现中华民族伟大复兴、成为现代化强国便成为中国人民的伟大梦想。可以说，使中华民族重新"强起来"凝聚了几代中国人的夙愿。

新中国成立尤其是改革开放以来，我国的综合国力、经济实力、科技实力、国防实力、文化软实力和国际影响力等都进入世界前列，中国共产党的面貌、国家的面貌、人民的面貌、军队的面貌、中华民族的面貌都发生了前所未有的变化，人民的获得感显著提升，中华民族正以崭新的面貌屹立于世界的东方。

党的十八大以来，我国正在加速补足成为世界强国所需的基本要件，并在经济总量、贸易总量、资源能源生产总量、一般性工业化能力和科技创新等方面取得了突破，比历史上任何时期都更接近中华民族伟大复兴的目标，比历史上任何时期都更有信心、有能力实现这个目标。中国特色社会主义进入新时代，更加需要加紧在人均富裕程度、核心科技创新、前沿军事技术等领域补齐"短板"，尽快实现从"大国"到"强国"的跨越。

从我国的发展实际出发，党的十九大明确提出到中国共产党成立100周年时将全面建成小康社会，到新中国建立100周年时将全面建成富强民主文明和谐美丽的社会主义现代化强国，并具体提出了分"两个阶段"全面实现强国目标的战略安排。

> "综合分析国际国内形势和我国发展条件，从二〇二〇年到本世纪中叶可以分两个阶段来安排。"
>
> "第一个阶段，从二〇二〇年到二〇三五年，在全面建成小康社会的基础上，再奋斗十五年，基本实现社会主义现代化。"
>
> "第二个阶段，从二〇三五年到本世纪中叶，在基本实现现代化的基础上，再奋斗十五年，把我国建成富强民主文明和谐美丽的社会主义现代化强国。"
>
> "从全面建成小康社会到基本实现现代化，再到全面建成社会主义现代化强国，是新时代中国特色社会主义发展的战略安排。"[1]

习近平新时代中国特色社会主义思想为新时代坚持和发展中国特色社会主义、为实现中国未来的强国目标和宏伟蓝图提供了基本遵循，为实现中华民族伟大复兴中国梦提供了"路线图"和"方法论"，充分体现

---

[1] 《十九大以来重要文献选编》上，中央文献出版社2019年版，第20—21页。

了新时代中国特色社会主义的"强国观"和大时代观、大历史观和大战略观。

"强国"是个历史和世界概念

可能自从有了"国家"概念起就有了"强国"概念,因为只要有了"国家"就一定会有强弱之分,因此"强国"现象可能自古有之。但是,古往今来人们虽然对"强国"二字一直使用,但很少有人能说清楚"强国"究竟是一个什么样的国家,评判"强国"的具体标准到底是什么。在中国古代,"强国"亦作"彊国",主要有两种含义:

一是指强大的国家。《管子·幼官》曰:"强国为国,弱国为属。"汉代贾谊在《过秦论》中说:"彊国请服,弱国入朝。"《文中子·问易》曰:"强国战兵,霸国战智,王国战义,帝国战德,皇国战无为。"即所谓"强国"就是强大的国家:进可攻,退可守。敌不敢至,虽至,必却;兴兵而伐,必取;按兵不伐,必富。

二是指使国家强大。《荀子·议兵》曰:"礼者治辨之极也,强国之本也。"杨倞注曰:"强国谓强其国也。"《商君书》对"强国"更是进行了详细描述:"夫国危主忧也者,强敌大国也。人君不能服强敌,破大国也,则修守备,便地形,抟民力以待外事,然后患可以去,而王可致也。是以明君修政作壹,去无用,止畜学事淫之民,壹之农,然后国家可富,而民力可抟也。"

所谓"强国",可能更多还是一个相对性的概念。在一定程度上,"强国"是国与国之间相比较而言的。一个国家如果没有与其他国家相比较,也就无所谓强弱。也就是说,一个国家是否为"强国",不但取决于国家的规模,如土地面积、人口数量、经济总量、军队和武器装备、科技水平等,更取决于它与其他国家相比较。比如在世界近代史上,葡萄牙、西班牙、荷兰等"小国"都曾是世界"强国"。

在一般的意义上说，作为动宾结构的词，"强国"则指的是让国家繁荣、强盛起来，别的国家不敢来侵犯、侵略、抢夺、霸占的意思；作为一个名词，指的是一个国家在国与国的关系中的一种状态，指在国与国的关系中或国际关系中起主导性、决定性作用的国家，它具有巨大的政治影响力、拥有巨大的资源，或强大的军事力量等，表示一个国家相对于别的国家而言，居于"强大"的地位。

"强国"是个相对和流动的概念

例如，在古代中国这片大地上也有过数个强国。比如春秋战国时期，在大大小小的诸侯国中，"战国七雄"是无可争议的强国，其中又以秦国最强。后经长期的兼并战乱，尤其是到战国末期经商鞅变法后，由于社会改革比较彻底，秦国建立了中央集权的国家政权，新兴地主的力量比较强大，经济发展迅速，军队装备精良，战斗力强，而韩、赵、魏、楚、燕、齐等关东六国先后衰败下去，随后秦国进行了消灭其他六个诸侯国、完成中国统一的战争，在中国历史上建立了第一个强大统一的封建大帝国。秦统一以后的中国历代王朝，包括前汉、后汉、三国、两晋、隋、唐、宋、元、明以及康乾时期的大清，都是当时世界性的强国。

再比如，在欧洲古希腊时期，有数以百计的大大小小的城邦国家，其中以雅典、斯巴达、科林斯等最为强大，它们是希腊城邦世界的强国，也是欧洲历史上最早的强国，后来的马其顿王国、波斯帝国、阿拉伯帝国、奥斯曼帝国都是世界历史上的强国。至近代，欧洲相继兴起过葡萄牙、西班牙、荷兰、英国、法国、奥地利、普鲁士、瑞典、俄罗斯等强国。1815年重划拿破仑战败后欧洲政治版图的维也纳会议，由英、俄、普、奥主导，这"四国"在当时被称为"欧洲四强"。

第一次世界大战时期，世界有"八强"——欧洲的英、法、俄、德、意、奥六国和欧洲以外的美国、日本。

第二次世界大战时期，因奥匈帝国解体，"八强"变成"七强"，分别是英、法、苏、德、意、日、美，战争结束时"七强"被美英苏中"四强"替代。当然，这里的"强国"主要是指"战胜国"，是就当时战胜德国法西斯主义和日本帝国主义而言的。

今天国际政治和国际关系中所说的"一超多强"，"一超"指的是美国，是超级大国，"多强"指的就是"强国"。

由于"强国"是一个多要素集成，或者说合成的概念，有的时候是非常弹性的。比如，朝鲜战争时期美国被公认是世界上最强大的"帝国主义国家"，但被"一穷二白、百废待兴"的新中国打败了。"强国"也可以有很多种，例如经济发达、制度完善、科技创新、军事实力、文化软实力、国际话语、人民生活等。今天，世界上虽然仍多以GDP的大小来衡量一个国家在世界上的"强弱"，但在其背后往往是不仅包括经济实力，还包括科技实力、军事实力、文化软实力、尖端技术、综合国力、国际影响力等。

例如，2017年全世界GDP总量排名前10名的国家是美国、中国、日本、德国、英国、印度、法国、意大利、巴西、加拿大。2018年全世界GDP总量排名前10名的国家是美国、中国、日本、德国、法国、英国、印度、巴西、意大利、加拿大；2019年全世界GDP总量排名前10名的国家是美国、中国、日本、德国、印度、英国、法国、意大利、巴西、加拿大。我们可以发现，与2017年相比，排名前10名的国家都没有变化，只是在排名顺序上稍有变化。俄罗斯虽然都没有进入前十，但仍然被认为是世界"强国"。世界上最强大的国家，人们都会肯定是美国，但人们也都认为中国在变得越来越强大。

正是因为"强国"是一个历史和世界概念，其内涵往往具有相对性和综合性，界定"强国"难以采用固定的、统一的量化标准，只有通过对历史经验的总结和相关国家的比较，才能确立"强国"所需的一些基本条件。如经济力量、综合国力至关重要，此外，国家规模、科技水平、军事能力、国家意志、精神文明、人力资源、生活水平等是重要元素。尤其是近代以来，人们看待"强国"的标准，是与实现现代化紧密联系在一起的。

我国看待"强国"和"现代化"的标准经历了一个不断发展的过程，也有自己的中国特色。百年前，孙中山在《建国方略》中描绘的现代化蓝图是"建铁路、修公路、建造世界水平大海港"等。在毛泽东时代，"现代化强国"主要指现代化的工业、现代化的农业、现代化的国防和现代化的科学技术"四个现代化"。改革开放后，我国对现代化的认识逐渐扩展，邓小平最初把它称为"小康之家"，后来称之为"中国式"的现代化。之后从"以经济建设为中心"到"五位一体"的现代化，逐步形成了经济建设、政治建设、文化建设、社会建设和生态文明建设"五位一体"的总体布局，这样我国对于21世纪上半叶现代化的总体布局基本形成。从我国基本国情出发，党的十八大还提出了"新四化"："坚持走中国特色新型工业化、信息化、城镇化、农业现代化道路，推动信息化和工业化深度融合、工业化和城镇化良性互动、城镇化和农业现代化相互协调，促进工业化、信息化、城镇化、农业现代化同步发展。"[1]2013年我们党又给这"新四化"加了"一化"——推进国家治理体系和治理能力现代化。

党的十九大提出的"全面建成社会主义现代化强国"目标更加全面、更加清晰、更加明确。所谓"全面建成"领域更加全面，不仅包括经济上的"富强"、政治上的"民主"、文化上的"文明"、社会上的"和

① 《十八大以来重要文献选编》上，中央文献出版社2014年版，第16页。

谐"，还包括生态上的"美丽"，充分体现了"强国"内涵在经济建设、政治建设、文化建设、社会建设、生态文明建设方面的目标追求；充分体现了"五位一体"总体布局与目标之间的联系，"强国"的总目标内涵更加具体、更加明确。

党的十九大提出把"社会主义现代化国家"上升为"社会主义现代化强国"，虽然只有一字之差，却蕴含了战略目标的巨大转变和调整，意味着物质文明、政治文明、精神文明、社会文明、生态文明将全面提升，这是中华民族伟大复兴的重大内涵；提出"推进国家治理体系和治理能力现代化"，这是中国特色社会主义制度现代化的显著标志；提出"成为综合国力和国际影响力领先的国家"，这是成为世界现代化强国的重要标志；提出"全体人民共同富裕基本实现"，这是中国特色社会主义现代化的本质要求，也是中国人民的根本利益；提出"我国人民将享有更加幸福安康的生活"，充分体现了社会主义现代化的本质和宗旨就是"以人民为中心"，促进人的全面发展、社会全面进步；还提出了科技强国、文化强国、教育强国、质量强国、航天强国、网络强国、交通强国、体育强国……我们党还提出，要同国家现代化进程相一致，力争到2035年基本实现国防和军队现代化，到21世纪中叶把人民军队全面建成世界一流军队。

全面现代化还包括文化软实力强起来。习近平指出，一个国家的硬实力搞不好，可能一打就败，一个国家的文化软实力搞不好，可能不打自败。文化软实力强起来，将是我国全面建设社会主义现代化强国的重中之重，是中华民族为人类社会做出新贡献的重要内容。

撒切尔夫人曾说中国成不了超级大国 [1]

前英国首相撒切尔夫人曾轻蔑地说："中国永远成不了超级大国，因为中国没有那种可以用来推进自己的权力，进而削弱我们西方国家的具有'传染性'的学说。"

"你们根本不用担心中国，因为中国在未来几十年，甚至一百年内，无法给世界提供任何新思想。中国不会成为世界超级大国，因为出口的是电视机，而不是思想观念。即使中国快速的经济崛起，充其量也只能成为一个物质生产大国，但是在精神文化生产和创新乃至输出上仍然是个无须重视的小国。"

全面实现社会主义现代化强国目标，本质是实现中华民族从"大国"到"强国"的巨变。我国目前是世界第二大经济体，无论是从国土面积、人口数量讲，还是从经济总量、综合实力讲，都是一个名副其实的大国，但还称不上"强国"。从"大国"到"强国"的提升，是完成从数量向质量的提升，从效率向公平的提升，从硬实力向硬实力和软实力兼具的整体提升，是向世界既输送物质、技术产品又输送思想、精神、制度产品的提升。这是中华民族伟大复兴的重要标志。

党的十九大报告把中国特色社会主义事业"五位一体"的总体布局深化为物质文明、政治文明、精神文明、社会文明、生态文明的"五大文明"框架，并作为全面现代化的主要内涵，就体现了这一从整体上、质量上提升的要求。

我国历来就有国家"大一统"的国家意志和民族意识，有丰富的治国理政经验，有勤劳勇敢的人民，有悠久的历史，有优秀的传统文化，重视教育等。

---

[1] 参见《英国前首相撒切尔夫人：中国成不了超级大国！》中国日报网 2006 年 6 月 27 日。http://biz.163.com/06/0627/00/2KJ6MHHA00020S2K.html

今天的中国有中国共产党的坚强领导，有中国特色社会主义道路、中国特色社会主义理论、中国特色社会主义制度、中国特色社会主义文化，更有14亿多中国人民。中国人民是中国的强盛之本，中国共产党为人民谋利益、为民族谋复兴，国家才有发展经济、完善体制、繁荣文化、提升民生、改善环境的动力，才能够走上兴国、强国之道。新时代的中国向世界宣称，中国只会走向大国合作、互通有无、共同发展的世界和平之路，而决不会走上强权争霸之途。

这是新时代中国实现"社会主义现代化强国"的大战略、大思维和大手笔。

核心技术创新补齐"强国"短板

从新时代中国特色社会主义发展面临的国际背景看，"和平与发展"仍然是时代主题，但是出现了新的内容和表现形式，增加了新的世界不稳定因素。

世界经济在深度的调整中曲折复苏，但国际金融危机的深层次影响在相当长的时期内依然存在，全球经济贸易增长乏力；全球民族主义、保护主义抬头，地缘政治关系变化复杂，全球治理体系面临深刻变革；新一轮科技革命和产业变革蓄势待发，信息化和智能化发展迅速，全球分工体系更加明晰，各国需要重新定位；人类文明冲突加剧，种族主义、原教旨主义抬头，恐怖主义威胁着人类生存与安全；世界总体和平安全，但是局部战争不断，传统安全威胁和非传统安全威胁交织，构建"人类命运共同体"需求更加凸显；中美经贸摩擦升级、周边安全问题频发、海外利益安全风险等问题错综复杂，危机与良机相互交织。因此，从世界局势看，我国发展仍处于重要的战略机遇期。在这样的国际背景下，从我国国情出发，我国全面建成社会主义现代化强国最需要跃升或需要解决的一个关键问题，就是要突破核心技术这一短板，成为全球核心技术创新的"大国"和"强国"。

一个14亿多人口的超大型经济体从起飞、转型到跨越，这将是人类经济增长史上的世界奇迹，全球经济政治格局和治理版图将翻开新的篇章。然而，其中制约我国发展的一个关键问题，就是核心技术的创新和突破。

中美贸易摩擦的本质是遏制我国的发展，为我国超越美国的发展设置各种各样的障碍，我国的出路在于全面深化改革，更加深化对外开放，必须推动新一轮的改革开放，关键就是要大胆进行科技创新。科学技术从来没有像今天这样深刻影响着国家的前途与命运，从来没有像今天这样深刻影响着人民的生活福祉。

改革关乎国运，创新决胜未来，科技领域是最需要不断改革的领域。我国要强盛、要复兴，要全面建成社会主义现代化强国，就一定要大力发展科学技术，努力成为世界主要科学中心和创新高地。核心技术是要不来、买不来、讨不来的，形势逼人，挑战逼人，使命逼人。新时代我国要把握大势、抢占先机，直面问题、迎难而上，瞄准世界科技前沿，引领世界科技发展方向，在关键领域、在"卡脖子"的地方下大功夫，集合精锐力量，做出战略性安排，尽早取得突破。要以关键共性技术、前沿引领技术、现代工程技术、颠覆性技术创新为突破口，敢于走前人没走过的路，努力实现关键核心技术自主可控，把创新主动权、发展主动权牢牢掌握在自己手中。

自主创新是开放环境下的创新，绝不能关起门、自我封闭，而是要聚四海之气、借八方之力。一个民族或国家不是在投入到开放的时代大潮中走向繁荣，便是在隔绝于时代大潮之外走向衰落。"对外开放"并不是让别国的污泥浊水涌进国门，而是要在世界历史大潮面前自觉地主动地投入进去，学习别人的长处，弥补自己的短处，借鉴别人，发展自己。既需要自信自强，也需要冷静谦虚，而不是自傲自大，藐视一切。

创新从来都是九死一生，但必须有"亦余心之所善兮，虽九死其犹未悔"的豪情。要矢志不移地自主创新，坚定创新信心，着力增强自主创新能力。只有自信的国家和民族，才能在通往未来的道路上行稳致远。进入新时代以来，以习近平同志为核心的党中央深刻地看到了关键技术、核心技术创新对我国未来发展的极端重要性，看到了关键技术、核心技术创新在从建党百年迈向建国百年我国全面建成社会主义现代化强国进程中的极端重要作用。

早在 2013 年 3 月 4 日，在参加全国政协十二届一次会议科协、科技界委员联组讨论时，习近平就指出：

"过去三十多年，我国发展主要靠引进上次工业革命的成果，基本是利用国外技术，早期是二手技术，后期是同步技术。如果现在仍采用这种思路，不仅差距会越拉越大，还将被长期锁定在产业分工格局的低端。在日趋激烈的全球综合国力竞争中，我们没有更多选择，非走自主创新道路不可。我们必须采取更加积极有效的应对措施，在涉及未来的重点科技领域超前部署、大胆探索。"

"现在，比较正常的技术引进也受到种种限制，过去你弱的时候谁都想卖技术给你，今天你发展了，谁都不愿卖技术给你，因为怕你做大做强。在引进高新技术上不能抱任何幻想，核心技术尤其是国防科技技术是花钱买不来的。人家把核心技术当'定海神针'、'不二法器'，怎么可能提供给你呢？只有把核心技术掌握在自己手中，才能真正掌握竞争和发展的主动权，才能从根本上保障国家经济安全、国防安全和其他安全。当然，我们不能把自己封闭于世界之外，要积极开展对外技术交流，努力用好国际国内两种科技资源。"[1]

---

[1]《习近平关于科技创新论述摘编》，中央文献出版社 2016 年版，第 35、36 页。

一个国家只是经济体量大，还不能代表"强"。从世界历史发展看，高端科学技术、关键技术、核心技术是现代化强国的"国之利器"。近代以来，西方国家之所以能称雄世界，一个重要原因就是掌握了高端科技、关键技术和核心技术。

从经济发展看，我国已开始迈向世界"经济大国"行列，但还远没有迈向"经济强国"行列。在世界近代历史上，我国也曾是世界上的"经济大国"，但也称不上是"经济强国"，其问题就出在核心技术、关键技术落后，因而仍然沦落到"挨打"的地步。

历史资料显示，1820年，我国的经济总量占到全球份额的约33%，比整个欧洲高出20%；1840年，我国的经济总量仍然占到全球份额的约29%，但是因为科学技术跟不上时代发展，却在鸦片战争以及后来的战争中屡遭惨败，不得不签订不平等条约，割地赔款。1949年降至约4.6%，1978年保持在约4.6%，2011年恢复到10.4%，2018年占到16.1%。这些数字的变化，说明了我国社会生产力的发展水平和历史发展过程。据有关专家推测，如果我国经济能够转型成功，按照6%左右的速度再增长4年左右，大约在2022年前后，我国将跨越"中等收入陷阱"、跨入发达国家行列；在2027年前后，我国有望超越美国成为全球第一大经济体，回到世界之巅。

然而，一个国家如果没有高端科技、关键技术和核心技术上的优势，就没有经济上、政治上、军事上的强势。科学技术从来没有像今天这样深刻地影响着一个国家的前途与命运，从来没有像今天这样深刻地影响着人民的生活福祉。而真正的高端科学技术、关键技术、核心技术是要不来的、是化缘不来的、是花钱买不来的，正所谓"国之利器，不可以示人"。习近平深刻指出："我国发展到现在这个阶段，不仅从别人那里拿到关键核心技术不可能，就是想拿到一般的高技术也是很难的，西方发达国家有一种教会了徒弟、饿死了师傅的心理，所以立足点要放在自主创新上。"① 只有把核心技术掌握在自己手中，才能真正掌握竞争和发展的主动权，从根本上保障国家经济安全、国防安全和其他安全。

我国与发达国家科技实力的差距，主要体现在创新能力上。

改革开放以来，我国存在"重引进、轻消化"的问题，形成了"引进—落后—再引进"的恶性循环。当今世界科学进步日新月异，技术更替周期越来越短，今天是先进技术，不久可能就不先进了。如果自主创新上不去，一味靠技术引进，就难以摆脱跟着别人后面跑、受制于人的局面。只有拥有强大的科技创新能力，积极抢占科技竞争和未来发展的制高点，突破高端科学技术、关键技术、核心技术，在重要科技领域成为世界的领跑者，在新兴前沿交叉领域成为技术的开拓者，为我国经济社会发展、保障和改善民生、保障国防安全提供有力的科技支撑，才能提高我国的国际竞争力。

在从建党百年迈向建国百年的历史进程中，我国要树立强烈的创新自信，不仅要引进和学习世界先进科技成果，更要走前人没有走过的路，努力在自主创新上大有作为。如果总是跟踪模仿，是没有出路的，是成为不了科技强国的，也不可能建成社会主义现代化强国。我国要强盛、中华民族要复兴，就一定要大力发展科学技术，要努力成为世界科技强国，成为世界主要科学中心和创新高地。

我国必须着力提高自主创新能力，加快推进国家重大科技专项，深入推进知识创新和技术创新，增强原始创新、集成创新和引进消化吸收再创新能力，不断取得基础性、战略性、原创性的重大成果。要以关键共性技术、前沿引领技术、现代工程技术、颠覆性技术创新为突破口，敢于走前人没有走过的路，努力实现关键核心技术自主可控，把创新主动权、发展主动权牢牢掌握在自己手中。习近平说：

---

① 《习近平关于科技创新论述摘编》，中央文献出版社 2016 年版，第 50 页。

"建设世界科技强国，得有标志性科技成就。要强化战略导向和目标引导，强化科技创新体系能力，加快构筑支撑高端引领的先发优势，加强对关系根本和全局的科学问题的研究部署，在关键领域、卡脖子的地方下大功夫，集合精锐力量，作出战略性安排，尽早取得突破，力争实现我国整体科技水平从跟跑向并行、领跑的战略性转变，在重要科技领域成为领跑者，在新兴前沿交叉领域成为开拓者，创造更多竞争优势。要把满足人民对美好生活的向往作为科技创新的落脚点，把惠民、利民、富民、改善民生作为科技创新的重要方向。"[1]

在高端科学技术、关键技术、核心技术创新的基础上实现综合创新，是全面建成社会主义现代化强国的重要体现，只有勇于解放思想，与时俱进，用世界眼光和宽广胸怀，大胆吸收和积极借鉴人类文明发展所取得的一切优秀成果，始终站在人类文明的制高点和时代发展的前沿，大胆进行理论创新、制度创新、科技创新、文化创新和社会管理创新，既注重发挥中国元素对中国特色社会主义现代化的主体主导作用，也注重发挥世界元素对中国特色社会主义现代化的有益借鉴作用，在民族性与世界性的有机统一中，随同世界潮流的滚滚向前，实现中华民族伟大复兴中国梦才能梦想成真，才能真正走向世界强国，才能引领世界发展潮流。

坚定不移把自己的事情办好

我国要成为社会主义现代化强国，首先是要把中国自己的事情办好。中国共产党成立以来，坚持把马克思主义基本原理与我国具体实

---

① 《十九大以来重要文献选编》上，中央文献出版社2019年版，第464页。

际相结合，探索救亡图存、救国图强的道路，领导中国人民不畏艰难困苦、不惧千难万险、不怕流血牺牲，建立中华人民共和国、推进改革开放和中国特色社会主义事业，开创了亘古未有的宏伟大业，写下彪炳千秋的光辉诗篇，迎来了实现中华民族伟大复兴的光明前景。

中国共产党带领中国人民团结奋斗所取得的巨大成就，在中华民族的历史上和人类社会历史上，都是十分辉煌的。中国共产党领导中国人民克服重重困难，取得了新民主主义革命的胜利，建立了新中国，实现了国家独立和民族解放；经过社会主义建设的艰难摸索和解放思想、大胆推进改革开放，开辟了一条中国特色社会主义道路，发展了一套中国特色社会主义理论，建构了一种中国特色社会主义制度，建设了一种中国特色社会主义先进文化，取得了举世瞩目的伟大成就，不仅根本改变了中华民族和中国人民的命运，而且对世界发展产生了巨大影响。

无论是20多年的奋斗建立中华人民共和国，还是70多年来的新中国建设尤其是40多年来改革开放取得的巨大成就，还是即将迎来中国共产党百年华诞全面建成小康社会，我国取得的每一项成就、每一点发展进步都告诉我们，关键是要"办好中国的事情"，一切问题就能迎刃而解。

在辉煌成就面前，中国共产党并没有产生丝毫的骄傲自满，而是保持了十分清醒的头脑，深刻地认识到我国仍然是世界上最大的发展中国家，仍处于并将长期处于社会主义初级阶段。党的十九大充分看到，我国社会的主要矛盾已经由"人民日益增长的物质文化需要同落后的社会生产之间的矛盾"转化为"人民日益增长的美好生活需要和不平衡不充分的发展之间的矛盾"，同时又强调：

"我国社会主要矛盾的变化，没有改变我们对我国社会主义所处历史阶段的判断，我国仍处于并将长期处于社会主义初级阶段的基本国情没有变，我国是世界最大发展中国家的国际地位没有变。全党要牢牢把握社会主义初级阶段这个基本国情，牢牢立足社会主义初级阶段这个最大实际，牢牢坚持党的基本路线这个党和国家的生命线、人民的幸福线，领导和团结全国各族人民，以经济建设为中心，坚持四项基本原则，坚持改革开放，自力更生，艰苦创业，为把我国建设成为富强民主文明和谐美丽的社会主义现代化强国而奋斗。"[①]

正确认识我国当今社会所处的历史发展阶段，是建设中国特色社会主义的总依据。"两个没有变"仍然是我国基本国情，其中的关键又是社会主义初级阶段基本国情没有变，当代中国的最大实际没有变，建设中国特色社会主义的总依据没有变。党的十九大报告要求，全党要牢牢把握社会主义初级阶段这个基本国情，牢牢立足社会主义初级阶段这个最大实际，要紧跟时代的发展步伐，但不能超越这个阶段。

据国际货币基金组织（IMF）估计，2018 年全球的 GDP 总量达 84.8 万亿美元，其中，我国和美国占全球 GDP 的比重分别为 16.1% 和 24.2%。然而，2018 年我国的人均 GDP 为 64644 元，以美元计价为 9769 美元，仍然低于按世界银行标准折算的发达国家的人均 GDP 门槛约为 1.25 万美元的水平，在全球 192 个经济体中排在第 72 位。也就是说，我国的经济总量虽然上去了，但每个家庭、每个人的经济并不富裕。

正是基于这个"总依据"和"最大实际"，党的十八大以来以习近平同志为核心的党中央反复强调，无论外部风云如何变幻，对中国来说，最重要的就是坚定不移把自己的事情办好。同时，也要处理好我国和外部世界的关系，既争取更加有利的外部环境发展自己，也努力为世界和平与发展做出更大贡献。习近平指出：

[①]《十九大以来重要文献选编》上，中央文献出版社 2019 年版，第 9 页。

"中国依然是世界上最大的发展中国家，中国发展仍面临着不少困难和挑战，要使全体中国人民都过上美好生活，还需要付出长期不懈的努力。我们将坚持改革开放不动摇，牢牢把握转变经济发展方式这条主线，集中精力把自己的事情办好，不断推进社会主义现代化建设。"①

　　坚定不移把中国自己的事情办好，仍然是从建党百年迈向建国百年正确处理我国与世界关系的首要抉择。"两个没有变"是党的十八大以来以习近平同志为核心的党中央正确认识我国所处历史阶段和所处世界方位的重要判断，把坚持发展作为我们党执政兴国的第一要务，是解决我国所有问题的关键和基础。

　　面对我国经济发展进入新常态、世界经济发展进入转型期、世界科技发展酝酿新突破的发展格局，坚持以新发展理念引领经济发展新常态，加快转变经济发展方式、调整经济发展结构、提高发展质量和效益，着力推进供给侧结构性改革，推动经济更有效率、更有质量、更加公平、更可持续地发展，加快形成崇尚创新、注重协调、倡导绿色、厚植开放、推进共享的机制和环境，不断壮大我国经济实力和综合国力，是推进我国经济社会发展的重要基础。

　　必须坚持党的基本路线这个党和国家的生命线、人民的幸福线不动摇。邓小平曾说："基本路线要管一百年，动摇不得。只有坚持这条路线，人民才会相信你，拥护你。谁要改变三中全会以来的路线、方针、政策，老百姓不答应，谁就会被打倒。"②

　　以习近平同志为核心的党中央坚持把以经济建设为中心作为兴国之要、把四项基本原则作为立国之本、把改革开放作为强国之路，没有

---

① 《习近平谈治国理政》第一卷，外文出版社 2018 年版，第 332 页。
② 《邓小平文选》第三卷，人民出版社 1993 年版，第 370-371 页。

丝毫动摇。习近平说："党的基本路线是国家的生命线、人民的幸福线，我们要坚持把以经济建设为中心作为兴国之要、把四项基本原则作为立国之本、把改革开放作为强国之路，不能有丝毫动摇。"①

在纪念中国共产党成立95周年大会上的讲话中，习近平坚定地提出，面对未来，面对挑战，全党同志一定要"不忘初心，继续前进"。所谓"不忘初心"，就是不忘对马克思主义的信仰之心、不忘对共产主义远大理想和中国特色社会主义共同理想的坚定之心、不忘对为实现中华民族伟大复兴而不懈奋斗的使命之心；所谓"继续前进"，就是要在中国共产党的领导下，团结带领全国各族人民接续奋斗，实现"两个一百年"奋斗目标、实现中华民族伟大复兴中国梦，实现国家富强、民族振兴、人民幸福，全面实现社会主义现代化强国目标。

在把中国自己的事情办好的同时，还要为人类做出新的更大贡献。为人类不断做出新的更大贡献，是马克思主义政党、无产阶级政党的神圣使命，也是中国共产党做出的庄严承诺。中国共产党和中国人民从苦难中走过来，深知和平的珍贵、发展的价值，把促进世界和平与发展同样视为自己的神圣职责。习近平说："坚持不忘初心、继续前进，就要始终不渝走和平发展道路，始终不渝奉行互利共赢的开放战略，加强同各国的友好往来，同各国人民一道，不断把人类和平与发展的崇高事业推向前进。"②

统一台湾是"强国"重要考量

从"强国"的基本要求看，维护国家统一和领土完整，是"强国"的一个基本要素。中华民族要实现伟大复兴，要全面建成社会主义现代

---

①《习近平谈治国理政》第二卷，外文出版社2017年版，第37页。
②《习近平谈治国理政》第二卷，外文出版社2017年版，第41页。

化强国，从国家领土完整和国家统一的角度看，一个重要考量就是必然要求实现包括台湾在内的祖国完全统一。

"台湾问题"对中华民族而言之所以重要，是显而易见的。统一台湾是实现中华民族完全统一、实现中华民族伟大复兴的基本标志。只有当大陆与台湾实现了完全统一，才能堪称谱写了中华民族历史上又一个辉煌篇章，中国共产党对中华民族的巨大贡献又将增添浓墨重彩的一笔。如果不能统一台湾、实现国家主权和领土的完全统一，即使经济建设成就再辉煌、国家再发达再强大，也会留下历史的巨大遗憾。

我国国家主权丧失和领土破碎，是近代以来逐步陷入半殖民地半封建社会深渊的结果，主要发生在从 1840 年至 1949 年的 110 年的历史中。我国国家主权和领土的基本恢复，是我国民族民主革命胜利、摆脱了半殖民地半封建社会，进入社会主义时代的结果。但是，由于复杂原因，还有一些历史遗留问题，如香港、澳门和台湾问题的存在。中国共产党在对社会主义建设做出艰苦探索和开辟中国特色社会主义道路的过程中，也包含着对解决这些历史遗留问题的不懈努力。

台湾，这个面积三万多平方公里的小岛，历来就是中华民族的固有领土，是中国领土不可分割的一部分。1895 年清政府以《马关条约》把台湾割让给日本，1945 年中国人民抗日战争胜利后，中国国民党政府重新恢复了台湾省的行政管理机构。1949 年中国国民党当局退据台湾，1954 年美国同台湾当局签订《共同防御条约》，造成台湾同祖国大陆分离的状况，直至今天两岸还没有统一。

1949 年以来，中国共产党、中国政府、中国人民始终把解决台湾问题、实现祖国完全统一作为矢志不渝的历史任务，对完成包括台湾在内的国家统一进行了多方努力和探索。

1978 年，我们党在十一届三中全会上提出了解决台湾问题的历史任务和新的方针政策。

1982 年 9 月，在中国共产党第十二次全国代表大会的开幕词中，邓小平提出了"加紧社会主义现代化建设,争取实现包括台湾在内的祖国统一,反对霸权主义、维护世界和平"的历史任务,并形成了"和平统一、一国两制"的基本方针。

1997年"香港回归问题"和1999年"澳门回归问题"相继和平解决,使台湾问题的最终解决日益紧迫地提到议事日程。

自进入新世纪以来,国际、国内政治、经济、军事、科技、文化正在发生深刻变化,要求我们党必须紧跟世界进步潮流和历史发展方向,团结和带领全国各族人民抓住机遇、迎接挑战,胜利完成现代化建设、完成祖国统一大业和维护世界和平与促进共同发展这三大历史任务。

2001年7月,江泽民在庆祝中国共产党成立80周年大会上的讲话中说:"在新的世纪,继续推进现代化建设,完成祖国统一,维护世界和平与促进共同发展,是我们党肩负的重大历史任务。"[①]2002年11月,中国共产党第十六次全国代表大会的报告把"推进现代化建设,完成祖国统一,维护世界和平与促进共同发展"概括为"三大历史任务"。2004年9月党的十六届四中全会通过的《中共中央关于加强党的执政能力建设的决定》进一步把"三大历史任务"作为党的执政能力建设的基本内容。

中国特色社会主义进入新时代,我们党明确坚持把"完成祖国统一"列为三大历史任务之一,并且与实现中华民族伟大复兴中国梦这一目标统一起来,明确提出实现"祖国完全统一"是我们党在新时代的神圣历史任务。没有实现祖国完全统一,就谈不上真正意义上的中华民族伟大复兴,中华民族所企盼的"社会主义现代化强国"也算不上真正"强"。

特别值得关注的是我们党提出了实现中华民族伟大复兴中国梦,实现民族复兴的一个基本考量指标,就是国家的领土完整和实现国家统一。党的十九大报告斩钉截铁地指出:

---

① 《江泽民文选》第三卷,人民出版社2006年版,第272页。

"我们坚决维护国家主权和领土完整，绝不容忍国家分裂的历史悲剧重演。一切分裂祖国的活动都必将遭到全体中国人坚决反对。我们有坚定的意志、充分的信心、足够的能力挫败任何形式的'台独'分裂图谋。我们绝不允许任何人、任何组织、任何政党、在任何时候、以任何形式、把任何一块中国领土从中国分裂出去！"①

2019 年 1 月 2 日，习近平在《告台湾同胞书》发表 40 周年纪念会上的讲话中说，70 年来我们把握两岸关系发展时代变化，提出和平解决台湾问题的政策主张和"一国两制"科学构想，确立了"和平统一、一国两制"基本方针，进而形成了坚持"一国两制"和推进祖国统一基本方略，回答了新时代推动两岸关系和平发展、团结台湾同胞共同致力于实现民族伟大复兴和祖国和平统一的时代命题。

民族复兴、国家统一，是大势所趋、大义所在、民心所向。

全面建成社会主义现代化强国和实现中华民族伟大复兴中国梦，中国共产党带领中国人民既然有信心、有能力走向世界，完全也应该有实现祖国完全统一的信心、决心、底气和智慧。如果一个国家连自身都不能够实现统一，又怎么可能实现整个民族的伟大复兴呢？无论从哪个角度来讲，中华民族都没有理由再继续分裂下去了。祖国统一，势在必得。

|三| 建设世界上最强大的执政党

办好中国的事情，关键在党。"强国"必先"强党"。

中国有句俗话：群雁高飞头雁领，船载万斤靠舵人。新征程要有领

---

① 《十九大以来重要文献选编》上，中央文献出版社 2019 年版，第 40 页。

路人，新航程需要掌舵者。全面建设社会主义现代化强国，不仅必须长期坚持、永不动摇中国共产党的坚强领导，而且必须不断加强和完善中国共产党的坚强领导和全面领导，把中国共产党建设成为世界上最强大的执政党。2016年2月4日，习近平同志在中央政治局常委会审议"两学一做"学习教育方案时说："我们党要搞好自身建设，真正成为世界上最强大的一个政党。"① 中国共产党建设成为世界上最强大的执政党，中国人民就有了"主心骨"、顶梁柱，中国特色社会主义事业就有了坚强领导核心。

然而，如果说带领一个14亿多人口的大国全面实现社会主义现代化是人类历史上不曾有过的伟大事业和壮丽征程，那么让每一个党员在总人数比欧洲大国人口还要多的大党中始终不忘初心、牢记使命，始终保持生机活力，齐心把它建设成为"世界上最强大的执政党"，无疑是一项十分艰难的挑战。

新时代党的建设的重大课题

把中国共产党建设"成为世界上最强大的一个执政党"，是新时代党的建设的一个重大课题。这一课题，在本质上是要回答和解决在中国特色社会主义新时代，面对长期执政的考验，如何使中国共产党永远不变质、使中国的红色江山永远不变色的"历史周期率"问题。

早在1945年抗日战争胜利前夕，毛泽东在延安就同黄炎培先生讨论到如何跳出"其兴也勃焉，其亡也忽焉"的"历史周期率"问题。毛泽东说："我们已经找到了新路，我们能跳出这周期率。这条新路，就是民主。只有让人民起来监督政府，政府才不敢松懈。"1949年3月23日，中共中央从西柏坡动身前往北京时，毛泽东又说道，"今天是进京赶考的

①《十八大以来重要文献选编》（下），中央文献出版社2018年版，第177页。

日子"，宣示了"不当李自成"的自信和自警，表达了对即将诞生的人民政权实现长治久安的深刻忧思，并发出了"两个务必"的郑重告诫。

近70年社会主义革命、建设和改革的实践证明，中国共产党在这场历史性考试中取得了优异成绩，交出了一份让历史和人民满意的答卷。但是，这场考试还远没有结束，考试还在继续。今天，中国共产党团结带领中国人民决胜全面建成小康社会、全面建成社会主义现代化强国，开启中华民族"强起来"的新征程，就是这场考试的继续。

在中国特色社会主义进入新时代、中国开启全面建设社会主义现代化国家新征程的关键历史阶段，习近平提出要把中国共产党建设成为"世界上最强大的执政党"，既是对国内外政党历史经验的总结，更是对中国共产党未来发展方向的期许，具有里程碑意义。

"大而不强"的历史教训

历史大潮浩浩荡荡，不舍昼夜，一往无前。无论是政党、国家还是民族，不进则退，停滞就会落后，落后就要被历史所淘汰。

这样的例子不胜枚举。苏联共产党执政垮台就是一个非常典型的例子。

在苏联共产党只有20万党员的时候，曾经领导苏联人民推翻了俄国沙皇政权，建立了第一个社会主义国家，开启了人类历史的新纪元。

在苏联共产党有200万党员的时候，曾经领导苏联人民打败了貌似不可战胜的、强大的德国法西斯，把苏联建设成了世界第二大强国。成绩不可谓不辉煌，力量不可谓不强大。

但在和平的世界背景下，有着93年历史、有着74年执政经历和近2000万党员的这个"大党"——苏联共产党却没有经受住历史的考验、执政的考验和发展的考验，被苏联人民抛弃了，自我瓦解了、垮台了。

"大而不强"的历史教训，极其深刻。

中国共产党自从成立就肩负着"为中国人民谋幸福、为中华民族谋复兴"的重托，承载着人类文明发展进步的希望。中国共产党已经走过近百年波澜壮阔的奋斗历程，已经从当年那个全国党员总数不足60人的新生政党，成长为一个在14亿多人口的发展中大国连续执政70多年的世界第一大执政党。

这个"世界第一大执政党"，要成为"世界上最强大的执政党"，也必须成为最强大的执政党，才能不辜负肩挑的大义和使命，才能永远立于不败之地。

把一个"大党"建设成为一个"强党"，在中国建设一个最强大的马克思主义执政党，是党的十八大以来以习近平同志为核心的党中央全面从严治党、加强党的建设伟大工程的一个重要思想，是习近平对马克思主义执政党的一个重大原创性贡献。

对于党的自身而言，建设"世界上最强大的一个执政党"，既是令人振奋的奋斗目标，又是催人奋进的努力方向。

对于中国人民而言，建设"世界上最强大的一个执政党"，中国人民和中华民族就有了主心骨，有了领头雁。

对于事业发展而言，建设"世界上最强大的一个执政党"，中国特色社会主义就拥有最本质特征和最大优势。当今世界正处于大发展、大变革、大调整时期，作为世界上最大的发展中国家、全球第二大经济体，面对艰巨繁重的国内改革发展任务，尤其需要以中国共产党的坚强领导、全面领导、统一领导推动中国特色社会主义事业向新的胜利砥砺奋进。有了中国共产党的坚强领导、全面领导、统一领导，中国人民的奋斗就有了主心骨，中华民族的伟大复兴就有了根本保障。

然而，过去强大、现在强大，并不能代表和保证未来一如既往的强大。

中国共产党并不是天然地具备先进执政能力和国家治理能力，可以躺在执政党的位置上高枕无忧。恰恰相反，这意味着中国共产党必须持续不断地增强和提升领导能力、执政水平和国家治理能力。

2013年6月18日，在党的群众路线教育实践活动工作会议上，习近平深刻指出：

> "我们多次讲，党的先进性和党的执政地位都不是一劳永逸、一成不变的，过去先进不等于现在先进，现在先进不等于永远先进；过去拥有不等于现在拥有，现在拥有不等于永远拥有。这是用辩证唯物主义和历史唯物主义观察问题得出的结论。保持党的先进性和纯洁性、巩固党的执政基础和执政地位靠什么？最重要的就是靠坚持党的群众路线、密切联系群众。"①

"得众则得国，失众则失国。"为少数人服务还是为人民大众服务，这是区别真假共产党的试金石。把中国共产党建设成为世界上最强大的一个执政党，千条万条，"不忘初心"是第一条。"不忘初心"，意味着始终保持马克思主义政党的本色不变、共产主义理想信念不动摇、全心全意为人民服务的宗旨不变调。

2016年7月1日，在庆祝中国共产党成立95周年大会上的讲话中，习近平从八个方面深入阐释了"不忘初心、继续前进"的具体任务和要求。"不忘初心、继续前进"是中国共产党永远立于不败之地，建设"世界上最强大的一个执政党"的思想指南和行动纲领。

"强党"必先治党管党，必须全面从严治党。党的十九大报告系统地提出了建设世界上最强大的执政党的科学路径：

> "我们党要始终成为时代先锋、民族脊梁，始终成为马克思主义执政党，自身必须始终过硬。全党要更加自觉地坚定党性原则，勇

---

① 《十八大以来重要文献选编》上，中央文献出版社2014年版，第309—310页

于直面问题，敢于刮骨疗毒，消除一切损害党的先进性和纯洁性的因素，清除一切侵蚀党的健康肌体的病毒，不断增强党的政治领导力、思想引领力、群众组织力、社会号召力，确保我们党永葆旺盛生命力和强大战斗力。"①

党的十九大报告用政治领导力、思想引领力、群众组织力、社会号召力和旺盛生命力、强大战斗力来说明了世界上最强大执政党的标志。党的十九大报告说："党政军民学，东西南北中，党是领导一切的。"②但是，同时又强调只有不断改进和完善中国共产党的领导，不断增强自我净化、自我完善、自我革新、自我提高能力，才能使中国共产党成为中国特色社会主义事业的坚强领导核心。"四自能力"是党的十八大以来以习近平同志为核心的党中央针对党的建设伟大工程而提出来的新举措，其中，自我净化主要是针对党的先进性和纯洁性而言的，自我完善主要是针对党的自身短板和弱项而言的，自我革新与自我提高则是针对党的创新型与先进性而言的。

2018年11月23日，在纪念刘少奇诞辰120周年座谈会上，习近平从改进和完善中国共产党的领导出发，高度强调了坚持解放思想、实事求是，坚持真理、修正错误对改进和完善中国共产党领导的极端重要性。他说："坚持解放思想、实事求是，坚持真理、修正错误，是党和人民事业从胜利走向胜利的重要保证。今天，我们学习刘少奇同志，就要始终实事求是，勇于直面问题，随时准备坚持真理，随时准备修正错误。只有做到了这一点，才能把党建设成为始终走在时代前列、人民衷心拥护、勇于自我革命、经得起各种风浪考验、朝气蓬勃的马克思主义执政党，让21世纪中国的马克思主义展现出更强大、更有说服力的真理力量。"

①《十九大以来重要文献选编》上，中央文献出版社2019年版，第12页。
②《十九大以来重要文献选编》上，中央文献出版社2019年版，第14页。

习近平始终牢牢把握人民立场是中国共产党的根本政治立场，是马克思主义政党区别于其他政党的显著标志，把人民赞成、拥护和支持看作是中国共产党最牢固的执政根基。党与人民风雨同舟、生死与共，始终保持血肉联系，是党战胜一切困难和风险的根本保证。习近平认为，要把中国共产党建设成为世界上最强大的执政党，就是要求始终把人民放在心中最高的位置，把群众利益作为党的方针政策的出发点和落脚点，坚持全心全意为人民服务的根本宗旨，实现好、维护好、发展好最广大人民根本利益，把人民拥护不拥护、赞成不赞成、高兴不高兴、答应不答应作为衡量一切工作得失的根本标准，使中国共产党始终拥有不竭的力量源泉。习近平向全党提出，解决前进道路上的各种矛盾和问题，必须尊重群众的智慧和首创精神。每一个共产党员都要尊重人民主体地位，尊重人民首创精神，坚持问政于民、问需于民、问计于民，真诚倾听群众呼声，真实反映群众愿望，真情关心群众疾苦，拜人民为师，使政治智慧的增长、执政本领的增强深深扎根于人民的创造性实践之中。

治国以务实为重，治党以严字当头。这是新时代以习近平同志为核心的党中央治国理政的重大特点。坚持全面从严治党，基础在"全面"，关键在"严"，要害在"治"。习近平深刻总结了我国社会主义法治建设的成功经验和深刻教训，把依法治国确定为中国共产党领导人民治理国家的基本方略，把依法执政确定为中国共产党治国理政的基本方式，进一步健全和完善中国共产党党内法律法规体系，走出了一条坚持依法治国和以德治国相结合的中国特色社会主义法治道路。

习近平在全党大力倡导"空谈误国，实干兴邦"的工作作风，推行"关于改进工作作风、密切联系群众的八项规定"，要求各级党政机关和领导干部要坚持以人为本、执政为民，带头改进工作作风，带头深化基层调查研讨，带头密切联系群众，带头解决实际问题。习近平带头从中共中央政治局抓起做起，以上率下，下大决心改进党的作风，坚决反对党内腐败，以良好党风带动政风、民风。

习近平突出治党管党的重点在于抓好"关键少数"，强调党员领导干部首先要带头走正路干正事扬正气，一级做给一级看、一级带着一级干，起到上行下效的正向带动效应，发挥领导干部在依法治国和以德治国中的关键作用。强调"关键少数"要带头学法、模范守法，要努力成为全社会的道德楷模，在道德上始终以高标准要求自己，自觉远离低级趣味，自觉抵制歪风邪气，时刻注意以德修身、以德立威、以德服众，努力使自己德可为师、行可为范，充分彰显共产党人的人格力量。

1893 年 10 月 12 日，恩格斯在致奥·倍倍尔的信中谈到了什么样的政党是不可战胜的。他说：

> "一个知道自己的目的，也知道怎样达到这个目的的政党，一个真正想达到这个目的并且具有达到这个目的所必不可缺的顽强精神的政党，——这样的政党将是不可战胜的，特别是在当前这样的情况下，如果它的一切要求都符合本国经济发展的需要，而且正是这种经济发展的政治表现的话，那就更是如此。"[1]

习近平十分清醒地认识到新时代中国特色社会主义的历史方位和"两个百年奋斗目标"的历史重任，清晰地勾画出了达到这个目标的"路线图"和"方法论"，要求中国共产党人必须善于学习、勇于创新、不懈进取，不断提高自我净化、自我完善、自我革新、自我提高的能力，把中国共产党建设成为世界上最强大的执政党。

中国共产党成为世界上最伟大的执政党，是中国特色社会主义事业的根本所在、命脉所在，也是中国人民的根本利益所在、生活幸福所在。

2018 年 3 月，在全国人大十三届第一次会议上，习近平再次当选为国家主席、中央军委主席，肩负团结带领中国人民开启奋进新时代的新

---

[1]《马克思恩格斯全集》第 39 卷，人民出版社 1974 年版，第 139 页。

航程的神圣使命。习近平向全体中国人民郑重承诺：

> "中国共产党要担负起领导人民进行伟大社会革命的历史责任，必须勇于进行自我革命，坚持立党为公、执政为民，深入推进全面从严治党，坚决扫除一切消极腐败现象，始终与人民心心相印、与人民同甘共苦、与人民团结奋斗，永远保持马克思主义执政党本色，永远走在时代前列，永远做中国人民和中华民族的主心骨！"[①]

"三个永远"庄严地表明了马克思主义执政党的赤诚初心和使命担当。

"四大考验"和"四大危险"

中国共产党经过漫长的革命，付出了无数牺牲，才成为在全国唯一执政并且长期执政的政党。正是因为长期执政，中国共产党的领导才成为中国特色社会主义的最本质特征和最大优势，发挥着集中力量办大事的社会主义制度优势，带领中国人民取得了社会主义建设、改革开放和现代化建设的巨大成就。

中国共产党作为马克思主义政党，夺取政权不容易，执掌好政权尤其是长期执掌好政权更不容易。中国共产党提出面临的"四大考验"和"四大危险"，振聋发聩，具有十分重大而深远的意义，意味着我们党不能"躺在过去的功劳簿上"，而要正视长期执政过程中面临的各种问题，增强忧患意识，常怀忧党之心，恪尽兴党之责，勇于变革、勇于创新，永不僵化、永不停滞，持续推进党的建设新的伟大工程，才能确保我们党在世界形势深刻变化的历史进程中始终走在时代前列，在应对国内外

---

① 《十九大以来重要文献选编》上，中央文献出版社2019年版，第393页。

各种风险和考验的历史进程中始终成为全国人民的主心骨，在发展中国特色社会主义的历史进程中始终成为坚强的领导核心。

中国共产党的执政地位不是与生俱来的，也不是一劳永逸的。应该看到，长期执政对中国共产党的考验也是严峻的。作为马克思主义政党，中国共产党应该完全能够经受得住长期执政的考验。但是，前提是必须直面长期执政所带来的各种考验、危险和挑战，正确应对这些考验、危险和挑战，有效处理长期执政所带来的各种问题。

当今世界，中国共产党面临的世情、国情、党情都在不断发展和深刻变化之中。在这种新形势下，提高党的领导水平和执政水平、提高拒腐防变和抵御风险能力，加强党的执政能力建设和先进性建设，面临许多前所未有的新情况、新问题、新挑战。

在 2011 年纪念中国共产党成立 90 周年的讲话中，我们党就提出了面临的"四大考验"和"四大危险"。党的十九大报告更加深刻指出：

> "全面从严治党永远在路上。……全党要清醒地认识到，我们党面临的执政环境是复杂的，影响党的先进性、弱化党的纯洁性的因素也是复杂的，党内存在的思想不纯、组织不纯、作风不纯等突出问题尚未得到根本解决。要深刻认识党面临的执政考验、改革开放考验、市场经济考验、外部环境考验的长期性和复杂性，深刻认识党面临的精神懈怠危险、能力不足危险、脱离群众危险、消极腐败危险的尖锐性和严峻性，坚持问题导向，保持战略定力，推动全面从严治党向纵深发展。"[1]

党的建设是中国共产党领导的伟大事业不断取得胜利的重要法宝，中国共产党在全面从严管党治党方面取得了显著成绩。但同时也清醒地

---

[1]《十九大以来重要文献选编》上，中央文献出版社 2019 年版，第 43 页。

认识到，面临的各种考验和危险是长期的、复杂的、严峻的，全党必须居安思危，党的建设新的伟大工程永远在路上。

提出"四大考验"和"四大危险"，不仅表现出我们党在取得辉煌成就面前不骄不躁，在严峻形势和挑战面前更加清醒，也说明中国共产党把自身的建设问题摆在了更加重要、更加突出的位置，更加自觉地加强自身执政能力建设，更加自觉地吸取世界上一些执政党兴衰成败的经验教训，更加自觉地总结人类社会的发展规律、社会主义国家建设的规律和中国共产党的执政规律，更好地为人民执好政、掌好权。

"四大考验"和"四大危险"的核心问题，是长期执政的考验和挑战。党的十九大报告指出："推进伟大工程，要结合伟大斗争、伟大事业、伟大梦想的实践来进行，确保党在世界形势深刻变化的历史进程中始终走在时代前列，在应对国内外各种风险和考验的历史进程中始终成为全国人民的主心骨，在坚持和发展中国特色社会主义的历史进程中始终成为坚强领导核心。"①

腐败是亡党亡国的一颗毒瘤

要建设"世界上最强大的执政党"，必须从根本上遏制腐败，避免中国共产党发生蜕变、甚至癌变的危险。腐败是长在中国共产党作为执政党肌体上的恶性毒瘤和癌细胞。反对腐败，是党心民心所向。

早在 1989 年 5 月 31 日，邓小平就曾指出："这次出这样的乱子，其中一个原因，是由于腐败现象的滋生，使一部分群众对党和政府丧失了信心。因此，我们首先要清理自己的错误，对群众的一些行动要谅解一些，处理时要适度，涉及面不要太广。"

1989 年 6 月 16 日，邓小平在谈到党的第三代中央领导集体的当务之

---

① 《十九大以来重要文献选编》上，中央文献出版社 2019 年版，第 12 页。

急时，提出要"做几件使人民满意的事情"，其一就是"抓紧惩治腐败"，提出"惩治腐败，至少抓一二十件大案，透明度要高，处理不能迟"。他说：

> "在这次事件中，没有反对改革开放的口号，口号比较集中的是反对腐败。当然，这个口号在某些人来说是一个陪衬，其目的是用反腐败来蛊惑人心。但对我们来说，要整好我们的党，实现我们的战略目标，不惩治腐败，特别是党内的高层的腐败现象，确实有失败的危险。新的领导要首先抓这个问题，这也是整党的一个重要内容。"①

邓小平还语重心长地叮嘱党的第三代中央领导集体："常委会的同志要聚精会神地抓党的建设，这个党该抓了，不抓不行了。"②

从进入新时代处理的已发生的腐败案件来看，腐败现象已经触目惊心，必须下最大气力从根本上遏制腐败，解决好群众痛恨的腐败问题。习近平同志尖锐指出：

> "反对腐败、建设廉洁政治，保持党的肌体健康，始终是我们党一贯坚持的鲜明政治立场。党风廉政建设，是广大干部群众始终关注的重大政治问题。'物必先腐，而后虫生。'近年来，一些国家因长期积累的矛盾导致民怨载道、社会动荡、政权垮台，其中贪污腐败就是一个很重要的原因。大量事实告诉我们，腐败问题越演越烈，最终必然会亡党亡国！我们要警醒啊！近年来我们党内发生的严重违纪违法案件，性质非常恶劣，政治影响极坏，令人触目惊心。"③

---

① 《邓小平文选》第三卷，人民出版社1993年版，第313—314页。
② 《邓小平文选》第三卷，人民出版社1993年版，第314页。
③ 《习近平谈治国理政》第一卷，外文出版社2018年版，第16页。

2013 年 1 月 22 日，在党的十八届中央纪委二次全会上，习近平再次强调，腐败是社会毒瘤，如果任凭腐败问题愈演愈烈，最终必然亡党亡国。

2015 年 1 月 13 日，在党的十八届中央纪委五次全会上，习近平又一次提出全党同志在思想上一定要搞清楚一个问题，就是为什么要坚定不移反对腐败？他的回答还是为了避免"亡党亡国"。所以，要不想"亡党亡国"，就非坚定不移反腐败不可。必须下最大气力解决好腐败问题，确保党始终同人民心连心、同呼吸、共命运。"锄一害而众苗成，刑一恶而万民悦。"他说：

> "人民把权力交给我们，我们就必须以身许党许国、报党报国，该做的事就要做，该得罪的人就得得罪。不得罪腐败分子，就必然会辜负党、得罪人民。是怕得罪成百上千的腐败分子，还是怕得罪十三亿人民？不得罪成百上千的腐败分子，就要得罪十三亿人民。这是一笔再明白不过的政治账、人心向背的账！中央要求各级干部不做'太平官'，中央领导层首先不能做'太平官'。对腐败分子，我们决不能放过去，放过他们就是对人民的犯罪、对党不负责任！我们这么强力反腐，对腐败采取零容忍的态度，目的是什么呢？是为了赢得党心民心。"[1]

进入新时代后，习近平的多次讲话都明确指出，中国共产党之所以"必须反腐败"，根本原因是腐败会"亡党亡国"。党的十九大报告尖锐指出：

---

[1]《习近平关于全面从严治党论述摘编》，中央文献出版社 2016 年版，第 185—186 页。

"人民群众最痛恨腐败现象，腐败是我们党面临的最大威胁。只有以反腐败永远在路上的坚韧和执着，深化标本兼治，保证干部清正、政府清廉、政治清明，才能跳出历史周期律，确保党和国家长治久安。"[1]

按照马克思主义关于私有制、阶级和国家的基本观点，腐败是一定历史阶段的产物，也必然会随着社会的发展而消亡。在私有制和阶级社会，包括共产主义过渡阶段即社会主义社会，都可能产生和存在腐败。但在不同的时代，腐败的社会性质及其所体现的政治伦理均不相同。不同时代的腐败，有着完全不同的执政伦理。

在封建君主专制时代，由于君主专制权力是一种建立在私有制基础上的"私权"，腐败所触犯的是君王专权的"家国"私利，它所体现的政治伦理性质是一种通过直接损害君主"家国"私利进而间接损害广大民众利益的政治堕落行为。在私有制和权力专制的制度下，封建君王本身甚至就是腐败的最大制造者，是最大的腐败分子，其"家国"私利的维护，有时甚至往往要通过默许、纵容腐败才能达到。在封建君主专制时代，反腐不反腐，完全根据封建君主"家国"私利的需要来进行。

在现代民主法治时代，由于国家公共权力是全体社会公民权利的"让渡"，腐败所滥用的权力是人民赋予的国家"公权"，所损害的是人民的根本利益、公共利益，它所体现的政治伦理性质是一种直接损害最广大人民群众利益的政治堕落行为。在社会主义公有制条件下，任何一种腐败都是对人民的不义，任何一种腐败行为都没有任何道义性。

在现代民主法治时代，反腐败是人民维护社会公共利益的要求，体现了一种民主的政治伦理，是人民当家做主的基本象征。不但不可能也绝不允许选择性反腐，不反腐败的国家权力就会丧失人民的认同和支持。

---

① 《十九大以来重要文献选编》上，中央文献出版社 2019 年版，第 47 页。

人民不仅要求反腐败，而且要求有腐必惩，反腐必严。因此，具有与以往封建君主专制时代完全不同的特点①。

腐败现象的产生，原因较为复杂，既受历史的和文化中的消极因素影响，也受经济体制和政治体制中不完善的制度因素影响。当前中国社会转型期出现的腐败现象，直接对中国共产党的领导地位和执政造地位成了极其不利的影响，严重损害了中国共产党在人民心目中的形象。

2015 年 2 月 7 日，时任第十八届中纪委书记的王岐山出席纪检监察系统老干部新春团拜会，除了向离退休老干部提前拜年外，他还即兴发表了 15 分钟的讲话。其中，有一段话意味深长。他说，执政的中国共产党凭什么拿到这个政权，凭的就是为人民，凭的就是人心所向。有的同志可能看了《北平无战事》吧，那个片子它真实地写出来了国民党的失败，应该说最重要的原因之一，就是腐败！失去了民心！

中国共产党的领导地位是从哪里来的？是从全心全意为人民服务的实践中来的。中国共产党的执政性质决定了同腐败是水火不相容的，必须旗帜鲜明地反对腐败，在过去坚决反对腐败，在现在更需要坚决反对腐败，绝不能让腐败危及中国共产党的领导和执政地位。只要中国共产党一如既往地坚决反对腐败，真正做到"反腐败零容忍"，人民群众对中国共产党领导和执政地位的认同和维护就会不断提升。

反腐败问题，一直是党内外议论较多的问题，是广大人民群众关注的重大问题。党的十八大以来，习近平高度重视反腐倡廉建设，特别强调要发挥制度在反腐倡廉中的重要作用。事实上，也就是充分发挥反腐倡廉对巩固和提升中国共产党执政地位的重要作用。

不受约束的权力必然导致腐败，约束权力最有效的办法是靠完善的制度。实现党和国家的长治久安，必须依靠制度的保障，因为制度更带有根本性、全局性、稳定性和长期性。要加强反腐倡廉党内法规制度建

---

① 蒋德海：《论我国反腐败政治伦理之完善》，《廉政文化研究》2015 年第 1 期。

设，让法律制度刚性运行，加强对权力运行的制约和监督，把权力关进制度的笼子里，形成不敢腐的惩戒机制、不能腐的防范机制、不易腐的保障机制。经常出现的问题，要从规律上找原因；反复发生的问题，要从制度上去想办法。

要从根本上、源头上遏制腐败，关键是要健全权力运行的公开机制、制约机制和监督体系，让权力在阳光下运行，让人民监督权力。要更加科学有效地防治腐败，全面推进惩治和预防腐败体系建设，提高反腐败法律制度执行力。要加强对典型案例的剖析，深化腐败问题多发领域和环节的改革，最大限度地减少体制缺陷和制度漏洞，通过深化改革不断铲除腐败现象滋生蔓延的土壤。

特权是党的性质的严重病变

如果说腐败是长在中国共产党作为执政党肌体上的恶性毒瘤和癌细胞，那么特权则是长在中国共产党作为执政党肌体上的另一种毒症，就像白血病之类，是党的性质的严重病变，同样危及党的核心领导地位和执政地位。

早在改革开放之初，邓小平就提出了反对领导干部的特权现象和特权问题，认为特权现象和特权问题不只是部分高级干部有，各级都有，各个部门都有，这将是一场严肃的斗争。1979 年 11 月 2 日在中央党政军机关副部长以上干部会上，邓小平说：

> "最近一个时期，人民群众当中主要议论之一，就是反对干部特殊化。要讲特殊化，恐怕首先表现在高级干部身上。当然，我不是说所有的高级干部都是这样，我们的许多高级干部是很艰苦朴素的，但确实有些人特殊化比较厉害。这种情况，在中下层干部中也有。如某些公社党委书记，某些县委书记，某些厂矿企业的同志，他们

那个特殊化也比较厉害。应该看到，这不单是一个党风问题，而且形成了一种社会风气，成了一个社会问题……人民群众对干部特殊化是很不满意的。"①

"我们脱离群众，干部特殊化是一个重要的原因。干部搞特殊化必然脱离群众。我们的同志如果对个人的、家庭的利益关心得太多了，就没有多大的心思和精力去关心群众了，顶多只能在形式上搞一些不能不办一办的事情。现在有少数人就是做官当老爷，有些事情实在不像话！"②

1980年2月29日在党的十一届五中全会上，结合修改党章，邓小平又郑重提出了"执政党应该是一个什么样的党"的问题。他说："执政党应该是一个什么样的党，执政党的党员应该怎样才合格，党怎样才叫善于领导？"③他指出："我们党现在确实存在一个整顿的问题。这个问题，一九七五年就提出来了，现在还没有解决。三千八百万党员，相当一部分不合格。"邓小平所说的所谓"不合格"，除了指当时奉行林彪、"四人帮"那套路线和思想体系的帮派人物外，还包括搞官僚主义、搞特权的党员干部，他提出要"注意工作方法，克服官僚主义"，"这也是摆在我们面前的一个迫切问题"④。

1980年8月18日，在《党和国家领导制度的改革》的重要讲话中，邓小平又指出，形形色色的特权现象是党和国家的领导制度、干部制度中"主要的弊端"之一，党员领导干部搞特权，会"引起群众的强烈不满，损害党的威信，如果不坚决改正，势必使我们的干部队伍发生腐化"。他说：

---

① 《邓小平文选》第二卷，人民出版社1994年版，第216页。
② 《邓小平文选》第二卷，人民出版社1994年版，第218页。
③ 《邓小平文选》第二卷，人民出版社1994年版，第276页。
④ 《邓小平文选》第二卷，人民出版社1994年版，第281—282页。

"有一些干部，不把自己看作是人民的公仆，而把自己看作是人民的主人，搞特权，特殊化，引起群众的强烈不满，损害党的威信，如不坚决改正，势必使我们的干部队伍发生腐化。我们今天所反对的特权，就是政治上经济上在法律和制度之外的权利。搞特权，这是封建主义残余影响尚未肃清的表现。旧中国留给我们的，封建专制传统比较多，民主法制传统很少。解放以后，我们也没有自觉地、系统地建立保障人民民主权利的各项制度，法制很不完备，也很不受重视，特权现象有时受到限制、批评和打击，有时又重新滋长。克服特权现象，要解决思想问题，也要解决制度问题。"①

邓小平认为，形成特权思想、特权现象，主要有两个原因：

一是思想作风问题，即一些党员领导干部抱着"做官当老爷"的心态，丢掉了"人民公仆"的本色。他指出"搞特权，这是封建主义残余影响尚未肃清的表现"和资产阶级、小资产阶级思想的表现，可谓深刻揭示了"特权"的实质。他提出，要"在思想政治方面肃清封建主义残余影响的同时，决不能丝毫放松和忽视对资产阶级思想和小资产阶级思想的批判，对极端个人主义和无政府主义的批判。……我国经历百余年的半封建、半殖民地社会，封建主义思想有时也同资本主义思想、殖民地奴化思想互相渗透结合在一起。由于近年国际交往增多，受到外国资产阶级腐朽思想作风、生活方式影响而产生的崇洋媚外的现象，现在已经出现，今后还会增多。这是必须认真解决的一个重大问题。"②

二是制度问题，即党和国家现行的一些具体制度不够健全，同时法制不够完备。邓小平认为，特权思想和特权现象既是封建主义残余影响尚未肃清的表现，也与制度问题有直接关系。这种现象如果不坚决改正，

---

①《邓小平文选》第二卷，人民出版社1994年版，第332页。
②《邓小平文选》第二卷，人民出版社1994年版，第336-337页。

势必使干部队伍发生腐化。他提出了一个著名论断："制度好可以使坏人无法任意横行，制度不好可以使好人无法充分做好事，甚至会走向反面。"① 反对和克服特权思想和特权现象，要解决思想问题，也要解决制度问题。邓小平指出：

> "公民在法律和制度面前人人平等，党员在党章和党纪面前人人平等。人人有依法规定的平等权利和义务，谁也不能占便宜，谁也不能犯法。不管谁犯了法，都要由公安机关依法侦查，司法机关依法办理，任何人都不许干扰法律的实施，任何犯了法的人都不能逍遥法外。谁也不能违反党章党纪，不管谁违反，都要受到纪律处分，也不许任何人干扰党纪的执行，不许任何违反党纪的人逍遥于纪律制裁之外。只有真正坚决地做到了这些，才能彻底解决搞特权和违法乱纪的问题。要有群众监督制度，让群众和党员监督干部，特别是领导干部。凡是搞特权、特殊化，经过批评教育而又不改的，人民就有权依法进行检举、控告、弹劾，撤换、罢免，要求他们在经济上退赔，并使他们受到法律、纪律处分。对各级干部的职权范围和政治、生活待遇，要制定各种条例，最重要的是要有专门的机构进行铁面无私的监督检查。"②

共产党这个政党组织之所以不同于历史上任何一个其他政治组织和政党组织，就在于是代表最广大人民群众的根本利益，就在于建设一个真正平等、公平正义的美好社会，真正实现"在法律面前人人平等"、社会面前人人平等，没有高低贵贱之分。

人们对苏共垮台、苏联解体的原因作了各种各样的分析，其中非常

---

① 《邓小平文选》第二卷，人民出版社1994年版，第333页。
② 《邓小平文选》第二卷，人民出版社1994年版，第332页。

重要的一点，就是苏联共产党及其领导干部的"特权化"。在苏联共产党执政的70多年中，苏共领导干部存在的特权利益不仅没有减少而是出现递增现象，根据级别的不同，苏共的各级领导干部享有不同的特殊待遇，并向社会的其他阶层保密。各种特殊待遇慢慢蜕变为各种特权，苏共领导层逐渐变成了一个权贵阶层，不但导致了党内"向上爬"的官本位意识，使党内的普通党员被边缘化，而且逐渐把党和人民隔离开来，从而直接导致了苏联共产党在人民心目中的形象一落千丈，最终使苏联共产党背离了马克思主义政党的宗旨，背离了人民，从而使人民认为苏联共产党不再代表人民，而是代表"权贵阶层"，最终葬送了自己的执政地位。可以说，苏共的兴亡过程就是民心向背更替、民意兴衰转换的过程。美国学者弗兰克·奇福德说："苏共是唯一一个在自己的葬礼上致富的政党。"还有评论说，失苏联者苏联也，而非欧美也！也就是说，苏共的解散、苏联的解体，关键不在于欧美国家的干扰破坏，而在于苏联"共产党内部"出了严重问题。

苏联共产党执政的"权贵化"

在列宁领导时期，苏联共产党以马克思主义为指导，代表最广大人民群众的根本利益，凭借鲜明的人民性纲领、先进性标准、纯洁性要求，建党建政，赢得了当时最广大人民群众的拥护和支持。但是，在后来70年的执政过程中，苏联共产党与广大人民群众逐渐疏离、干群逐步分化、民心逐渐丧失，发生了人类政治史上最大的党殇、国丧。

伴随着权贵阶层和既得利益集团的发展壮大，"人民的公仆"变成了"人民的主人"，人民群众极度不满。到戈尔巴乔夫时期，苏共的权贵阶层意识到，如果戈尔巴乔夫的改革成功，民主化就会减少自己的特权与利益，就不能积累过多的财富，更不能把特权和财富传递给子孙后代。因此，只有"苏共垮台"才能够为特权阶层提供最大的机会，不但可以控制财富，而且可以占有财富。

据统计，苏共解散前，85%的苏联人民认为苏共已成为党政官僚和机关干部的代表，而不代表工人农民。在戈尔巴乔夫执政后期，不仅苏共内部的激进改革派抛弃了戈尔巴乔夫，而且党内保守派也放弃了戈尔巴乔夫，最要命的是广大民众也抛弃了戈尔巴乔夫，没有人再支持戈尔巴乔夫，苏共赖以执政的民心资源耗散殆尽。在苏共解散、苏联解体过程中，有近2000万党员、2600万团员、2亿工会会员和300万既得利益集团成员，几乎没有人为苏共解散、苏联解体抗议和救护。不仅如此，在苏联解体前先后有400多万名党员要求退党，有76.7%的苏共党政要员认为苏联应当实行资本主义。苏联解体以后，一些原苏共党政企高官迅速占据了权力和财富，成为俄罗斯政界和经济领域中举足轻重的人物。苏共领导干部的特权递增现象及其制度化的最终结果，就是苏共在内部培养了自己的掘墓人，在1991年的"8·19事件"中，当苏共的几名中央委员成立"紧急状态委员会"想力挽狂澜时，苏共上下几乎无人响应。据统计，原苏共"在册权贵"大都成了新国家新体制的新成员，其中在最高领导层中占75%，政党首领占57.2%，议会领导占60.2%，政府部门占74.3%，地方领导占82.3%，商界精英占61%。

中国共产党必须高度警惕和坚决反对特权思想与特权现象，它与腐败现象一样丧失民心，有可能亡党亡国！进入新时代以来，以习近平为核心的党中央高度认识到，一个政党，一个政权，其前途和命运最终取决于人心向背。要维护党的领导地位和执政地位，核心的问题是我们党要始终紧紧依靠人民，始终保持同人民群众的血肉联系，一刻也不脱离群众。要做到这一点，就必须坚定不移地把党风廉政建设和反腐败斗争深入进行下去。人民群众最痛恨各种消极腐败现象，最痛恨各种特权现象，这些现象对我们党与人民群众的血肉联系最具杀伤力，必须下最大气力解决好消极腐败问题和特权问题，确保我们党始终同人民心连心、同呼吸、共命运。习近平指出：

> "我们党提出，要营造鼓励人们干事业、支持人们干成事业的社会氛围，放手让一切劳动、知识、技术、管理和资本的活力竞相迸发，让一切创造社会财富的源泉充分涌流，以造福于人民。如果升学、考公务员、办企业、上项目、晋级、买房子、找工作、演出、出国等各种机会都要靠关系、搞门道，有背景的就能得到更多照顾，没有背景的再有本事也没有机会，就会严重影响社会公平正义。这种情况如不纠正，能形成人才辈出、人尽其才的生动局面吗？这个社会还能有发展活力吗？我们党和国家还能生机勃勃向前发展吗？我们共产党人决不能搞封建社会那种'封妻荫子'、'一人得道，鸡犬升天'的腐败之道！否则，群众是要戳脊梁骨的！"[1]
>
> "党的十八大强调，各级领导干部决不允许搞特权。为什么要突出提出这个问题？就是因为群众对我们一些干部搞特殊、要特权意见很大。"[2]

中国共产党作为马克思主义执政党，秉持的根本宗旨是全心全意为人民服务，始终把人民利益摆在至高无上的地位，没有任何私利，也决不允许搞任何特权。《中国共产党章程》明确规定："中国共产党党员永远是劳动人民的普通一员。除了法律和政策规定范围内的个人利益和工作职权以外，所有共产党员都不得谋求任何私利和特权。"

党的十九大报告再一次明确提出，要"坚决反对特权思想和特权现象"。

---

[1]《十八大以来重要文献选编》上，中央文献出版社2014年版，第137—138页

[2]《十八大以来重要文献选编》上，中央文献出版社2014年版，第136—137页

特权现象损害社会公平正义，人民群众最为痛恨，最容易造成党群干群关系紧张甚至对立，从而削弱党的执政基础。我们党要在新的历史起点上，凝聚起同心共筑中国梦的磅礴伟力，就必须坚持以人民为中心，坚决反对特权思想和特权现象，从严从实、久久为功，让人民群众从实实在在的党风政风新气象中增强对党的信心、信任和信赖。

"特权思想"说到底是一种不分公与私、不辨义与利、不讲是与非，失去了共产党人"为人民谋幸福"的初心和甘当"人民公仆"本色的腐朽思想，打上了讲究尊卑有序、上下有别的封建等级观念和思想的深深烙印。我国两千多年的"尊卑有序、上下有别"的封建等级观念和思想绵延至今，其宗法制度、官本位、等级制度等封建糟粕仍然不同程度地影响着一些党的领导干部的思想观念和行为，使一些领导干部不仅有高人一等的优越感，而且滋养了特权行为和现象。新中国成立后，中国共产党曾将反对领导干部的"特权思想"作为一项重要工作，毛泽东曾告诫党员领导干部"一定要警惕，不要滋长官僚主义作风，不要形成一个脱离人民的贵族阶层"。①

"特权思想"和特权现象是人民群众深恶痛绝的思想观念和行为，是滋生不正之风和腐败问题的"温床"。"特权思想"和"腐败"往往是一对孪生兄弟，腐败问题和"四风"问题的背后，往往是特权思想在作祟。特权思想和特权现象不除，腐败问题和不正之风就难以根除。哪里有特权，哪里就有不公，哪里就容易滋生腐败。特权思想和特权现象严重损害社会公平正义，严重败坏政治生态和党风政风，必须像党的十九大报告指出的，人民群众反对什么、痛恨什么，我们就要坚决防范和纠正什么。中国共产党要永葆先进性和纯洁性，要永葆生机和活力，要永远赢得人民群众的拥护和支持，必须根除党的领导干部的特权思想和特权现象。

----

① 《毛泽东著作专题摘编》下，中央文献出版社 2003 年版，第 2155 页。

特权思想和特权现象与现代社会政治潮流背道而驰，中国共产党必须真正下大决心、花大力气革除这种落后、腐朽的思想行为。否则，党的性质就可能发生蜕变，就可能失去民心，就可能陷入"其兴也勃焉，其亡也忽焉"的历史周期律。根除特权思想和特权现象的重点，是各级领导机关和领导干部，尤其是党的高级领导干部，是一场"刀刃向内"的自我革命。

毛泽东曾说："县委以上的干部有几十万，国家的命运就掌握在他们手里。如果不搞好，脱离群众，不是艰苦奋斗，那么，工人、农民、学生就有理由不赞成他们。"[①]

邓小平也说："上面的问题不解决，我们就没有讲话的权利，人们会问，你们自己怎样呢？"因此，他希望高级领导干部带头，"解决干部生活待遇方面存在的问题首先要从高级干部着手"，"整顿党风，搞好民风，先要从我们高级干部整起"，"需要全国的干部，首先是高级干部起模范带头作用"。邓小平还说：

> "我们进了城，执了政，是做官呢，还是当人民勤务员呢？……如果不是做官，而是当人民的勤务员，那就要以普通劳动者的面貌出现，要平等待人，要全心全意地为人民服务。"[②]

习近平说："这个问题不仅是党风廉政建设的重要内容，而且是涉及党和国家能不能永葆生机活力的大问题。"

根除特权思想和特权现象不能仅仅停留在口头上，不能仅仅停留在文件上，甚至不能仅仅停留在制度上，而必须落实到行动上。中国共产党成立100年了，执政70多年了，如果在特权问题上还没有一个根本改

---

①《毛泽东著作专题摘编》下，中央文献出版社2003年版，第2155页。
②《邓小平文选》第一卷，人民出版社1995年版，第304页。

观，人民群众是看在眼里的。如果共产党人甚至包括党和国家领导人的吃穿住行、医疗等日常生活，不能做到与普通老百姓一样平等，在社会生活中始终存在一个领导干部的"贵族阶层"，不能正确处理公与私、义与利、廉与腐、苦与乐的关系，始终存在一个谋取特权和私利的"特殊人群"，党的领导干部始终存在特殊化，人民群众就可能丧失对党的领导和执政的信心。

| 四 |　突破世界领导力瓶颈

我国人口占世界人口的近五分之一，我国所发生的事不仅对中国人民重要，而且对亚洲人民乃至世界人民都有重要影响。这种重要影响，并不仅仅因为我国经济体量巨大，其经济持续发展牵动世界经济发展，更重要的还在于当今世界面临许多亟待解决的全球性问题，诸如经济增长低迷、逆全球化、生态环境破坏、全球气候变化、国际反恐问题、全球治理变革等，无一不需要我国参与。在这样纷繁复杂的国际局势面前，在从建党百年迈向建国百年的历史进程中，中国共产党必须要有清醒的认识和卓越的世界引导力、领导力和影响力，才能有利于塑造国内发展和国家建设的世界平台。

我国和平发展与崛起面临国际瓶颈

改革开放以来，我国在中国特色社会主义道路上奋斗了40多年，创造了举世瞩目的"中国奇迹"。但是，越往前走，压力和阻力越来越大，诱惑和干扰也越来越多。就国内而言，我国取得的成就越大、时间越长，滋生自满情绪的因素就越多，积压的矛盾和问题也越多。比如随着改革开放和社会主义市场经济的发展，思想、道德、价值观和信仰方面的问题逐渐凸显，物质富裕了，精神和价值观方面的问题越来越多样多元多变了，越来越处在无所适从的状态，理想信念和道德问题、发展方式和生态环境问题、官员腐败问题、经济下滑问题、发展不平衡问题、贫富差距问题更加凸显。

就国际而言，我国前所未有地靠近世界舞台中心，前所未有地接近实现中华民族伟大复兴的目标。我国的发展和崛起必然带来国际关系和世界格局的深刻变化和调整，特别是境内外敌对势力必然加大"和平演变"与"颜色革命"的渗透力度，八面来风，处处围堵中国，或者企图以互联网这个"最大变量"来妖魔化中国、诋毁中国、唱衰中国、"扳倒中国"。新中国建立以来，境内外敌对势力对我国的攻击就一直不断，从武装入侵、封锁、冷战到"妖魔化""和平演变"，无所不用，改革开放特别是进入新世纪以来，又先后抛出中国崩溃论、中国威胁论、中国责任论、中国衰退论和中华帝国论、中国新殖民论、和平殖民论论调，借新冠病毒性肺炎疫情污名化中国、追责中国等，都别有用心。

因此，中国共产党长期执政不仅面对着国内执政的各种考验、危险和挑战，需要在国内具有应对各种考验、危险和挑战的领导力，建立起强大的执政正当性支撑，而且面对着和平发展与崛起在国际政治中招致的各种风险、遏制和阻力，需要在国际社会具有应对和平发展与崛起瓶颈的国际政治领导力，建立起良好的国际关系和国际环境，扩大长期执政并全面走向国际社会的正当性支撑。

中国的和平发展道路既有很多有利条件，也有不少新旧困难。当今时代的主题依然是和平与发展，我国的战略机遇期依然存在，但战略机遇期是由众多战略机遇汇合构成的，我国需要抓住和善用每一个战略机遇，不断推进国际国内的和平发展事业。在国际社会共同努力下，今天的人类比以往任何时候都更有条件共同朝着和平与发展的目标迈进，看不到这一点我们就会被铺天盖地的国际局势变幻、世界格局调整、国际关系变化所迷惑，在林林总总的事件中迷失方向。同时也要清醒看到，世界经济增长乏力、贫富差距扩大且严重对立、极端思潮和民粹主义逼近主流政治、传统和非传统安全交织互动，全球性挑战、风险和阻力不仅量大面广，而且在程度上更趋严重，如果管控失当，很可能在性质上发生逆转。

习近平深刻指出，当今世界是一个变革的世界，是一个新机遇新挑战层出不穷的世界，是一个国际体系和国际秩序深度调整的世界，是一个国际力量对比深刻变化并朝着有利于和平与发展方向变化的世界。我们看世界，不能被乱花迷眼，也不能被浮云遮眼，而要端起历史规律的望远镜去细心观望。他说：

> "认识世界发展大势，跟上时代潮流，是一个极为重要并且常做常新的课题。中国要发展，必须顺应世界发展潮流。要树立世界眼光、把握时代脉搏，要把当今世界的风云变幻看准、看清、看透，从林林总总的表象中发现本质，尤其要认清长远趋势。"[1]

综合判断，我国发展仍然处于可以大有作为的重要战略机遇期。我国最大的机遇就是自身不断发展壮大，同时也要重视各种风险和挑战，善于化危为机、转危为安。

在新时代我国和平发展和崛起、越来越全面对外开放、全面走向世界的进程中，面临的一个最大的国际瓶颈，就是需要打破"不信任"困境。"不信任"困境普遍存在于国际政治和国际关系之中。国际关系著名学者约翰·米尔斯海默认为，一个国家永远无法把握和确定其他国家的意图。如果一个国家倾向于认为另一个国家的对外意图是善意的，那么就会选择信任该国家并与其合作；如果倾向于认为另一个国家的对外意

---

① 《习近平谈治国理政》第二卷，外文出版社 2017 年版，第 442 页。

图是恶意的，那么就会选择不信任该国家并对其压制。他说："任何国家都不能肯定另一个国家不会以进攻性军事力量攻击它。这并不是说国家非得怀有敌视意图。确实，体系中的所有国家也许都非常仁慈善良，但它们不可能确信这一判断，因为意图不能得到百分之百的保证。导致侵略的原因有多种，任何国家都无法肯定另一个国家不会因其中一个原因而产生侵略动机。"①

自第二次世界大战后，"自然状态"下遵循的"丛林法则""零和游戏""赢者通吃"等规则日益受到质疑或挑战，求和平、求发展越来越成为时代的潮流。为了避免类似世界大战这样的惨痛历史重演，"雅尔塔体系"虽然订立出一套国际秩序的架构，"联合国体系"也成为具有合法性的构建世界和平秩序的国际体系，但真正的世界和平新秩序远未成型，资本主义与社会主义两大阵营曾经长期对峙、美苏长期争霸。苏联解体之后，当我国这样一个历史上的文明大国、强国在近代衰落之后再一次发展崛起，以巨型社会主义大国的形象出现在世界面前，在国际政治权力博弈的过程中，国际社会对我国的"不信任"会明显加剧，造成我国的发展和崛起必须面对的崛起困境②。

在和平与发展的时代背景下，我国的发展和崛起需要坚持不懈地打破"不信任"困境，建构起未来世界格局不再受"丛林法则"与"零和游戏"支配的国际关系新理念，要逐步建立在从"利益共同体"到"责任共同体"再到"命运共同体"的新理念共识基础之上，这将是一个极其困难的过程。未来新型国际关系和世界格局的形成，将会经历一个"长时段"的博弈和磨合，我们党需要坚持主张大国小国一律平等、国家间的分歧通过谈判协商来解决、一时解决不了的留待后人解决；大国之

---

① 王海腾：《崛起困境及其超越》，《武汉科技大学学报（社会科学版）》2014 年第 1 期。

② 王海腾：《崛起困境及其超越》，《武汉科技大学学报（社会科学版）》2014 年第 1 期。

间要互相尊重，不走冲突、对抗的老路、死路；对待周边国家我国要坚持主张睦邻友邻惠邻，与广大发展中国家更要建立"命运共同体"，坚持正确的义利观、发展观、国际观等。

只有在时代背景和国际社会的新变化中，具体分析长期以来国际社会普遍"不信任"和"强国必霸"的根源，才能超越我国和平发展的"崛起困境"，赢得国家发展的战略机遇期和良好环境，为全面建设社会主义现代化强国和实现中华民族伟大复兴中国梦创造良好的国际环境。

参与和引领全球治理变革

在全球化之前，秩序往往存在于国家内部，而国际社会基本上是一个"无政府社会"，各国只考虑自己的利益，"丛林法则"成为世界法则。随着经济全球化和"世界历史"的不断推进，尤其是第二次世界大战之后，国际社会逐渐订立出一套世界秩序架构，构建出一个世界和平秩序的"联合国"国际体系。尽管这个国际体系充满了冲突、斗争和博弈，但不可否认对国际社会的合作与世界和平起到了不可忽视的作用。

国际秩序的建立要有一系列切实可循的原则、准则、制度，具有先设属性，是"过去完成时"。维持国际秩序的规则是由前人制定的，后来者如果想融入就必须遵循已有或已实行的规则，如果抗拒和修改"已有"的规则，那就成了"修正力量"，修正得好，国际秩序会更加完善，会成为新秩序的贡献者和引领者；如果修正偏了或猛了，就可能导致"失序"，乃至引发大的世界动荡，成为原有秩序的祸害者和责任者。

然而，国际秩序规则如同任何规则一样，是发展的变化的，需要不断完善，客观上需要"修正力量"，需要新的贡献者和引领者。当今世界，全球治理体制变革正处在历史转折点上，国际力量对比发生深刻变化，新兴市场国家和一大批发展中国家快速发展，国际影响力不断增强，是近代以来国际力量对比中最具革命性的变化。数百年来列强通过战争、殖民、划分势力范围等方式争夺利益和霸权的近代世界历史局面，逐步向以制度、规则协调国际关系和世界各国利益的方式演进，国际事务越来越需要各国共同协商，建立国际机制、遵守国际规则、追求国际正义。

当今世界，随着全球化进程中遇到的很多问题成为国际社会的共同问题，变化成为常态，风险与之相伴，危机也时时发生，世界层面的经济—政治"失序"，包括各个国家和地区的社会失范、制度失灵、安全失控、精英失职，应对全球性挑战成为国际社会的难题和焦点。作为世界上正在崛起的最大发展中国家，我国与世界的互动将更加频繁，对国际秩序和全球治理变革的影响将更加深入。随着我国逐渐走向世界舞台中央，国际社会也纷纷将目光投向我国。我国如何看待当前全球治理格局，以及如何明确在全球治理变革中的身份定位、理念认知以及战略互动等问题，不仅是国际社会关注的问题，也是我国自身发展进程中需要认真对待的问题。

随着我国全面崛起，争取更大的国际规则制定话语权也势在必行。我国作为世界主要经济体，不仅要善于利用既有国际秩序和国际体制来维护国家核心利益，还必须通过参与国际议程设定、新的国际规则制定、承担相应责任和提供公共产品，逐步跻身于全球事务的核心领导层，发挥对全球治理变革的引导力、领导力和影响力，完善由联合国主导规范的全球治理体系，使之符合我国多边主义外交政策和发展战略需求。

我国作为拥有五千多年文明的大国，国际社会全球治理的行动必然会从我国传统治理理念与中华智慧中汲取营养。我国要能为全球治理贡献中国智慧，尤其是在积极参与全球治理体制变革的进程中，我国也有责任为全球治理变革做出重要贡献。对此，我国也应该理性看待，需要在力所能及的范围内，从我国实际国情和现实国力出发，坚持权利与义务平衡的原则，适时、适度、适量积极有为，提出以国际秩序和全球治理体系为纲的总体应对思路和具体解决途径，为全球治理和国际秩序的新建构、新发展贡献中国力量，进而在实现我国国家利益的基础上推动全球善治目标的实现。

经济全球化深入发展，把世界各国利益和命运更加紧密地联系在一起，形成了"你中有我、我中有你"的利益共同体，很多问题不再局限于一国内部，很多挑战也不再是一国之力所能应对，全球性挑战需要各国通力合作来应对。在改善全球治理体制的进程中，我国大有可为并且应拥有作为一个负责任大国的使命担当。理念是行动的先导。习近平说：

> "全球治理体制变革离不开理念的引领，全球治理规则体现更加公正合理的要求离不开对人类各种优秀文明成果的吸收。要推动全球治理理念创新发展，积极发掘中华文化中积极的处世之道和治理理念同当今时代的共鸣点，继续丰富打造人类命运共同体等主张，弘扬共商共建共享的全球治理理念。"①

习近平提出的"共商共建共享"全球治理理念及其全球治理观，充分体现了中国立场、中国理念和中国智慧。"共商"即突显了世界各国平等协商、深化交流，加强互信，共同商谈解决国际政治纷争与经济矛盾；"共建"即突显了世界各国共同参与、合作共建，共同分享发展机遇，扩大共同利益，从而形成互利共赢的利益共同体；"共享"即突显了世界各国都享有平等的发展机会、共同分享"共建"成果。"共商共建共享"理念突显了世界的命运应该由世界各国人民共同掌握，国际规则应该由世界各国共同书写，全球事务应该由世界各国共同治理，发展成果应该由世界各国人民共同分享。"共商共建共享"的全球治理理念及其全球治理观，为破解当今人类社会面临的共同难题提供了新原则新思路，为构建人类命运共同体注入了新动力新活力，体现了中华民族对世界的新贡献。

---

① 习近平：《推动全球治理体制更加公正更加合理 为我国发展和世界和平创造有利条件》，《人民日报》2015 年 10 月 14 日。

党的十九大报告指出，我国秉持"共商共建共享"的全球治理观，积极参与全球治理体系改革和建设，不断贡献中国智慧和力量，同世界各国人民一道，推动国际秩序和全球治理体系朝着更加公正合理的方向发展。新时代的中国倡导新型大国关系，发展友好睦邻的周边关系，加强同发展中国家的南南合作，务实推进"一带一路"建设，积极应对气候变化和防疫抗灾，提供日益增多的国际物质和精神公共产品，成为举世公认的"世界和平的建设者、全球发展的贡献者、国际秩序的维护者"。

对我国来说，既要坚持和平、发展、互利、合作、共赢，心怀"最好诉求"，同时也要做两手准备，做"最坏打算"，因为和平、发展、互利、合作、共赢毕竟不是一厢情愿的。只有发展经济、创新科技、建设国防，自己内部强大了，未来应对不确定风险和挑战的能力与实力才会越强，也会越自信，中国共产党的全球引领力和领导力也就会更加成为国际国内两个大局的强大支撑。

新时代中美关系考验党的政治智慧

中美关系从中国近代历史中走来，由于特殊的历史背景、特殊的发展过程、特殊的两国国情，成为当今世界最为复杂的国际政治关系。美国作为当今世界的唯一超级大国和第一强国，自第二次世界大战以来长期在世界范围内发号施令，唯我独尊，到处行使经济霸凌、政治霸权、军事霸权、技术霸权和文化霸权，肆意挑起国际混乱，故意制造世界乱局，搞得整个世界不得安宁。

尤其是以特朗普上台为标志，美国大搞单边主义、保护主义、独立主义，"逆全球化"而行，公然违背联合国宪章，破坏和平的国际环境和相对稳定的国际秩序；公然践踏长期以来形成的国际规则，违背世贸组织原则，率先挑起贸易战，引发世界经贸领域的混乱。随着我国的和平发展与崛起，美国越来越剑指中国，中美贸易战和中美科技战逐渐升级，中美关系日趋复杂多变，由此带来的世界形势也更加复杂多变。

可以预见，中美关系将是中国共产党从建党百年迈向建国百年历史进程中最为重要的双边关系，这种重要的双边关系并不仅仅是由简单的贸易差额造成的，而是具有非常复杂的多方面原因。新时代的中美关系将深入考验中国共产党的政治智慧。

（一）美国已剑指中国

可以说，如今美国的世界霸主地位仍然尚未有任何国家可以撼动。但是，自奥巴马担任美国总统以来，即开始忧心忡忡美国正在失去的昔日荣光，奥巴马在当选美国总统期间就向世界喊出了"美国还要领导世界100年"的誓言，宣称"中国的经济崛起和军事扩张让邻国忧心忡忡"。在2016年美国大选的时候，众所周知，特朗普则更向世人喊出了"使美国再次强大"和"美国优先"的口号，可以说，也正是这两个竞选口号，使把奥巴马总统称为"最不够格"的总统候选人特朗普最终赢得了美国大选。

美国是当今世界唯一超级大国，具有超强的经济实力、科技实力、军事实力、文化软实力和综合国力，为什么还大声疾呼"使美国再次强大"和"美国优先"呢？美国国内基础设施的破败、制造业及其附属服务业工作机会的大量流失，让特朗普强烈地意识到美国正在面临失去世界最强大国家的地位，因此呼吁"美国人民团结一致为一个目标奋斗，就能够恢复这一地位而使美国继续作为自由、力量和繁荣的世界灯塔"。

"使美国再次强大"和"美国优先"，针对的主要不是欧美、不是日本、不是俄罗斯、不是印度，而是中国！特朗普认为，美国正在失去昔日的荣光，而导致美国经济最受伤、把美国从最强大的国家变得不那么强大的国家正是中国。中国吸走了美国的制造业资本，从而把美国从第一制造业大国的地位上挤了下去。中国的经济体量巨大，经济发展可以自成体系，在经济、科技、军事、文化等方面的发展势头都很猛，而且在经济总量和综合国力方面离美国的距离越来越近，最有可能赶超美国而使美国变得不再是"最强大的国家"。

这不仅仅是美国政治圈、美国的对华"鹰派"人物越来越共有的认识，美国的政治圈和对华"鹰派"人物越来越多的在谈论中国、研究中国，很多人都在计算中国经济总量何时超过美国，不断讨论美国要有对付中国的"新战略新举措"，而且在美国民众之间也越来越有这种认识，也开始议论，担忧中国超越美国。

特朗普担任美国总统及美国今后的政府，不管谁将当选美国未来的总统，都可能比以往任何时候都更加专注于采取各种措施，全面遏制中国经济的发展和全面崛起。不仅美国的总统和政府如此，这在美国民众之中也有一定的社会基础。这可能是从建党百年迈向建国百年进程中较长一段时期，我们党作为我国的执政党应对美国的各种挑战需要在战略上认真对待的课题。

（二）中美博弈有可能上升为全面博弈

显然，"中美关系"是新时代中国面对的极其重要的大国关系，也是国际社会普遍关注的极其重要的大国关系。世界和中国正处于"百年未有之大变局"，在一定意义上说，这种"大变局"也是与中国和美国在世界上的国际地位变迁、变化密切相关的。中国共产党治国理政也高度重视中美关系。

早在习近平担任中共中央总书记之前，2012 年 2 月 12 日在访问美国前夕接受《华盛顿邮报》书面采访时就表示，宽广的太平洋两岸有足够的空间容纳中美两个大国，中国欢迎美国为本地区和平、稳定、繁荣发挥建设性作用，同时也希望美方充分尊重和照顾亚太各国的重大利益与合理关切。习近平说：

　　"中美两国都是伟大的国家，两国人民对彼此抱有很大的好感和兴趣，渴望交流互鉴、深化友谊、共谋发展。两国没有理由不友好、不合作。我相信，有 16 亿人民共同支持的中美关系给世界带来的将是更多和平、繁荣与发展。"[①]

针对特朗普担任美国总统以来挑起的对华贸易战，我国虽然表明了一贯的不畏任何艰难险阻的大无畏气概，立场坚定，态度鲜明，明确表达了我国不愿意打贸易战的良好愿望，因为中美贸易战中没有赢家。如果美方愿意谈，我国愿意在平等磋商、相互尊重的基础上进行贸易谈判，在 WTO 或者双边的框架下就双方的分歧坦诚地交换意见，实现互利共赢的结果。如果美方坚持要打贸易战，我国也不怕，中华民族绝不会拿国家利益做交易。

2019 年 5 月 13 日，中央电视台"新闻联播"刊播了一篇罕见的"国际锐评"，体现了以习近平同志为核心的党中央对美国发起的贸易战的鲜明立场。"锐评"说，中美贸易战损害中国的利益，损害美国的利益，也损害世界经济发展的前景。希望中美两国以建设性的方式，以智慧和相互尊重的态度，而不是用任性、冲动的行为来解决好问题处理好挑战，使中美经济关系回到健康稳定发展的轨道上来。"锐评"以中华民族的大无畏姿态，有理有利有节地表明了我国对待特朗普发起的贸易战的豪迈气概，表现出了坚定的民族自信心和道路自信。"锐评"说，经历了五千多年风风雨雨的中华民族，什么样的阵势没见过？！在实现民族复兴的伟大进程中，必然会有艰难险阻甚至惊涛骇浪。美国发起的对华贸易战不过是中国发展进程中的一道坎儿，没什么大不了，中国必将坚定信心、迎难而上，化危为机，斗出一片新天地。

然而，我们的美好愿望，并不一定能够换来美国同样美好的回应。我们也应该看到，特朗普发动的中美贸易战不会仅仅停留在贸易战的表

[①]《习近平接受〈华盛顿邮报〉书面采访：中美没理由不友好不合作》，《人民日报海外版》2012 年 2 月 14 日。

面层次，很可能从单一的贸易博弈发展成为全面博弈，从贸易战发展成为科技战、金融战、网络战，甚至发展成为制度战、军事战，因为在支撑贸易战的背后实际上是科技的较量、资本的较量、军事的较量和制度的较量，美国要维护自己"领导世界100年"的梦想，确保"美国优先"，实现"使美国再次强大"，很可能继而遏制我国在科技、金融、互联网、军事和制度上发展形成全球优势。因此，美国不仅在国际贸易上通过增加关税等途经来遏制我国的贸易发展，而且很可能继而走向打垮我国华为、打垮我国5G、打垮"中国制造2025"，打击我国金融体系、军事力量，甚至拼命打击我国政治制度等途经，通过金融战、科技站、信息战、网络战、意识形态战乃至通过军事战争以维护美国的霸权地位，拯救美国的衰落。

从美国在贸易谈判中提出的越来越触及我国底线的条件、有的试图要改变我国的制度这一点，就可以预见美国打贸易战不可能仅仅局限于贸易战本身。同时，由于美国内部长期积累的矛盾和在一些国内问题上处置不当，为转移国内矛盾，美国当局甚至把矛头转移到中国的崛起，从2020年初新冠病毒疫情的甩锅中国、问责中国、污名化中国，甚至借我国通过关于建立健全香港特别行政区维护国家安全的法律制度和执行机制的决定而干预我国内政、宣布将对我国及香港特别行政区采取所谓制裁措施等行为，足以看出，美国对我国的打压和制裁企图是经济、政治、科技、文化、教育、军事等全面性的。

中美贸易摩擦及引发的贸易战，涉及法律、经济贸易、金融体系、制造业及其核心技术等问题，甚至影响着中美关系的全局。这其中的任何一个领域，都涉及两个国家的核心利益、根本利益。只要美国执意维护"领导世界100年"、维护"美国优先"，坚定"使美国再次强大"目标，坚持跟中国对抗下去，那么，中美两国的"修昔底德陷阱"就是不可避免的。中美由贸易之间的博弈就可能上升为一种全面博弈，而且可能是一场持久博弈，两个大国之间从贸易战到科技战、到金融战、到信息战、到网络战、到军事战甚至制度战，都可能走向严重对抗。

当然，贸易战也好，全面博弈也好，并不意味着一定会发生战争，但可以肯定的是，中美两国之间关系的不稳定、不确定因素会变得更加复杂和多变，遏制、协商、讨价还价甚至对抗，可能会成为很长一段时期中美关系的拉锯过程和磨合过程。中美关系的维护和发展，将更加考验两个大国的国际政治智慧。避免战争应该是中美博弈和较量应该努力的方向，只有中美双方就共同关切的核心利益、核心关系、核心做法达成基本共识，并建立起了新的国际关系准则和全球治理体系，才能变成现实。在这一过程中，中美之间将不可避免地要形成战略上的"掰手腕"状态和深刻的战略对撞，哪一方发力过大而失去平衡，都会酿成新的危机甚至世界性大事件。

（三）"台湾问题"是中美博弈的重要内容

"台湾问题"显然是中国的内政问题，是中华民族自己的事情，完成祖国统一大业是中华民族的整体利益和长远利益。无论办好中国自己的事情，还是全面实现社会主义现代化强国和维护世界和平与促进共同发展，都要求中国共产党要能坚定地维护国家主权和领土完整，团结全体中华儿女坚决挫败各种制造"两个中国""一中一台""台湾独立"的图谋，取得一系列反"台独"、反分裂斗争的重大胜利，并最终完成国家完全统一。"台湾问题"因民族弱乱而产生，必将随着民族复兴而终结。正如习近平所说，中国梦是两岸同胞共同的梦，民族复兴、国家强盛，两岸中国人才能过上富足美好的生活。在中华民族走向伟大复兴的进程中，台湾同胞定然不会缺席。

然而，"台湾问题"是一个非常复杂的历史遗留问题，而不是一个简单的两岸政治对立、大陆与台湾的关系问题，而是国际政治在中国的延续和体现。

"台湾问题"之所以复杂，主要根源在于中国与美国的复杂关系，而不在台湾当局本身。美国之所以抓着"台湾问题"不松手，在于台湾对于美国而言具有重要的战略利益。新中国建立后，美国之所以发动朝鲜战争、控制我国台湾，其目的就是为了构筑第二次世界大战后以美国为代表的资本主义阵营在东方的世界战略体系，以便于控制中国和整个亚洲太平洋地区。"台湾问题"发展到今天，表面上看是中国的领土完整和祖国完全统一的问题，但实质上乃是中国与外部敌对势力的关系及其较量，主要表现为中国与美国的关系及与美国的较量，美国才是影响台海局势、决定台湾走向的根本要素。

因此，"台湾问题"是美国遏制新中国发展直至今天的一个重要砝码，是遏制我国发展和崛起的一颗"棋子"和一张"王牌"。完成祖国统一大业，在一定意义上说也是与美国的一场博弈和较量，而不仅仅是两岸之间的政治关系。台湾当局对大陆、对祖国统一的态度虽然受自身因素的影响、受历史发展的影响、受台湾本土人民意愿的影响，但更重要的还取决于这样两个方面：一是美国的战略需要和干预，二是我国的强大程度，这两个方面相互制衡。如果我国的经济实力、科技实力、军事实力和综合国力能够真正强大到让美国望而却步，那么美国在军事上保护台湾的战略干预就会发生根本改变，台湾对美国的战略依附也会退居从属位置，对和平统一的态度也可能会有根本改观。如果我国的经济实力、科技实力、军事实力和综合国力一直弱于美国或大致平衡，那么美国对台湾的战略干预就很难发生根本改变，台湾的态度也难以改变，"和平统一台湾"的问题就会成为一个难题，甚至难以避免战争。

在短期内要在经济实力、科技实力、军事实力和综合国力上超越美国，显然是不实际的。因此，在这样的国际国内背景下要完全解决中华民族的国家主权和领土完整问题，实现中华民族的伟大复兴，就更加考验中国共产党的国际政治战略和政治智慧。

主要参考资料

《马克思恩格斯选集》第1-4卷，人民出版社1995年版。

《马克思恩格斯文集》第1-10卷，人民出版社2009年版。

《马克思恩格斯列宁斯大林论政治和政治制度》，群众出版社1983年版。

《列宁选集》第1-4卷，人民出版社1995年版。

《毛泽东早期文稿》，河南人民出版社2008年版。

《毛泽东选集》第1-4卷，人民出版社1991年版。

《毛泽东文集》第1-8卷，人民出版社1993年版。

《邓小平文选》第1-3卷，人民出版社1994年版。

《习近平谈治国理政》，外文出版社2014年版。

《习近平谈治国理政》第二卷，外文出版社2017年版。

《习近平谈治国理政》第三卷，外文出版社2020年版。

《习近平同志重要讲话文章选编》，中央文献出版社、党建读物出版社2016年版。

《十八大以来重要文献选编》（上），中央文献出版社2014年版。

《十八大以来重要文献选编》（中），中央文献出版社2016年版。

《十八大以来重要文献选编》（下），中央文献出版社2018年版。

《十九大以来重要文献选编》（上），中央文献出版社2019年版。

《中国共产党历史》第一卷（1921-1949），中共党史出版社2002年版。

《中国共产党历史》第二卷（1949-1978），中共党史出版社2011年版。

《中国共产党新时期简史》，中共党史出版社2009年版。

后 记

在历史的长河中，100年也许算不了什么。然而，中国共产党从成立、成长、发展到壮大的100年，对于中国人民、中华民族乃至世界而言，却是惊天地、泣鬼神的100年，这100年深刻改变了近代以后中华民族发展的方向和进程，深刻改变了中国人民和中华民族的前途和命运，深刻改变了世界发展的趋势和格局。

"中国共产党的百年奋斗为什么成功？"是一个与"中国走社会主义道路为什么成功？"紧密相连、相辅相成的课题，也是一个对中国人来说非常具有吸引力的课题。"中国共产党的百年奋斗为什么成功？"与"中国走社会主义道路为什么成功？"可以说是理解"五四"以来现当代中国这枚"硬币"的两面，是理解当代中国为什么是今天这样一个走向而不是别的什么走向的两个关键所在。

2019年初，应邀参加南方出版传媒股份有限公司在北京召开的2019年出版高质量发展专家座谈会，会后在与广东人民出版社肖风华社长和南方出版传媒股份有限公司出版部萧宿荣总监共同策划一些有重大主题出版意义的选题时，因为在纪念中华人民共和国建立65周年的时候我曾策划了"中国走社会主义道路为什么成功？"这一重大选题，我旋即想到了"中国共产党为什么成功？"这一重大选题，可以为2021年迎接纪念中国共产党100周年诞辰送上一份献礼。这一选题得到两位资深出版人的共识。

2014年为庆祝中华人民共和国建立65周年，在广西人民出版社温六零社长的邀约和大力支持下，我主撰了《中国走社会主义道路为什么成功？》一书，该书列入新中国建立65周年主题出版物。出版后，在五洲出版社和北京崇学文化发展有限公司的大力支持下，该书又列入2017年度国家出版基金资助项目，以英、法、俄、西班牙、阿拉伯、波斯、土耳其和越南等8语种向全球发行，取得了良好的社会效益。

"中国共产党的百年奋斗为什么成功"这一选题，可以说是"中国走社会主义道路为什么成功？"的姊妹篇。如果说"中国走社会主义道路为什么成功"展现了当代中国的客观表现形态，那么"中国共产党的百年奋斗为什么成功"则展现了当代中国主客体相统一的表现形态，对于深入理解近代以来中华民族为什么选择中国共产党领导和走社会主义道路更具有历史性、立体性和整体性。这一选题对深入理解当代中国更具有纵深感，是对"中国走社会主义道路"的追根溯源，是对中国选择走社会主义道路的主体展示。

《中国共产党为什么成功》一书的核心要义，重在系统、深入地展现近代以来中华民族为什么最终选择中国共产党作为中华民族伟大复兴的核心领导力量？中国共产党的百年奋斗之所以成功的奥妙到底是什么？中国共产党的领导为什么是中国特色社会主义的最本质特质和最大优势？

江山就是人民，人民就是江山。中国共产党成立100年来，以"当今之世，舍我其谁"的胆略和气概，顺应了近代以来我国历史发展的基本规律和世界发展潮流的根本要求，顺应了实现中华民族伟大复兴的时代需要和中国人民的选择，始终牢记"为中国人民谋幸福、为中华民族谋复兴"的初心和使命，坚定信仰就是旗帜、正义就是最强的力量、人心是最大的政治，从而赢得了中国人民的信赖、拥护和支持。

中国共产党是中华民族和中国人民的"主心骨"，中国人民的赞成、拥护和支持，是中国共产党的领导和执政的最大底气和坚实支撑。全书面向未来、面向世界、面向现代化，系统阐发了中国共产党从建党百年迈向建国百年面临的挑战，深入思考中国共产党如何以敢于担当、勇于自我革命的精神，深刻把握时代大势，顺应时代潮流，把握历史机遇，统筹两个大局，积极应对挑战和考验，全面谋划和推进新时代中国特色社会主义事业，接续创造从建党百年迈向建国百年的新的历史辉煌。

在书稿撰写过程中，谢葵同志帮助收集资料、校阅书稿，做了许多具体工作。我的研究生袁卓娅帮助查阅、核对了部分文字。同时，还参阅了学术界、理论界同仁的相关研究成果，由于书稿通俗性和可读性的需要，在引用资料时没有在书中一一注明详细出处；有的取之于网路下载，部分也没有注明详细出处，敬请相关著作权所有者谅解。书稿的出版得到南方出版传媒股份有限公司和广东人民出版社的大力支持。在此，一并表示衷心感谢。

书中不当和不足之处，敬请同仁和读者批评指正。

戴木才

2020 年底于北京